SEXO, DROGAS E ROLLING STONES

THE MUSIC THAT THRILLED THE WORLD.
AND THE KILLING THAT STUNNED IT!

SEXO,

E ROLLING

The Rolling Stones
Gimme Shelter

DROGAS STONES

JOSÉ EMILIO RONDEAU
NELIO RODRIGUES

PROJETO GRÁFICO DE MARCELO MARTINEZ

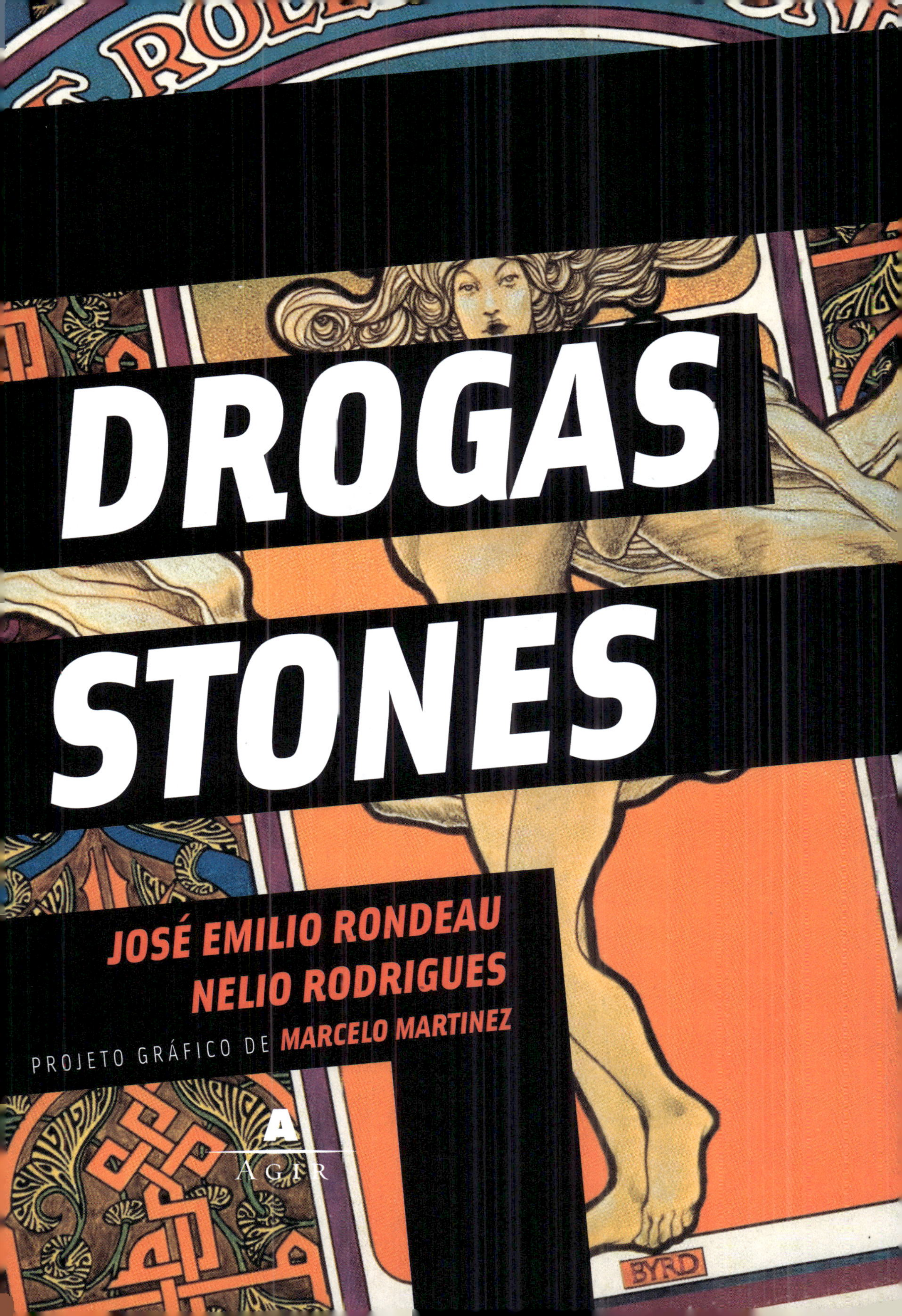

AGIR

DIREÇÃO DE ARTE E DESIGN
MARCELO MARTINEZ | LABORATÓRIO SECRETO

DESIGNER ASSISTENTE
JOÃO FERRAZ

ASSISTENTE DE ARTE
MARIANA CARVALHO

PEQUISA ICONOGRÁFICA
PATRICIA PAMPLONA

REVISÃO
VINICIUS TRINDADE
MARYANNE B. LINZ

PRODUÇÃO EDITORIAL
FELIPE SCHUERY

IMAGENS
ACERVO DOS AUTORES, ADGER W. COWANS/WPN (PP.114, 120, 122), **AFP** (PP. 55, 168 ABAIXO), **AFP/GETTY IMAGES** (PP. 157), **ALAN MESSER/REX FEATURES** (PP. 138), **ARQUIVO/AGÊNCIA O GLOBO** (PP. 128, 131 ACIMA, 188 ACIMA, 195),**CADU TAVARES** (FOTO DOS AUTORES/CAPA), **CAROL NORMAN/REX FEATURES** (PP. 69), **CITO FRANCO/REX FEATURES** (PP.201), **DAVID MAGNUS/REX FEATURES** (PP. 28, 92), **DAVID THORPER/REX FEATURES** (PP.185), **DELFIM VIEIRA/AGÊNCIA JB** (PP. 245), **DEZO ROFFMANN/REX FEATURES** (PP. 14, 19, 35, 36, 48, 58 ABAIXO, 61, 81 ACIMA, 180), **DIREITOS RESERVADOS/CPDOCJB** (PP.131 ABAIXO), **EPITÁCIO PESSOA/AE** (PP. 284), **EURICO DANTAS/AGÊNCIA O GLOBO** (PP.119), **FERNANDO SEIXAS/ ACERVO ESTADO DE MINAS** (PP. 132 ACIMA, ABAIXO), **FRANK MONACO/REX FEATURES** (PP. 58 ACIMA), **GRAHAM WILTSHIRE/REX FEATURES** (PP. 225 ABAIXO), **HARRY GOODWIN/REX FEATURES** (PP. 18, 40, 41), **HENRIQUE KURTZ** (PP.310, 314, 315), **ILPO MUSTOR/REX FEATURES** (PP. 186 ABAIXO), **IVO GONZALEZ / AGÊNCIA O GLOBO** (PP.318, 320), **MÁRCIA FOLETTO / AGÊNCIA O GLOBO** (PP. 322), **MIKE SELBY/REX FEATURES** (PP.143), **NELSON PEIXOTO/AE** (PP. 291), **PEPE SCHETTINO** (REPRODUÇÕES FOTOGRÁFICAS), **REX FEATURES** (PP. 99, 102, 149, 168 ACIMA, 324), **RICHARD YOUNG/REX FEATURES** (PP. 217, 225 ACIMA), **ROBSON FERNANDJES/AE** (PP. 296), **ROGER H. SASSAKI** (PP. 304), **TERRY O'NEILL/REX FEATURES** (PP. 81 ABAIXO), **TOM HILL/ WIREIMAGE/GETTY IMAGES** (PP. 186 ACIMA)

RUA NOVA JERUSALÉM, 345 BONSUCESSO – CEP 21042-230 – RIO DE JANEIRO – RJ
T.(21) 3882-8200 • F.(21) 3882-8212 / 3882-8313 • WWW.EDIOURO.COM.BR

CIP-BRASIL. CATALOGAÇÃO-NA-FONTE
SINDICATO NACIONAL DOS EDITORES DE LIVROS, RJ

R68R

RONDEAU, JOSÉ EMILIO
SEXO, DROGAS E ROLLING STONES: HISTÓRIAS DA BANDA QUE SE RECUSA A MORRER / JOSÉ EMILIO RONDEAU, NELIO RODRIGUES. - RIO DE JANEIRO : AGIR, 2008.
IL.

ISBN 978-85-220-0932-9
1. ROLLING STONES (CONJUNTO MUSICAL). 2. GRUPOS DE ROCK - INGLATERRA - BIOGRAFIA. I. RODRIGUES, NELIO, 1952-. II. TÍTULO.

08-0306.　　CDD: 781.66
　　　　　　CDU: 78.067.26

Para Bernardo e Filipe

"Andam parabenizando os Stones por estarem juntos há 112 anos. Oba! Nos anos 1980 as pessoas irão se perguntar: 'Por que esses caras ainda estão juntos? Não conseguem se virar sozinhos? Por que precisam se cercar de uma turminha? O liderzinho teme ser esfaqueado pelas costas?' Vão olhar para os Beatles e os Stones como se fossem relíquias. Mostrarão fotos do cara de batom rebolando a bunda e os quatro caras de maquiagem negra e diabólica nos olhos tentando parecer atrevidos. Vai ser essa a piada no futuro."

– **JOHN LENNON**, *Playboy*, setembro de 1980.

PREFÁCIO

Os Rolling Stones são uma espécie de táxi do rock and roll. Todo mundo que entra sem assunto acaba falando do tempo. Até o lendário crítico americano Lester Bangs escreveu em 1973, quando a banda ainda era uma criança de 11 anos: "Os Stones durando 20, 30 anos – que idéia estúpida seria. Ninguém dura tanto tempo." Bangs não durou muito mesmo. Ele morreu de superdose acidental de medicamentos aos 33 anos, em 1982.

Pouco depois, um dos próprios Stones parecia assombrado pelo tempo. Em 1985, o guitarrista Keith Richards fez uma pergunta retórica ao jornalista inglês Nick Kent: "Faz sentido ser uma banda de rock and roll depois de 20 anos?" Graças à posteridade, nós hoje sabemos até mais, sabemos que faz sentido ser uma banda de rock and roll depois de 46 anos. Ao menos, se ela for a maior banda de rock and roll de todos os tempos.

Tempo. Desde bem antes de Einstein, tentativas de definição do tempo tiveram de lançar mão da idéia de movimento. Pense-se em Platão, para quem ele era "uma imagem móvel da eternidade". Ou em Aristóteles, para quem era "número do movimento segundo o anterior e o posterior." Ou, ainda, em Plotino, segundo o qual o tempo era "a vida da alma em movimento conforme ela passa de um estágio do ato ou da experiência ao outro".

Os Stones são sobre tempo, mas também são sobre movimento. Extensão, mais que duração. Eles se aproximam do meio século de carreira porque honram o nome inspirado – de modo circunstancial mas convicto, como relembram o jornalista José Emilio Rondeau e o pesquisador Nelio Rodrigues, que também garimparam as duas declarações lá em cima – num blues de Muddy Waters. Nunca tiraram o pé da estrada. Nunca criaram limo.

Uma biografia dos Stones, portanto, não poderia ser apenas um passado de absurdos deliciosos ou um balanço de cifras grandiosas: teria de ser um mapa de espaços reais e imaginários, de sentimentos e estados d'alma percorridos desde

1962 por Brian Jones, Keith Richards, Mick Jagger, Bill Wyman, Charlie Watts, Ian Stewart, Ron Wood, Mick Taylor. Rondeau e Rodrigues captaram perfeitamente o espírito e a carne dessa coisa maior que o rock, que a música, que a vida, captaram de uma maneira que só dois brasileiros poderiam ter captado, porque no espaço dos Stones o Brasil ocupa um lugar especial.

Nenhuma outra grande banda dos anos 60 se apresentou inteira aqui. Beatles, Led Zeppelin e Pink Floyd só nos visitaram aos (bons) bocados: Paul McCartney, Page & Plant, Roger Waters. Prometidos desde 1975, os Stones chegaram ao Brasil somente 20 anos depois, mas chegaram logo três vezes, a mais recente delas para tocar diante do maior público de sua vida (e da história do rock) em Copacabana: 1,2 milhão de pessoas.

A periódica presença de um ou outro dos seus membros em nossas praias afetou a própria qualidade de sua música. Durante as férias de 1968, por exemplo, a visita de Mick Jagger e da *supergroupie* Marianne Faithfull a rodas de samba e terreiros de candomblé da Bahia rendeu a inspiração poética e rítmica para "Sympathy For The Devil", que Jagger sempre considerou o seu samba – e muitos de nós, um hino alternativo, à altura de "Satisfaction".

Além do precioso texto em português, é este olho bom tanto para o plano geral da carreira da banda quanto para o detalhe brasileiro que distingue *Sexo, Drogas e Rolling Stones* das centenas de outros títulos relacionados – de biografias a cifras para guitarra, passando por guias de discos – numa busca pela Amazon.com. Rodrigues, por sinal, já havia escrito *Os Rolling Stones no Brasil – Do descobrimento à conquista* (1968-1999).

Essa abordagem nativa é essencial porque o fascínio pela música negra das Américas está na própria gênese do grupo londrino de rhythm'n'blues, tal qual nas suas posteriores incursões por soul, reggae, ritmos caribenhos e brasileiros. Essas forças construtivas são explicitadas por Rondeau e Rodrigues, assim como são narradas as pulsões (auto)destrutivas que pontuam a trajetória dos Stones, entre elas, o cisma quase fatal entre Jagger e Richards durante os anos 80. O que explica em parte o tom da declaração do guitarrista a Nick Kent. Richards sabia que faz sentido, só não estava num bom momento.

ARTHUR DAPIEVE

APRESENTAÇÃO

Perguntaram outro dia: "Quando vocês começaram a pesquisar esse livro?" Deve ter sido em 1965.

Naquele ano, cada um em seu canto, descobrimos "Satisfaction" e passamos a seguir (como fãs, e, mais tarde, profissionalmente) a banda que protagonizaria seqüências fundamentais da história do rock, sobreviveria a todos os seus contemporâneos e chegaria ao século XXI como principal praticante de um idioma quase sob risco de extinção.

Sexo, drogas e Rolling Stones sintetiza os 46 anos da banda por meio dos relatos pinçados de uma coleção volumosa de incontáveis livros e reportagens (entre elas, pérolas da primeira reação da imprensa brasileira aos "feiosos" e "sujos" Stones) e de observações em primeira mão feitas pelos autores.

Aqui estão resenhas dos primeiros dos mais de vinte shows dos Stones que vimos de 1975 para cá, e detalhes de entrevistas exclusivas e encontros informais com os Stones no Rio de Janeiro, em Los Angeles, Nova York e Toronto ao longo das últimas três décadas.

Estão no livro o dia em que Mick Jagger expulsou um de nós de sua suíte no Copacabana Palace, em 1968, um dos primeiros shows de Ron Wood como um rolling stone, a conversa com Keith Richards em Hollywood antes de ele convidar para a gravação de seu primeiro videoclipe solo, uma espiada no set do minifilme carioca de Jagger, a visita a Toronto durante os ensaios para a turnê *Voodoo Lounge*, e uma geral nos bastidores do palco montado em Copacabana.

Buscou-se uma ênfase nas interseções entre Stones e Brasil. Todas as passagens dos músicos da banda pelo país – a passeio ou a trabalho – são detalhadas e ilustradas com recortes e fotos raras ou inéditas.

Mas o livro cobre toda a carreira dos Stones, em ordem cronológica. Cada integrante ganha sua *Fingerprint File*, uma ficha biográfica individual; as principais figuras femininas da corte stoniana são perfiladas em *Some Girls*; e em *No escurinho com os Rolling Stones* aparecem os filmes estrelados pela banda e por seus integrantes.

E, assim, oferecemos uma visão privilegiada de quem está no olho do furacão com os artistas que definiram o significado do termo A Maior Banda de Rock do Mundo.

OS AUTORES

1. DO BLUES AO POP – 1962 A 1965

VOX

PRÓLOGO

A história dos Rolling Stones tem muitos começos – num vagão de trem, num banheiro de escola, nos fundos de um pub, num clubinho de blues, no quartinho fétido de um prédio condenado –, envolve um punhado de protagonistas fundamentais – o músico genial e visionário, capaz de dominar qualquer instrumento, mas não a si mesmo; o publicitário apaixonado por jazz e por ternos bem cortados; o queixudo gorducho e fã de boogie-woogie; o baixista dono de um amplificador novo, potente e, sobretudo, democrático – e coadjuvantes preciosos – o purista que acrescenta doçura e elegância à violência e à sujeira do som da banda; o divulgador ambicioso e criativo que indica o caminho para o futuro; o advogado que dá uma lição de showbiz para a vida inteira ao salvar a pele corporativa do quinteto só para passar-lhe a perna na virada da curva; o eterno "novato", mesmo após mais de trinta anos de serviços prestados.

O provinciano Brian Jones – cara de anjo, temperamento difícil, talento impressionante, alma lotada de demônios – foi a semente, o organizador e a força motriz inicial por trás do grupo; e foi o sujeito que escolheu o nome que viraria uma das marcas mais conhecidas na ala do panteão rock reservada aos gigantes: The Rolling Stones, a banda que pertenceu só a ele apenas até o momento em que se mostrou incapaz de compor. Sua insegurança e seu espírito autodestrutivo, turbinados pela ascensão da dupla compositora dos Stones, se encarregaram de aniquilá-lo.

No frigir dos ovos, a história dos Rolling Stones é, em boa parte, a história de amor, ódio e destino que liga Mick Jagger e Keith Richards: yin e yang. Luz e sombra. Feitos um para o outro. Irmãos de pais diferentes.

Menos de cinco anos, se tanto: é esse o tempo que Mick Jagger e Keith Richards passaram sem um existir na vida do outro. Eles se conhecem desde algo em torno de 1947, quando ambos freqüentavam a Wentworth County Primary School, em Dartford, a 25 km de Londres. Apesar de separados temporariamente no início da adolescência – enquanto Jagger estudava na Dartford Grammar School e Keith ia para a Dartford Technical School –, os caminhos de Mick e Keith se cruzariam vez após vez. Até as vidas dos dois se entrelaçarem por completo, para sempre.

Mick, o atleta que queria ser político, até desistir da carreira ao constatar que naquele ramo demoraria muito a entrar dinheiro de verdade. Keith, o filho de operário e neto de músico, cujo mundo era basicamente circunscrito aos sons que chegavam dos Estados Unidos trazendo a música de Chuck Berry e Fats Domino. Richards deu status de *cool* ao rapaz de classe média alta, aluno da prestigiosa London School of Economics, presenteou-o com a tão valiosa "credibilidade de rua". Em troca, Jagger transformou Keith num astro de rock.

< **NA PÁGINA AO LADO:** Os primeiros fãs dos Rolling Stones lotam o Crawdaddy

INGERPRINT FILE: MICHAEL PHILLIP JAGGER

26 de julho de 1943

Cantor, gaitista, guitarrista, compositor, ator, produtor e figura de frente dos Rolling Stones ick Jagger é um dos maiores *performers* que o rock já produziu. Se não o maior.

Mick representa a parte cerebral e menos romântica da banda, o seu lado prático. Com Keit chards, o coração dos Stones, Jagger forma a dupla de pilares que tem sustentado A Maior Band Rock do Mundo por quase cinco décadas.

Nascido em Dartford, Kent, Inglaterra, o menino de classe média cresceu numa casa espaços confortável ao lado dos pais, Basin e Eva, e do irmão mais novo, Chris.

Basin, respeitado professor de educação física, submetia Mick a uma rigorosa rotina diária d ercícios, imaginando que o filho pudesse seguir carreira semelhante à dele no mundo da educaçã do atletismo. Mas o garoto gostava mesmo era de cantar. E aprendia com muita rapidez as letra s canções que ouvia no rádio.

Embora, até ali, a música fosse mais um prazer do que o vislumbre de uma futura profissão. vem Jagger buscava alguma profissão que pudesse trazer-lhe dinheiro de verdade. A possibilidad seguir a política rondou sua cabeça, mas não por muito tempo. Ele descobriu que como polític moraria demais para enriquecer. Se isso acontecesse.

Jagger escolheu, então, estudar economia. E, por ter sido bom aluno no ensino básico, ganho lsa de estudos na London School of Economics. Mas não se afastou da música.

Sua preferência era por música negra, por blues, e Mick importava seus discos diretamente d lo Chess, de Chicago, no outro lado do Atlântico. Os mesmos discos que carregava debaixo do braç que fizeram brilhar os olhos do velho amigo da escola primária, Keith Richards, quando os dois s encontraram casualmente numa estação de trem, depois de anos sem se ver.

Motivados pelo reencontro e pela afinidade musical, Mick, Keith e mais alguns colegas for- aram a banda Little Boy Blue and The Blue Boys, cujo repertório se baseava nos temas extraído s discos de Muddy Waters, Bo Diddley e Chuck Berry que tanto faziam a cabeça dos dois separáveis, Mick e Keith passaram a freqüentar o Ealing Club, em Londres, onde reinava o pioneir useiro inglês Alexis Korner, acompanhado de sua banda, a Blues Incorporated.

Apesar dos estudos na faculdade, Mick se sentia cada vez mais atraído pela música e pel mosfera do Ealing Club. Tanto que precisou de apenas quatro meses para fazer breve "estágio" mo cantor de Alexis (cujo baterista, na época, era seu futuro colega Charlie Watts), conhecer itarrista e músico *extraordinaire* Brian Jones e o pianista Ian Stewart, e unir as suas forças e as d ith às deles para formar os Rolling Stones.

A banda ainda levaria quase um ano para embalar e solidificar seus alicerces, o que só seria pos- vel com a entrada do baixista Bill Wyman (em dezembro de 1962) e do baterista Charlie Watts (em neiro de 1963). Assim que isso aconteceu, Jagger largou definitivamente os estudos de economia.

Durante os anos iniciais dos Rolling Stones, Brian Jones funcionava como líder musical, ideo- gico e administrativo do grupo. Com o tempo, no entanto, foram as composições de Mick e de Keit e levaram os Stones ao topo das paradas de sucesso em todo o mundo, e Mick, por ser o cantor e co central das atenções, assumiu a posição de maior destaque e de principal porta-voz do grupo.

Na segunda metade dos anos 1960, com os Stones consagrados como uma das principais forças do pop-rock mundial, Mick já era uma das mais célebres figuras da contracultura, que, naquele momento, subvertia os costumes, a moda, a música e as artes em geral.

Sua prisão em 1967, junto com Keith Richards, sob a acusação de uso e porte de drogas, tornou-se um escândalo escancarado nas manchetes de jornais e revistas mundo afora – e iniciou uma longa série de embates com a lei que só ajudariam a reforçar a imagem de rebeldes fora-da-lei que sempre acompanhou os Stones. O caso também envolvia a cantora Marianne Faithfull, com quem Mick formava, então, o casal-símbolo da efervescente Swinging London, na época o epicentro da moda e do pop-rock internacional.

Com a carta branca artística que a fama de popstar lhe assegurava, Jagger também passou pelo cinema, como estrela principal de filmes como *Performance* (1968), de Nicolas Roeg, e o bangue-bangue australiano *Ned Kelly* (1970).

O lado homem de negócios, cultivado pelos estudos na LSOE, levou Mick a assumir as rédeas administrativas dos Stones – junto com o amigo (e príncipe) Rupert Loewenstein – depois que a banda rompeu com o empresário Allen Klein, no final dos anos 1960.

Quando os Beatles saíram de cena, em abril de 1970, os Rolling Stones já eram chamados de "A Maior Banda de Rock do Mundo". Com Brian Jones morto, Mick – sempre secundado por Keith – consolidou sua liderança à frente da banda e se consagrou definitivamente como o mais brilhante *frontman* do rock.

Cortejado por amigos influentes, alguns de origem aristocrática, ao longo das décadas Mick também transitou com desenvoltura por grandes festas, boates da moda e restaurantes refinados em todos os continentes que atendiam ao *jet set* internacional, num contraste radical com sua persona "bandida" de stone-mor.

E colecionou mulheres e filhos.

Sete crianças, exatamente: Karis, concebida com a cantora Marsha Hunt; Jade, fruto do seu primeiro casamento, com Bianca; Elizabeth, James, Georgia e Gabriel, da texana Jerry Hall, sua segunda mulher; e Lucas, resultado do seu breve relacionamento extramarital com a brasileira Luciana Gimenez.

Jagger dirigiu sozinho a banda nos anos em que Keith Richards mergulhou na heroína, e se recusou a abrir mão do poder quando o amigo se livrou do vício – o que deu início a um longo período de desentendimentos entre os dois.

Por causa dessa disputa, Mick e Keith brigaram muito durante quase toda a década de 1980, a ponto do futuro dos Rolling Stones chegar a ser verdadeiramente ameaçado. Em detrimento da banda, Mick preferiu investir todas suas fichas numa carreira solo. Ao saber disso, Keith o ameaçou de morte.

A reconciliação só aconteceria em 1989, depois que a carreira solo de Jagger mostrou-se muito aquém de bem-sucedida. E não antes que o próprio Keith se lançasse sozinho em disco e turnê – e recebesse todos os elogios críticos que faltaram a qualquer empreitada individual de Mick. Naquele ano, os Stones foram recolocados nos trilhos que os têm levado ao redor do mundo desde então, tocando no que parece ser uma estrada eterna.

Nesse ínterim, o agora *Sir* Mick aprendeu que o melhor palco para ele é aquele onde o foco aponta também para Keith Richards, Charlie Watts e Ron Wood.

É no palco dos Rolling Stones onde Mick mais reluz.

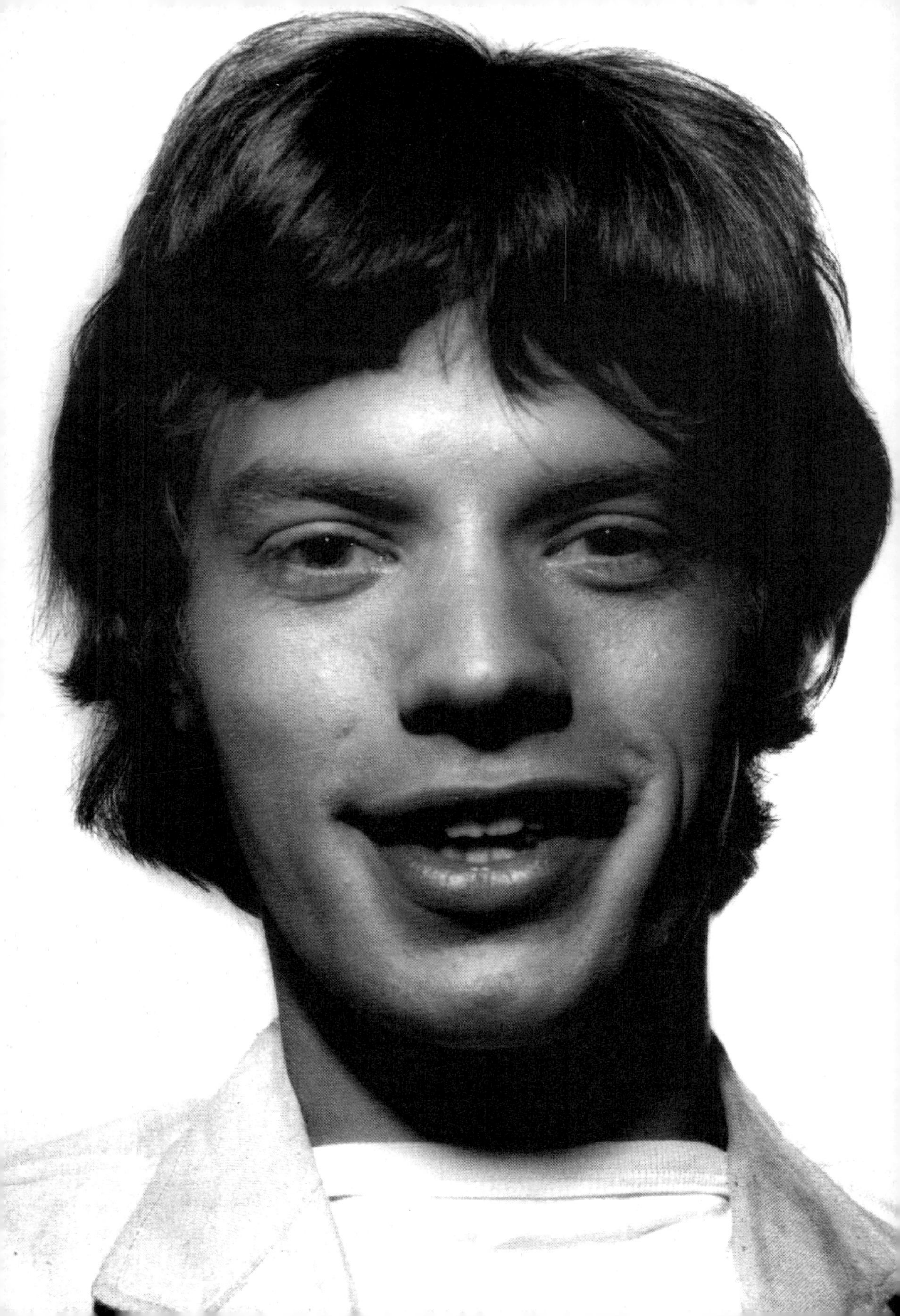

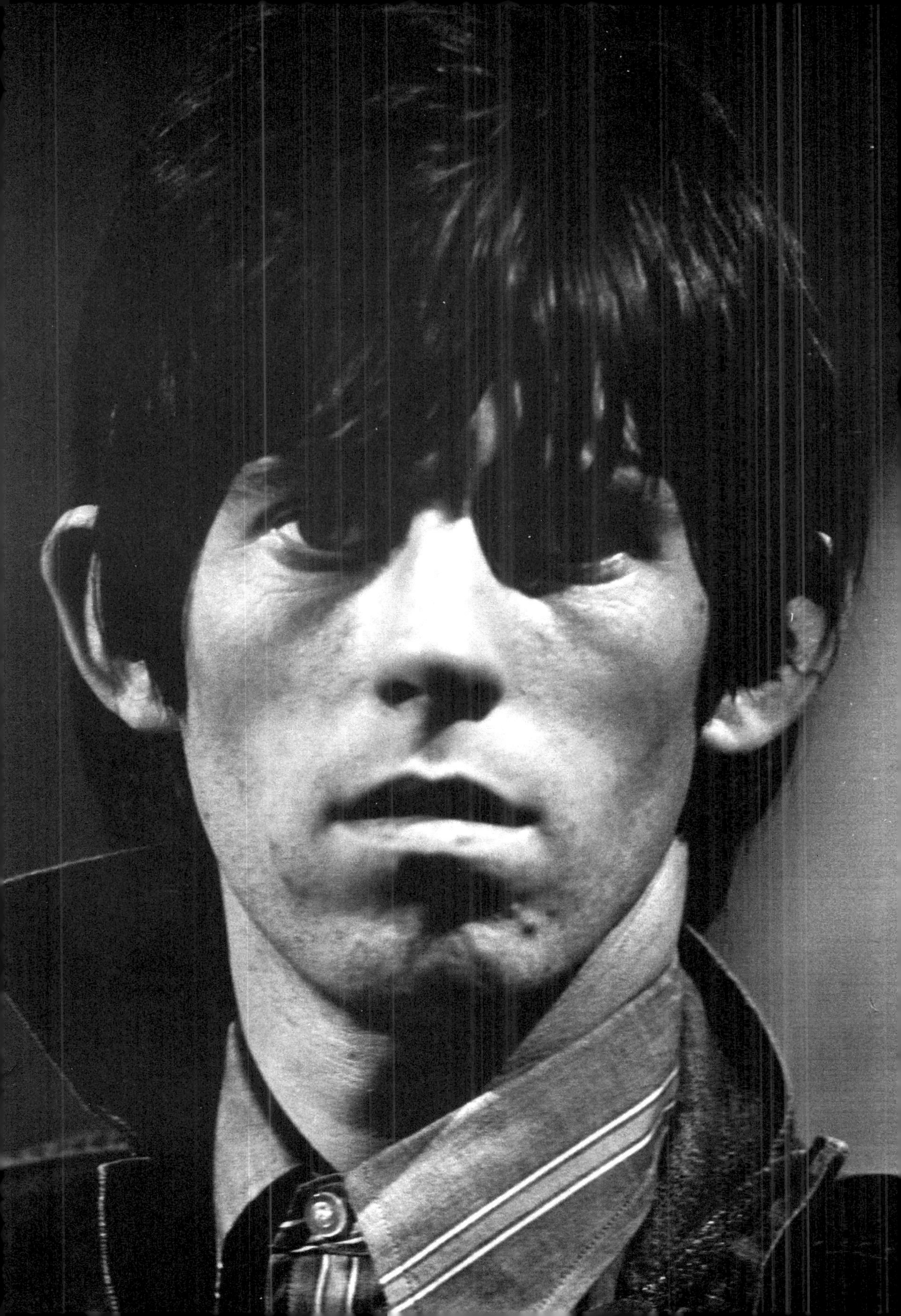

FINGERPRINT FILE: KEITH RICHARDS

18 de dezembro de 1943

"Se Keith Richards não existisse, o rock and roll teria que inventá-lo", definiu a revista canadense *Chatêlaine*. Acertou em cheio: ele é a personificação do rock.

O lema "sexo, drogas e rock and roll" cai como um manto sobre o corpo enrugado do velho roqueiro. Sobretudo, a parte das drogas e do rock and roll. Não é à toa que nos anos 1970 ele costumava ser descrito como "elegantemente chapado".

Sobrevivente de décadas de vida rigorosamente desregrada, de noites seguidas em claro, de prisões e do consumo desenfreado de álcool e de substâncias ilícitas (maconha, anfetaminas, LSD, cocaína e heroína), Richards é reponsável pela criação dos mais memoráveis e repetidos riffs de toda a história do rock. Quem nunca ouviu "Satisfaction", "Brown Sugar", "Start Me Up"? E quem conseguiu esquecer?

Keith nasceu em Dartford, Kent. Filho único (e mimado), gostava de Roy Rogers, o caubói do cinema e da TV. Aos 15 anos, ganhou da mãe um violão da marca Rossetti – e se agarrou a ele como quem encontrou a mulher amada. A partir dali, Chuck Berry tomaria o lugar de Roy Rogers. E a música, de todo o resto.

Em um certo momento, Keith trocou o violão pela guitarra e reativou a amizade com Mick Jagger, que conhecera na escola primária. Juntos, e com mais três colegas, formaram a banda Little Boy Blue and The Blue Boys. No Ealing Club, onde se apresentava Alexis Korner e a Blues Incorporated, Mick e Keith conheceriam Brian Jones, Charlie Watts e Ian Stewart. Os cinco acabariam formando os Rolling Stones.

Como Lennon e McCartney antes deles, Keith Richards e Mick Jagger forjaram uma parceria musical que sobreviveria ao tempo e a turras olímpicas. Os dois passaram a assinar juntos as composições da banda, ganharam destaque e se tornaram líderes naturais dos Rolling Stones. De tão próximos, viraram "gêmeos": quando é atribuída a Mick e Keith a produção dos discos dos Stones, eles são os Glimmer Twins, os Gêmeos do Vislumbre.

Em 1977, ao ser preso com 22 gramas de heroína no Canadá, Keith pôs em risco seu futuro e a própria existência da banda. Condenado, poderia passar o resto da vida preso. Surpreendentemente, a pena imputada a Keith não foi além da obrigação de realizar um concerto em benefício de um instituto de cegos e de se tratar numa clínica de reabilitação de dependentes de drogas nos Estados Unidos.

Absolutamente fiel aos Rolling Stones, Keith não cogitava uma carreira solo. Razão pela qual se sentiu duplamente traído quando Mick Jagger se recusou a ir para a estrada com os Stones e promover o disco *Dirty Work*, de 1986. Naquele momento, sem aviso prévio, Jagger preferia investir num segundo álbum solo, em detrimento dos Rolling Stones. Keith não só o atacou furiosamente através da imprensa, como montou uma outra banda (a X-Pensive Winos), lançou um disco (o elogiadíssimo *Talk Is Cheap*, de 1988) e foi fazer o que gostaria de ter feito com os Stones dois anos antes: caiu na estrada.

Em 1989, veio a reconciliação: os Stones retomaram o fio da meada – e a estrada, de onde quase nunca mais saíram.

Uma piada antiga conta que, no caso de um apocalipse nuclear, sobrariam apenas as baratas – e Keith Richards. A brincadeira é um comentário sobre a resistência quase sobrenatural do stone. No início dos anos 1970, a imprensa inglesa de música listou os 10 Astros de Rock Mais Próximos de Bater As Botas, e Keith encabeçava o ranking. Desde então, sobreviveu a si próprio – ele mesmo conta que usou seu corpo como laboratório – e até a uma cirurgia cerebral, conseqüência de um tombo de um coqueiro em Fiji.

"A banda que tem a palavra e a luz de Mick Jagger mas é calcada na simplicidade de Keith Richards é fogo misturado com gasolina."

– **HERBERT VIANNA**, vocalista, guitarrista – Paralamas do Sucesso

"É esquisito, porque conheci Mick quando ele era bem jovem. Cinco, seis, sete anos de idade. Fazíamos coisas juntos. Depois me mudei e fiquei um tempão sem vê-lo. Aí o encontrei vendendo sorvete na porta da biblioteca pública. Comprei um. Ele estava tentando fazer uma graninha extra."
– **KEITH RICHARDS**, *Rolling Stone*, 19 de agosto de 1971.

"Não consigo lembrar de quando não conhecia Keith. Morávamos a uma rua de distância. A mãe dele conhecia a minha mãe. Estudamos juntos no primário, dos 7 aos 11 anos. Costumávamos brincar juntos. Não éramos amigos íntimos, mas éramos amigos. Aos 11 anos, cada um foi para uma escola diferente, mas a dele era pertíssimo de onde eu morava. E eu sabia onde ele morava, porque minha mãe nunca perdia contato com as pessoas que conhecia, e sabia para onde eles haviam se mudado. Costumava vê-lo voltando para casa da escola."
– **MICK JAGGER**, 1995.

"Até que um dia encontro Jagger de novo. De todos os lugares do mundo, encontro o cara na porra do trem! Eu estava indo para a escola (de arte) e ele para a London School of Economics. Isso mais ou menos em 1960. Era muito difícil conseguir discos americanos. Talvez um a cada seis meses. E aí você descobria um cara novo. Mas entro no trem de manhã e lá está Jagger, com quatro, cinco LPs debaixo do braço. Não nos víamos desde quando tinha comprado um sorvete dele. (Mas) nos reconhecemos imediatamente."
– **KEITH RICHARDS**, *Rolling Stone*, 19 de agosto de 1971.

"Quando nos encontramos no trem, ele trazia os álbuns *Rockin' At The Hops*, de Chuck Berry, e *The Best of Muddy Waters*. Àquela altura, eu tinha apenas ouvido falar de Muddy. Eu disse: 'Conheço todos os licks de Chuck Berry'. Mick diz: 'Você toca guitarra?' Ele tinha um conjuntinho de escola, tocavam coisas de Buddy Holly e Eddie Cochran. (Mick) era vidrado em blues."
– **KEITH RICHARDS**, em 1989.

"Quando eu tinha 13 anos, a primeira pessoa que eu realmente admirei foi Little Richard. Não era muito chegado a Elvis ou Bill Haley – eles eram muito bons, mas por algum motivo não me atraíam. Eu preferia Jerry Lee Lewis, Chuck Berry, e, um pouco mais tarde, Buddy Holly. Tinha um monte de programas de TV na época, *Cool for Cats*, *6-5 Special*, *Oh Boy*, e eu via essa gente toda nesses programas."
– **MICK JAGGER**, no livro *The First Twenty Years*.

"Eu nem sabia que Chuck Berry ou Little Richard eram negros. Eu apenas ouvia aqueles sons, 'uau, isso é rock and roll!' Rock e roll, que é a parte mais difícil do negócio. O rock é fácil. O roll já é outra história."
– **KEITH RICHARDS**, *Mojo*, setembro de 2007.

"Me interessei pelo blues assim que o descobri. Nunca tocava no rádio, e quando tocava era por acidente. Por conseqüência, descobri que Big Bill Broonzy era um cantor de blues, que Muddy Waters também, e todos eles eram na verdade a mesma coisa. Não havia divisão, e me toquei disso aos 15 anos. Meu pai chamava aquilo de 'música da selva' e eu costumava responder: 'É isso mesmo, é uma descrição muito boa.' Toda vez que eu ouvia aquela música, queria ouvir mais. Parecia a coisa mais verdadeira que eu tinha conhecido na minha vida."
– **MICK JAGGER**, no livro *The First Twenty Years*.

OS PRIMÓRDIOS: AS ORIGENS DO ROCK INGLÊS

Quando o rock and roll branco de Bill Haley e Elvis Presley desembarcou na Inglaterra, em meados dos anos 1950, encontrou o cenário musical do país dominado pelo ritmo do skiffle, um folk aceleradinho, ao estilo rockabilly, cuja estrela maior era o cantor escocês Lonnie Donegan. O sucesso de Donegan foi tanto que seu grande hit, "Rock Island Line", cruzou o Atlântico e se posicionou entre os 10 mais da parada de sucessos dos Estados Unidos, no ano de 1956, um feito raro para um artista britânico na época.

O skiffle surgira como um sopro de vida nova num país ainda em reconstrução. Seu ritmo agitado veio ao encontro dos anseios dos adolescentes que queriam se libertar daquele cotidiano cinza, monótono e antiquado do pós-guerra. Fácil de tocar, até porque permitia o uso de instrumentos improvisados e toscos como tábua de lavar roupa e contrabaixo feito com caixa de frutas, cabo de vassoura e arame, o skiffle se espalhou como germe, arregimentando jovens em cada esquina do país.

Bill Wyman, futuro baixista dos Rolling Stones, foi um deles. Em 1957, chegou a formar um grupo de skiffle com Casey Jones. Não durou muito, mas ele jamais esqueceu o dia em que viu Donegan ao vivo, em 1958. "Foi a primeira e única vez na vida que dancei em meio às cadeiras", disse. O jovem John Lennon também embarcou na onda do skiffle: era o tipo de música que fazia com os colegas da Quarry Bank Grammar School na banda The Quarry Men, famosa por servir de escala para os Beatles, com a entrada de Paul McCartney (em 1957) e de George Harrison (no início de 1958).

A contaminação do skiffle pelo rock de Bill Haley e de Elvis Presley serviu de rastilho para a explosão do rock inglês.

Fazendo o que seria, basicamente, uma cópia do rock and roll *made in USA*, o cantor Tommy Steele tornou-se o primeiro destaque da nascente nova ordem pop inglesa, seguido bem de perto pelo cantor Cliff Richard, cujo "Move It", lançado em 1958, viria a ser um clássico do rock britânico daquele período. O estilo emergente seguiu agregando convertidos de nomes estilizados, como Billy Fury, Adam Faith, Marty Wilde e Johnny Kid and The Pirates. Mas seria em Liverpool, no começo dos anos 1960, que o rock inglês começaria a se delinear e a adquirir características próprias.

Localizada no noroeste da Inglaterra, a cidade portuária de Liverpool tinha acesso quase imediato à música que vinha de fora. Especialmente o rock and roll. Os discos de Jerry Lee Lewis, Buddy Holly, Gene Vincent, Little Richard, Chuck Berry, trazidos por marinheiros ou por empregados da marinha mercante, eram disputados pelos jovens da cidade assim que chegavam em terra.

Ainda que fosse através da reciclagem de repertório produzido nos Estados Unidos, sobretudo de linhagem branca, surgiu ali, no som das guitarras, na maneira de tocar, no ritmo e na vocalização da turma de Liverpool um estilo diferente e muito peculiar de interpretação do material alheio. Com os Beatles servindo de ponta-de-lança, Liverpool virou uma fábrica de bandas: Gerry & The Pacemakers, The Swinging Blue Jeans, The Big Three, The Searchers, The Fourmost e muitos, tantos outros. E de sucessos. O bolo do rock britânico crescia e ganhava consistência.

Em Londres, por outro lado, o cenário era completamente diferente.

Ainda que ambas as cidades tivessem abraçado juntas a paixão nacional pelo skiffle, no final dos anos 1950 Londres e Liverpool eram dois planetas bastante distintos, transitando em órbitas próprias.

Se no norte da Inglaterra a sensação musical entre a garotada eram os sons brancos e pop de americanos como Elvis Presley, Buddy Holly e os Everly Brothers, em Londres os mais antenados se ligavam em jazz e em blues. Uma divisão que seria fundamental na delimitação da fronteira que viria a separar os liverpoolianos Beatles (mais lapidados) dos londrinos Rolling Stones (mais crus).

Enquanto o jazz tradicional tentava sobreviver nos pubs e bares de Londres, a febre entre os estudantes da cidade, sobretudo nas *art schools*, as escolas de arte, era a música negra norte-americana vinda do delta do rio Mississippi ou da urbana Chicago. Os jovens fãs do blues e do rhythm and blues – em sua maioria, puristas – reverenciavam mestres como Robert Johnson, Muddy Waters, Elmore James, Howlin' Wolf, Jimmy Reed, Slim Harpo, Bo Diddley, Sonny Boy Williamson, e até mesmo o mais pop deles, Chuck Berry.

Nesse contexto, com o tempo o trad jazz – o jazz tradicional – acabou perdendo terreno. A derrocada teve início em março de 1962, quando o guitarrista e pioneiro do blues inglês, Alexis Korner, transformou o Ealing Club no primeiro reduto do rhythm and blues de Londres.

Freqüentado por músicos que se tornariam lendas do rock inglês, como Eric Clapton, Ginger Baker e Jack Bruce (o futuro power trio Cream), além de todos os

Rolling Stones, que se reuniram ali mesmo para formar a banda, o Ealing cumpriu bem o seu papel na popularização do rhythm and blues. O movimento cresceu, se espalhou e penetrou pela porta da frente de templos tradicionais do jazz, como o Marquee Club. A contraparte negra do rock britânico, enfim, florescia, e mostrava sua força.

Igualmente definidoras na carreira de quase toda aquela geração de músicos foram as *art schools*. Essas escolas de arte representavam o último recurso, a derradeira saída para a garotada sem inclinação para direito, medicina ou esporte, para quem não queria passar o resto da vida como operário de fábrica. Ou para quem ainda não sabia o que fazer da vida.

Desse modo, no pós-guerra as *art schools* da Inglaterra acabaram se transformando num celeiro de músicos, no ponto de encontro e no foco disseminador de informação e de talento que daria ao mundo a realeza do rock inglês, de Jeff Beck a Jimmy Page, de John Lennon a Keith Richards.

> "(Me liguei no blues) na hora que ouvi pela primeira vez. E, quanto mais ouvia, mais queria descobrir. A escola de arte teve muito a ver com isso, porque havia lá dentro uma vasta gama de música: muito jazz, muito Ray Charles naquela época, além de muito blues e música folk. Aprendi duas ou três coisas diferentes ao mesmo tempo. Aprendi coisas antigas de Woody Guthrie e Ramblin' Jack Elliott. Ao mesmo tempo, toda vez que conseguia pôr minhas mãos numa guitarra elétrica tentava aprender riffs de rock and roll e blues elétrico – as últimas de Muddy Waters. Provavelmente nunca teria sequer ouvido falar dessa gente se não tivesse ido para a escola de arte."
> – **KEITH RICHARDS**, *Guitar Player*, novembro de 1977.

> "Mick descobriu que eu sabia tocar um pouquinho, e ele conseguia cantar um pouquinho. Além disso, ele conhecia Dick Taylor – um cara que viria a formar os Pretty Things – de uma outra escola onde haviam estudado juntos. Combinamos tudo e tentamos fazer alguma coisa, tocando um pouco de Little Walter, um pouco de Chuck Berry. Sem baterista, nem nada. Apenas duas guitarras e um amplificadorzinho. Ficou muito bacana rapidinho."
> – **KEITH RICHARDS**, *Rolling Stone*, 19 de agosto de 1971.

O que Mick e Keith não percebiam por completo é o quanto estavam desviando do purismo que regia boa parte da tribo do blues inglês em Londres, comandada por Alexis Korner. Ao misturar o rock primitivo e desbragadamente pop de Chuck Berry com o blues de raiz de Willie Dixon, Jagger e Richards cometiam o que a maioria consideraria sacrilégio. Ou talvez estivessem fazendo tudo aquilo de propósito. Seja como fosse, estavam escrevendo a história do rock.

"Em 62, lemos sobre uma pequena casa noturna de rhythm and blues em Ealing. O Alexis Korner é quem organizava. Pois fomos lá. Estávamos sentados, Mick e eu, quando Alexis sobe no palco e diz: 'Hoje temos um convidado que vai tocar guitarra. Ele é de Cheltenham.' E o cara toca como se fosse Elmore James! Era Brian! Tocando slide guitar! E eu: 'que porra é essa?'. Fantástico. Depois que ele termina de tocar 'Dust My Broom', vamos conversar com ele, que diz que estava fazendo o mesmo (tipo de música) que a gente, achando que fosse o único cara a fazer aquilo."
– **KEITH RICHARDS**, *Rolling Stone*, 19 de agosto de 1971.

"Minutos antes do show (na praia de Copacabana), caminhei até a rampa que conduzia ao palco e pensei: 'É isso mesmo? Vamos abrir o concerto da maior banda do planeta?' Rolling Stones, Beatles, The Who e Kinks formam a base de sustentação da música pop como a conhecemos hoje em dia. Charlie Watts é um dos maiores bateristas de nossa era. Basta um compasso apenas para saber que é ele tocando. Seu groove e seu swing sempre foram fundamentais para o Stones se tornarem a maior banda de rock do planeta. É exatamente isso que mais valorizo num artista, independentemente do gênero: o estilo, a marca. É algo que não se ensina – você tem ou não tem."

– **CHARLES GAVIN**, baterista – Titãs

AN JONES,
UITAR
CHARLIE WATTS,
DRUMS
KEITH RICHARD,
GUITAR
MICK JAGGER,
VOCALS
FLUENCES, ROOTS...
DDY WATERS
RD AGAIN
CHUCK BERRY
JUKE BOX HITS
SAM COOKE
MMY REED
5 WORKING LONDON CLUBS - ('62) BRICKLAYERS ARMS 1ST MEETING
THAT'LL BE TWO BOB, BLOKE.
UH, W GIVE H
TIMES BEFORE BIG-TIME.
WHAT'S THE AN FOR THE GROUP?
WHAT IF WE DON'T MAKE IT? OUR PARENTS HAVE REALLY GONE OUT ON A LIMB FOR US.
WHAT IF WE LET THEM DOWN?
IS THIS WHAT YOU REALLY WANT TO DO IN LIFE? CAN YOU SEE YOURSELF DOING ANYTHING ELSE?
THEN WE DOING THE THING

FINGERPRINT FILE: LEWIS BRIAN HOPKINS JONES (BRIAN JONES)

28 de fevereiro de 1942 – 3 de julho de 1969

Brian nasceu em Cheltenham, arredores de Londres, um menino de alma bem negra disfarçada sob uma pele muito alva e cabelos louros. Filho de músicos – o pai era pianista diletante e a mãe, professora de piano –, o menino cresceu, aprendeu a tocar clarinete e adotou o jazz. Até se apaixonar pelo blues.

Aos 17 anos, Brian ganhou um violão e mergulhou na música de grandes mestres do gênero, como Elmore James, Jimmy Reed, Bo Diddley e Muddy Waters.

Foi no Ealing Club, em Londres, que Brian passou a exibir toda a sua técnica como guitarrista de blues. Freqüentador assíduo, Brian era constantemente visto no palco dando canjas com sua guitarra Hofner Commitee nas apresentações da banda residente, de Alexis Korner. E impressionava, sobretudo quando tocava slide em temas como "Dust My Broom", de Elmore James. Na época, Brian se apresentava como Elmo Lewis, nome que escolhera para si em homenagem ao ídolo.

Para Jones, tocar com Alexis Korner era apenas o começo da realização de um sonho que só se concretizaria em meados de 1962. Entre maio e junho daquele ano Brian fundou e batizou uma banda de rhythm and blues cuja liderança se encarregou de assumir. A banda que se tornaria a grande rival dos Beatles nos anos 1960, e cujo nome, The Rollin' Stones, logo teria o apóstrofo trocado pela letra "g".

Demoraria alguns meses até a banda chegar a sua formação clássica, com Brian Jones e Keith Richards nas guitarras, Mick Jagger no vocal, Bill Wyman no baixo e Charlie Watts na bateria. O pianista Ian Stewart permaneceria como o sexto stone somente até o empresário Andrew Loog Oldham empurrá-lo para os bastidores. Andrew considerava Ian feio, gorducho, e, além disso, achava excessivo juntar seis rostos numa foto de divulgação.

Apesar da estampa carismática e de seu enorme talento, com o tempo Brian foi perdendo espaço nos Stones para a dupla Jagger e Richards, autores dos grandes hits da banda e, eventualmente, comandantes de seus rumos musicais. Pai de inúmeros filhos ilegítimos, asmático, inseguro e idiossincrático, Brian deixou-se dominar pela depressão, ao se sentir relegado a plano secundário na banda que ele mesmo criara. Afundou nas drogas, alienando-se cada vez mais do restante do grupo, a ponto de parecer uma figura meramente decorativa no estúdio, atirado pelos cantos, chapado e incapaz de invocar seu enorme talento.

Seu brilho, contudo, permanece preservado no trabalho que realizou com os Rolling Stones, especialmente na sua capacidade de garimpar novas sonoridades e de explorar diferentes possibilidades instrumentais. São dele, por exemplo, o slide que se ouve em "Little Red Rooster", o vibrafone em "Under My Thumb", a cítara tocada em "Paint It Black", o dulcimer de "Lady Jane", e a flauta doce de "Ruby Tuesday".

Por outro lado, Brian não teve sequer uma única composição sua registrada pelos Stones. Nessa área, não tinha uma fração da habilidade desenvolvida pela dupla Jagger e Richards. Mesmo assim, em 1966, produziu, tocou e assinou a trilha do filme *avant-garde* alemão *Mord und Totschlag* (também conhecido como *A Degree of Murder*), estrelado por Anita Pallenberg, sua mulher na época.

Acusado, julgado e condenado previamente por uso de drogas algumas vezes, Brian ainda tinha pairando sobre si a sombra de um processo pendente, também por uso de drogas, quando foi encontrado afogado na piscina de sua casa, Cotchford Farm, em Sussex, que pertencera ao escritor A. A. Milne, criador do Ursinho Pooh, personagem que o músico adorava. Oficialmente considerada acidental, a polêmica morte de Brian ainda permanece cercada de mistérios.

Quando morreu, havia um mês que Brian já não era mais um rolling stone. Fora forçado a se desligar da banda pelos próprios companheiros.

Com a entrada de Brian em cena, não demorou muito até o guitarrista Dick Taylor perceber que estava chegando a hora de picar a mula. Jones era muito mais versado em blues, e como músico não havia comparação. Ademais, Mick, Keith e Dick estavam virando membros da banda de Brian. Sem espaço para três guitarristas no grupo, Dick pulou para o baixo, provavelmente sabendo que seu futuro seria melhor fora dali. Keith e Mick logo se encarregaram de entrosar Brian com suas preferências musicais. E de se entrosar com ele.

> "Apresentamos ao Brian umas coisas de Jimmy Reed, blues de Chicago que ele nunca tinha ouvido. O negócio dele era mais T-Bone Walker e blues mais jazzístico. Fomos nós que mostramos Chuck Berry a ele. 'Olha aqui, cara, é tudo a mesma coisa, e você consegue tocar isso também.'"
> – **KEITH RICHARDS**, *Rolling Stone*, 19 de agosto de 1971.

Ali cessava a breve existência do Little Boy Blue & The Blue Boys e nascia a nova banda que Brian tanto sonhava montar.

> "(Brian) me convidou para conhecer o conjunto que ele estava montando num pub em Londres. Foi onde eu conheci Stu (Ian Stewart). Ele estava com Brian. Ele costumava tocar boogie-woogie no piano em clubinhos de jazz. E ele me fundiu a cuca: eu nunca tinha ouvido um piano branco como aquele. Tudo isso em 62. (A turma do blues) não entendia qual era a nossa. Especialmente quando eu tentei tocar Chuck Berry. Brian botou um monte deles para correr, dizendo: 'Vão se foder, seus babacas! Vocês estão por fora, e eu vou montar um grupo com esses caras!' Dick Taylor passou para o baixo. E Stu ficou conosco. Daí fomos ensaiar num quartinho de fundos num outro pub."
> – **KEITH RICHARDS**, *Rolling Stone*, 19 de agosto de 1971.

"Decidimos, então, ir todos morar em Londres. Hora de romper os laços. Fomos para um apartamento em Chelsea, Edith Grove. Aquele lugar (...) cada cômodo (do edifício) ia sendo condenado, um depois do outro. E aquilo fedia que era um horror! Terrível. Os únicos bens de Brian eram a guitarra dele, algumas camas e um fogareiro a gás. E a gente ficava tocando."
– **KEITH RICHARDS**, *Rolling Stone*, 19 de agosto de 1971.

102 EDITH GROVE

O apartamento era imundo. Nas paredes, além das manchas de mofo e sujeira, porções do papel de parede pendiam aqui e acolá. Na sala, havia uma mesa, o que restava de um sofá e uma cadeira de três pernas. Eram comuns as pontas de cigarro atiradas pelo chão, sobre o tapete emporcalhado e rasgado em vários pontos. O panorama ainda era pior na cozinha, onde pratos, panelas, talheres e copos se amontoavam sobre a pia, cobertos de restos de comida. No chão, ratos circulavam em meio a garrafas de leite usadas, agora habitadas por espessas manchas esverdeadas de bolor.

Localizada em Chelsea, bairro de Londres, a rua Edith Grove corta uma das mais famosas ruas da região, a King's Road, para desembocar às margens do Tâmisa. O número 102 fica exatamente nesse trecho, conhecido como World's End – o Fim do Mundo. Seria apenas mais um endereço qualquer de uma região dilapidada de Chelsea se um dos seus apartamentos não tivesse servido de residência para Brian Jones, Mick Jagger e Keith Richards.

O apartamento, inicialmente alugado por Brian e pelo amigo Richard Hattrell, ficava no segundo andar do pequeno prédio, cuja aparência externa também deixava a desejar. Era uma construção antiga, mal-cuidada, e que dispunha de um único banheiro coletivo, localizado no terceiro andar.

Keith e Mick se juntaram aos dois logo em seguida, em agosto de 1962. Nessa época, Mick ainda estudava na London School of Economics, e Bill Wyman e Charlie Watts nem sequer existiam na banda. Hattrell, contudo, não agüentou a barra e caiu fora.

Ian Stewart lembra da primeira vez que visitou o apartamento em Edith Grove: "O fedor quase me nocauteou. Tinha comida estragada e guimbas de cigarro por toda a parte, roupas sujas jogadas pelo chão, mais aquele fedor nojento, de couve podre, não consigo imaginar como alguém era capaz de morar ali."

James Phelge estava sempre no Ealing e certa noite ouviu Jagger anunciar ao microfone que ele, Brian e Keith procuravam por mais alguém para dividir o aluguel. Phelge acertou os ponteiros com eles e se adaptou ao ambiente como uma cobra entre ratos. Mais desajustado do que Keith e Brian, Phelge ajudou a transformar o que já era um chiqueiro num ambiente ainda mais grotesco.

Assim que se sentiu "em casa", para mostrar que jogava no mesmo time, escarrou na parede, fez um círculo em torno do resultado com uma caneta e escreveu embaixo: "Este aqui se chama Yellow Humphrey." Keith e Brian ficaram chocados. Mas só por alguns segundos; depois, caíram de rir.

Mais tarde, a mesma brincadeira nojenta geraria criaturas com nomes escolhidos conforme a cor da secreção: Green Gilbert, Scarlet Jenkins ou Polka-dot Perkins.

E coitados dos vizinhos. Um dia, Keith escondeu o microfone do gravador de Brian na cisterna do banheiro e atravessou o fio até chegar à janela do seu quarto, no andar de baixo. Ele e Phelge ficaram, então, controlando os botões do gravador. Cada vez que algum inquilino entrava no banheiro eles acionavam o botão de gravação. À noite, quando Mick e Brian chegaram, mostraram o que haviam gravado na fita e se fartaram de rir.

A rotina se repetiu por alguns dias, o tempo necessário para completar a fita. Depois, chamaram uma das moças que moravam no primeiro andar, com quem tinham uma relação mais próxima, e reproduziram a parte da fita contendo a gravação de uma visita que a moça havia feito ao banheiro. Ela saiu gritando pelo corredor, alertando os moradores do prédio sobre o que os rapazes andavam fazendo.

Havia sempre uma idéia ridícula rondando a cabeça de Keith e de Phelge. O prazer maior deles era atormentar os vizinhos. Chegaram a atear fogo nos lençóis velhos, puídos e rasgados, e os atiraram pela janela enquanto gritavam que o prédio estava pegando fogo. Uma noite, quando todos no prédio dormiam, os dois amarraram uma corda no cabo de uma frigideira e a penduraram pela janela. Depois, começaram a balançá-la de encontro à janela de baixo, onde morava um novo inquilino. Naquela hora avançada da noite, o barulho de cada impacto da frigideira contra a janela do pobre coitado ecoava por toda a vizinhança. A brincadeira de mau gosto só acabou quando ouviram os gritos vindos do apartamento do primeiro andar.

Jogar louças e panelas imundas pela janela de casa, roubar comida de um casal do terceiro andar, retirar a porta do banheiro durante a madrugada para ver o que aconteceria pela manhã, nada e ninguém escapava da insanidade dos rapazes, sobretudo de Phelge e Keith. No entanto, foi nesse ambiente repugnante que um dia eles receberam uma visita especial.

Todos os Stones estavam lá, inclusive Stu. E ficaram excitadíssimos quando viram aquele grupo de rapazes bem trajados, cercados de assessores, adentrar o recinto. Eram os Beatles.

Mick, Keith e Brian saíram daquele apartamento quando chegou o segundo semestre de 1963. Os Rolling Stones tinham disco gravado e seus rostos já haviam aparecido na televisão: estava na hora de mudar. E só então a paz e a normalidade voltaram a residir no número 102 da rua Edith Grove.

"Eu estudava Economia e a música era um passatempo. Não imaginava que um dia largaria os estudos, nem que aquela aventura (musical) duraria muito tempo. E quando nos tornamos profissionais pensei que com um pouco de sorte a gente duraria uns cinco anos – que já era um tempo enorme, dada a rapidez com que os conjuntos naquela época surgiam e desapareciam."
– **MICK JAGGER**, *Lui*, setembro de 1996.

"(Mick, Brian e eu) éramos um time. Mas sempre tinha alguma coisa que não dava certo. Sempre. Pensei sobre o assunto, tentando entender o porquê. O negócio era o Brian, alguma coisa nele (...) ele se sentia solitário (...) ou ele estava completamente ligado em Mick, e eu que me danasse, do tipo me roubar o último dinheiro que eu tinha quando eu estava desmaiadão. Ele fazia coisas desse tipo. Ou ele estaria completamente do meu lado, tentando aprontar pra cima de Mick. Brian era um cara muito estranho. Era um pouco inseguro. Não conseguia se relacionar bem com dois caras ao mesmo tempo."
– **KEITH RICHARDS**, *Rolling Stone*, 19 de agosto de 1971.

"Quanto a quem era o líder da banda (...) Bom, Brian queria ser, mas ninguém queria (o posto), na verdade – parecia uma idéia tão *démodé*. Mesmo que todos estivéssemos trabalhando juntos, Brian queria desesperadamente ser o líder, mas ninguém o aceitava como tal. Não digo os integrantes da banda, mas a garotada, o público."
– **MICK JAGGER**, no livro *The First Twenty Years*.

"A banda para a qual eu entrei era liderada por Brian Jones. Para os milhões que a consideram a banda de Mick Jagger pode ser um choque saber que em 1962 Mick era apenas o cantor (dos Stones). Não havia a menor dúvida quanto a quem liderava o grupo em todos os aspectos. Brian era o diretor-gerente, e era, de longe, o que mais sabia sobre a música que estávamos tocando."
– **BILL WYMAN**, no livro *Stone Alone*.

A escolha de um nome para o grupo nascente veio do próprio Jones, e surgiu meio por acaso, durante uma conversa ao telefone de Brian com um jornalista da *Jazz News*. A razão do telefonema era a divulgação do show que a nova banda de Brian, Mick e Keith faria no Marquee, no dia 12 de julho de 1962. Quando, do outro lado da linha, pediram o nome dela, Brian não soube o que dizer. Enquanto balbuciava alguma coisa, viu de relance o título de uma canção num disco de Muddy Waters, "Rollin' Stones Blues", e mandou de bate-pronto: The Rollin' Stones, com um apóstrofo no lugar do "g", igual à música de Muddy, grafada para adquirir um jeitão mais coloquial, mais americano, mais negro.

"Stu disse que era um nome terrível. Achava que parecia o nome de uma banda irlandesa de variedades, ou algo que deveria estar tocando no hotel Savoy."
– **BILL WYMAN**, no livro *Stone Alone*.

FINGERPRINT FILE: IAN AR STEWART

18 de julho de 1938 – 12 de dezembro de 1985

Se George Martin tem motivos para ser chamado de "o quinto beatle", Ian Stewart colecionou razões de sobra para ser apontado como "o sexto stone". Ou o segundo. De fato, Stewart foi o primeiro músico a se juntar ao guitarrista Brian Jones e com ele iniciar a formação da banda que em pouco tempo seria chamada The Rolling Stones.

Escocês de Pittenween, Fife, Stu (como também era conhecido) aprendeu a tocar piano ainda muito jovem. Gostava de blues, Duke Ellington, Ella Fitzgerald, das big bands. Mas para ele nada se comparava ao ritmo saltitante do boogie-woogie – uma forma sincopada de blues, e, definitivamente, seu estilo favorito de música.

Apesar de ter participado de toda a gênese do grupo ao lado de Brian Jones, com quem se reuniu pela primeira vez em maio de 1962, Stu teve o infortúnio de não cair nas graças de Andrew Loog Oldham. O jovem que se tornou empresário dos Rolling Stones aos 21 anos não gostou da estampa do pianista. Stu era feio, gorducho e prognata, e por isso foi removido para a retaguarda da banda por Andrew. Ian passou, então, a coordenar as turnês dos Stones, mas seguiu tocando piano e órgão nos discos e nas aparições iniciais do grupo na televisão – sempre providencialmente escondido por trás das cortinas, para que o público não o visse.

Stu deixou sua marca em inúmeras gravações que fez com a banda. É dele, por exemplo, o piano em "Little By Little", "Let It Bleed", "Dead Flowers", "Sweet Virginia", e nas versões ao vivo de "Carol" e "Little Queenie" gravadas para o álbum *Get Yer Ya-Ya´s Out!*. Curiosamente, Stu usou um argumento insólito para justificar sua ausência em certas canções, notadamente em "Wild Horses", da qual deveria participar: "Eu não toco acordes em tom menor." E foi além: "Quando estou no palco com os Stones e um acorde em tom menor surge no caminho, eu levanto as mãos em protesto."

Com esse jeito irreverente, simples e totalmente *antipopstar* (ele sempre se dirigia à banda chamando-a de "minha chuva de merda"), Stu subiu ao palco com os Rolling Stones durante várias turnês.

Mesmo quase sempre restrito aos bastidores dos Stones, Stu nunca parou de tocar. Tanto que no final dos anos 1970 formou uma banda para curtir seu adorado boogie-woogie: a Rocket 88, que reunia, entre outros, Alexis Korner, Jack Bruce e Charlie Watts, e que deixou um disco registrado em 1981. Muito querido e respeitado pelos colegas de profissão, Ian ganhou do Led Zeppelin uma música em sua homenagem: "Boogie With Stu", gravação incluída no álbum *Physical Graffiti*, da qual, aliás, ele participa.

Em 1985, porém, o coração lhe pregou uma peça irônica e trágica. Naquele fatídico 12 de dezembro, na sala de espera de um consultório médico, enquanto aguardava para ser atendido, Stu sofreu um ataque cardíaco fulminante. Morreu ali mesmo, aos 47 anos.

Os Rolling Stones dedicaram o álbum *Dirty Work*, de 1986, a Stu, e incluíram, colados à última faixa, 30 segundos de uma gravação do pianista tocando sozinho. Lógico que era um boogie-woogie.

"Sou superfã do grupo até hoje, especialmente do fenômeno Mick Jagger."

– **ANTÔNIO ADOLFO**, tecladista, compositor e fundador da banda Brazuca

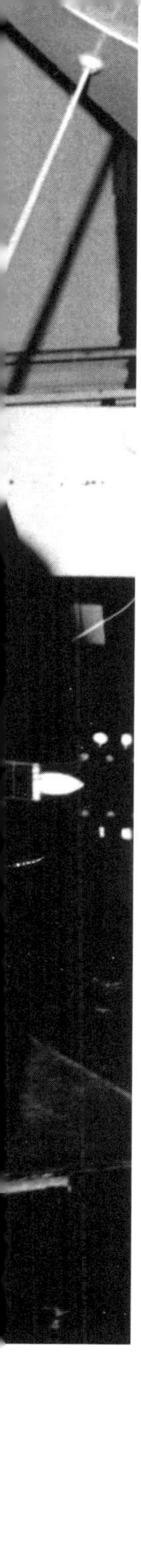

"MICK JAGGER FORMA GRUPO
MICK JAGGER, VOCALISTA DE R&B, LEVA UM GRUPO DE RHYTHM AND BLUES NA NOITE DE AMANHÃ (QUINTA-FEIRA) AO MARQUEE, ENQUANTO O BLUES INC. FAZ SUA APRESENTAÇÃO NO JAZZ CLUB.
CHAMADO DE 'OS ROLLING STONES' ('ESPERO QUE NÃO PENSEM QUE SOMOS UM CONJUNTO DE ROCK'N'ROLL', DIZ MICK), O GRUPO É FORMADO POR: JAGGER (VOCAL), KEITH RICHARDS, ELMO LEWIS (GUITARRAS), DICK TAYLOR (BAIXO), 'STU (PIANO) E MIKE AVORY (BATERIA).
UM SEGUNDO GRUPO, DE LONG JOHN BALDRY, TAMBÉM ESTARÁ LÁ. "

– Notícia do *Jazz News*, chamando para o primeiro show na história dos Rolling Stones, realizado em 12 de julho de 1962.

"Acabamos pegando para tocar conosco um baterista chamado Tony Chapman, que virou nosso primeiro baterista fixo. Horrível. Um dos piores. Perguntamos a ele: 'Você conhece algum baixista?' Ele: 'Conheço um.' 'Então, diga para ele vir no próximo ensaio'. E eis que aparece, senhoras e senhores, Bill Wyman."
– **KEITH RICHARDS**, *Rolling Stone*, 19 de agosto de 1971.

"No início de dezembro (de 1962), Tony Chapman me falou dos Rolling Stones. Ele veio ao meu apartamento e contou que eles não tinham baixista; e sugeriu que eu fosse com ele conhecê-los. Perguntei que tipo de música eles tocavam. 'Blues', ele disse, 'bem devagar, fácil de tocar.' Tony havia trazido com ele um gravador com músicas de Jimmy Reed, que era o favorito dos Stones, para que eu tivesse uma idéia (do que estava falando)."
– **BILL WYMAN**, no livro *Stone Alone*.

A lenda conta que Bill Wyman – mais velho, e dono de considerável experiência nos palcos, pois já vinha tocando havia três, quatro anos, parte deles com o conjunto de música instrumental The Cliftons – conseguiu a vaga graças não a seu currículo considerável, ou mesmo a seu inegável talento, mas a seu equipamento.

Ao vivo, os Stones, na época, usavam apenas dois amplificadores pequenos, com alto-falantes arrebentados, o que, por um lado, dava um som "autêntico" à banda, mas, por outro, limitava seu impacto ao vivo.

Wyman apareceu para seu teste – num dia gelado, de rara neve em Londres – com o contrabaixo e um amplificador Vox AC-30, um dos mais potentes que Mick, Keith e Brian tinham visto. Levou, também, um segundo amplificador, um Watkins Westminster de 8 watts, que custara algo em torno de 40 dólares, e oferecia quatro entradas – uma para baixo, outra para guitarra solo, outra para guitarra ritmo, e uma para vocal. E ainda tinha reverb!

Curiosamente, os rapazes não gostaram muito, no começo, da limpeza do som dos amplificadores de Wyman. Só que não havia como resistir à disponibilidade de um equipamento de som que redobraria o poder de fogo da banda nos shows. Brian, Mick e Keith se reuniram, então, para debater o assunto. "O baixista pode não ser nada especial, mas vamos ficar com ele para poder usar o amplificador", teria dito Keith, segundo Wyman.

> "(Ao chegar para o teste) falei com Ian Stewart, que me apresentou a Mike Jagger (como ele era chamado na época), que foi muito amável. Depois, conheci Brian Jones e Keith Richards. A aparência deles me surpreendeu. Foi um choque e tanto: no mundo pop, de onde eu vinha, se apresentar bem era uma coisa automática. Eu estava bem vestido, como se fosse trabalhar, com um corte de cabelo no estilo de Tony Curtis. Minha aparência contrastava com o jeito desleixado deles. Pessoas com paletós e calças esporte e gastas não eram o tipo de pessoa com quem eu andava."
> – **BILL WYMAN**, no livro *Stone Alone*.

A antipatia foi mútua. Brian e Keith sequer se dignaram a conversar com Bill durante o teste. Mas não havia como negar que Wyman tocava bem, e o encanto com o equipamento falou mais alto que o estranhamento inicial, e Bill tornou-se um stone.

Agora, só faltava encontrar o baterista.

> "Nós realmente não tínhamos um baterista. Estávamos sempre trocando, à procura de um que conseguisse manter o ritmo e dar coesão à banda. Charlie Watts era o único baterista que nós conhecíamos e que seria capaz de dar conta do recado, mas ele tocava com Alexis Korner e, claro, não faria o menor sentido convidá-lo para tocar com um bando que nem sabia quando teria o próximo prato de comida."
> – **IAN STEWART,** no livro *Blown Away, The Rolling Stones and The Death of The Sixties.*

FINGERPRINT FILE: WILLIAM GEORGE PERKS (BILL WYMAN)

24 de outubro de 1936

O mais velho dos Stones nasceu em Londres e ocupou o posto de baixista da banda por trinta anos.

Rosto sem expressão, quase imóvel, Bill se notabilizou por uma postura discreta e contida no palco. Com aquele jeito de empunhar o instrumento, quase que todo na vertical, a figura estática de Bill pouco chamava atenção em shows. O que se impunha, de fato, era o som sólido e consistente que saía do instrumento.

Centenas de vezes mais organizado que seus colegas, Bill, além de músico, tornou-se arquivista e biógrafo da banda. São dele dois dos livros mais informativos e repletos de detalhes já escritos sobre os Stones: *Stone Alone* (preparado a quatro mãos com Ray Coleman, ex-editor do jornal inglês de música *Melody Maker*) e *Rolling with the Stones* (co-escrito com Richard Havers).

Wyman nunca protagonizou qualquer dos escândalos envolvendo drogas, tão comuns na trajetória da banda. Arredio a elas (exceto pelos barbitúricos tomados no início dos anos 1960 e pelo período durante o exílio na França, em 1972, em que passava o dia inteiro fumando haxixe e maconha), o ex-oficial da Royal Air Force ficou mais conhecido por seu voraz apetite sexual – e por sua preferência por parceiras bem mais jovens que ele. E nessa área, vale dizer, Bill também agia como um arquivista: ele contabiliza em seus livros com quantas fãs transou ao longo de cada turnê dos Rolling Stones.

Dos integrantes do grupo, Bill foi o primeiro a lançar um álbum solo, já que Mick e Keith não abriam espaço nos discos dos Stones para as suas composições. A única chance ocorreu em 1967, quando ele teve permissão de cantar uma composição sua, "In Another Land", no álbum *Their Satanic Majesties Request*. Wyman foi também o único dos integrantes originais a se desligar voluntariamente do grupo. Após a turnê de lançamento do álbum *Steel Wheels*, Bill anunciou aos colegas seu desejo de largar o grupo. O que, de fato, só viria a acontecer no início de 1993: exatos trinta anos depois de sua estréia nos Rolling Stones.

Cansado das longas viagens, da vida na estrada, de pular de um hotel para outro, dos vôos, e possivelmente até mesmo da sombra de Jagger & Richards, o baixista pôde, então, se dedicar aos seus projetos: fotografia, escrever livros, lançar novos discos solo, organizar escavações arqueológicas (sim, é isso mesmo que você leu), e se divertir ao lado de seus companheiros do Rhythm Kings, a banda "flexível" (um agregado no formato "all-stars", repleto de convidados especiais estelares), com quem tem gravado CD's e feito shows.

FINGERPRINT FILE: CHARLES ROBERT WATTS (CHARLIE WATTS)

2 de junho de 1941

O mais discreto e elegante dos Rolling Stones foi o último a integrar a formação clássica da banda. Filho de um motorista e de uma dona de casa, Charlie só ganhou uma bateria de verdade depois de ter transformado a caixa de ressonância de um banjo num pequeno tambor. Desde então, nunca mais se afastou do instrumento, que aprendeu a tocar vendo outros bateristas e ouvindo discos de jazz.

Em 1960, ao completar os estudos na Harrow Art School, Watts foi trabalhar como desenhista numa agência de publicidade, mas teve o cuidado de reservar duas noites por semana para tocar com uma banda num bar de Londres. Em 1962, depois de uma temporada de trabalho na Dinamarca, Charlie assumiu o posto de baterista na banda de Alexis Korner, a Blues Incorporated.

Difícil foi conciliar o trabalho na agência com a agenda apertada da banda. Sem condições de manter a dupla jornada, Charlie preferiu garantir o emprego na agência – e se desligou de Alexis. Mas não conseguia se livrar do assédio dos Rolling Stones.

"Os Stones eram um bando de malucos, que viviam tocando sem ganhar um tostão", ele lembra. "Mas eu gostava do espírito da banda, daquele jeito deles. Além disso, já estava totalmente envolvido com o rhythm and blues. Ainda que fosse uma coisa incerta, decidi correr o risco – e fui tocar com eles."

Charlie Watts fez sua primeira apresentação com os Rolling Stones em 12 de janeiro de 1963 – e nunca mais saiu da banda. Mas tratou de levar junto seu material de desenho. Com ele, fez uma série de ilustrações em homenagem ao saxofonista Charlie Parker, expoente do jazz bebop e uma das paixões musicais de Watts. Mais tarde, as ilustrações ganharam um pequeno texto e se transformaram no livro *Ode To A High Flying Bird*, editado em 1964.

De fato, a experiência de Watts como desenhista e artista gráfico sempre se mostrou extremamente útil para os Stones. Além de Charlie ter ilustrado a contracapa do álbum *Between The Buttons*, lançado em 1967, a maioria dos cenários usados pela banda desde 1975 partiu de idéias e desenhos que ele desenvolveu junto com Mick Jagger. Como o palco em forma de flor de lótus, usado na *Tour of The Americas*, de 1975, e o gigantesco cenário industrial visto na turnê *Steel Wheels/Urban Jungle*, de 1989 – 1990. Além disso, e sempre junto com Jagger, Charlie supervisiona todo o design gráfico ligado aos Stones, de capas de CD e cartazes a camisetas. E tem o hábito de registrar em desenho todos os quartos onde se hospeda nos périplos da banda ao redor do planeta.

Fã de ternos bem cortados e de roupas finas, o baterista de rock dono de ritmo preciso e infalível nutre uma paixão inabalável pelo jazz. Em 1985, transformou em realidade um sonho que acalentava havia tempo: montou uma grande orquestra com alguns dos músicos mais destacados na cena jazzística inglesa. À frente da Charlie Watts Orchestra, se apresentou no celebrado clube de jazz Ronnie Scott's, em Londres, e percorreu algumas cidades nos Estados Unidos e no Japão. Deixou, também, um disco gravado ao vivo, editado em 1986.

Outra obsessão de Watts são os cavalos árabes. Enquanto cada um dos seus colegas de banda mantém no ar um site próprio de cunho rigorosamente musical, o site de Charlie – repartido com a esposa Shirley, casada com ele desde 1964 – é dedicado única e exclusivamente a... cavalos árabes. Que ele cria. Já dissemos que Charlie é o mais idiossincrático dos Stones?

Em 2004, foi diagnosticado um câncer em sua garganta. Curado, o ex-fumante voltou a encarar mais uma grande turnê mundial com os Stones. A maior de todas, e que teve como ponto alto o show ao ar livre em Copacabana que, em 18 de fevereiro de 2006, reuniu o maior público da história da banda: 1,2 milhão de pessoas.

"Adoro aquela bateria do Charlie Watts, simples, com um suingue que é só dele. (...) Gosto daquela coisa sem-vergonha dos Stones, aquele som de garagem, meio sujo."

– **RITA LEE**, *cantora*

"Se eles tivessem me convidado (para juntar-me à banda) alguns meses antes, eu nem pensaria duas vezes. (Recusaria), porque meu negócio era jazz moderno. Mas acho que eu imaginava que o rhythm and blues ia ser muito importante na cena musical, e eu queria fazer parte daquilo. E os Rolling Stones eram ótimos. Então, entrei para a banda."
– **CHARLIE WATTS**, no livro *The First Twenty Years*.

No início, trabalho surgia com muita raridade para os Stones, mesmo com um bom baterista completando o grupo. Não ajudava nem um pouco a aversão que os donos dos lugares onde Mick, Keith e Brian pensavam em tocar sentiam por eles. Os Stones podiam conhecer bem as casas de jazz tradicional – só que naquela hora o movimento de trad jazz estava pelas últimas na Inglaterra, com os empresários do ramo desesperados para preencher o espaço com artistas novos, desde que tocassem jazz, e não rhythm and blues, ou, Deus nos perdoe, rock and roll!

"Os Stones eram tão mal vistos dentro do mundo do jazz... Ninguém falava bem deles, nem os ajudava. Eles eram *outsiders* totais, considerados um bando de monstruosidades cabeludas."
– **CHARLIE WATTS**.

Mas eles conseguiam tocar em algumas casas de jazz no Soho, como o Flamingo Club, a rede Ricky Tick, o Ealing, o Marquee. E na boatezinha que o empresário Giorgio Gomelsky mantinha nos fundos do Station Hotel, na região de Richmond.

Agressivo e proativo, Gomelsky se encarregou de divulgar bem os shows de seus novos contratados: comprou anúncio até no jornal semanal de música *Melody Maker*, no final de fevereiro de 1963, para promover suas noitadas de "R&B com os inimitáveis, incomparáveis, sensacionais" Stones.

"Um ímã musical está atraindo os beatniks do jazz a uma nova Meca em Richmond."
– Artigo de **BARRY MAY** no jornal *Richmond and Twickenham Times*, de 13 de abril de 1963, referindo-se aos Rolling Stones.

E, como por mágica, a banda começou a dar certo, com platéias crescendo para quarenta, sessenta, cem pessoas por show. Os Stones passaram a reconhecer vários rostos onde tocavam, as mesmas pessoas que vinham vê-los onde quer que eles tocassem – os primeiros fãs. Era resultado bom o bastante para dar a Brian e ao resto da banda a segurança de que estava na hora de gravar.

No dia escolhido, 11 de março, os Stones foram ao estúdio IBC, desembolsaram 106 libras por três horas de uso de um gravador de dois canais, e registraram "Road

Runner", "Diddley Daddy" (ambas de Bo Diddley), "I Want to be Loved" (de Muddy Waters), "Honey What's Wrong" e "Bright Lights, Big City" (as duas de Jimmy Reed).

> "Os Stones eram uma novidade, porque ninguém sequer tinha ouvido falar de Jimmy Reed e Bo Diddley na Inglaterra, e aquilo era basicamente o que eles estavam tocando. (Mas) eu tive medo de apresentá-los ao dono do estúdio, por causa da impressão imediata que eles causavam nas pessoas, por conta de sua aparência, suas roupas, seu cabelo. Assim que você olhava para eles, eles mostravam sua completa oposição à sociedade, a todo mundo, a qualquer coisa."
> – **GLYN JOHNS**, futuro produtor de Eric Clapton, dos Faces, do The Who e dos próprios Stones, falando sobre o dia em que levou a banda para o IBC.

A verve de Gomelsky, enquanto isso, continuava propagandeando a banda em anúncio após anúncio no *Melody Maker*, vendendo uma atração "sem precedentes, incontestável, na busca incansável da combustão espontânea". Ou, então "a explosão fogosa e indomável de R&B impetuoso com os incontrolavelmente tempestuosos" Rolling Stones.

A essa altura, a banda atraía ao Richmond trezentas pessoas por noite. Entusiasmado, Gomelsky prontamente rebatizou a casa, que a partir de agora iria se chamar Crawdaddy, nome inspirado na música com que os Stones costumavam encerrar seus shows, "Doing the Crawdaddy", de Bo Diddley.

Na noite de 14 de abril de 1963, com a casa cheia, os Stones mal haviam começado a tocar quando localizaram na platéia quatro rapazes vestidos igual – todos com longos sobretudos de couro. Eram os Beatles, levados por – quem mais? – Giorgio Gomelsky, que esbarrara neles numa gravação de TV a poucos quilômetros dali e os arrastara para o Crawdaddy.

> "Era uma sensação. A platéia gritava e dançava em cima das mesas. A batida dos Stones era tão sólida, sacudia as paredes e parecia se mudar para dentro da sua cabeça. Um som ótimo."
> – **GEORGE HARRISON**.

Depois do show, os Beatles partiram para Edith Grove com os Stones, onde ouviram juntos a demo recém-gravada pela banda e alguns discos de blues selecionados por Brian.

> "Lá pelo meio da madrugada, conversamos sobre nossas esperanças. Mal podíamos crer que nosso tipo de música iria pegar."
> – **BRIAN JONES**.

A visita terminou às quatro da madrugada, rendeu a Brian uma foto autografada dos quatro de Liverpool – que ele prontamente pendurou na parede, logo acima da lareira – e quadruplicou nele o apetite por uma carreira de sucesso. Imenso. Já.

> "Brian (Jones) vinha de uma cidade provinciana. Primeiro de tudo, ele precisava conquistar Londres. Esse era o lance dele. Ele ficou muito feliz quando fizemos sucesso em Londres, quando nos tornamos a banda mais maneira da cidade. Para Mick e eu, aquilo não significava nada, porque era nosso lugar. Pensamos: 'Bom, pelo menos conquistamos um espaço na porra da nossa cidade.'"
> – **KEITH RICHARDS**, *Rolling Stone*, 19 de agosto de 1971.

Apesar de seus esforços quixóticos (beirando o histriônico), Gomelsky tinha limitações. E se intencionava assegurar um contrato de gravação para os "incontrolavelmente tempestuosos" Stones, de quem ele genuinamente gostava, Giorgio sabia que precisava de ajuda. E foi buscá-la na redação do jornal de música *Record Mirror.*

A convite de Giorgio, o jornalista Peter Jones, do *staff* do *Record Mirror*, viu a banda tocar em Richmond, e saiu de lá tão impressionado que se dispôs a fazer o que pudesse para achar uma gravadora que se interessasse pelos Stones. Dias depois, Peter topou com Andrew Loog Oldham, um varapau ruivo, aspirante a humorista, ex-assessor de imprensa dos Beatles, ambicioso – e ligadíssimo no que a garotada londrina preferia.

Andrew repartia um escritório com Eric Easton, um respeitado e experiente empresário de entretenimento, mas da velhíssima guarda. Diante da dica de Peter, Oldham resolveu levar Eric com ele a Richmond para conhecer os Stones.

> "Ele olhava para Mick (Jagger) da mesma forma que o Frajola olha para o Piupiu."
> – O cantor de jazz **GEORGE MELLY** falando da primeira vez que Andrew Oldham viu os Rolling Stones ao vivo.

> "Eles provocaram em mim um impacto imediato. E minha reação foi: 'É isso!' A combinação de música e sexo era algo que eu não havia encontrado em nenhum outro grupo, e o surpreendente era que você podia pegá-los como estavam, sem precisar pedir que mudassem o que fosse, roupa, cabelo, ou qualquer outra coisa."
> – **ANDREW OLDHAM**.

> "Lá dentro aconteceu o meu primeiro banho turco gratuito, absolutamente lotado de gente, a atmosfera mais excitante que eu já vira numa boate ou num salão de baile. Os Stones estavam saboreando cada minuto. Eles produziam um som fantástico, que era obviamente certíssimo para a meninada na platéia."
> – **ERIC EASTON**.

Em outras palavras, Andrew e Eric enxergaram uma mina de ouro no palco de Richmond.

Após várias reuniões com Brian Jones – que queria se certificar de que a autonomia da banda não seria ameaçada –, Andrew e Eric – sob a égide da empresa que logo formaram em parceria, Impact Sound – assinaram um contrato de empresariamento com os Stones pelos três anos seguintes. Com uma condição: Ian Stewart estava fora da banda.

Pelo menos, deveria sumir do primeiro plano, e ficar escondido nos bastidores, como músico no estúdio e coordenador de turnês. Para Andrew, apesar do som de seu piano e sua formação musical serem cruciais na formação da banda, a imagem caretinha de Stu era "completamente errada" para os Stones. Além disso, Oldham considerava Ian – prognata, grandalhão e gordinho – feio demais para integrar uma atração pop.

Brian, Mick e Keith concordaram. Charlie e Bill não gostaram, mas não tinham o menor poder de intervir. O próprio Ian se resignou, quando ouviu Jones dizer: "Não se preocupe. Você faz parte dos Stones. Vai sempre receber um sexto de tudo."

> "Não importa o que Stu ou qualquer outra pessoa tenha dito. Mas ele ficou chateado por ter sido rebaixado, amargurado não só por não estar mais lá em cima do palco, mas pela maneira cruel como foi chutado para o lado."
> – **CYNTHIA STEWART**, viúva de Stu, no livro *Stone Alone*.

> "O que (Stu) sentia em relação a Brian, que tão deliberadamente aceitou a ordem de Andrew, amargou, e as tensões entre os membros do grupo começaram a aumentar. O relacionamento de Brian com Mick ficou temporariamente fortalecido, mas havia um sentimento oculto de que a determinação cruel estava substituindo o idealismo. Acho que a 'demissão' foi uma maneira estranha de retribuir a lealdade de Stu."
> – **BILL WYMAN**, no livro *Stone Alone*.

Giorgio Gomelsky, deixado de fora de toda a jogada que, involuntariamente, ajudara a iniciar, tornou-se a baixa seguinte na estratégia traçada por Oldham. Com as rédeas empresariais dos Stones firmemente nas mãos de Andrew, Gomelsky levou um chute da banda com requintes de safadeza: soube de toda a transação por terceiros e não pelos Stones.

E a traição a Stu ainda não havia terminado. Quando comprou dos Stones a fita demo, reembolsando as 106 libras gastas nela, Andrew assinou com a banda um segundo contrato, dessa vez de gravação, tomando o cuidado de excluir Ian do contrato, que daria a cada um dos outros cinco Stones royalties de 6%.

Brian Jones seria a vítima seguinte – mas isso ainda demoraria um pouco até acontecer.

Oldham e Easton firmaram, então, um acordo com a gravadora Decca, segundo o qual a Impact Sound alugaria a fita dos Stones, ou qualquer outra gravação

que a banda fizesse nos dois anos seguintes. Assim, todos os direitos sobre a música gravada dos Stones permaneciam com Oldham e Easton.

Sempre muito malandro, Oldham tinha uma razão bastante específica para assinar com a Decca. Ele sabia que o diretor artístico da gravadora era Dick Rowe, o executivo que seria eternamente conhecido como O Homem Que Recusou Os Beatles – a banda emergente que procurou Rowe em busca de um contrato ouviu um "não" polido mas firme, e virou a maior sensação pop do planeta. Andrew sabia que Rowe não estava disposto a cometer o mesmo erro duas vezes.

Também ajudou o fato de Dick ter antes ouvido uma recomendação vinda de ninguém menos que George Harrison.

Dick logo providenciou uma sessão de gravação profissional para os Stones, a ser produzida por Oldham, que, até aquele momento, jamais havia produzido um disco na vida e confessava saber xongas de música! Foram registrados "Come On", de Chuck Berry, e "I Want To Be Loved", de Muddy Waters, no mesmo dia em que o *Record Mirror* abria suas páginas para uma matéria sobre os Stones – com direito a fotos – cavada semanas antes pelo agora descartado Gomelsky.

> "Talvez você nunca tenha ouvido falar deles, mas, por Deus, vai ouvir. Eles estão destinados a ser provavelmente o maior grupo da cena de R&B. Ao contrário dos demais grupos de R&B, os Stones têm um claro apelo visual. Eles tocam e cantam de um jeito que você esperaria de um grupo de R&B americano e de cor. (Os integrantes) são loucos por Bo Diddley. E conseguiram fazer um som americano melhor do que qualquer outro grupo aqui."
> – **NORMAN JOPLING,** no jornal *Record Mirror*.

Tinha chegado a hora de apurar o visual da banda. Andrew se encarregou de arrastar os cinco Stones para as lojas mais chiques de Carnaby Street, e saiu de lá com sacolas de calças jeans pretas – e apertadas –, blusas de gola rulê pretas e botas de salto alto Annello & Davide (as mesmas depois conhecidas por "botinhas Beatle") igualmente pretas. O guarda-roupa recém-adquirido deveria ser o novo uniforme de palco da banda. Mas logo Andrew descobriria que domar os Stones era rigorosamente impossível.

No primeiro show para a banda agendado por ele, um evento de gala com fins beneficentes, somente Bill Wyman tocou com a nova indumentária.

> "Hoje me parece óbvio que, ao tentar nos vestir de um jeito mais arrumadinho, Andrew queria nos tornar parecidos com os Beatles. Por causa de sua associação prévia com eles, (Oldham) conhecia bem o poder do marketing. E no começo ele estava nos posicionando para ser os sucessores naturais (dos Beatles), em vez de seus iguais. Seria um erro terrível se nós tivéssemos aceitado (o plano dele)."
> – **BILL WYMAN**, no livro *Stone Alone*.

"As pessoas acham que Oldham criou (nossa imagem de maus), mas ele tentou nos tornar comportadinhos. Ele lutou contra (a imagem 'selvagem' da banda). Existem fotos da gente vestindo os ternos que ele nos obrigou a usar, aqueles paletós de *pied-de-poule*, com lapelas de veludo preto. Todo mundo de calça preta, gravata e camisa. Durante um mês inteiro a gente disse 'Tudo bem. Faz parte do jogo. Vamos experimentar.' Mas depois (a personalidade dos) Stones tomou conta da situação. Charlie deixava o paletó num camarim, o meu estava todo cheio de manchas de uísque ou pudim de chocolate. E no final estávamos vestindo nossas velhas roupas de sempre, porque era tudo que restava."

– **KEITH RICHARDS**, *Rolling Stone*, 19 de agosto de 1971.

Outro ato de rebeldia contra Andrew ocorreria logo após o lançamento do primeiro compacto dos Stones, em junho de 1963. Os Stones detestaram o resultado da gravação de "Come On" (Mick considerou o disco "uma merda"), e, mesmo sendo a sua primeira música de trabalho, o seu cartão de visitas no mundo do rádio, decidiram simplesmente parar de tocá-la nos shows!

A imprensa musical, na hora de resenhar o compacto, de certa forma concordou com Jagger. "Não parece os Stones", escreveu o mesmo Norman Jopling que havia conhecido a banda tocando em Richmond. "É bom, ganchudo e comercial, mas não é aquele som fanático de R&B que as platéias esperam horas para conseguir ouvir. Deve ter um impacto pequenino nas paradas."

Pior foram as comparações com os Beatles – e as insinuações de que os Stones eram apenas um bando de aproveitadores. "Um dos grupos mais estabelecidos (da cena) R&B de repente surge com penteados Beatle e suéteres escuros", alfinetou Craig Douglas, do *Melody Maker*, para quem o compacto era "bem ordinário".

Um mês depois do lançamento do primeiro disco, os Stones aceitaram participar de um ritual comuníssimo que até hoje todo músico costuma odiar: fazer um show de playback, dublando uma gravação deles mesmos tocando e cantando. Mas a causa era meritória: pela primeira vez eles participariam de um programa de TV de alcance nacional, o popularíssimo *Thank Your Lucky Stars*, exibido nas noites de sábado e visto por milhões de adolescentes no Reino Unido. E o pagamento era recorde para uma banda acostumada a lamber os beiços se conseguisse pôr as mãos em alguns trocados: 147 libras!

A ocasião proporcionou aos Stones o primeiro gostinho da aura de controvérsia que acompanharia a banda por toda a vida. Um executivo da emissora de TV, após a apresentação dos Stones, chamou Oldham num canto e sugeriu que, para seus contratados fazerem sucesso, era imperativo que se livrasse daquele cantor "desagradável, com lábios que parecem ranhuras de pneus".

THE RECORDED WORK RESERVED · UNAUTHORISED PUBLIC PERFORMANCE BRO
DECCA
REGD.
DE IN ENGLAND
THE DECCA RECORD CO.
Music
℗
XDR 3
F 11
COME ON
(Berry)
THE ROLLING STONES
Production: Impact Sound

"ROLLING STONES DEFENSORES DO R&B
OS ROLLING STONES SÃO UM GRUPO DE LONDRES COM O SOM DE LIVERPOOL, DE ACORDO COM ALGUNS.
FÃS DE RHYTHM AND BLUES DIZEM QUE ELES SÃO O ÚNICO CONJUNTO BRITÂNICO COMPARÁVEL AOS GRUPOS AMERICANOS DE R&B.
O PORTA-VOZ BRIAN JONES, QUE CANTA E TOCA GAITA, DIZ: "ACHO QUE SOAMOS COMO NÓS MESMOS E COMO NENHUM OUTRO."
ELES AFIRMAM SER, EM PRIMEIRO LUGAR, E ACIMA DE TUDO, UM GRUPO DE RHYTHM AND BLUES. SE VOCÊ OS CHAMAR DE CONJUNTO DE MÚSICA BEAT, ELES DEMONSTRARÃO ABORRECIMENTO. SE VOCÊ SE AVENTURAR A SUGERIR QUE ELES TOCAM ROCK'N'ROLL, ELES SEM DÚVIDA VÃO PARECER AMEAÇADORES."

– Matéria publicada pelo jornal inglês de música *New Musical Express* em 23 de agosto de 1963.

Os ventos da mudança que impulsionavam o sucesso dos Beatles, dos Rolling Stones e dos incontáveis conjuntos que pareciam pipocar diariamente no Reino Unido trouxeram à vida também o programa de TV que serviria de trampolim e vitrine para todo o pop britânico. O musical *Ready Steady Go!* – com seu slogan convidativo, "O fim de semana começa aqui" – apresentava uma fórmula simples mas extremamente eficiente de entretenimento: um palco para as principais atrações musicais da semana, cercado da garotada dançante que transformava aqueles artistas nos astros do momento.

O público que havia rejeitado os Stones tão vigorosamente depois da apresentação da banda em *Thank Your Lucky Stars* – cartas e telefonemas reclamaram da presença de uma atração tão "imunda" num programa para toda a família, tradicionalérrimo – agora seria contrabalançado – e sobrepujado – pela meninada que lotava os estúdios de *Ready Steady Go!* para gritar vigorosamente sua aprovação daquele novo som. E daquela nova imagem.

> "Os Stones foram fantásticos (na sua primeira aparição no programa), absolutamente maravilhosos. Mick pulou daquele jeito que fazia as meninas gritar. Recebemos literalmente milhares de cartas pedindo para vê-los de novo. Pessoas que nunca tinham visto ou ouvido falar deles começaram a dizer maravilhas da banda. Mais tarde os mais velhos começaram a escrever cartas dizendo que os Stones eram nojentos, horríveis e desagradáveis. Mas a reação àquela primeira apresentação foi tão boa que em questão de três meses eles viraram uma atração regular do programa."
> – **CATHY MCGOWAN**, entrevistadora do programa de TV *Ready Steady Go!*

A ascensão de Mick e Keith como as figuras de proa dos Stones começa nessa época, a partir do momento em que Brian Jones passa a perder shows – por problemas de saúde que ele atribuía à exaustão nervosa –, e em que o apartamento de

Edith Grove é deixado para trás, e Mick e Keith vão morar junto com Andrew Oldham. Sem Brian.

Contente com o resultado de "Come On" – que havia encontrado 100 mil compradores e galgado a parada até chegar ao vigésimo posto –, a Decca pediu à banda mais um compacto. Inseguros com o resultado de outra nova gravação – *covers* de "Fortune Teller" e "Poison Ivy" –, os Stones sabiam que precisavam de um compacto melhor que o anterior para manter o atual nível de sucesso. E enrolaram a gravadora, enquanto buscavam uma alternativa. Felizmente, Andrew esbarrou em John Lennon e Paul McCartney.

Oldham explicou o problema dos Stones a John e Paul – seus antigos empregadores, e, a essa altura, compositores consagrados, autores do quarto compacto de enorme sucesso dos Beatles, "She Loves You" – e se surpreendeu ao ouvir a oferta dos dois: eles dariam uma música sua para ser o novo compacto dos Stones.

Há uma considerável dose de ironia no fato do segundo compacto dos Rolling Stones ser uma composição de Lennon e McCartney. Os Stones estavam preocupados em projetar uma imagem mais autêntica de músicos de R&B, e planejavam fazê-lo com seu segundo compacto. Andrew, entretanto, pressionava por algo mais pop, mais comercial. E ele sabia que sair com uma música escrita pela dupla pop mais famosa do Reino Unido operaria milagres na já crescente popularidade dos seus contratados. Venceu Andrew, e os Stones lançaram "I Wanna Be Your Man".

Em setembro, os Beatles dariam aos Stones um segundo presente, ao convidar a banda para abrir o show que fariam no prestigiosíssimo Royal Albert Hall em benefício do fundo de pensão dos gráficos ingleses. Vestindo o tipo de uniforme que Andrew tanto adorava – calças pretas, camisas azul-claro e coletes de couro azul-escuro –, os Stones conseguiram o feito quase impossível de conquistar a platéia que estava ali para ver os Beatles.

> "Eletrizantes, as cabeças balançando conforme a música, os cabelos voando, os corpos girando rápido de um jeito que leva as meninas a um frenesi, eles se apresentam de uma maneira rápida, tensionada, explosiva. Os Stones abriram (a noite), a coisa mais difícil de se fazer no mundo, e a platéia tida como fria praticamente fritou os assentos com seu calor. As fundações do Royal Albert Hall balançaram. Certamente nunca, nos seus cem anos de existência, (aquele prédio) ouviu algo comparável aos Stones."
> – Resenha na revista *Boyfriend*.

O texto na *Boyfriend* sublinhava um detalhe importantíssimo: os Stones eram diferentes de toda a música pop ao seu redor. E esse era seu trunfo. A generosidade dos Beatles ajudou, inquestionavelmente, a impulsionar os Stones a um novo patamar de popularidade e prestígio. Mas veio o momento em que Andrew Oldham, enfim, se convenceu de que os seus Stones e os Beatles eram criaturas diversas. Melhor permitir que eles deixassem vir à tona suas características próprias para se distinguir e criar um contraste necessário para valorizá-los. Chega de uniformes comportadinhos. Acham que os Stones têm cabelos mais compridos que os Beatles? Que fiquem ainda mais longos. Os adultos desaprovam os Stones? Pois não descansaremos até que passem a odiá-los.

A primeira providência foi deixar os Stones entortarem "I Wanna Be Your Man" até a música adquirir a cara do lado mais pesado da banda: com Brian Jones apresentando ao mundo pop britânico o som inédito de uma guitarra slide.

Mesmo antes que o novo compacto chegasse às lojas e às rádios, as coisas começavam a melhorar para os Stones: eles percorreram a Inglaterra abrindo shows para seus heróis Bo Diddley e Everly Brothers – o que funcionou como um misto de escola e vitrine para a banda – e viram a base de seu fã-clube oficial expandir para trezentos integrantes. Mick Jagger se sentiu seguro o bastante para abandonar os estudos. Na carta que escreveu para a diretoria da London School of Economics, Jagger explicou que deixava o curso superior por ter "recebido a oferta de uma oportunidade verdadeiramente excelente no mundo do entretenimento".

Brian, deslumbrado com a crescente adulação das fãs, deixou-se morder pela mosca azul e tentou obter tratamento preferencial, requerendo de Andrew e Eric acomodações melhores que as dos demais Stones durante a turnê – e exigindo uma parcela maior dos rendimentos. A banda chiou na hora, e ali Jones começou a perder o controle sobre a sua criatura.

> "Quando começamos a tocar fora de Londres, Brian dizia: 'Eu sou o líder do grupo e acho que vou ficar no melhor hotel. O resto pode ficar num hotel mais barato.' É claro que o resto dos Stones caía na gargalhada. E aquilo pôs fim à liderança dele. Por causa desse tipo de atitude, ele começou a se isolar."
> – **IAN STEWART.**

> "O acompanhamento é selvagem, mas proeminente demais. Os vocais estão perdidos, e essa pode ter sido a intenção, mas não foi uma boa (decisão). Bom, pelo menos é um som diferente, (mas) não é tão bom quanto 'Come On'."
> – **PETE MURRAY**, criticando "I Wanna Be Your Man" no jornal inglês de música *Melody Maker.*

> "É confuso, indisciplinado, e tecnicamente dá a impressão de caos completo, o que é uma vergonha nesses dias de técnicas e equipamentos de gravação avançados."
> – **PETER ALDERSEY**, criticando "I Wanna Be Your Man" no jornal inglês de música *Pop Weekly.*

> "Não é uma das melhores músicas de Lennon e McCartney. A ênfase é na batida, à total exclusão da melodia."
> – Resenha no *New Musical Express.*

Três dias antes do lançamento de "I Wanna Be Your Man", os Stones tocariam 45 minutos no reduto mais classicamente beatlemaníaco do planeta, o Cavern Club, em Liverpool. Um triunfo para a banda, "jogando" no campo do "maior inimigo" e obtendo o melhor placar possível: centenas de fãs ficaram de fora.

Os Stones eram astros – e agora não somente em Londres, mas também em Liverpool. E no resto do Reino Unido, resultado não apenas de suas aparições na TV ou do espaço que vinham conquistando no rádio e na imprensa de música, mas principalmente de uma seqüência de shows quase diários: cerca de 8.600 quilômetros percorridos em dois meses para realizar um total de 58 apresentações.

> "Os Stones atraíram uma multidão ainda maior que a dos Beatles (quando eles tocaram) aqui. Será um presságio de que em breve eles serão destroçados pelos Stones?"
>
> – Resenha no *Kilburn Times*, 25 de novembro de 1963.

LIVERPOOL CURVA-SE A LONDRES

A CORTINA DE FERRO FOI TRANSPOSTA. ESTOU ME REFERINDO À BARREIRA INVISÍVEL QUE POR TEMPO DEMAIS SEPAROU LONDRES DE LIVERPOOL – E QUE OS ROLLING STONES FINALMENTE FURARAM.
OS LONDRINOS NÃO APENAS CONQUISTARAM OS CORAÇÕES DE TODOS OS FÃS DO NORTE, DEPOIS DE SUAS DUAS VISITAS À CENTRAL DO ENTRETENIMENTO DE LIVERPOOL, O CAVERN CLUB, COMO TAMBÉM FORMARAM UMA COALIZÃO COM OS BEATLES, PORQUE O NOVO SUCESSO DOS STONES NA PARADA FOI COMPOSTO POR JOHN LENNON E PAUL MCCARTNEY!

– Matéria no jornal inglês de música *New Musical Express*, 15 de novembro de 1963.

De fato, em todos os lugares onde se apresentavam, os Stones provocavam nas fãs o mesmo tipo de reação já visto por onde os Beatles passavam: meninas gritando enquanto eles tocavam, e grupos delas agarrando os rapazes quando eles saíam do palco ou do carro, puxando-os pelos cabelos e arrancando pedaços da roupa para *souvenir*. De todos, Brian era o que mais adorava o tumulto provocado pelos Stones.

E em várias ocasiões o lugar esvaziava depois que os Stones – até então ainda a banda de abertura dos shows – tocavam, condenando os astros da noite – pelo menos conforme os cartazes e os anúncios – a tocar para meia casa. A maioria daquela platéia tinha ido ver os Stones, e não a pretensa atração principal.

"(A fama chegou) tão rápido que nem dava tempo de entrar numa de "Uau, eu sou um rolling stone!' Ainda dormíamos no banco de trás do carro toda noite por causa do *roadie* mais cruel e durão que já encontrei, Stu. De uma ponta à outra da Inglaterra na van do Stu, um motor, um espelho retrovisor e todo o equipamento que se podia atulhar dentro dela. E os melhores lugares eram do equipamento."

– **KEITH RICHARDS**, *Rolling Stone*, 19 de agosto de 1971.

O segundo compacto dos Stones atingiu o 12º posto da parada do *New Musical Express*. Um desempenho melhor que o de "Come On", mas ali empacou. Em contraste, "I Want To Hold Your Hand", o terceiro compacto dos Beatles, entrou na parada em primeiro lugar. E lá ficou durante 35 dias.

Na mesma semana em que Beatles e Stones duelavam no hit parade, Jagger e Richards começavam a botar para fora, pela primeira vez, suas asinhas de compositores. Estimulados – não, pressionados! – por Andrew Oldham.

"Andrew pegou Mick e eu e disse: 'Comecem a compor!' Foi um choque para nós. Nunca sequer havíamos pensado no assunto. Minha primeira reação foi: 'Quem você acha que sou? John Lennon?' Mas tivemos a sorte de contar com alguém inocente o bastante para achar que conseguiríamos (compor). O plano de Andrew era simples:

'Você sabe tocar violão. Escreva uma música.' Ele era assim. Então, como bons meninos, fomos para nossos quartinhos e começamos a tentar. E, depois de algumas noites horrendas em que botamos tudo para fora e fizemos músicas que soavam igualzinho ao que todos os outros faziam, de repente alguma coisa clicou. 'The Last Time' foi a primeira música nossa de que realmente gostamos. Devíamos já estar compondo há nove meses, um ano, só para aprender como se fazia uma música. E com 'The Last Time' ficou divertido. Depois daquilo, tivemos certeza de que estávamos progredindo, e que mal havíamos começado."
– **KEITH RICHARDS**, *Circus*, setembro de 1977.

O público conheceu a estréia de Jagger e Richards como compositores não através dos Rolling Stones, mas pelas gravações de outros artistas – todos eles ligados, de uma forma ou outra, a Andrew Oldham: o cantor americano Gene Pitney, dono de uma voz de tenor que fazia as mulheres tremerem de paixão, gravou "This Girl Belongs To Yesterday", o primeiro sucesso da dupla Jagger/Richards nos Estados Unidos.

O cantor inglês George Bean, protegido de Andrew, registrou duas músicas de autoria de Mick e Keith, "Will You Be My Lover Tonight" e "It Should Be You", lançadas juntas num mesmo compacto produzido por Oldham. Mas o disco de Pitney sairia primeiro, e assumiria na história do rock um lugar que poderia ter sido de Bean.

Tudo isso, de certa forma, também fazia parte da estratégia traçada por Oldham não apenas – ou exatamente – para fazer avançar a carreira dos Stones, mas também – e talvez principalmente – para fortalecer sua posição como produtor. A intenção de Andrew era adquirir uma posição de poder e influência equivalente à do legendário (e amalucado) produtor Phil Spector, seu ídolo.

E, no processo, Mick e Keith testavam seu potencial como compositores sem o risco de contaminação dos Rolling Stones, no caso de fracasso. Na hora em que se sentissem firmes, seguros, aí, sim, a banda entraria na dança.

"A pressão de Andrew para Mick e Keith começarem a compor músicas foi o que realmente deixou Brian para trás. Até ali Brian era o porta-voz da banda e tinha idéias musicais muito boas. Muitas das músicas dos Stones eram construídas em cima de riffs, e invariavelmente era Brian quem tocava esses riffs. Quando Mick e Keith foram encorajados a compor e vender suas músicas, mudou toda a estrutura de poder e Mick, Keith e Andrew passaram a dirigir a banda."
– **GLYN JOHNS**.

"Cinco jovens com cabelos que fazem os Beatles parecerem carecas."
– Comentário no jornal *The Leicester Mercury*.

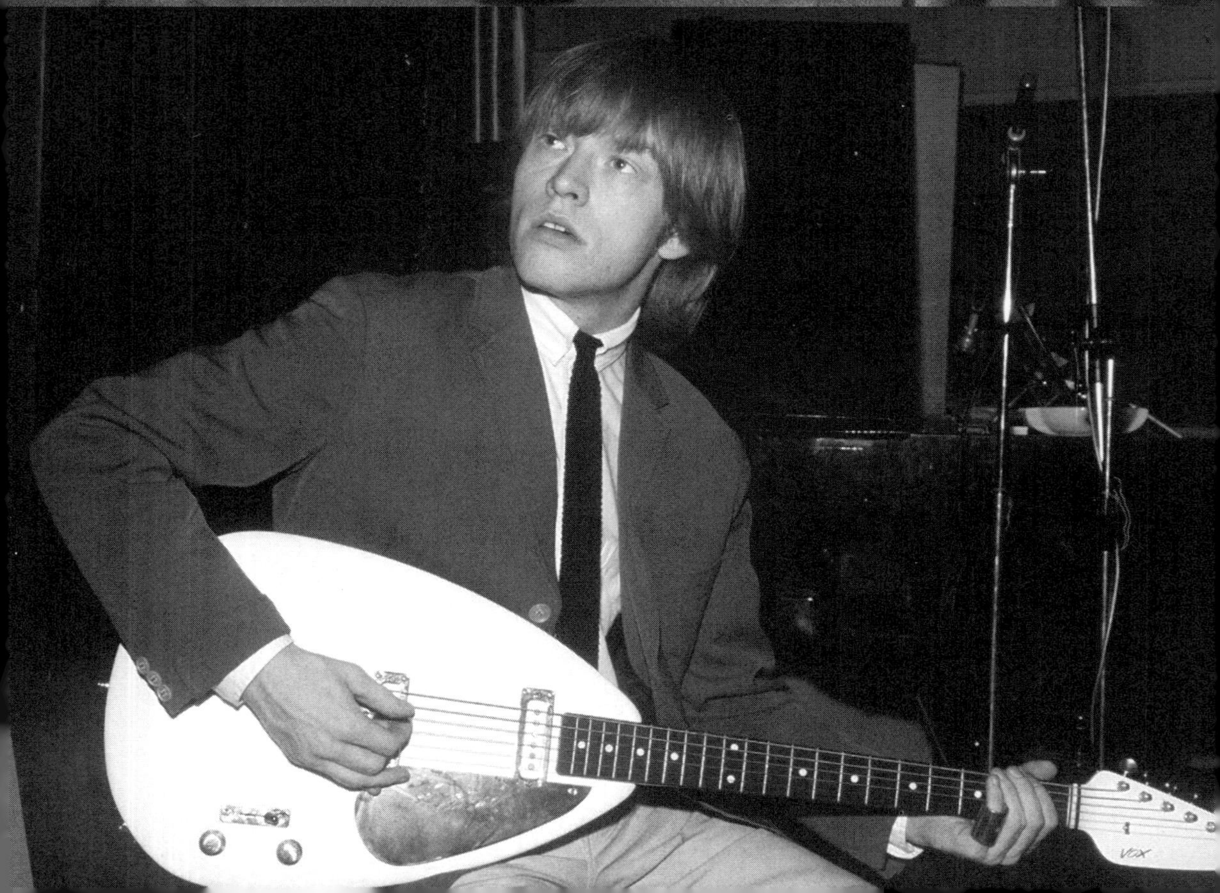
VOX

"FELIZ NATAL A TODOS OS CABELEREIROS FAMINTOS E SUAS FAMÍLIAS."
– Anúncio veiculado pelos Rolling Stones na edição de fim de ano do *Melody Maker*, em dezembro de 1963.

Os Stones adentraram 1964 em velocidade de jato, como uma das atrações da primeira transmissão do novo programa de TV que se tornaria o grande rival de *Ready Steady Go!*: *Top of The Pops*. Tocaram (ou melhor, dublaram) "I Wanna Be Your Man". Até 1969, os Stones seriam freqüentadores assíduos do palco do *Top of The Pops*.

Os indícios de que aquele seria um ano-marco para os Stones começaram a se confirmar já em fevereiro, com o lançamento de uma versão de um clássico do repertório de Buddy Holly, "Not Fade Away". O compacto estreou em décimo lugar na parada do *New Musical Express*, logo ascendeu para o terceiro posto – e tornou-se o primeiro disco dos Rolling Stones a sair nos Estados Unidos.

O sucesso crescente enfurecia ainda mais os britânicos mais velhos, e Andrew só precisava dar um empurrãozinho para transformar essa rejeição numa bola de neve perfeita para badalar a imagem rebelde e "selvagem" dos Rolling Stones. Ciente de que enfatizar a oposição dos adultos aos Stones só ajudaria a tornar a banda mais atraente para os jovens, Andrew jogava mais lenha na fogueira, divulgando insanidades hilariantes que a imprensa, sem por um segundo questionar o que ele dizia, se alegrava em espalhar. Coisas do tipo: "Eles não tomam banho direito e não ligam muito para roupas. Não tocam música comportadinha, o som deles é cru e masculino." É claro que o truque deu certo.

"Será que existe algum (político) com a coragem de apresentar um projeto de lei no Parlamento forçando os rapazes a cortar seus cabelos?"
– Carta assinada por **SRA. K** e publicada pelo diário britânico *Daily Mirror* em 21 de novembro de 1963.

"Eles parecem ser rapazes que qualquer mãe que se dê ao respeito trancaria no banheiro. Mas os Stones não se preocupam com o que pensam as mães. Eles assumiram o posto de voz dos adolescentes."
– **JUDITH SIMMONS**, no jornal *Daily Express*.

"Até minha mãe me achava ridículo. Mas o que ela pode dizer agora, com toda essa grana entrando?"
– **BRIAN JONES**.

"Não fico muito preocupado se os pais nos odeiam ou não. Pode ser que um dia venham a gostar de nós. Uma coisa eu posso dizer: meus pais gostam de mim."
– **MICK JAGGER**.

VOCÊ DEIXARIA SUA IRMÃ NAMORAR UM ROLLING STONE?
– Manchete do jornal inglês de música *Melody Maker* em 14 de março de 1964. A frase teria sido uma jogada de Andrew Oldham, cuja sugestão inicial fora: "Você deixaria sua filha casar com um rolling stone?"

"Foi amor à primeira vista entre a imprensa britânica e os Stones – um casamento feito no paraíso das manchetes. A transição dos baladeiros xaroposos como Adam Faith e Cliff Richard para esse 'quinteto de homens das cavernas' que insultavam com a saudação dos dois dedos (o equivalente inglês ao dedo do meio estendido) era quase boa demais para ser coincidência, como se a imagem de *bad boys* tivesse sido dada aos repórteres numa bandeja de prata."
– **DAVID DALTON**, no livro *The First Twenty Years*.

Era mais do que hora de lançar um LP.

E ele chegou disparando ondas de choque no mundo pop e na indústria fonográfica. Numa jogada genial de Andrew Oldham, o primeiro LP dos Rolling Stones saiu sem título, e sem o nome da banda na capa! As palavras Rolling e Stones só apareciam na contracapa. Na frente, o que se via era uma foto contrastada da banda, olhando a câmera com a segurança (e a petulância) de quem está sentado no topo do mundo.

No vinil, nove *covers*, mais uma composição atribuída ao grupo (que assinou como Nanker Phelge), uma parceria do tal Phelge com Phil Spector (ambas resultado de uma noitada e tanto com Gene Pitney), e a primeira música de Jagger e Richards a ser gravada pelos Rolling Stones: "Tell Me (You're Coming Back)".

E aí aconteceu: o LP estreou na parada do *New Musical Express* em primeiro lugar. Estacionou na mesma posição por 12 semanas. E manteve-se na parada por quase um ano.

"PRIMEIRO DOS STONES É ÓTIMO.
SAIU ESTA SEMANA O TÃO ESPERADO PRIMEIRO LP DOS ROLLING STONES! SEM TÍTULO NA CAPA, APENAS UMA COLEÇÃO DE 12 MÚSICAS R&B, NA TÍPICA TRADIÇÃO DOS STONES. COM CERTEZA IRÁ CORRENDO PARA A LISTA DOS MAIS VENDIDOS – PODE ATÉ DERRUBAR OS BEATLES DO TOPO. UM LP DE ESTRÉIA COM APELO GARANTIDO. E O MELHOR É QUE OS PRÓPRIOS STONES, NORMALMENTE MUITO CRÍTICOS DE SEU TRABALHO, ESTÃO MUITO SATISFEITOS COM O RESULTADO."
– **PETER JONES**, escrevendo no jornal inglês de música *Melody Maker* sobre o primeiro álbum da banda, gravado num pequeno estúdio de demos em Denmark Street, no Soho (Londres), equipado apenas com um gravador Revox de dois canais.

THE ROLLING STONES No. 8 MONTHLY BOOK 10th JANUARY 1965
1/6
THE ROLLING STONES No. 9 MONTHLY BOOK 10th FEBRUARY 1965
1/6
THE ROLLING STONES No. 14 MONTHLY BOOK 10th JULY 1965
1/6
THE ROLLING STONES No. 15 MONTHLY BOOK 10th AUGUST 1965
1/6
CARTOON THE ROLLING STONES COMPETITION MONTHLY BOOK
FIRST 1966 THE ROLLING STONES COMPETITION No. 20 MONTHLY BOOK 10th JANUARY 1966
1/6
THE ROLLING STONES No. 21 MONTHLY BOOK 10th FEBRUARY 1966
1/6
No. 25 JUNE 1966
THE ROLLING STONES No. 26 MONTHLY BOOK 10th JULY 1966
THE ROLLING STONES No. 27 MONTHLY BOOK AUGUST 1966

"O LP DOS ROLLING STONES.
FUI AO ESCRITÓRIO DA DECCA NA SEGUNDA-FEIRA PARA UMA PRÉVIA DO DISCO PELO QUAL MILHARES DE FÃS CLAMAM. ACREDITE EM MIM: É FANTÁSTICO! VOU ATÉ DIZER QUE SE ELE NÃO TOMAR O LUGAR DOS BEATLES NO TOPO DA PARADA DE LPS EU COMO MEU TOCA-DISCOS SABOR CHOCOLATE."

– **NORMAN JOPLING**, escrevendo para o jornal inglês de música *Record Mirror*.

"LP DOS STONES ATINGE A MARCA DOS 100 MIL NO DIA DO LANÇAMENTO!
OS ROLLING STONES ATINGIRAM UM NÍVEL DE VENDAS EQUIVALENTE AO DOS BEATLES COM SEU PRIMEIRO LP! E ATERRISSARAM NA PARADA DOS TOP 30 DO DISC NO 22º POSTO. NA SEXTA-FEIRA PASSADA, DIA DE SEU LANÇAMENTO OFICIAL, A DECCA ANUNCIOU VENDAS ESTARRECEDORAS DE 100 MIL CÓPIAS! ATÉ A HORA DO FECHAMENTO NÃO HAVIA QUALQUER OUTRA ESTATÍSTICA DISPONÍVEL, MAS A DECCA PREVÊ COM CONFIANÇA A MARCA DE UM QUARTO DE MILHÃO DE CÓPIAS VENDIDAS DO PRIMEIRO ÁLBUM DOS STONES EM UMA QUESTÃO DE DIAS".

– Matéria no jornal inglês de música *Disc*.

Um mês depois de sair na Inglaterra, o LP (com "Not Fade Away" no lugar de "I Need You Baby", de Bo Diddley) foi lançado nos Estados Unidos. Com nova capa. Os distribuidores americanos exigiram o nome do grupo e um título para o álbum, que agora se chamaria *Os Mais Novos Criadores de Sucesso da Inglaterra – Os Rolling Stones*.

Ao mesmo tempo, o fã-clube da banda ganhava sua revista mensal oficial. A partir de junho de 1964 começou a sair *The Rolling Stones Book*, publicada pela mesma Beat Publications que editava *The Beatles Book*.

Como no caso da publicação mensal dedicada ao quarteto de Liverpool, a revista dos Stones funcionava como arauto e porta-voz da banda, dando notícias em primeira mão sobre shows, aparições na TV ou no rádio, datas de lançamento de discos, e veiculando fotos que quase sempre eram exclusivas.

Durou 30 edições, e acabou em novembro de 1966.

"O álbum deles faz o maior sucesso, mas não comigo. Eles parecem uma mistura do Homem de Neanderthal com mercenários do século XVIII. No palco, são quase como macacos. E a música deles é primitiva."

– **MIKE VERNARD**, *Daily Herald*, 25 de abril de 1964.

> "Sei que nossa imagem é de arruaceiros e vagabundos sujos. Mas todos nós temos o maior interesse por roupas. Adoraria ser um *fashion designer*, mas nunca serei, é claro. No palco nos vestimos daquele jeito porque nos sentimos mais confortáveis. Dizem que somos sujos e desarrumados porque temos cabelos compridos. Nos tornamos os abre-alas para todas as pessoas que gostariam de se rebelar contra a autoridade. Estamos expressando algo que eles não podem dizer ou fazer. Nos acusam de antagonizar os pais. Claro que sentimos pessoalmente as críticas, mas não nos preocupamos demais."
> – **BRIAN JONES**.

Uma demonstração da escala do sucesso dos Stones na Inglaterra aconteceria no tradicional show de Melhores do Ano promovido pelo *New Musical Express*. Se meses antes a banda se apresentava para algumas centenas de pessoas, naquele dia de abril de 1964 os Rolling Stones tocaram para uma platéia de 10 mil.

O show foi gravado para ser transmitido dias mais tarde no popularíssimo programa de rádio apresentado nos Estados Unidos por Murray The K – estrela radiofônica caretona e jabazeira mas muito poderosa, que tanto impulsionara os Beatles quando eles cruzaram o Atlântico pela primeira vez, e que agora se posicionava para dar um empurrão também nos Stones. A primeira turnê americana dos Rolling Stones começaria dentro de duas semanas.

E a imprensa do Novo Continente já preparava uma recepção de rivalizar a dos colegas britânicos, para o deleite de Andrew Oldham.

> "Os que acham que os Beatles causaram uma comoção quando chegaram em Nova York devem se refugiar em abrigos nucleares quando os Stones vierem. Eles são difíceis de descrever. Eles não acreditam em banho (faz mal à saúde), usam roupas velhas e sujas, o cabelo deles é duas vezes maior que o dos Beatles e eles nunca se penteiam. A (gravadora) London Records investiu 85 mil dólares no quinteto."
> – *The Telegram*, diário de Toronto, no Canadá, maio de 1964.

> "A última novidade dentre os invasores britânicos é a que soa mais pesado. Os Stones trazem (um ingrediente) mais country na instrumentação, mais rock na batida e uma orientação decididamente negra no som e na atmosfera do seu canto."
> – *Pop Spotlight*, a primeira crítica americana ao primeiro LP americano dos Rolling Stones.

"OS ROLLING STONES DA GRÃ-BRETANHA A CAMINHO DA AMÉRICA

AMERICANOS, SE PREPAREM.

NA TRILHA DOS BEATLES, UMA SEGUNDA ONDA DE BRITÂNICOS COM CARA DE CÃO PASTOR, DE ATOS RAIVOSOS E TOCANDO GUITARRAS ESTÁ A CAMINHO.

ELES SE CHAMAM ROLLING STONES E CHEGAM A NOVA YORK NA TERÇA-FEIRA.

UM DETRATOR DOS ROLLING STONES DIZ SOBRE ELES: 'SÃO MAIS SUJOS E MAIS DESARRUMADOS QUE OS BEATLES – E EM ALGUNS LUGARES SÃO MAIS POPULARES QUE OS BEATLES.'

DIZ MICK JAGGER: 'ODEIO ACORDAR CEDO. TAMBÉM NÃO GOSTO DE SENTIR FOME.'

DE KEITH RICHARDS: 'AS PESSOAS NOS ACHAM SELVAGENS E DESOBEDIENTES. MAS NÃO É VERDADE. EU DIRIA QUE O MAIS IMPORTANTE SOBRE NÓS É QUE SOMOS NOSSOS MELHORES AMIGOS.'

TALVEZ MAIS QUE OS OUTROS, BRIAN JONES GOSTA DE ROUPAS. ASSIM ELE DESCREVE SUA FILOSOFIA: 'DEPENDE DE COMO ESTOU ME SENTINDO. ÀS VEZES VISTO ROUPAS BASTANTE EXTRAVAGANTES, COMO ESSA CAMISA CHEIA DE BABADOS. OUTRAS, VISTO ROUPAS BEM DESPOJADAS. GASTO MUITO DO MEU TEMPO LIVRE FAZENDO COMPRAS. NÃO HÁ MUITO MAIS O QUE FAZER.'

– *Associated Press*, 1964.

Quando desembarcaram em Nova York, numa bela manhã de verão, os Rolling Stones não tinham música de sucesso tocando nas rádios, e por isso ficaram "genuinamente chocados", como lembra Bill Wyman, com a presença no aeroporto de quinhentas fãs barulhentas e agitadíssimas.

Os 15 dias da primeira visita aos Estados Unidos proporcionariam aos Stones a chance de se apresentar ao grande público americano via TV – embora ainda não tivesse sido inventado o programa ou o apresentador adequado a temperamentos e personalidades como as dos cinco da banda – e de conhecer em pessoa o que para eles era a Meca do blues: os estúdios da gravadora Chess, em Chicago, a mesma de onde o garoto Mick Jagger costumava comprar discos.

A primeira aparição dos Stones na TV americana aconteceu no *Les Crane Show*, no dia 2 de junho de 1964. Içado pela rede ABC da rádio KGO (AM), em São Francisco, para competir com Johnny Carson, soberaníssimo no universo dos *talk shows*, Les marcaria pontos importantes na história da TV americana ao trazer para seu programa ícones pop como os Beatles e Bob Dylan, além dos Stones.

Os Stones permaneceram no ar durante uma hora ininterrupta, ao vivo, respondendo a perguntas de telespectadores que telefonavam.

Mas por mais que o gosto da produção do programa sugerisse um radar antenado no que a garotada se ligava, o diálogo entre Crane e a banda mostra que Les não conseguia acompanhar o pique (e o sarcasmo) dos Stones.

LES – Essa é sua primeira aparição na TV americana.

KEITH – É!

LES – Não é sensacional?

KEITH – É de arrebentar! *(risadas dos Stones e da equipe de câmera)*

LES – Você estaria de gozação comigo?

KEITH – Não, eu não me atreveria. *(mais risadas)*

LES – Você não se atreveria. Brian Jones é o terceiro e um dos mais amáveis membros do seu grupo. *(risadas)*

MICK – *(sarcástico)* Ah, ele é muito amável.

LES – Que tipo de coisas você cantam e tocam? Bach...

MICK – Sim, a Quinta de Beethoven, de vez em quando, se entramos no clima.

LES – Ah, sim, claro, eu compreendo. Onde está Bill Wyman? Aqui está. Como vai, Bill? Bem-vindo ao programa. Vocês todos se vestem diferente. Por quê?

MICK – Porque somos todos pessoas diferentes. Eu posso beliscar uma bicha sua? *("pinch a fag", no Reino Unido, significa filar um cigarro. Nos Estados Unidos, significaria, literalmente, "beliscar uma bicha")*

LES – Você pode o quê?

MICK – Cigarros!

LES – Olha, você sabe que aqui... *(risadas)*

No dia seguinte, os Rolling Stones conheceriam a ensolarada Califórnia.

Apesar do mal-estar inicial – convidada para gravar uma participação no programa de TV *Hollywood Palace* (onde repartiria o palco com um casal de elefantes e um comediante acrobata), a banda foi alvo das gozações do apresentador Dean Martin, que, do alto de muitas doses a mais, fazia caretas de deboche e argumentava que os cabelos dos Rolling Stones não eram longos. Tudo não passaria da impressão causada por "testas pequenas e sobrancelhas altas" –, o quinteto adorou a Costa Oeste, desde a praia de Malibu e a piscina de seu hotel em Beverly Hills até a reação da platéia na primeira vez que a banda tocou nos Estados Unidos.

> "O primeiro show foi em San Bernardino (na Califórnia). Cara, foi o maior barato. (As pessoas na platéia) conheciam as músicas e estavam dançando. Era como se a gente estivesse tocando em casa. E 'Route 66' mencionava (na letra a cidade de) San Bernardino, então todo mundo se amarrava. O show seguinte foi em Omaha. As únicas pessoas nos esperando no aeroporto eram 12 policiais de moto que insistiam em nos escoltar por dentro da cidade. E nós: 'Puxa, estamos com prestígio. Devem nos achar o máximo aqui.' Quando chegamos no auditório, eram seiscentas pessoas num lugar onde cabiam 15 mil! E aí você broxa. Isso foi o que nos impediu de virar popstars. Toda hora aconteciam essas coisas, como se alguém te desse um tapa na cara: 'Não esqueça, garoto.' E daí a gente precisou trabalhar duro de verdade nos Estados Unidos, e isso fez com que a banda ficasse ótima de verdade."
>
> – **KEITH RICHARDS**, *Rolling Stone*, 19 de agosto de 1971.

Nada, entretanto, se compararia à emoção da ida à Chess Records, em Chicago, onde os Rolling Stones passaram dois dias gravando 14 músicas no mesmo estúdio onde seus mestres haviam criado os discos que fizeram sua cabeça. Ainda melhor, os cinco acabaram conhecendo pessoalmente Buddy Guy, Muddy Waters – que ajudou a carregar os instrumentos dos rapazes para dentro do prédio –, Willie Dixon – que tentou vender uma música sua para os Stones – e o sempre imprevisível Chuck Berry – que, pelo menos dessa vez, comportou-se como um cavalheiro.

"Esse guitarrista não é ruim, não."
– **MUDDY WATERS**, falando de Brian Jones, ao vê-lo tocar no estúdio da Chess Records.

"Foi estranho nos Estados Unidos. Gostei da viagem, mas não conseguiria viver lá. São muito antiquados. E o engraçado é que a garotada nunca tinha ouvido falar de Muddy Waters. O maior cantor de blues vive entre eles e eles nem sabem!"
– **MICK JAGGER**, na coletiva de imprensa no aeroporto de Heathrow, quando os Stones voltaram de sua primeira turnê americana.

Ironicamente, na mesma semana em que os Stones gravavam mais *covers* assinados ou inspirados por seus mestres, saía nos Estados Unidos o primeiro compacto da banda com uma composição de Jagger e Richards, "Tell Me", que soava muito mais aparentada com a cena pop do Reino Unido do que com a música nascida no delta do Mississippi ou nas ruas de Chicago. Ao mesmo tempo, chegava às bancas do Reino Unido a lista de Melhores do Ano, conforme a escolha dos leitores do *New Musical Express*, encabeçada pelos Rolling Stones. Poucos dias depois, o compacto com uma das gravações feitas na Chess, "It's All Over Now", estreava em sétimo lugar na parada do *NME*, antes de tornar-se o primeiro Número 1 de toda a carreira da banda.

Os antigos puristas que haviam fundado os Rolling Stones estavam em transição, se transformando em algo que nem eles mesmos deveriam saber ainda o que seria. Os shows superlotados invariavelmente terminavam (ou eram interrompidos pela polícia pouco depois de começar) por causa de briga ou no mínimo por confusão na platéia. Nenhum dos Stones conseguia andar nas ruas sem ser incomodado ou perseguido por fãs. Os Rolling Stones, agora, eram superastros.

Sinal desse período de fluxo (e de sua discordância com a direção que a banda estava tomando), Brian Jones extravasou sua própria insatisfação com "It's All Over Now", a música que estava dando à banda seu maior sucesso até então: "Não gosto muito do disco. É legal, mas... não sei. Tem alguma coisa..."

"(Os Rolling Stones) viraram o conjunto mais comentado e turbulento do mundo. Milhares os odeiam, mas eles não se importam. Devem ter falado deles em milhões de lares no mundo inteiro nos últimos meses. Cinco rapazes causaram comoção interna-

cional e criaram uma moda que pode levar os cabelereiros à fome. Onde quer que vão, a confusão não demora a chegar. Homens das cavernas, o conjunto mais feio do mundo, monstros cabeludos, subumanos, revoltantes e sujos – os superlativos desagradáveis caem como água do chuveiro. Eles são o sonho dos jornalistas."
– **RAY COLEMAN**, *Melody Maker*, 1º de agosto de 1964.

"Esses artistas são uma ameaça à lei e à ordem, e o resultado de sua fórmula de laringite, pêlo craniano e sexo é que a polícia é desviada de assaltos a bancos e assassinatos para aplacar a violência de turba que eles geram."
– Matéria no *Daily Mirror*, em agosto de 1964.

Em agosto de 1964, o *NME* noticiou vendas de 500 mil cópias do compacto de "It's All Over Now", e antecipou uma encomenda prévia, por parte dos lojistas, de 180 mil exemplares do EP *Five by Five*, com mais cinco das músicas gravadas pelos Stones em Chicago. As boas novas coincidiam com uma série de shows disputadíssimos (e sempre turbulentos) em alguns países europeus, onde a banda fez amizades duradouras – em Paris, os rapazes conheceram o marchand Robert Fraser, que repartiria com Keith Richards um longo romance com Mme. H – e deixou o costumeiro rastro de controvérsia antes de cruzar de novo o Atlântico e retomar a conquista da América.

"OS ROLLING STONES, QUE NÃO TOMAM BANHO HÁ UMA SEMANA, CHEGARAM ONTEM PARA SUA SEGUNDA TURNÊ AMERICANA."
– Press release da segunda turnê americana.

A segunda visita aos Estados Unidos – apenas quatro meses após a primeira – representou um passo de gigante para os Stones. Se na outra vez foram ridicularizados por um Dean Martin bebum e tocaram em festas agropecuárias freqüentadas por caipiras, caretas e carolas, nessa viagem participaram do show de variedades mais importante da televisão americana nos anos 1960, o *Ed Sullivan Show,* fizeram shows triunfais em San Bernardino, Long Beach e San Diego, tocaram no mesmo palco que James Brown, numa apresentação em Santa Monica, na Califórnia, como parte do *T.A.M.I. Show* (abreviatura para Teen Age Music International), e gravaram nos estúdios da RCA, em Hollywood, acompanhados do tecladista, arranjador e produtor Jack Nitzche, futuro colaborador da banda em faixas clássicas.

A recompensa adicional viria com a chegada ao terceiro lugar da parada da *Billboard* do LP *12X5*, contendo faixas gravadas em Chicago, mais uma nova composição de Mick e Keith, "Grown Up Wrong", e lançado exclusivamente nos Estados Unidos.

e feios.
es, foram
de Lon-
ras cada
am que-
isas num
10 se re-
banheiro.
l, foram
por cen-
e selva-
eram os
e dividiu
dial, em
nua com
com êles,
dãos. A
ntamente
da rebel-
rapazes
antam o
erem aos
a entre-

ROLLING STONES: SELVAGENS SUJOS DESORDEIRO FEIOS E QUERIDO

Os Rolling Stones haviam sido promovidos ao primeiro escalão do pop internacional.

Mas a vida da banda jamais seria a mesma sem a martelada constante – e, a essa altura, de certa forma bem-vinda, por fazer parte do show – da grande imprensa. Especialmente a imprensa americana do interior dos Estados Unidos, infinitamente menos sofisticada e bem-humorada que a das bordas do país, ainda mais em meados dos anos 1960. Os Stones voltaram para a Inglaterra com uma placa comemorativa da turnê, oferecida pelo fã-clube oficial da banda nos EUA, e um recorte de jornal contendo a frase memorável criada por Michael Drew, do *Milwaukee Journal*: "Até que alguém ensine acordes de guitarra a chimpanzés, os Stones proporcionam o máximo do visual."

Todas as conquistas de 1964 – culminando com o segundo compacto da banda a liderar a parada inglesa, "Little Red Rooster", um blues lento e provocante de Howlin' Wolf – perderam muito do seu brilho quando começaram a circular rumores de que Brian Jones estaria para deixar a banda, por conta de problemas seriíssimos de saúde. De fato, a saúde do asmático Brian andava péssima, vítima de toda a exaustão física e mental resultante de um ano de trabalho intenso e ininterrupto e de toda a pressão que isso acarreta. Mas o quadro era agravado pelo consumo excessivo de álcool, anfetaminas e a recém-descoberta maconha. A constituição física de Brian não era feita para suportar tanto abuso. A cabeça dele, muito menos.

"DEZ, QUINZE ANOS ATRÁS, A GENTE TERIA GRAMPEADO ESSES SUJEITOS SOB A ACUSAÇÃO DE ESTAREM SE FAZENDO PASSAR POR MULHERES."

– Policial ao avistar os Rolling Stones desembarcando no aeroporto de Sydney, na Austrália, em janeiro de 1965.

Ano novo, continente novo, mas a mesma batida de trabalho e o mesmo misto de *frisson* e controvérsia. No final de janeiro, os Stones cruzaram o Atlântico e o Pacífico – e um punhado de fusos horários – para tocar para 100 mil pessoas nos 34 shows que fizeram ao longo dos 26 dias de sua primeira turnê na Austrália e na Nova Zelândia. Dali partiram para mais dois shows em Cingapura – numa viagem desbravadora para o pop britânico –, comemorados na casa do promotor local, que contratou 12 profissionais do sexo para entreter os Rolling Stones.

"ELES SÃO CHOCANTES. VISUAL FEIO, PALAVRAS FEIAS, MODOS FEIOS".

– Comentário do diário *Sydney Morning Herald*.

"Alguns deles parecem atores de pantomima que esqueceram de tirar as perucas antes de sair do teatro. Outros têm o jeito delicado, sensível, de jovens colegiais na manhã seguinte a uma festa animada."

– Comentário do *Australian TV Times*, 27 de janeiro de 1965.

Enquanto isso, Andrew Oldham cuidava de jogar ainda mais lenha na fogueira com um texto polêmico, usado na contracapa de dois discos dos Stones lançados simultaneamente: *The Rolling Stones Nº 2* (mais um álbum editado na Inglaterra sem título e sem o nome da banda na capa) e o terceiro LP americano deles, *The Rolling Stones, Now!* (que mistura algumas faixas da bolacha britânica com outras extraídas de *singles*, entre elas a lasciva "Little Red Rooster.")

No texto, Andrew propunha a quem quisesse comprar o disco, mas estivesse duro, que agredisse um cego e roubasse a carteira do pobre coitado. Deu merda. Lógico.

> "Me dizem que a intenção do texto era ser engraçado, mas temo que esse jargão não faça sentido algum para mim."
> - **SIR EDWARD LEWIS**, *chairman* da Decca Records, gravadora dos Rolling Stones.

> "O negócio a respeito do cego não tem coisa alguma a ver conosco. Não escrevemos (aquilo). Só viemos a saber (do texto) quando ele já estava na capa do disco."
> – **MICK JAGGER**.

Avidamente desejoso de sucesso e reconhecimento artístico, Andrew tentava deixar sua assinatura nos seus contratados de todo jeito. Assim foi, também, na hora que saiu o compacto de "The Last Time". Andrew, que normalmente assinava a produção no selo dos discos ou na contracapa, achou por bem trazer seu nome para a capa do compacto americano. O disco, gravado em Hollywood, marcou a primeira aparição da parceria Jagger/Richards num lado A de um compacto dos Rolling Stones – e deu à banda seu terceiro primeiro lugar seguido. Imagina-se que não por causa do nome de Oldham na capa.

Na verdade, a crítica e os próprios Stones creditam parte considerável do sucesso da banda nessa fase ao som das gravações que traziam dos Estados Unidos. Somente os técnicos americanos eram capazes de criar a sonoridade de blues e rhythm and blues autêntica que destacava os discos dos Stones de todos os demais no Reino Unido. E isso teve parte fundamental na solidificação da identidade sonora da banda.

Em 1965, hotéis se recusavam a hospedar os Rolling Stones, restaurantes barravam o quinteto por causa de seus cabelos e da falta de paletós, leitores indignados superlotavam a seção de cartas de jornais e revistas com sua repulsa. Como se precisasse, o frenesi anti-stone ganharia munição fresquinha de sobra graças à bexiga de Bill Wyman.

Os Stones retornavam a Londres, no meio da noite, vindos de um show. Bill Wyman sentiu uma vontade incontrolável de fazer xixi, e pediu para o motorista que conduzia a banda num Austin Princess parar no primeiro posto de gasolina que encontrasse. O posto se materializou em Stratford, na parte leste de Londres. Mas, diante do cabeludo de óculos escuros (que Wyman usava para minorar uma irritação nos olhos), o atendente negou rispidamente que seu posto tivesse banheiro, e mandou Bill procurar a turma dele.

Wyman voltou ao carro e contou o ocorrido. Mick, Brian e um amigo que estava no carro se levantaram e chamaram Bill para ir com eles confrontar o atendente. O funcionário do posto perdeu a linha, gritando para os quatro saírem dali imediatamente. Os rapazes xingaram o atendente, deram dez passos, e urinaram ali mesmo, no muro dos fundos do posto. Resultado: o atendente arrumou uma testemunha, deu queixa dos mijões na polícia, e o incidente ganhou exposição nacional – e chegou ao tribunal às vésperas da banda iniciar sua primeira turnê européia e seu terceiro périplo pela América do Norte.

Após debates hilariantes – o atendente chamava os Stones de "monstros cabeludos" – durante as audiências, Bill, Brian e Mick foram multados em cinco libras, cada, por "comportamento insultuoso que pode ter resultado na perturbação da paz" e levaram um carão do juiz, para quem os rapazes haviam "se comportado de maneira não condigna com jovens cavalheiros". Os Stones iniciavam ali um longo e atribulado relacionamento com os tribunais ingleses.

"LÁBIOS DE MICK JAGGER! ENCOMENDE JÁ O SEU PAR! FIQUE NA ONDA DA JUVENTUDE! MAIS DETALHES NO SEU VENDEDOR DE LÁBIOS LOCAL."

– Anúncio de mentirinha publicado na imprensa musical inglesa por Andrew Oldham.

"Não convencionais, controversos, chamem do que quiserem, mas não há como negar que a popularidade dos Stones progrediu enormemente desde que compareceram como convidados para tocar no show do *NME* no ano passado. Hoje, disputando com os Beatles pelo reconhecimento como a atração mais dinâmica da música, os Stones estão de volta – como vencedores incontestes (da votação de Melhores do Ano)."

– Notícia do jornal inglês de música *New Musical Express*.

"Você não verá nenhum dos Stones rezando, indo à igreja ou lendo a Bíblia. Somos ateus e não temos vergonha de admití-lo. Quem vai à igreja só para manter as aparências e sorrir para o vigário é um idiota. Os que vão por acreditar na fé de Deus, tudo bem. Deixamos a religião com os dedicados."

– **KEITH RICHARDS**, 1965.

"A juventude moderna, os Rolling Stones e quetais são algo com que precisamos conviver e que devemos compreender."

– **DR. RAMSEY**, Arcebispo de Canterbury, março de 1965.

A excursão por Canadá e Estados Unidos em 1965 foi a mais longa já feita pelos Stones até então – quase um mês de estrada. E agora eles se apresentavam para platéias de dezenas de milhares em auditórios e em estádios. Em Long Beach, a multidão de seis mil pessoas que saía do show no Civic Auditorium cercou e subiu no carro dos Rolling Stones e quase esmagou os músicos. Bill lembra que eles só não morreram porque ficaram empurrando o teto do carro com os pés, usando de toda a força, e porque a polícia apareceu a tempo e dispersou a turba com farta distribuição de bordoadas de cassetete.

Nessa turnê, a distância entre Brian Jones e o resto da banda começou a se alargar. E Keith Richards sonharia o riff mais famoso de toda a história do rock.

Tudo isso numa mesma cidade: Clearwater, na Flórida.

De manhã, quando o resto da banda estava na piscina do hotel, apareceu a moça local com quem Brian passara a noite. Coberta de hematomas, ela disse ter levado uma surra dele. Mike Dorsey, da equipe dos Stones, pulou fora da piscina e partiu em busca de Brian. Quando o encontrou, saiu no braço com Jones e quebrou-lhe duas costelas. A banda apoiou a atitude tomada por Dorsey, embora Bill Wyman mais tarde precisasse acobertar o colega na imprensa, alegando que Brian havia se machucado quando treinava golpes de caratê.

Não era novidade que Brian vinha testando a paciência do resto do grupo. Ameaçou não comparecer a uma gravação marcada para o estúdio da Chess Records, em Chicago, foi passar três dias com um amigo em Nova York (onde ficou reclamando o tempo todo que estava sendo mantido fora do centro de decisões dos Stones), mas acabou chegando a tempo para gravar. A surra na menina trouxe à tona toda a frustração com uma pessoa cada vez mais difícil e imprevisível, dada a rasgos de ciúme e insegurança.

Mas Clearwater entra para a história dos Rolling Stones principalmente porque naquela cidade Keith Richards mostrou a Mick Jagger pela primeira vez a nova música que estava burilando e que se transformaria na assinatura da banda. A música que veio a Keith durante o sono.

> "Não lembro absolutamente de nada sobre ter feito essa música. Eu tinha um gravador de fita cassete pequeno na cabeceira, um dos primeiros que saíram, tinham acabado de ser inventados, aliás. Sem saber, no meio da noite acordei, peguei a guitarra com que costumava dormir com certa regularidade – quando estava sozinho (risos) – e obviamente gravei 15 segundos de 'Satisfaction'. Mas sem saber o que estava fazendo, e nem me lembrava daquilo quando acordei e vi que a fita (do gravador) tinha sido toda usada. Eu devo ter apertado o botão no meio da noite. Rebobinei a fita e estava lá, bem baixinho, (eu cantando) 'Da-da-da-da-da, I can't get no satisfaction'. Eram 20 segundos disso, seguidos de 40 minutos de ronco."
>
> – **KEITH RICHARDS**, *Uncut*, janeiro de 2002.

Pode nem ter sido exatamente assim a gênese de "Satisfaction" – o zelo arquivista de Bill Wyman garante que a frase "I can't get no satisfaction" é criação de Mick Jagger. Mas a música, após diferentes experimentos – originalmente, tinha um quê de música folk, e o pedal de distorção, que dá ao riff toda sua personalidade especial, só foi acionado bem mais tarde, na série de tentativas de gravar a canção – e com um ritmo diferente cortesia de Charlie Watts, se tornaria a marca dos Rolling Stones.

Hoje é até engraçado pensar que inicialmente Mick e Keith não achavam "Satisfaction" tão excepcional assim, e planejavam usá-la apenas como lado B, ou como "encheção de linguiça" para um LP futuro. Mas, lançada em compacto, a música disparou para o primeiro lugar das paradas no Reino Unido – e, um feito inédito para os Stones, nos Estados Unidos.

"Satisfaction" não foi um sucesso qualquer, desses que acabam aparecendo nas paradas por seu apelo comercial, ou por ser uma canção meramente bonita ou cativante. A música de Jagger e Richards era de fato contundente.

A começar pelo título – Não consigo me satisfazer –, que soava como um grito de rebeldia, traduzindo a insatisfação da juventude com os valores estabelecidos. Acolhida pela nova geração, tornou-se um marco da contracultura.

"(I Can´t Get No) Satisfaction" também exala vigor no canto zangado de Jagger, na força do ritmo e, sobretudo, na impactante guitarra distorcida de Keith, que pegou todo mundo de surpresa. Decifrar aquele rugido louco que atravessa a música de cabo a rabo virou assunto da hora. "Será um sax?", indagavam alguns, sem conseguir uma resposta imediata.

A repercussão da música foi tão avassaladora que ela chegou ao primeiro posto nas paradas de sucesso da Inglaterra e dos Estados Unidos, mais Suécia, Austrália, Canadá, Alemanha, Suíça, Turquia, Dinamarca, Nova Zelândia, Holanda, Noruega, França, Irlanda, Finlândia, África do Sul, Polônia, Luxemburgo, Hungria, Bélgica, Mianmar, Áustria, Grécia, Malásia, Japão, Hong Kong, Espanha, Checoslováquia, Filipinas, Líbano, Iugoslávia, Israel, Argentina, Portugal, Bulgária, Cingapura, Bermuda e Brasil.

Lançado no Brasil em 1965, o compacto simples que trazia "Satisfaction" ainda era o quinto mais vendido no antigo Estado da Guanabara, na semana de 14 a 19 de fevereiro de 1966, segundo o IBOPE.

No momento em que "Satisfaction" chegava ao topo da parada norte-americana, Andrew Oldham, sempre atento às movimentações da indústria fonográfica, viajou para uma convenção de executivos promovida em Miami pela gravadora Columbia Records. Andrew já pensava no futuro da banda, e aterrissou na Flórida com olhos e ouvidos atentos para qualquer aconselhamento que o ajudasse a apontar caminhos novos para seus contratados.

Pois achou em Miami a resposta para seus anseios, no mesmo homem que transformaria para sempre a vida e a carreira dos Rolling Stones. Para muito melhor. E para muitíssimo pior.

ODEON
Odeon
INDÚSTRIAS ELÉTRICAS E MUSICAIS FÁBRICA ODEON S.A. • RUA ODEON S/N • SÃO BERNARDO DO CAMPO
ffrr
LONDON
℗ 1965
7L-6016-A
LADO 1
(I CAN'T GET NO)
SATISFACTION
(Jagger-Richard)
(Do LP "OUT OF OUR HEADS")
THE ROLLING STONES
7L-6016
INDÚSTRIA BRASILEIRA
LONDON
WB
Capitol
reprise
dústrias elétricas e musicais fábrica OD

"CUIDADO COM A ABKCO."

– Trecho da letra original de "Beware of Darkness", do primeiro álbum pós-Beatle, de George Harrison, o triplo *All Things Must Pass*, lançado em 1970. O trecho foi excluído, e só é ouvido na demo que George fez para mostrar as músicas ao produtor Phil Spector.

O contador nova-iorquino Allen Klein, de 76 anos, tem no currículo vitórias e derrotas definidoras na história dos Beatles e dos Rolling Stones.

Ao assumir as finanças e as negociações em nome das duas bandas mais importantes do rock, no auge das carreiras de ambas, Klein virou o jogo para artistas que, por inexperiência e falta de melhor aconselhamento, haviam assinado contratos extremamente desfavoráveis quando estavam começando.

Em contrapartida, graças às mesmas qualidades que o tornaram atraente aos Beatles e aos Stones – a tenacidade, a agressividade nos negócios, o apego sanguíneo ao dinheiro, a atitude intimidadora, que dobrava os mais turrões opositores, fossem eles advogados ou chefes de gravadora –, Klein se divorciou das duas bandas de maneira litigiosa e altamente lucrativa (para ele). No caso dos Stones, simplesmente deixou a banda sem tudo que havia gravado até 1970.

Quando a poeira assentou, os fonogramas e os direitos de editoração de clássicos como "Satisfaction", "Jumpin' Jack Flash" e "Sympathy for the Devil" pertenciam a Klein.

De acordo com o contrato firmado entre a banda e a gravadora Decca Records, 14% dos royalties dos discos dos Rolling Stones iam para a Impact Sound, a firma de Andrew Loog Oldham e seu sócio, Eric Easton. Apenas 6% desse percentual eram pagos à banda – depois de descontados 25%, a título de "fixo pelo empresariamento".

Andrew funcionou como pivô na entrada de Klein no círculo íntimo dos negócios da banda. Os dois tinham se conhecido numa convenção da gravadora Columbia Records, em Miami, no mês de julho de 1965. Não muito depois, Andrew dava a Allen os direitos exclusivos de negociar qualquer contrato em nome dos Stones. Oldham acreditava que Allen – um sujeito até grosseiro, mas praticamente imbatível numa mesa de negociação – saberia muito melhor que ele mesmo como dobrar a Decca. Estava certo. Só não sabia que, ironicamente, ele mesmo seria o primeiro a ser achatado pelo rolo compressor de Klein, a partir do momento em que Allen revelou à banda todos os detalhes dos laços contratuais entre eles e Oldham.

> "(Allen) era conselheiro e gerente financeiro de Donovan, do Dave Clark Five e dos Herman's Hermits, todos enormemente famosos na época. Andrew marcou uma reunião entre ele e nós, (porque) íamos negociar um novo contrato com a (gravadora) Decca. Nunca tínhamos nos preocupado com quem estava ganhando quanto dinheiro.

E a coisa que me impressionou nele foi que ele disse que conseguiria (um contrato melhor) para a gente. Ninguém tinha dito aquilo antes. O que ele queria era ter os Beatles e os Stones, os dois."

– **KEITH RICHARDS**, *Rolling Stone*, 19 de agosto de 1971.

"Ele disse para a gente ir de óculos escuros e não abrir o bico durante toda a reunião (de renegociação com a Decca). Sentamos e deixamos (Klein) falar sozinho. E eu vi ali, na minha frente, aqueles executivos de gravadora todos se desmancharem diante de Klein"

– **KEITH RICHARDS**, no documentário *25X5*, 1989.

Allen Klein saiu da reunião com a Decca com um cheque de 2.500 libras para cada stone (uma pequena fortuna, em 1965), mais a garantia de dez pagamentos anuais de 7 mil dólares a cada um dos cinco da banda. "Os homens (naquele momento) encarregados de nossos assuntos de negócios sabiam como azeitar as engrenagens para obter nossos sorrisos imediatos", lembraria Bill Wyman anos depois.

Não demorou muito até Andrew e Eric saírem de cena. Torrado, por um lado, pelo uso abusivo de drogas, e habilmente empurrado para escanteio por Klein, Oldham pediu as contas durante a gravação do álbum *Their Satanic Majesties Request*, em 1967. Eric, seu sócio, saiu junto com ele. E nos cinco anos seguintes os Stones foram 100% de Allen Klein.

Na prática – e isso os Stones só perceberiam quando já era tarde demais –, Klein havia orquestrado seu contrato com os Stones de maneira que todo dinheiro destinado à banda – viesse da Decca ou de onde quer que fosse – passasse primeiro por ele. E Allen – baseado em Nova York, do outro lado do Atlântico – mostrou-se extremamente possessivo com esse dinheiro, repassando-o aos Stones aos pingos, geralmente só após pedidos insistentes (quando não cada vez mais desesperados) dos músicos, via telefone ou telex.

O argumento de Klein para justificar a remuneração a conta-gotas parecia válido. Se o Leão britânico percebesse a quantidade enorme de dinheiro que a banda estava ganhando, a enquadraria numa alíquota que a obrigaria a dar ao governo até 93% de seus rendimentos. Pelo método de Allen, os Stones viriam a receber uma "renda fixa constante" sem despertar a sanha do fisco. Só que, com os rendimentos controlados com mão de ferro pela contadoria de Klein, para todos os efeitos os Stones viravam funcionários da firma de Allen, a ABKCO.

A tal ponto que em 1970 nenhum dos Stones conseguia cumprir com seus compromissos financeiros do dia-a-dia. A Maior Banda de Rock do Mundo estava quebrada, graças ao controle total sobre suas finanças exercido por Klein.

A solução para os problemas da banda chegaria através de um príncipe.

Mick Jagger fora apresentado, numa festa londrina, em 1969, a um descendente da família real austríaca, o príncipe Rupert Loewenstein, diretor-gerente do banco mercantil britânico Leopold Joseph. Depois daquele primeiro encontro, Rupert cuidou de alguns negócios pessoais de Jagger, e, na hora de exorcizar de uma vez por todas Allen Klein, Mick pensou imediatamente no príncipe que atendia a uma das mais poderosas instituições bancárias da Inglaterra.

Passado o susto inicial – segundo Bill Wyman, Rupert pensava que estava sendo convocado para investir a renda excedente de uma das atrações pop mais bem-sucedidas do mundo –, o príncipe bolou uma estratégia radical: os Stones deveriam romper com Klein e com a Inglaterra.

Se continuassem morando em solo britânico, os Stones jamais conseguiriam saldar dívidas tributárias – na época superiores a 400 mil libras. Por isso, seguindo o conselho de Loewenstein, os Stones decidiram se mudar para a França. Já se livrar de Allen era outra história, e o que começou como negociação de rescisão de contrato virou dois anos de guerra ferrenha nos tribunais.

De acordo com a equipe do príncipe, Allen devia ao Stones, por baixo, 17 milhões de dólares. Para encerrar o caso, Rupert achava que os Stones deviam propor à ABKCO um pagamento quase simbólico à banda, de dois milhões de dólares, e se dar por satisfeitos. Após uma sessão final de negociações entre advogados de ambas as partes, que durou 36 horas ininterruptas, Klein concordou – mas seriam dele, por toda a eternidade, as masters e os direitos de editoração de toda a obra gravada dos Rolling Stones até 1970.

O que significava que a ABKCO, além de tornar-se dona única de todo o trabalho da banda, poderia, quando quisesse, reeditar, em qualquer configuração – como saiu originalmente, ou sob a forma de compilações –, qualquer música do catalógo existente dos Stones. Mais: a ABKCO ficava livre para lançar até material inédito, gravações restantes de alguma sessão de estúdio ou de registro de show, mesmo sem a aprovação dos Stones.

Até hoje os Stones e o príncipe – agora no cargo de diretor-financeiro da organização da banda – precisam lidar com Klein e a ABKCO toda vez que entra em jogo alguma música do período pré-70. E Klein faz valer a preciosa mina de ouro por que tanto lutou: se alguém desejar utilizar num filme alguma das músicas dos Stones controladas por Klein, por exemplo, pagará 100 mil dólares pelo fonograma, mais 100 mil dólares pela autorização da editora da música. E os dois cheques vão primeiro para o bolso da ABKCO. Só mais tarde os Stones recebem as suas devidas porcentagens.

Some Girls

Dona de uma beleza estonteante e de um magnetismo irresistível, **Anita Pallenberg** entrou na vida dos Stones em 1965, quando a banda realizou sua primeira turnê pela Alemanha. Ao chegar a Munique, Brian conheceu a modelo Anita, filha de luteranos criada em Roma que havia trabalhado como assistente de fotógrafo antes de passar para o outro lado da lente. Ao longo de 1965, ela viajaria para visitar Jones nos Estados Unidos e na Inglaterra, antes de se mudar de vez para o apartamento londrino de Brian, o primeiro dos três namorados que Pallenberg teria na banda. Anita estrelou filmes musicados por Brian – o alemão *A Degree of Murder* – e estrelados por Mick – *Performance*. Keith seria o segundo namoro – brevemente perturbado por um caso entre Anita e Mick Jagger - e o mais duradouro. Eles só se separariam treze anos, quilos de drogas e dois filhos mais tarde. Ao contrário do que acontecera com os outros dois Stones, Anita limitou seu relacionamento com Keith ao lado pessoal, e participou da vida artística de Richards apenas perifericamente – fazendo "uu-uuu" em "Sympathy for the Devil", por exemplo. Hoje, Anita é dona de sua própria linha de roupas.
No mesmo ano, Mick Jagger conheceu **Marianne Faithfull**. Filha da nobreza austríaca, dona de uma voz tão angelical quanto suas feições, Marianne teve formação clássica, mas aos 18 anos virou cantora pop nas mãos de Andrew Loog Oldham, ao gravar uma das primeiras parcerias de Mick e Keith, a balada "As Tears Go By", lançada um ano antes da versão realizada pelos Stones. Foi um sucesso que jamais se repetiria, enquanto Marianne formava com Mick Jagger o casal-símbolo da Swinging London. A deterioração do relacionamento com Mick e a perda, no sétimo mês de gravidez, da filha que o casal esperava, desmontaram Faithfull e ela tentou curar sua dor com álcool e heroína. O entorpecimento e as tentativas de suicídio resultaram, ironicamente, em frases e idéias que se transformariam em músicas dos Stones – sem autorização prévia de Faithfull –, como "Sister Morphine" e "Wild Horses". Em 1979, Marianne reinventou-se como cantora, ao lançar o brilhante *Broken English*, um disco duro e realista onde o efeito de anos de cigarro, bebida e dor faziam a voz de menina de coral de igreja virar o equivalente feminino ao Lobo Mau. Nunca mais pararia de cantar, seja regravando clássicos de Kurt Weil, seja fazendo parcerias com o produtor Daniel Lanois, conhecido por seu trabalho com o U2. Marianne chegou a se apresentar em São Paulo, em 1999, lançando seu álbum *Vagabond Ways*.

Poucas vezes os Stones trabalharam tanto quanto no final de 1965: excursionaram exaustivamente pela Europa e a América do Norte (a ponto de em determinado momento fazerem nada menos que 48 shows em 24 dias!). E lançaram dois compactos ("Get Off My Cloud" e "As Tears Go By", sucesso primeiro na gravação de Marianne Faithfull), um EP (*Got Live If You Want It*) e três LPs (*Out Of Our Heads*, no Reino Unido, e *Out Of Our Heads* e *December's Children*, nos Estados Unidos).

Quando tiveram uma brecha, na época das festas de fim de ano, não sabiam que em 1966 iriam mudar todas as regras do jogo.

"OS BEATLES QUEREM SEGURAR SUA MÃO, MAS OS STONES QUEREM BOTAR FOGO NA SUA CIDADE."
– **TOM WOLFE**, 1965.

> **NA PÁGINA AO LADO (NO ALTO):** Andrew Oldham (de óculos), ao lado do rebaixado Ian.

TIN PAN ALLEY
CLUB

ÁLBUM DE FOTOS

* Novos planos dos Beatles

MÚSICAS INÉDITAS

OS CABELUDOS

ANO I
N.º 1
RIO 1966

Cr$ 800

Tudo Sôbre Famosos Cabeludos

RENATO E SEUS BLUE CAPS

THE MAMAS AND THE PAPAS

LETRAS DE SUCESSOS EXCLUSIVAS

THE ROLLING STONES

INÉDITO

- THE BEATLES
- THE ANIMALS
- HERMAN & HERMITS
- THE ROLLING STONES
- THE BEACH BOYS
- THE DAVE CLARK FIVE
- PETER & GORDON
- SONNY & CHER

BEATLES

FOTOS COLORIDAS
BIOGRAFIAS
EXCLUSIVAMENTE CABELUDOS

PARIS MATCH

N° 886 / 2 AVRIL 1966 / 1,20 F

EXCLUSIF-COULEURS

Le drame de l'espace filmé de Gemini 8

UNIVERS-MATCH

La semaine mondiale du cheval

L'Angleterre aux cheveux longs

Les Rolling Stones donnent le ton à cette jeunesse anglaise qui a secoué la poussière victorienne. La France les accueille cette semaine.

2. OS ANOS SOMBRIOS – 1966 A 1970

GOSTAM DE NÓS PORQUE SOMOS FEIOS

"Não imitamos os Beatles. Começamos antes dêles e não temos culpa se ficaram famosos antes de nós. Mas, agora, êles não representam mais nada. São burgueses preocupados em conseguir mais dinheiro. Nós somos a revolução. Os jovens sabem disto e estão conosco." A declaração é de Brian Jones, guitarrista dos Rolling, com expressão trágica no rosto feio. Um modo de pensar que define a maneira de ser do conjunto que está ameaçando o prestígio dos Beatles no mundo. Um grupo de jovens descabeladamente inconformados e rebeldes. Que são contra a guerra, contra a bomba atômica, contra as convenções, contra tudo."
– Revista *Intervalo* de junho de 1966.

DISCOS MAIS VENDIDOS

(Pesquisa realizada pelo IBOPE no Estado da Guanabara, na semana de 14 a 19 de fevereiro de 1966)
Compactos simples e 78 r.p.m.
1º "Quero Que Vá Tudo Pro Inferno" – Roberto Carlos
2º "N'avoue Jamais" – Guy Mardell
3º "Querida" – Jerry Adriani
4º "Io Che Non Vivo" – Pino Donaggio
5º "Satisfaction" – The Rolling Stones

"GARÔTAS TEM A 'SATISFACTION' DE APRESENTAR: THE ROLLING STONES

RECENTEMENTE LEMOS NUM TEXTO FORNECIDO PELO SERVIÇO BRITÂNICO DE INFORMAÇÕES UMA OBSERVAÇÃO CURIOSA, OU SEJA, DE QUE, QUANDO OS PAIS JÁ COMEÇAVAM A SE ACOSTUMAR COM OS 'BEATLES', SUAS ROUPAS ESTRANHAS E SUAS CABELEIRAS, SURGIRAM NOVOS GRUPOS MUSICAIS AINDA MAIS EXÓTICOS EM GESTOS, TREJEITOS E ROUPAGENS, OBRIGANDO OS MAIS VELHOS (MAIS 'QUADRADOS'?) A UM NÔVO PERÍODO DE ADAPTAÇÃO.
ENTRE ÊSTES GRUPOS DESTACAM-SE OS 'ROLLING STONES', QUE É O MELHOR, UMA VERDADEIRA 'BRASA', UM GRUPO 'BARRA LIMPÍSSIMA', QUE AOS POUCOS VAI OCUPANDO UM LUGAR DE PREEMINÊNCIA CONSEGUIDO À CUSTA DE MUITO ESFÔRÇO, MUITA LUTA E MUITA TÉCNICA.
NESTA FABULOSA ÉPOCA EM QUE O IÊ-IÊ-IÊ DOMINA E MANDA, É UM PRAZER OUVIR UM CONJUNTO FORMADO POR RAPAZES QUE SABEM, COMO POUCOS, FAZER MÚSICA, MÚSICA DE QUALIDADE SUPERIOR, MÚSICA DE 'GENTE GRANDE'."
– Revista *Garôtas* de 1966.

Se, por um lado, em 1966 o talento e a criatividade de Brian Jones emergiram em todo seu esplendor, por outro, com o fortalecimento da parceria Jagger/Richards, Brian se sentia (ou era empurrado para) cada vez mais longe da banda.

O ano marcou o início de uma temporada de idéias divinamente inspiradas de Brian (um músico capaz de dominar rápido qualquer novo instrumento), que ajudariam a impulsionar a maturação dos Rolling Stones – e que destacariam ainda mais a banda no universo pop. Composições de Mick e Keith desse período possivelmente não teriam causado o mesmo impacto ou alcançado o mesmo status de clássicos sem a intervenção de Brian nos arranjos e na instrumentação. Exemplares são os casos de "Lady Jane" (embalada pelo dulcimer tocado por Brian), "Paint It, Black" (som com jeitão de cigano misturado com cítara indiana), "Have You Seen Your Mother, Baby, Standing In The Shadow" (turbinada por trumpetes) e "Under My Thumb" (rock com vibrafone!), todas canções dessa leva.

> "A contribuição de Brian pode ser ouvida em cada uma das faixas que gravamos (no estúdio) da RCA (em Hollywood). O que ele não sabia tocar, ele ia e aprendia. Você consegue ouvir a coloração que ele adicionou em músicas como "Lady Jane", ou "Paint It Black". Em alguns casos, era mais que um efeito decorativo. Às vezes, era Brian quem fazia o disco acontecer."
> – **ANDREW OLDHAM**.

Mas o estado de espírito de Jones logo no início daquele ano sugeria que a cabeça e o coração dele já pensavam em fazer as malas do lar que ele mesmo construíra. Faltava apenas achar um novo lugar para morar.

> "Sou tão contraditório. Sinto uma necessidade de me exprimir, mas não tenho certeza do que eu quero fazer. Se alguém me dissesse que eu sou capaz de compor e me incentivasse, acho que conseguiria fazê-lo. É como mergulhar na parte funda (da piscina) sem saber de que lado a gente vai sair. Gosto de estar com os Stones. Me dá satisfação. Levo música a sério."
> – **BRIAN JONES**, *Record Mirror*, 1966.

De um modo geral, 1966 foi um ano de evolução exponencial para o pop, e os Stones souberam se conectar na mesma freqüência exploratória que motivou Bob Dylan a trocar o violão pela guitarra (em 1965) e, depois, lançar o magistral álbum duplo *Blonde On Blonde* (em 1966); que levou os Beatles à experimentação sonora de *Revolver*, colorido pelo psicodelismo e pelo ácido lisérgico, com ecos da influência oriental; e que inspirou os Beach Boys a deixar o mundo de queixo caído com *Pet Sounds*, um fracasso de vendas, mas um mosaico de intrincados arranjos e belas canções costuradas pela genialidade de Brian Wilson.

Cabelos compridos, unhas sujas, mal vestidos, êles são o sucesso do momento

ROLLING STONES: GOSTAM DE NÓS PORQUE SOMOS FEIOS

Keith Richard, Mick Jagger, Bill Wyman, Charlie Watts e Brian Jones (pela ordem) são descabeladamente contrários a tudo que limite a liberdade.

Não imitamos os Beatles. Começamos antes dêles e não temos culpa se ficaram famosos antes de nós. Mas, agora, êles não representam mais nada. São burgueses preocupados em conseguir mais dinheiro. Nós somos a revolução. Os jovens sabem disto e estão conosco. A declaração é de Brian Jones, guitarrista dos **Rolling**, com expressão trágica no rosto feio. Como êle, pensa o grupo todo. Um modo de pensar que define a maneira de ser do conjunto que está ameaçando o prestígio dos **Beatles** no mundo. Um grupo de jovens descabeladamente inconformados e rebeldes. Que são contra a guerra, contra a bomba atômica, contra as convenções, contra tudo. Estão sempre zangados. Seu último sucesso, **Satisfaction** vendeu 3 milhões de exemplares. O que é para deixar qualquer um satisfeito. Mas os **Rolling Stones** não ligam para isto. **Nós queremos a libertação do homem,** diz Keith Richard, o menos feio dêles. **Os políticos que pregam a liberdade não sabem resolver o problema. Os jovens sabem. É preciso destruir os velhos esquemas e repelir os novos. Dizem que isto é anarquia. Não entendemos disto. Sabemos, apenas, que quando tocamos e os jovens pulam diante de nós, estamos contribuindo para libertá-los.** Esta nova maneira de libertar a juventude, entretanto, está preocupando muito os donos de teatro. Na última vez, no Olympia de Paris, o público destruiu completamente 60 poltronas e feriu (a dentadas) 11 policiais. **Nem quando os Beatles estiveram aqui,** declarou o diretor do teatro, **aconteceu uma coisa destas! Graças a Deus não está programada outra apresentação dos Rolling Stones no Olympia!** Qual a razão dêste violento sucesso? Mike Jagger, o cantor do conjunto, explica: **Nós somos muito feios. Não cortamos os cabelos e andamos mal vestidos. Quanto mais feios ficarmos, mais gostarão de nós.**

Recheado de acontecimentos na esfera do pop-rock, como a última apresentação ao vivo dos Beatles – realizada em 29 de agosto, no Candlestick Park, em São Francisco –, o pródigo ano de 1966 também ficou marcado pela chegada de Jimi Hendrix à Inglaterra e pela aparição do primeiro supergrupo: o Cream, formado pelo guitarrista Eric Clapton com o baixista Jack Bruce e o baterista Ginger Baker.

A maneira do pop ser concebido e funcionar também começava a mudar em 1966. Se antes a indústria de discos e as rádios eram movidas a compactos distribuídos ao longo do ano, agora os artistas que compunham seu próprio material passaram a encarar os LP's como um terreno infinitamente mais amplo para cultivar e explorar suas idéias. Não mais se trataria um LP como um mero cabide de compactos (e a maioria dos LP's não passava disso), mas como um projeto maior, onde cada faixa era trabalhada com o mesmo esmero e individualidade.

> "Antigamente, o negócio era agradar às meninas de 13 anos de idade e lançar um compacto novo a cada três meses. Era assim que a coisa era feita. Tantos os Beatles quanto nós havíamos comprado LP's com dez faixas que eram lixo. E dissemos: 'Não, vamos cuidar para que cada faixa seja boa. Vamos dar quase mais duro do que se (aquela faixa) fosse para um compacto.' Por isso começou a demorar mais até que um novo álbum fosse lançado, a gente estava tentando fazer com que tudo (no álbum) fosse bom. "
> – **KEITH RICHARDS**, *Rolling Stone*, 19 de agosto de 1971.

Isso significava, também, que os artistas pop passavam a ter mais autonomia. Mesmo com Andrew Oldham ainda proeminente no estúdio e na conceitualização da banda – "É virtualmente impossível escrever um artigo sobre os Stones sem Andrew entrar em cena, já que os Stones praticamente viraram uma projeção de seu próprio ego", diria no *NME* o jornalista (e futuro assessor de imprensa do The Who) Keith Altham –, Mick, Keith, Brian, Charlie e Bill davam as cartas artísticas. E ninguém os contrariava.

Ou quase ninguém. Quando Andrew comunicou à Decca que o novo álbum dos Stones se chamaria *Você Consegue Andar Sobre A Água?*, a Decca fechou o tempo e proibiu que a banda se metesse numa encrenca parecida com a de John Lennon, que em março daquele ano incorrera na ira dos cristãos americanos ao comentar que os Beatles haviam se tornado mais populares do que Jesus Cristo.

> "Antes dos Beatles e nós começarmos a lançar discos, o cara que cantava não tinha controle algum (sobre o que gravava). As bases eram gravadas por músicos de estúdio supervisionados pelo diretor artístico da gravadora, que controlava o artista e o repertório. Bobby Vee ou Billy Fury, eles apenas colocavam a voz. Não podiam entrar na sala de controle do estúdio e dizer 'quero que minha voz soe assim, assado, quero a guitarra desse ou daquele jeito'. O homem da gravadora decidia o que entrava onde e quando."
> – **KEITH RICHARDS**, *Rolling Stone*, 19 de agosto de 1971.

Não é coincidência, portanto, que 1966 marca o lançamento do primeiro LP dos Rolling Stones onde todas as 14 faixas são composições da dupla Jagger/Richards. Saudado como "melhor do que tudo que já fizeram antes" pelo *Disc*, o quarto álbum da banda, *Aftermath*, era, também, o melhor resultado da combinação do talento de Mick e Keith como compositores com a capacidade criativa de Brian e as possibilidades técnicas oferecidas pelos estúdios americanos, aqui personalizados pelo técnico Dave Hassinger, da RCA, em Hollywood. De quebra, *Aftermath* ainda traz uma faixa que ultrapassa os 11 minutos, "Goin' Home", algo inédito nos discos de rock daquele período.

> "Em setembro último, inúmeros leitores escreveram a Don De Michael, editor do quinzenário *Down Beat*, protestando contra a votação – por parte de vários 'experts' – dos Rolling Stones no 'referendum' dos críticos internacionais, promovido anualmente pela conhecida revista de Chicago. Reclamaram êles – e com barcaças de razões – que sendo *DB* uma revista de jazz, não se justificava de maneira alguma a presença de nomes de submúsica numa eleição que reúne a fina flor dos jazz critics americanos e europeus. No entanto, os críticos que votaram nos Rolling Stones justificaram como tendo feito porque o quinteto britânico é o único branco de rock cuja música exibe uma afinidade – ainda que eventual – com o 'rhythm and blues' negro. Nós diríamos mais que isto. Não apenas os Stones foram benéfica e salutarmente influenciadas – sobretudo nos planos rítmico e melódico – pela música de Chuck Berry, Muddy Waters e James BroKn (sic), como são talvez o único conjunto de rock cujo repertório exibe um conteúdo musical dos mais razoáveis – tanto no setor vocal como no instrumental. É claro que preferíamos mil vêzes ouvir um 'Dontcha Bother Me' executado pela 'Blues band' de Muddy Waters. Mas não podemos de maneira alguma deixar de reconhecer que não há outro conjunto branco que se aproxime mais da exasperação rítmica negróide como os Stones.
> E se algum dos leitores está pensando que os achamos melhores que os Beatles, acertou em cheio. Porque êles são mesmo.
> Cotação ★★★."
> – Resenha do álbum *Aftermath* no jornal *O Globo*, em 1966.

Os Rolling Stones de 1966 – que o Brasil começava a conhecer – estavam mundos distantes daquele conjunto de blues de apenas três anos antes: agora eram astros sentados no topo do Olimpo pop, experimentando no estúdio – tudo parecia possível, e o tudo era mais que convidativo – e testando suas forças criativas e políticas (e a prosaica escolha do guarda-roupa era um ato político naquele tempo) com apetite de novatos e sabedoria de veteranos.

Seguindo a mesma linha de provocação e rebeldia iniciada com "Satisfaction", as letras das músicas cutucavam os costumes e os limites com farpas misóginas ("Under My Thumb") e minicontos urbanos sombrios onde mães de família aliviam o tédio com barbitúricos ("Mother's Little Helper").

No espírito da época, os Stones se vestiam como *dandies* edwardianos multicoloridos – e Brian era quem mais se esmerava nas roupas, estimulado por Anita Pallenberg, que agora morava com ele – e aprimoravam seu visual com novos cortes de cabelo e até experiências com pêlo facial, se levarmos em conta o bigodinho fino cultivado por pouco tempo por Charlie.

Ou, então, se vestiam como mulheres – provocação suprema – para posar para a contracapa do compacto americano "Have You Seen Your Mother, Baby, Standing in The Shadow". A foto gerou o tititi esperado, a crítica se encantou com um disco de sons "tão surpreendentemente complexos" (*NME*), mas, apesar de ser "a maior garantia de um número 1 que os Stones já tiveram" (*Disc*), o compacto não passou do quinto lugar das paradas e as línguas mais ferinas começaram a disseminar o prenúncio de um fracasso catastrófico, talvez a prévia da decadência dos Stones.

Cientes da sua posição de alvo constante, os Stones contrataram um assessor de imprensa para assumir a função até então ocupada por Andrew Oldham, trocando, como Bill Wyman bem explicou, um atacante por um goleiro. Se antes Andrew se encarregava de disparar as iscas para abocanhar manchetes chamativas e impactantes, o recém-chegado Les Perrin, ex-escriba do *NME*, entrava para tourear fofocas, maledicências e questões verdadeiramente delicadas. Uma de suas primeiras tarefas, nem tão espinhosa assim, foi desmentir a morte de Mick Jagger, noticiada nos Estados Unidos após o término da quinta turnê norte-americana da banda, entre junho e julho daquele ano. Perrin agiu com fino humor britânico.

> "O Sr. Jagger gostaria de negar que está morto e diz que todos os rumores foram grosseiramente exagerados", declarou Les ao *Melody Maker*.

O quinto giro pela América do Norte gerou badalação como nunca antes – Allen Klein levou a banda a um iate para fazer sua coletiva de anúncio da turnê –, renda superior às das visitas anteriores – 750 mil dólares por 33 shows –, as confusões de praxe – a polícia de Boston usou gás lacrimogêneo para dispersar a multidão que tentava invadir o palco logo no primeiro show da excursão –, e uma cobertura de imprensa tão variada que a banda enfeitava a capa da chiquérrima revista *Town & Country* ao mesmo tempo que entortava a cabeça dos jornais das regiões mais conservadoras.

> "As jovens atraentes pressionaram para a frente, braços ondulando como tentáculos de anêmonas se contorcendo em fluido quente. Mick é um fenômeno de sexualidade absoluta, para além das distinções simples de masculinidade e feminilidade."
> – Matéria no jornal *Toronto Daily Star*, 30 de junho de 1966.

Os shows pelo Reino Unido, durante setembro e outubro, abertos cada noite por Ike e Tina Turner e os Yardbirds (que contava com a megaartilharia de Jeff Beck

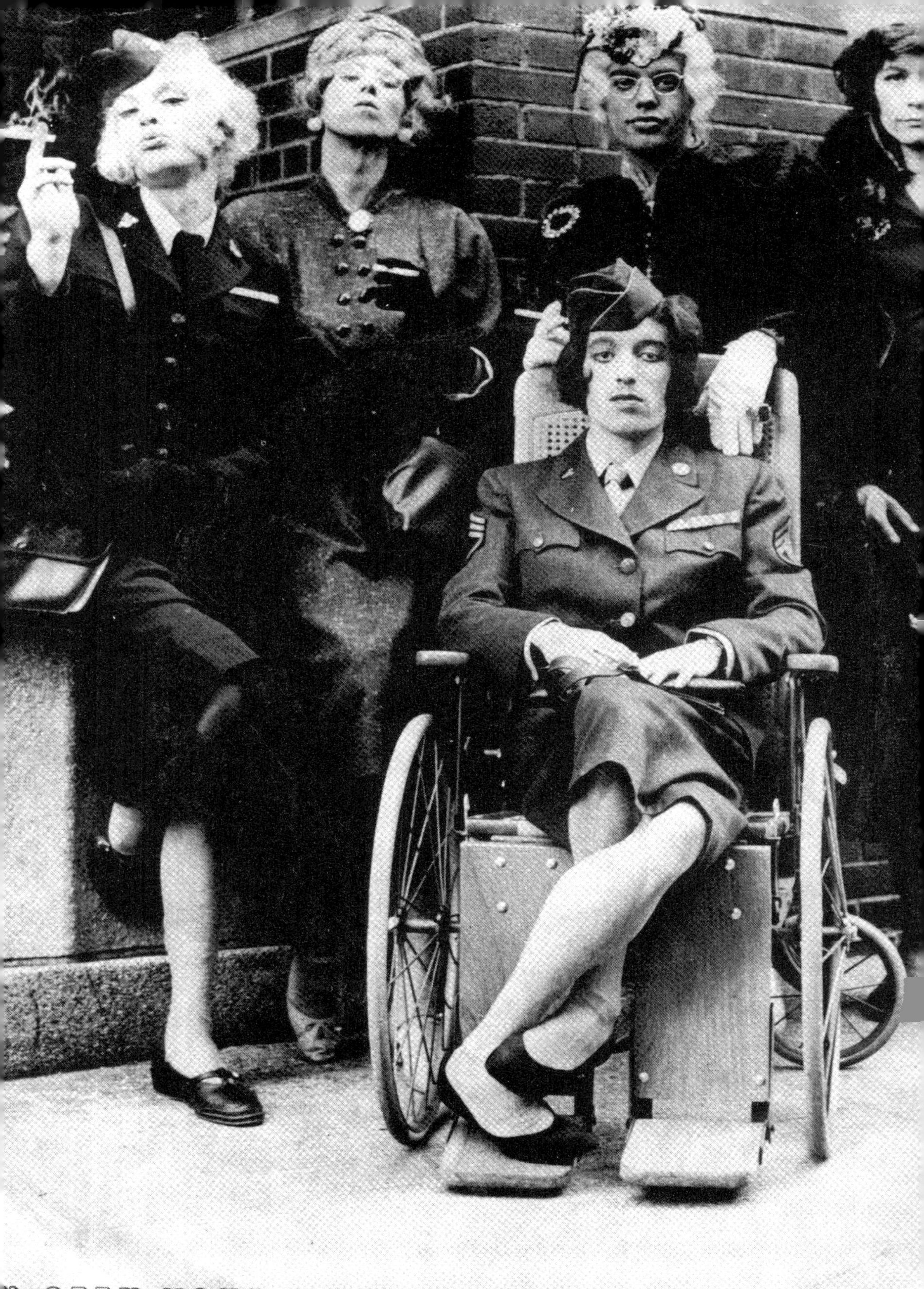

U SEEN YOUR MOTHER, BABY, STANDING IN

e Jimmy Page, juntos, na guitarra), provocaram pandemônio idêntico nas platéias, com meninas desmaiando às dezenas e os Stones precisando parar de tocar quando a multidão ensandecida fugia completamente de controle – o que virou costume.

Seria isso o fracasso alardeado pelos detratores?

> "Eu provoco a platéia. Faço isso de toda maneira que consigo imaginar. Odeio as pessoas que ficam ali sentadas e que não gritam. O que eu faço (no palco) é uma coisa sexual. Eu danço e a dança é um substituto do sexo. Minha dança é basicamente sexualidade. O que realmente incomoda as pessoas é que eu sou um homem e não uma mulher. Eu tiro meu paletó e às vezes desabotôo minha camisa. O que eu faço é quase o mesmo que faz uma dançarina de striptease."
> – **MICK JAGGER**, *Sunday People*, 9 de outubro de 1966.

As provocações de Mick e dos Stones surtiam efeito: agora, onde quer que se apresentasse, era grande a chance da banda deixar para trás um rastro de teatros quebrados, policiais estressados e jovens eletrizados.

> "Houve um período de seis meses na Inglaterra em que não podíamos mais fazer shows em salões de baile na Inglaterra, porque nunca conseguíamos tocar mais de três ou quatro músicas cada noite, cara. Caos. Polícia e gente demais, desmaios. A gente entrava nos lugares e era como se estivesse rolando a Batalha da Criméia, pessoas sem ar, peitinhos de fora, garotas se sufocando, enfermeiras correndo para a ambulância. Diziam para a gente: 'Não ficou um assento seco.'"
> – **KEITH RICHARDS**, *Rolling Stone*, 19 de agosto de 1971.

Também em 1966 os Stones – a exemplo do que haviam feito os Beatles antes deles – estreariam na telona, e em dose dupla.

Não como atores – embora a idéia tivesse sido aventada –, mas como eles mesmos, em dois documentários.

"Os Stones são como o ar, a água ou a comida. São indispensáveis à minha vida."

- **ANDRÉ RIBEIRO**, correspondente do fanzine americano *Stones Planet*

No escurinho com os Rolling Stones

CHARLIE IS MY DARLING - 1966

Registro da turnê irlandesa de 1965, *Charlie Is My Darling* retrata a vida dos Stones na estrada sem maquiagem ou retoques: confusões nos shows, fãs enlouquecidos, e depoimentos desconexos e pouco iluminados dos músicos da banda. Depois que Brian Jones discursa para a câmera sobre seu amor por surrealismo e seu interesse em realizar um filme surrealista, o entrevistador pede a ele para explicar o significado da palavra "surrealismo". Brian emudece e não consegue responder.

Ao resenhar o filme no *Melody Maker*, Chris Welch chamou a atenção para o que considerou os melhores momentos: Mick bêbado, fazendo imitações de Elvis Presley e da guitarra de George Harrison em "I Feel Fine", gravação dos Beatles que acabava de sair.

Ah, sim, a banda aparece tocando, também: são vistos trechos de "Get Off My Cloud" e "It's Alright" ao vivo.

"O que eu mais gostei daquele filme eram as partes em que os Stones apareciam falando, e eles eram tão inarticulados, não conseguiam descrever o que estavam fazendo. Brian Jones era o único que era verdadeiramente articulado."

- **PETER WHITEHEAD**, diretor de *Charlie Is My Darling*, na edição de fevereiro de 1974 da revista *Films and Filming*.

GATHER NO MOSS (NO REINO DO IÊ-IÊ-IÊ) - 1966

Na época em que aconteceu o show, a estrela máxima da TAMI – a Teen Age Music International – que foi filmado em 1964, no Santa Monica Civic Auditorium, pode ter sido James Brown. E ele até aparece no cartaz do filme em destaque, com o mesmo peso que Mick Jagger. Mas já a partir do título – uma referência à forma inglesa do ditado "pedra que rola não cria limo" – *Gather No Moss* é dos Rolling Stones. A banda aparece tocando quatro músicas: "Off The Hook", "Time Is On My Side", "It's All Over Now" e "It's All Right".

Brian, em particular, queria muito fazer cinema, independente – e, especialmente, separado – dos Stones, e chegou a montar uma sala de projeção em casa para tentar ver o maior número possível de filmes. A vontade, entretanto, não decolaria por completo. O máximo que conseguiu foi criar a trilha sonora para *Mord und Totschlag*, filme alemão do diretor, roteirista e produtor Walter Schlondorff, exibido em competição no Festival de Cannes de 1967 – e estrelado por Anita Pallenberg.

A criação da trilha do filme – lançado mundialmente como *A Degree of Murder* – energizou Brian, ainda que momentaneamente.

"Ao compor e produzir as faixas (da trilha), usei grupos (de até) dez músicos (que tocaram) metais, banjo e violino. E eu toquei cítara, órgão, dulcimer, gaita e harpa."

– **BRIAN JONES**, março de 1967.

Apesar de parcerias como essas – e como a série de fotos do casal posando com uniformes e símbolos nazistas, que causaram o furor esperado, como Brian queria –, o relacionamento de Brian com Anita começava a azedar, e as brigas entre os dois tornavam-se constantes. Infeliz com Anita, Brian procurou consolo em Marianne Faithfull, com quem manteve um curto caso. Anita, por sua vez, já estava de olho em outro stone.

> "Às vezes ele fazia as coisas mais estúpidas, que ele instintivamenente sabia que o deixariam mal com a imprensa, conosco, com a família dele e com todo o resto. Em parte, era para chamar atenção. A insatisfação com o papel e a posição dele no grupo o levava a ter um comportamento cada vez mais destrutivo."
> – **BILL WYMAN**, no livro *Rolling With The Stones.*

O relacionamento de Brian com os Stones e com Oldham também ia de mal a pior. Quando uma repórter da revista *Rave* escreveu sobre a visibilidade decrescente de Brian no perfil público da banda, e pediu a Andrew uma entrevista com o músico, viu seu pedido negado com veemência feroz: "Não, você não pode vê-lo, nem telefonar para ele, e ele não pode dar declaração alguma", rugiu Oldham, que nunca havia sido muito chegado a Jones e estava mais interessado em promover a ascensão de Mick e Keith. E nenhum dos dois, é importante dizer, reclamou disso.

> "Brian parece ter desaparecido das vistas do público. Não tem muita presença na imagem atual dos Stones. Houve o tempo em que o bem esquisito, cabeludo e quase mítico Brian era o stone mais comentado e mais popular."
> – **DAWN JAMES**, *Rave*, meados de 1966.

> "Brian era aquele tipo de pessoa que por um lado é linda, mas por outro é uma filha-da-puta. (Mais tarde), na medida em que nos tornamos mais e mais conhecidos, e eventualmente nos transformamos naquela entidade gigantesca, (o lado ruim) em Brian cresceu ainda mais e ficou muito difícil ele conviver com a gente. Mick e eu nos sentíamos cada vez mais seguros, porque compúnhamos juntos, e Brian ficava aborrecido com aquilo, porque não conseguia compor. Ele não podia nem pedir para tentar trabalhar conosco. Quando antigamente Brian e eu ficávamos trabalhando durante horas, tentando compor músicas juntos, para, no final ... 'Porra, a gente não sabe compor.'"
> – **KEITH RICHARDS**, *Rolling Stone*, 19 de agosto de 1971.

Se por dentro cresciam as tensões entre os Stones – e, conseqüentemente, aumentavam a paranóia e o apetite de Brian por drogas e destruição –, por fora eles seguiam firmes em sua conquista do mundo, e fecharam o ano de 1966 com o saldo invejável de seis milhões de discos vendidos no Reino Unido. Um triunfo saboreado pelos Stones pouco antes do mundo ruir sob seus pés.

Os Stones inauguraram 1967 cavalgando a onda de controvérsia causada por um novo compacto forte e polêmico – em estilo tipicamente stone – que comprovava a sustentada qualidade de composição de Jagger e Richards e a maturidade da produção dos discos, cada vez mais entregue por completo a Mick e Keith.

"Let's Spend The Night Together", lançada no final da primeira quinzena de janeiro num compacto cujo lado B era a mais romântica e igualmente potente "Ruby Tuesday" (um exemplo da versatilidade de Brian Jones, que toca flauta doce num arranjo pop-barroco), provocou comoção por dizer de maneira clara e direta, sem subterfúgios, aquilo que tantas outras canções pop davam cambalhotas para sugerir: vamos passar a noite juntos?

Na Inglaterra – e ainda mais nos Estados Unidos! – de 1967, somente casais casados passavam a noite juntos, e o que os Stones propunham com sua canção era o pecaminoso e recriminável sexo fora do casamento.

A música foi banida de rádios nos dois lados do Atlântico, e os Stones perderam uma disputadíssima queda-de-braço com Ed Sullivan na hora de promover o novo disco no programa do apresentador de TV americano. "São centenas de milhares de crianças e jovens assistindo ao meu programa", argumentou Sullivan. "Não vou aceitar algo que tenha um duplo sentido. Ou cortam a música (do show) ou eu corto os Stones."

Após discussões entre Allen Klein, Andrew Oldham e a banda, chegou-se a um meio-termo. Em vez de "vamos passar a noite juntos", Mick Jagger cantaria "vamos passar um tempo juntos." Dito e feito: naquela noite, os Stones apresentaram ao público americano "Ruby Tuesday" e "Let's Spend Some Time Together".

Jagger revirou os olhinhos na hora em que cantou a frase modificada da canção, para "protestar" contra a censura de Sullivan. Na verdade, desde o início da débâcle Mick sabia muito bem que não tinha como vencer aquele confronto – e que a "briga" com Sullivan serviria como trampolim promocional para o novo compacto. Por isso, valorizou a polêmica com um ar quase protocolar de deboche.

> "Eu sempre digo 'vamos passar a noite juntos' a toda moça que sai comigo. E o que quero dizer é: 'vamos sair juntos à noite?' Nas mentes tortas e sujas de algumas pessoas, acho que (a frase) possa ter uma conotação sexual. Mas a música não é grosseira, e você percebe isso quando ouve. Tem uns pedacinhos levemente grosseiros, mas dei uma disfarçada neles."
> – **MICK JAGGER**, *Melody Maker*, 7 de janeiro de 1967.

> "É tarde demais para prevenir a chegada deste disco ao mercado, mas, por favor, vamos banir (outros discos desse tipo) antes que isso tenha um efeito daninho sobre nossa nação como um todo."
> – Carta da leitora **JANET DE CRANER**, publicada no jornal *Daily Mirror* de 25 de janeiro de 1967.

Os problemas da banda com a TV inglesa seriam de natureza diversa. Stanley Dorfman, da produção do *Top of the Pops* – sempre a principal vitrine britânica para os Stones – não achou que a música "corromperia" a juventude, e afirmou que a noite em questão poderia muito bem "ser uma noite muito inocente".

Contudo, a produção de outro programa – *Sunday Night At The London Palladium*, tradicionalíssima atração das noites de domingo – teve piripaques não por causa da letra da música, mas pela recusa dos Stones de cumprir uma tradição do show. No final da transmissão, todos os artistas da noite deveriam aparecer juntos, acenando para as câmeras num "tchau" coletivo. Os Stones tocaram, mas não pagaram o mico do aceno final.

A controvérsia em torno de "Let's Spend The Night Together" – parte de um desbunde geral no pop britânico, nutrido pela descoberta do LSD e observado nas roupas agora multicoloridas dos músicos, no uso de sintetizadores no álbum *Between The Buttons*, e na empolgação crescente por experimentação artística – e as reações que a música provocou na imprensa conservadora e nos seus leitores foram apenas uma pálida amostra da tempestade que estava por desabar sobre os Stones.

Se 1967 representa para o rock a chegada ao mundo de *Sgt. Pepper's* e a entrada de Jimi Hendrix no panteão dos gigantes da música, para os Rolling Stones foi seu primeiro *annus horribilis*.

E os indícios de que algo muito ruim estava por vir surgiram nas páginas do diário britânico *News Of The World* em 5 de fevereiro.

Como parte de uma série de "matérias-denúncia" sobre a ligação entre drogas e astros pop, o jornal publicou um texto dizendo que Mick Jagger havia usado LSD na casa de um dos integrantes de outra banda, os Moody Blues, e citava uma "entrevista" em que o músico contava da sua primeira experiência com a droga.

O jornal errou: o stone em questão era Brian Jones, e quase todas as "declarações" (indiscrições entreouvidas na boate e "traduzidas" para a linguagem que a imprensa careta acreditava ser da "juventude rebelde") estavam repletas de erros e mentiras. Foi a melhor munição possível para Jagger, e Mick disparou um comunicado à imprensa brandindo sua indignação: "Estou chocado que um jornal responsável como o *News Of The World* seja capaz de publicar um artigo tão difamatório contra mim. Quero deixar bastante claro que o quadro que pintam de mim é enganoso e falso. E a única maneira de impedir que esta difamação se repita é pedir a meu advogado que entre imediatamente com ação legal na Justiça", rosnou.

Uma semana mais tarde, viria a revanche.

"Nunca tive problemas com drogas. Tive problemas com a polícia."
– **KEITH RICHARDS**.

Na noite de 11 de fevereiro, Keith levou um grupo de amigos para Redlands, sua mansão no distrito rural de West Sussex, a cerca de 120 quilômetros de Londres: entre eles, estavam Mick, Marianne, o marchand Robert Fraser (e seu inseparável faz-tudo Ali), um canadense de nome David Schneiderman e o fotógrafo Michael Cooper. Em separado, George Harrison e a mulher, Patti Boyd, também compareceram.

A festa durou até cinco da madrugada, quando George e Patti se despediram e voltaram para Londres. Os demais convivas permaneceram em Redlands, com Keith, e dormiram lá.

Quando acordaram, alguns deles partiram num passeio pelas atrações históricas da região antes de voltar a Redlands para um almoço ajantarado, servido em torno das 19hs.

Faltando cinco minutos para as 20:00h, Keith e seus convidados estavam na sala de estar quando 18 policiais chefiados pelo Inspetor-Chefe Gordon Dineley bateram na porta, levando um mandado de busca.

Todos na casa passaram por uma revista e toda a casa foi vasculhada. A polícia encontrou num dos bolsos de um paletó verde pertencente a Jagger uma embalagem com dizeres em italiano e quatro pílulas. Mick explicou que era remédio para ficar acordado e conseguir trabalhar, receitado por seu médico. No paletó de Robert Fraser os oficiais descobriram outra embalagem, esta contendo 24 tabletes brancos. O marchand argumentou que era diabético e precisava das cápsulas por causa de sua doença. Quando um dos oficiais insinuou que os tabletes pareciam heroína, Fraser subiu nas tamancas. “Definitivamente não!”

Já com o canadense Schneiderman a polícia encontrou uma latinha com pedaços de uma substância marrom, um cachimbo contendo resíduo de *Cannabis*, mais um envelope com outra quantidade daquela mesma substância marrom.

A polícia confiscou tudo o que encontrou – mais uma série de objetos caseiros e utensílios pretensamente cobertos com resíduos de drogas variadas – e advertiu Keith: se concluíssem que drogas perigosas haviam sido usadas na casa dele e não conseguissem determinar a quem essas drogas pertenciam, ele seria considerado responsável por elas.

Como mais tarde se descobriria, a polícia de West Sussex havia sido acionada pela Scotland Yard, que por sua vez fora contactada pela redação do jornal *News Of The World* – o mesmo jornal que Mick ameaçara processar pela matéria caluniosa – a partir de uma “denúncia anônima” de que alguns Stones estavam dando uma “festa de arromba”.

A ocorrência policial chegou à imprensa dias mais tarde, quando o mesmo *News of The World* publicou reportagem de primeira página sobre a possibilidade de medidas legais contra vários astros, entre eles “três nomes conhecidos nacionalmente”, por posse ilegal ou uso de drogas numa festa realizada numa casa de campo localizada na costa sul da Inglaterra. Nem precisava citar nomes: para bom entendedor, o jornal se referia claramente a Mick, Keith e Marianne Faithfull.

Mais detalhes vieram à tona em março, quando a polícia revelou que Mick e Keith eram dois dos quatro acusados de posse e uso de drogas em Redlands e que o caso iria a julgamento no dia 10 de maio.

Na data marcada, Mick e Keith – acompanhados de seus advogados –, Les Perrin e Robert Fraser compareceram ao tribunal na cidadezinha de Chichester, que mantinha jurisdição sobre o distrito de West Sussex, para ouvir as acusações formais do promotor público resultantes da ação policial em Redlands. Na entrada, algumas pessoas na pequena multidão que se formara erguiam cartazes pedindo a legalização da maconha. Lá dentro, contudo, o clima era completamente outro.

A promotoria acusou Mick de porte ilegal de anfetaminas. Keith responderia ao crime de permitir que se fumasse maconha em sua casa. Robert Fraser, o "diabético", seria processado por posse de heroína.

Determinou-se que os três seriam julgados por um júri a partir de 27 de junho e que seriam libertados temporariamente sob o pagamento de fiança no valor de 100 libras.

Enquanto Mick e Keith participavam da audiência em Chichester, Brian Jones recebia em seu apartamento em Kensington, bairro na parte oeste de Londres, a visita de 12 detetives da polícia armados de um mandado de busca.

Após 40 minutos revirando o apartamento, os policiais encontraram 50 gramas de uma substância "suspeita" (que poderia ser maconha), mais uma embalagem com traços de cocaína. Brian admitiu na hora que fumava maconha, mas negou que usasse drogas pesadas.

Os policiais imediatamente levaram Brian à delegacia local, onde foi acusado de violar o Ato De Drogas Perigosas de 1965. Seu caso não seria levado a um juiz até pelo menos junho, e Brian pagou fiança de 250 libras para aguardar em liberdade.

Chegou 27 de junho, e, com ele, o julgamento de Mick, Keith e Robert Fraser.

O caso do marchand, ouvido primeiro, teve um julgamento breve e resultou num veredicto de culpado – mas a sentença só sairia depois do júri se decidir sobre Mick e Keith. Após uma pausa para o almoço, era a vez de Jagger. Apresentados os argumentos de acusação e defesa, o júri levou apenas seis minutos para concluir que Mick era culpado da posse ilegal de anfetaminas – apesar do médico particular de Jagger ter testemunhado que havia receitado "verbalmente" o medicamento (o juiz se recusou a aceitar a autorização médica, uma vez que não houve receita-papel para comprová-lo).

A sentença de Mick também foi suspensa até o desfecho do caso de Keith. Mas até lá Fraser e ele seriam detidos na cadeia.

Somente no dia seguinte – depois de Mick e Fraser terem passado a noite inteira presos –, Keith foi julgado. A promotoria, além de acusar Richards de permitir o uso de drogas em sua casa, revelou a existência na malfadada festa de uma mulher, aparentemente drogada, que cobria seu corpo nu apenas com um tapete. O nome dela não chegou a ser mencionado no tribunal, mas ela era Marianne Faithfull.

< **NA PÁGINA AO LADO:** Marianne Faithful e Mick Jagger deixam o tribunal

Texto de BORELLI FILHO

O uso de entorpecentes de diversos tipos (notadamente o LSD, que é o ácido lisérgico) vem se generalizando em diversas partes do Mundo, sensibilizando especialmente à faixa de artistas. Muitos dos chamados ídolos fizeram experiências com as drogas consideradas alucinógenas: por curiosidade a princípio, e depois por contingências diversas, muitos artistas (especialmente jovens) habituaram-se àqueles narcóticos. Em razão disso, o noticiário internacional tem registrado, constantemente, relatos que surpreendem o público, situando figuras as mais populares como adeptas de reuniões em que entorpecentes de vários tipos têm consumo franco... Entre os adeptos do jazz, por exemplo, foram detidos Ray Charles e Chet Baker, só para citar dois nomes mais conhecidos do grande público. Ambos foram acusados de toxicômanos e receberam advertência policial. O problema, de profunda repercussão social, preocupa às autoridades, especialmente depois que um grupo de "inconformistas", chamados de "hippies" (forma de "beatnik" mais atualizado) passaram a pregar francamente a filosofia do uso do LSD, para o encontro de novas dimensões na mente humana. Seria essa forma de "estímulo psíquico" o alento que desejariam os inconformados com os preceitos da época, buscando, numa face desconhecida da imaginação (como argumentam os "hippies") o desafôgo das angústias que envolvem o Mundo. E mais: solução até para os problemas que o convencionalismo social não registra.

Tirante essas considerações de ordem sociológica, as autoridades encarregadas da repressão ao uso e tráfico de tóxicos (alucinógenos, entorpecentes, alcalóides etc.) continuam fazendo detenções no mundo artístico. Ainda agora se informa que o líder do quinteto "Rolling Stones" (ídolo da música-jovem), foi prêso na Inglaterra quando conduzia quatro tabletes de narcóticos: Keith Richards jurou inocência, mas todo o seu grupo ficou sob suspeita, enquanto que êle próprio vai ser julgado, podendo ser prêso por algum tempo. Também na Inglaterra o empresário dos "Beatles", Brian Epstein, revelou ter ingerido o LSD, a título de experiência, passando por uma "situação horrorosa". Outros casos, da mesma ordem, envolvem artistas môços do Velho Mundo, contagiados pelo que os psicanalistas rotulam de "fuga" e "protesto" contra as normas de uma sociedade que lhes parece hesitante, incapaz de resolver o estado apavorante de uma pré-neurose de guerra.

Mas os "hippies" não se localizam apenas entre os jovens. Sensibiliza também os artistas mais esclarecidos, inclusive astros do Cinema de Hollywood.

Keith Richards, de muitos anéis e roupa exótic palestra com um amigo, depois de ter prestado d clarações à polícia, acusado que fôra de particip ção no Mundo ilegal dos tóxicos. Êle é o chefe quinteto "Rolling Stones" (que foi todo acusado

TÓXICOS LEVAM ÍDOLOS À PRISÃO

E até mesmo os reis do balé, o par Margot Fonteyn-Rudolf Nureyev (ela, inglêsa — êle, russo), que foram detidos, há alguns dias, em San Francisco da Califórnia (Estados Unidos), numa das reuniões dos adeptos dêsse estado-de-espírito. A polícia deu uma "batida" num local em que os "hippies" consumiam drogas e praticavam culto estranho: foram detidas diversas pessoas famosas e, inclusive, Margot e Nureyev, que ainda há algumas semanas estiveram no Brasil, registrando enorme suceso. Havia, ali, principalmente maconha... O par permaneceu algumas horas na prisão, cons guindo a liberdade através fiança de aproximadamer dois milhões de cruzeiros (a tigos). As acusações cont Margot e Nureyev foram re radas oficialmente, por insu ciência de provas, embora bailarino houvesse sido prê num telhado próximo do lug suspeito. Dias depois, o pa de bailarinos apresentou-se principal teatro da cidade, das çando "Romeu e Julieta". cêrca de 200 "hippies" fora ao local, postando-se na esc daria, saudando Margot e Nu reyev com um mundo flôres...

Os cinco rapazes dos "Rolling Stones" foram acusados pelas autoridades que investigam o tráfico de entorpecentes. E os bailarinos Nureyev e Margot Fonteyn (talvez os mais famosos do Mundo) foram detidos numa reunião de toxicômanos, nos Estados Unidos.

Dessa vez, o júri levou quase uma hora deliberando seu veredicto: Keith era culpado.

Após um intervalo de dez minutos, o juiz Leslie Block partiu para a leitura das respectivas sentenças. Um ano de prisão para Keith, mais o pagamento de 500 libras, por custos processuais. Fraser foi condenado a seis meses de cana, mais 200 libras, por custos. Jagger passaria três meses na cadeia e deveria pagar 100 libras.

Os advogados dos três entraram imediatamente com recurso contra as penas, mas Mick, Keith e Robert passaram dois dias presos, antes que o recurso fosse aceito e os três recuperassem a liberdade.

Nesse meio tempo, a imprensa havia tomado as dores dos Stones.

> "Se a justiça britânica vale alguma coisa, Mick Jagger não foi julgado por ser um rolling stone. Não foi julgado por causa do seu cabelo, suas roupas e seus sons. Ou será que, nos olhos do público, foi o que aconteceu? Embora a pena máxima por posse de drogas (...) seja de dez anos de cadeia, não é comum um réu primário ser sequer sentenciado a cumprir pena. Normalmente, réus primários são libertados em regime de condicional."
>
> – **JOHN HEYES**, *Evening News*.

"Usar drogas tornou-se parte de uma cultura de desafio e rejeição. Há ressentimento em ambos os lados. Os pais condenam e invejam a liberdade e a prosperidade de seus filhos – simbolizadas, ambas, pela vida de luxo e os grandes ganhos dos astros pop. Os filhos se ressentem das tentativas dos pais preservarem padrões de conduta que consideram sem sentido e hipócritas."
– O diário britânico *The Observer*, logo depois da batida em Redlands.

"Hoje, a atitude da Grã-Bretanha nos anos 1960 em relação às drogas pode parecer tão arcaica quanto a visão vitoriana do sexo. Mas eram tempos mais inocentes. A batida em Redlands levou as drogas do mundo sombrio da indústria musical para a primeira página dos tablóides. O uso de drogas tornou-se a última faceta de uma cultura pop que já apavorava uma geração mais velha que, tendo sobrevivido aos melhores esforços da Luftwaffe alemã, agora via seus jovens sucumbirem ao que parecia ser um completo declínio moral."
– *Q*, fevereiro de 2001.

"Se formos transformar qualquer caso (jurídico) num símbolo do conflito entre os sólidos valores tradicionais da Grã-Bretanha e o novo hedonismo, precisamos nos certificar de que os sólidos valores tradicionais incluirão a tolerância e a eqüidade. A justiça britânica deveria ter a qualidade particular de garantir que o Sr. Jagger seja tratado exatamente da mesma forma como qualquer outra pessoa, nem melhor, nem pior. Deve restar uma dúvida neste caso de que o Sr. Jagger recebeu uma sentença mais severa do que seria considerado apropriado para qualquer jovem puramente anônimo."
– Editorial de **WILLIAM REES-MOGG**, o conservador editor do diário britânico *The Times*, com citação de um poema de Alexander Pope, publicado em 1º de julho de 1967, e considerado peça-chave no sucesso do recurso pedido pelos advogados de Mick e Keith.

Assim que Jagger recuperou a liberdade, participou de um debate sobre juventude, moralidade, sociedade e drogas junto com Rees Mogg, o padre Thomas Corbishley, o ex-ministro da Casa Civil, *Sir* Frank Soskice, e o bispo de Woolwich, gravado para passar mais tarde no programa de TV *World In Action*. Descontada a entrada dramática e popstaresca – Jagger chega ao local do debate, um jardim em Essex, a bordo de um helicóptero –, Mick saiu-se bem no debate.

O mundo do rock, naturalmente, também deu apoio aos Stones naquele momento crítico, como exemplificado pela atitude tomada pelo The Who. Além de clamar publicamente pelo fim do que chamavam de "perseguição" de Mick, Keith e Brian, assim que soube das prisões, em apenas 24 horas o Who gravou, fabricou e espalhou nas lojas um compacto com duas músicas originalmente gravadas pelos Stones – "Under My Thumb" e "The Last Time". A proposta era continuar lançando discos com músicas dos Stones até que a liberdade deles fosse garantida.

O caso de Mick e Keith repercutiu também no Brasil – ainda que alguns detalhes da narrativa tenham chegado truncados.

TOXICOS LEVAM IDOLOS A PRISAO

O USO DE ENTORPECENTES DE DIVERSOS TIPOS (NOTADAMENTE O LSD, QUE É O ÁCIDO LISÉRGICO) VEM SE GENERALIZANDO EM DIVERSAS PARTES DO MUNDO, SENSIBILIZANDO ESPECIALMENTE A FAIXA DE ARTISTAS. MUITOS DOS CHAMADOS ÍDOLOS FIZERAM EXPERIÊNCIAS COM AS DROGAS CONSIDERADAS ALUCINÓGENAS: POR CURIOSIDADE A PRINCÍPIO, E DEPOIS POR CONTINGÊNCIAS DIVERSAS, MUITOS ARTISTAS (ESPECIALMENTE JOVENS) HABITUARAM-SE ÀQUELES NARCÓTICOS. EM RAZÃO DISSO, O NOTICIÁRIO INTERNACIONAL TEM REGISTRADO, CONSTANTEMENTE, RELATOS QUE SURPREENDEM O PÚBLICO, SITUANDO FIGURAS AS MAIS POPULARES COMO ADEPTAS DE REUNIÕES EM QUE ENTORPECENTES DE VÁRIOS TIPOS TÊM CONSUMO FRANCO (...) ENTRE OS ADEPTOS DO JAZZ, POR EXEMPLO, FORAM DETIDOS RAY CHARLES E CHET BAKER, SÓ PARA CITAR DOIS NOMES MAIS CONHECIDOS DO GRANDE PÚBLICO. AMBOS FORAM ACUSADOS DE TOXICÔMANOS E RECEBERAM ADVERTÊNCIA POLICIAL. O PROBLEMA, DE PROFUNDA REPERCUSSÃO SOCIAL, PREOCUPA AS AUTORIDADES, ESPECIALMENTE DEPOIS QUE UM GRUPO DE 'INCONFORMISTAS', CHAMADOS DE 'HIPPIES' (FORMA DE 'BEATNIK' MAIS ATUALIZADO) PASSARAM A PREGAR FRANCAMENTE A FILOSOFIA DO USO DO LSD, PARA O ENCONTRO DE NOVAS DIMENSÕES DA MENTE HUMANA. SERIA ESSA FORMA DE 'ESTÍMULO PSÍQUICO' O ALENTO QUE DESEJARIAM OS INCONFORMADOS COM OS PRECEITOS DA ÉPOCA, BUSCANDO, NUMA FACE DESCONHECIDA DA IMAGINAÇÃO (COMO ARGUMENTAM OS 'HIPPIES') O DESAFÔGO DAS ANGÚSTIAS QUE ENVOLVEM O MUNDO. E MAIS: SOLUÇÃO ATÉ PARA OS PROBLEMAS QUE O CONVENCIONALISMO SOCIAL NÃO REGISTRA.

TIRANTE ESSAS CONSIDERAÇÕES DE ORDEM SOCIOLÓGICA, AS AUTORIDADES ENCARREGADAS DA REPRESSÃO AO USO E TRÁFICO DE ENTORPECENTES (ALUCINÓGENOS, ENTORPECENTES, ALCALÓIDES ETC.) CONTINUAM FAZENDO DETENÇÕES NO MUNDO ARTÍSTICO. AINDA AGORA SE INFORMA QUE O LÍDER DO QUINTETO 'ROLLING STONES' (ÍDOLO DA MÚSICA JOVEM) FOI PRÊSO NA INGLATERRA QUANDO CONDUZIA QUATRO TABLETES DE NARCÓTICOS. KEITH RICHARDS (SIC) JUROU INOCÊNCIA, MAS TODO O SEU GRUPO FICOU SOB SUSPEITA, ENQUANTO ÊLE PRÓPRIO VAI SER JULGADO, PODENDO SER PRÊSO POR ALGUM TEMPO."

ROLLING STONES VERSUS ROLLING STONE

Em novembro de 1967, uma dupla de jornalistas de São Francisco, na Califórnia – o novato Jann S. Wenner e o veteraníssimo Ralph J. Gleason – lançou nas bancas aquela que seria a vitrine, o palanque e a tábua de ressonância da contracultura movida a rock: a revista *Rolling Stone*.

Não demorou muito até os Rolling Stones – ou melhor, os advogados da banda – tomarem ciência da nova publicação com nome tão familiar.

> "O uso do nome Rolling Stone é claramente uma tentativa de confundir o público. A não ser que você imediatamente cesse e desista da venda de sua publicação, essa questão será encaminhada ao nosso escritório de advocacia na Califórnia com instruções de que sejam tomadas medidas legais."
> – Carta de **BARRY I. FREDERICKS**, advogado dos Rolling Stones, ao editor Jann S. Wenner, em 1º de novembro de 1967, na semana em que chegou às bancas americanas o primeiro número da revista *Rolling Stone*.

> "Caro Mick,
> Estou achando que você não tem a menor idéia de que estão tomando providências (legais) em seu nome, porque simplesmente não é o tipo de coisa que combine com você ou com os Stones. Você poderia ter uma conversinha de pé de ouvido (com seu empresário) e dizer a ele para ficar frio? Nós amamos vocês."
> – Carta de **JANN S. WENNER** para Mick Jagger, 2 de novembro de 1967.

A história demonstraria que banda e revista se tornariam grandes amigos. Nos quarenta anos de existência da revista, Mick Jagger enfeitaria a capa da *Rolling Stone* 15 vezes.

FILHOS DA MÃE

Em 1967, a revista americana *Datebook* – que se anunciava "proibida" para adultos não acompanhados de *teens* – e sua equivalente australiana – a revista *Everybody's*, onde pontificava a decana de todas as jornalistas de rock, Lilian Roxon, antes de se mudar para Nova York – pediram às mães de cada um dos Rolling Stones para descrever seus filhos.

Ainda mais porque, àquela altura, os Stones podiam ser tudo para o público, menos queridinhos da mamãe, os relatos são reveladores – e, não raro, hilariantes.

Como o de Eva Jagger (que sempre chamou o filho de Mike, e não de Mick), ao explicar o que acontecia toda vez que era reconhecida na rua. Quando as pessoas se aproximavam dela e diziam "você é a mãe de Mick Jagger!", ela respondia à queima-roupa: "Não! Mike é *meu* filho."

EVA JAGGER

"Sabe, Mike poderia se aposentar amanhã, se ele quisesse. Na verdade, até perguntei a ele, recentemente, por que ele não se aposenta. E ele mesmo parece não saber a resposta. Tem alguma coisa que o continua impulsionando. Não consigo explicar o quê."

"Sempre soube que Mike seria alguém. Ele era um menino aventuroso, mas depois se interessou por dinheiro. Isso sempre me chamou a atenção. Dinheiro não costuma interessar a meninos pequenos, mas interessava ao Mike. Ele não queria ser um piloto ou um motorneiro de trem – ele queria um monte de dinheiro!"

"Ele sempre foi um líder, mesmo na escola. Na hora que ele se decidia por alguma coisa, nada o fazia mudar de idéia."

"Era tão estranha essa noção de que ele tinha de dinheiro. Ele era ainda muito jovem, mas Mike sabia que poderia ganhar muito dinheiro como advogado ou político. Mas percebeu que, ainda que pudesse vir a se tornar um advogado ou um político, as recompensas viriam tão tarde na vida que ele seria velho demais para aproveitá-las."

"Tudo aquilo que os Rolling Stones estavam fazendo era tão novo, e me assustava a violência daquilo tudo."

"Durante meses (eu ficava sem notícias dele). Ele telefonava às vezes, cuidadosamente evitando perguntas sobre a sua alimentação, se estava comendo direito. Às vezes ele dormia em casa, e aí eu via como tinha ficado tão terrivelmente magro – e aquilo me deixava preocupada por semanas. Eu via que ele não estava comendo o bastante."

"Mike só parecia diferente por fora. Embora desse para notar como ele tinha ficado cínico. Na verdade, todos ficamos! É inevitável, eu acho, nesse *business*."

"Mike nunca saiu com meninas tolas. Eram sempre bem educadas e inteligentes, porque Mike gosta que prestem atenção no que ele diz."

DORIS RICHARDS

"Ele era um pouco filhinho da mamãe. Quando começou a ir à escola, ficava em pânico se eu não estivesse esperando por ele na saída."

"Éramos sete irmãs, e Keith foi o primeiro menino. Com seis tias, ele foi um pouco mimado, e era um menino lindo, gorduchinho e resistente – e sempre de nariz vermelho."

"Ele economizava as moedinhas até ter dinheiro suficiente para me comprar uma caixa de chocolates, em vez de gastar o dinheiro com ele mesmo. Nunca esquece um aniversário. Me telefona frequentemente. E quando está em turnê me escreve regularmente para contar que está tudo bem."

"Keith sempre quis ter um violão. Quando completou 15 anos, comprei um, por dez libras. A partir dali, virou a coisa mais importante da vida dele. Meu pai, que costumava dirigir uma orquestra de baile antes da guerra, ensinou alguns acordes a Keith, mas o resto ele aprendeu sozinho. Uma das maiores ambições dele é conseguir tocar muito bem."

"Ele se tornou bastante independente. Eu costumava fazer tudo para ele, e tinha medo de que quando ele saísse de casa ficaria completamente perdido. Mas não é assim, não. Ele sabe se cuidar perfeitamente bem. Agora ele é um homem."

LOUISA JONES

"Às vezes ele dizia que queria ser dentista, e contava com o apoio de todos nós, especialmente porque Brian era tão bom aluno."

"Assim que ele deixou a escola, Brian decidiu aprender a tocar guitarra. No início, pensei que fosse um hobby. Ele sempre gostou de música, começou a aprender piano com 6, 7 anos. Aos 12, entrou para a banda da escola e aprendeu a tocar clarinete."

"Na escola, ele praticava muitos esportes, em particular tênis de mesa e judô. Ele era bom mesmo em mergulho. Não se interessava muito por natação, mas toda hora subia para o trampolim."

"(Depois que os Stones ficaram famosos) Brian passou a me ajudar mais ainda em casa. Ele já me ajudava a lavar as roupas nos domingos, coisas assim, mas agora é ainda melhor – prepara uma xícara de chá para mim, e tal."

"Claro que fico feliz por ele ter se saído tão bem (na carreira musical). Mas, como toda mãe, acho que teria sido muito bom se ele tivesse se tornado um dentista."

LILLIAN CHARLOTTE WATTS

"(Charlie) adorava jogos, e sempre voltava para casa com os joelhos sujos e as roupas cobertas de lama. Charlie era um menino grande, de pernas fortes. Nós achávamos que ele seria um jogador de futebol. Até hoje ele é capaz de atravessar a rua só para chutar uma pedra."

"Charlie sempre quis ganhar uma bateria, e costumava batucar na mesa com pedaços de madeira, um garfo e uma faca. Compramos a primeira bateria dele no Natal, quando ele tinha 14 anos. Custou 12 libras. Ele aprendeu rapidamente. Botava discos de jazz (na vitrola) e ficava tocando junto. Os vizinhos foram muito bonzinhos – nunca reclamaram."

"Charlie sempre cuidou da aparência. A irmã, Linda, é quem cortava o cabelo dele (antes dos Stones), porque ele não confiava em barbeiro algum."

"Fiquei preocupada quando ele abandonou o emprego para tocar nos Rolling Stones. Ele morava conosco, e nós tivemos que sustentá-lo. Claro que eu esperava que o conjunto se saísse bem, mas nunca imaginei que eles se tornassem tão famosos."

"Ele sempre foi um bom menino. Nunca a polícia apareceu batendo na porta lá de casa, ou coisa assim. Sempre foi extremamente gentil com pessoas de idade. Sempre se vestiu com esmero. Por isso me perturba quando dizem que ele é feio e sujo. Quando ele está em casa, é uma dificuldade tirá-lo do banheiro."

KATHLEEN PERKS

"Não lembro de ter visto Bill alguma vez perder a paciência. Só mais tarde descobri que quando alguma coisa chateava Bill ele subia para o quarto e ficava lendo a Bíblia. Ele era muito ligado à nossa igreja local, e participou do coro durante dez anos."

"Bill nunca tocava no andamento certo (durante as aulas de piano, aos 4 anos). Ele sempre bagunçava a música. No final, nos enchemos daquilo e passamos adiante o piano."

"Bill tinha um ótimo senso de humor. Lembro de uma vez que ele chegou a um baile com (a futura esposa) Diane, e foi barrado porque consideraram as calças dele apertadas demais. Então, na semana seguinte ele voltou ao local (para um novo baile) usando calças muitíssimo largas. Deixaram que ele entrasse. E a primeira coisa que ele fez foi ir ao (guarda-volumes) e se livrar daquelas calças. Debaixo delas, ele estava usando as mesmas calças com que tinha sido barrado na semana anterior."

"Desde que saiu da escola Bill tinha vontade de entrar para um conjunto. Quando ele conheceu os outros Stones, não gostamos muito, a princípio, porque ele tinha um filho e uma esposa para sustentar – embora na época isso fosse um segredo."

No escurinho com os Rolling Stones
TONITE LET'S ALL MAKE LOVE IN LONDON (1967)

Peter Whitehead já havia dirigido *Charlie Is My Darling*, e aqui ele amplia o foco documentário para abranger a Swinging London em todo seu esplendor e narcisismo.
São trechos de shows de época – entre eles, a apresentação dos Rolling Stones no Royal Albert Hall que degenerou em bagunça, com meninas invadindo o palco para agarrar seus ídolos –, mais depoimentos de figuras-chave daquele período, como Mick Jagger, Michael Caine, David Hockney, Julie Christie e (você acha que ele ficaria de fora?) Andrew Loog Oldham.

> "Julie Christie elogia os Beatles, Michael Caine lamenta a perda da "fibra moral", Vanessa Redgrave faz uma interpetação *a cappella* agonizada de 'Guantanamera'. Andrew Loog Oldham eleva a insegurança e a distração a altitudes cósmicas, e um Mick Jagger obviamente chapado comporta-se como se fosse um sábio."
> – **J. HOBERMAN**, *The Village Voice*, 13 de fevereiro de 2007.

Por incrível que possa parecer, em meio a toda essa tormenta legal os Rolling Stones conseguiam trabalhar – uma demonstração de resistência e disciplina que daria o tom de toda a carreira da banda. Lançaram um compacto em agradecimento ao apoio dos fãs durante os tempos difíceis – "We Love You", onde John Lennon e Paul McCartney fazem coro – e gravaram as faixas para seu álbum mais experimental, *Their Satanic Majesties Request*, recheado de sons abstratos e exóticos que em nada lembravam o blues que deu origem à banda.

Por sua sonoridade, sua capa (fotografada por Michael Cooper) e a data de seu lançamento – em dezembro de 1967 –, *Their Satanic Majesties Request* seria considerado por muitos uma tentativa de acompanhar os experimentos dos Beatles em *Sgt. Pepper's*, que saíra em maio daquele ano. O LP deixou um legado de duas faixas extraordinárias – "She's A Rainbow" e "2000 Light Years From Home" –, mas acabaria mais conhecido pela estranheza que causou – "imperdoável", sentenciou o *Rolling Stone Record Guide* – e pela revolucionária foto em 3D que adorna a capa do LP.

> "Estávamos trabalhando em excesso, e ganhando dinheiro demais. Houve aquele período em que todo mundo estava tomando ácido e la-la-la e buscando o sentido da vida. Foi, definitivamente, um ano perdido. De repente, eu não conseguia encontrar um objetivo, um foco. Que achei mais tarde, quando comecei a enxergar melhor. *Beggars Banquet* foi como respirar um ar novo. Enquanto *Satanic Majesties* foi meio como expirar."
> – **KEITH RICHARDS**, *Mojo*, setembro de 2007.

Mas antes que o LP experimental chegasse às lojas, Brian Jones precisou enfrentar a justiça.

No dia 30 de outubro, Brian negou a acusação de posse de cocaína e barbitúricos, mas admitiu em juízo ter guardado maconha e permitido o consumo da erva em sua casa.

A defesa insistiu que sentenciar Brian à prisão seria o mesmo que condená-lo à morte. Segundo o advogado James Comyn, Jones era um suicida potencial – opinião corroborada por dois psiquiatras no julgamento – e uma pena severa demais poderia ter conseqüências trágicas.

Não houve leniência: o juiz condenou Brian a nove meses de prisão por permitir que se fumasse maconha em sua casa. Além disso, acrescentou mais três meses de cadeia por porte de maconha e exigiu o pagamento de 265 libras. Jones saiu do tribunal direto para Wormwood Scrubs, a mesma prisão para onde haviam mandado Keith Richards.

Antes mesmo que se alastrasse a grita da imprensa contra a severidade da pena, em 24 horas os advogados de Brian conseguiram libertá-lo sob fiança. Mas o mal já estava feito.

Ao admitir que usou drogas, ao se declarar culpado por um crime, Brian praticamente aniquilava qualquer chance de voltar a ganhar um visto de entrada para os Estados Unidos. Isso significava que os Rolling Stones poderiam ser barrados de trabalhar em seu maior mercado. O futuro de Brian Jones determinaria a vida ou a morte dos Rolling Stones.

MICK CHOCA O RIO E BATUCA EM ITAPOÃ

Na manhã de 6 de janeiro de 1968, o casal desembarcou no antigo Aeroporto do Galeão, no Rio de janeiro. Seguiu para o Copacabana Palace e fez o *check-in* como dois turistas comuns. Na recepção, homem e mulher se registraram como Michael Phillip e Marianne Evelyn Dunbar. Ela trazia o filho que teve com John Dunbar, seu primeiro marido. Nicholas, o menino, tinha dois anos.

Talvez fizesse alguma diferença para a direção do hotel se o Sr. Philip e a Sra. Dunbar tivessem dito que eram Mick Jagger e a atriz e cantora Marianne Faithfull, o casal mais festejado da Swinging London.

Mas o que Mick e Marianne buscavam, obviamente, era o anominato – ou o que fosse possível dele, já que, aterrissando no meio da ditadura militar e da caretice brasileira dos anos 1960 (desafiada aqui e ali, mas ainda predominante), Mick e Marianne pareciam chegados de algum outro planeta.

Jagger e Faithfull se instalaram numa suíte do quarto andar com todas as janelas se abrindo para o mar. Desfizeram as malas, se livraram das roupas pesadas do inverno europeu, e contemplaram a vista espetacular da praia de Copacabana. O mesmo pedaço de areia onde os Rolling Stones tocariam para 1,5 milhão de pessoas, 38 anos mais tarde. Mas Jagger ainda nem sonhava com isso.

Naquela manhã abafada de janeiro, os dois só pensavam em dias sossegados e agradáveis no Rio. Era tudo que o casal queria e precisava.

Mil novecentos e sessenta e sete fora um ano especialmente turbulento para os Rolling Stones, vítimas de uma polícia mal-intencionada que, para se promover, passou a persegui-los, e aos Beatles, justamente os principais ícones da contracultura naquele momento. Acusados por porte e uso de drogas, a partir de flagrantes ridículos, Mick Jagger, Keith Richards e Brian Jones (e, mais tarde, John Lennon) passaram por detenções, responderam processos, enfrentaram julgamentos e, finalmente, a punição. Ainda que as penas tenham sido brandas, o tormento nos tribunais interferiu no ritmo frenético da banda e de seus componentes.

No Rio, onde pisava pela primeira vez, o então incógnito Mick Jagger não teria a imprensa e muito menos a polícia nos seus calcanhares. Longe de Londres, e num local onde supostamente ninguém o conhecia, desfrutaria de todo o sossego do mundo para curtir suas férias ao lado de Marianne e de Nicholas. Assim pensava.

No dia seguinte à chegada de Mick, o escritor Fernando Sabino e o jornalista Carlos Leonam, seus cicerones (Sabino fora recomendado a Jagger por um amigo em comum, o *publisher* Ernest Hecht, que Sabino havia conhecido em 1964, quando trabalhou como adido cultural do consulado brasileiro em Londres), buscaram Jagger e Faithfull no hotel e os levaram para o Antônio's, badalado bar no Leblon freqüentado por gente de jornal e televisão, escritores e cineastas. No entender de Sabino e Leonam, no Antônio's Mick e Marianne seriam apenas mais duas celebridades no local e certamente ninguém os incomodaria. Erraram feio.

Logo que os quatro entraram no bar, alguém tirou o chapéu de abas largas que Mick usava e o atirou em direção a outra mesa. A brincadeira embalou. Aos gritos de "barata voa", o chapéu passou a ser arremessado de mesa em mesa até que o constrangido fotógrafo David Drew Zing o recuperou e o devolveu a Jagger com pedidos quase solenes de desculpas em nome da cidade: "I apologise for Rio", disse David. Outro freqüentador que ficou indignado com o deboche com os visitantes recém-chegados foi o colunista social Zózimo Barroso do Amaral.

Diz a lenda que Jagger acendeu um baseado ali mesmo, deixando ainda mais pasma a platéia de boquiabertos que ocupava as mesas do Antônio's. De fato, Jagger e Marianne despertavam a atenção por onde quer que passassem. Ele, barbado e de cabelos passando dos ombros; ela, linda, de cabelos compridos, louros, e com a pele de quem nunca havia se exposto à luz do sol. Os dois trajando as roupas mais descoladas das lojas mais caras de Carnaby Street e de King's Road.

Quando andavam pelas ruas de Copacabana naqueles trajes "estranhos" e com a aparência de quem acabara de descer de um disco voador, não havia quem não virasse o pescoço para olhá-los de cima a baixo. Chegava a juntar gente para vê-los passar, fazer compras ou comprar um prosaico algodão doce na carrocinha da

fatos&fotos
REALIDADE
Grande Hotel
a grandiosa fotonovela
UM AMOR IMPOSSÍVEL DE VENCER

esquina. Depois que Mick e Marianne passavam, os locais trocavam impressões – assustadas e invariavelmente preconceituosas – sobre a dupla marciana, sem saber que um deles era o cantor de uma das mais adoradas e importantes bandas dos anos 1960, ao lado dos Beatles.

O fato é que a notícia da presença do cantor dos Rolling Stones no Rio se espalhou rapidamente, e atraiu para a porta do hotel tanto a imprensa quanto os fãs. Mick Jagger e Marianne Faithfull viram o tão almejado sossego escorrer pelas mãos, sem sequer poder usufruir do aconchego da piscina do hotel, prontamente invadida por fotógrafos, repórteres e fãs.

O cartunista Lan publicou uma charge no *Jornal do Brasil*, na edição de 14 de janeiro daquele ano, na qual ilustrava o cantor dos Rolling Stones espalhafatosamente empavonado e com a legenda irônica: "Gostaria de saber como me descobriram."

De fotógrafos e jornalistas, Jagger queria distância. Quando um deles se aproximava, tentando arrancar alguma declaração, Mick dizia: "Me deixe em paz", e se afastava de cara fechada. Precisou repetir muitas vezes a mesma frase, nas ocasiões que era cercado pelos jornalistas. Só fazia concessão aos pedidos de autógrafos dos fãs. Com eles, foi solícito e paciente, até mesmo no dia em que se viu rodeado por um punhado deles no *lounge* do hotel. Atendeu a todos.

As notas, nos jornais e nas revistas, dando conta dos visitantes londrinos, começaram a pipocar. E o que mais impressionava quem já acompanhava há anos a carreira da banda era a absoluta falta de intimidade da imprensa brasileira com os Rolling Stones e, conseqüentemente, com os movimentos de contracultura em plena ebulição no eixo Londres/Nova York/São Francisco/Los Angeles. Revelavam também espanto e preconceito jeca contra a figura "exótica" de Mick (e dos Stones).

"Mike Jogger come caviar com música", estampou o *Jornal do Brasil* (9-01-68) inventando um novo nome para o cantor. No *O Globo* (9-01-68), Mick virou Mike, Marianne ganhou a alcunha de Mariam, e o filho dela, de Michel. Embora os nomes tenham sido escritos corretamente nos artigos seguintes, a estranheza, o azedume e a total desinformação em relação ao astro inglês ainda eram evidentes nos títulos.

O *Jornal do Brasil* (10-01-68) bateu na tecla do exotismo: "Solista dos Rolling dá show no Copa com calças rosa e broche no chapéu." A revista *Intervalo* (janeiro, 1968) entrou na onda ao afirmar que Jagger era "um hóspede muito estranho". Para a *Revista do Rádio* (3-02-68) o stone causou "escândalo no Rio". Já o jornalista Orlandino Rocha, em texto intitulado "Mick canta mas não entoa", publicado na revista *O Cruzeiro* (21-01-68), escreveu: "Mick é feio de morrer. (...) Sua conduta é a de um presidiário em liberdade condicional ou a de um político cassado. Não gosta de falar, tampouco de escutar. (...) Seu olhar é distante, proporcional à distância que ele guarda da espécie humana."

Mick se sentia acuado na suíte do Copacabana Palace. O mesmo hotel que hospedava o fotógrafo norte-americano Adger W. Cowans. Adger estava no seu quarto quando a amiga Roz entrou e disse:

– Sabe quem está lá embaixo?

Adger, que gostava de jazz, não ficou muito entusiasmado com a resposta, embora soubesse muito bem de quem se tratava. Em todo caso, resolveu descer e foi conversar com Jagger. O papo engrenou. "Falamos sobre a vida, a poesia e a música", contou Adger à revista brasileira *TOP* de fevereiro de 2006.

Também falaram sobre a Bahia, e como Mick tinha interesse em conhecer coisas típicas da cultura afro-brasileira, como o candomblé e o samba, a idéia de ir para o nordeste ganhou corpo. Afinal, o casal não veio ao Brasil apenas para beber champanhe e usufruir das mordomias de um hotel cinco estrelas. Mick e Marianne queriam algo diferente. Além do mais, por passarem a maior parte do tempo confinados no quarto do hotel para fugir da imprensa e do sufocante calor do verão carioca, na Bahia talvez os dois pudessem recuperar pelo menos parte da paz e do sossego que haviam perdido no Rio.

Antes de arrumar as malas e partir para Salvador, os dois ainda fizeram uma visita a uma favela carioca, aventura de uma época em que ainda era possível um visitante estrangeiro e pouco informado desbravar os morros cariocas sem grande risco. Adger acompanhou o casal e fotografou o passeio. Mick filmou tudo com sua inseparável câmera Super 8. E Marianne distribuiu sorrisos, feliz da vida.

Mick, Marianne, Adger e Roz aterrissaram no Aeroporto de Ipatinga, em Salvador, no dia da festa da lavagem da Igreja do Senhor do Bonfim, da qual foram informados assim que chegaram ao hotel. Ao saber que se tratava de uma cerimônia que une os deuses africanos do candomblé e os santos do catolicismo, o profano e o sagrado juntos num cordial sincretismo religioso, Mick e Marianne ficaram interessadíssimos.

Chegando ao local, já à noite, Marianne se encantou com a beleza da igreja, toda iluminada "como um teatro da Broadway". E também com aquela gente toda, dançando ao som dos batuques e dos cânticos do candomblé, nos arredores da igreja e nas ruas próximas e igualmente iluminadas. Mas os dois, muito brancos, chamavam a atenção no meio daquela gente quase toda negra. Jagger, com seus cabelos longos e sua barba crescida, destoava ainda mais. De repente, Mick e Marianne perceberam que o ambiente começava a ficar hostil e que olhares antes de curiosidade haviam se transformado em ameaças crescentes e cada vez mais assustadoras. A muito custo, Mick e Marianne conseguiram escapar, apavorados e exaustos.

Com a ajuda de Adger, Mick alugou uma casa sob os coqueiros de Itapuã. A casa simples, de poucos cômodos e mobília, mas provida de redes, abrigou o casal pelo resto de suas férias brasileiras. "Uma das melhores em que vivi", diria Mick um ano depois à revista *Manchete* (janeiro de 1969).

Pois foi naquele paraíso baiano que Mick se desnudou por completo de sua persona mítica de *performer* capaz de incendiar platéias mundo afora. Tampouco era o Mick das capas de revistas e dos escândalos envolvendo os Rolling Stones.

Aquele Mick, de Itapuã, que passava os dias só de calção, atirado nas redes, brincando com as crianças de uma casa próxima, tocando violão ou participando de rodas de samba com os pescadores da região, era apenas um cara comum, que tanto podia se chamar Michael ou João. E para os humildes pescadores ele certamente era um João qualquer, só que gringo. O gringo que os refletores nunca tiveram chance de iluminar e que muito pouca gente conhece.

Vários anos depois, Marianne endossaria as palavras de Mick ao se referir às férias passadas nas areias de Itapuã: "Fomos muito felizes naquele lugar." E ainda lembraria de ter participado do culto a Iemanjá, um momento especialmente glorioso para ela: "As flores flutuando no mar, o sol se pondo, as mulheres cantando e a deusa emergindo a partir de nossa devoção coletiva."

Mick, Marianne e Nicholas partiram da Bahia – e do Brasil – no dia 24 de janeiro de 1968. Felizes.

> "Acho que foi aquela experiência (o batuque e a dança na cerimônia da lavagem da Igreja do Senhor do Bonfim) que levou Mick a usar um samba como base para 'Sympathy For The Devil'."
> – **MARIANNE FAITHFULL**, no livro *Faithfull*.

> "Todas as noites ficávamos até o nascer do sol tocando música brasileira, principalmente com tambores. Gente genial, aquela."
> – **MICK JAGGER**, *Manchete*, janeiro de 1969.

De volta a Londres – e à vida real -, os problemas aguardavam Jagger.

Ele mesmo mergulhado num processo de degradação pelo uso excessivo de drogas, e isolado do íntimo dos Stones pelos agora donos absolutos das camisas, Mick e Keith, Andrew Oldham pediu as contas e rompeu com a banda e com seu parceiro Eric Easton – que precisou brigar sozinho contra Allen Klein para ser de alguma forma ressarcido pela perda de seus contratados.

Já atentos à iminência da partida de Oldham, Mick e Keith vinham sondando um produtor de verdade – e não um conceitualizador, como Andrew – para substituí-lo. E assim que Andrew se desligou dos Stones chamaram Jimmy Miller, o jovem americano revelado por seu trabalho com o Traffic e o Spooky Tooth. Jimmy chegou a tempo de trabalhar no estúdio com os Stones nas faixas para o álbum *Beggars Banquet.* Na mesma época em que o inferno de Brian Jones se aprofundou.

Em dezembro de 1967, Brian e seus advogados compareceram diante do juiz que decidiria o recurso da sentença imposta em outubro. De novo, apresentaram o argumento de que uma pena de prisão poderia levar Jones à morte. O juiz se

ke Jogger ne caviar n música

ar, vodka polonesa e, de
ı quando, peru à Cali-
— tudo ao som de mú-
avada em disco ou mes-
ecutada na hora pelo
guitarrista — tem sido,
que ùnicamente, o que
Jogger, integrante do
to de iê-iê-iê The Rol-
ones, vem comendo des-
chegou ao Rio, na sex-
, para passar as férias.
Jogger, que está acom-
o de sua mulher e do
, vinha procurando se
no anonimato desde
egou, embora os funcio-
do Copacabana já ti-
desconfiado ser êle
rsonalidade importante,
almente por causa de
belos longos, suas rou-
ravagantes e o fato de,
, gastar até NCr$ 80,00
efeição.

IO

tegrante do conjunto

"Beat" Mick deixa Copa de bôca aberta

Sem saber ainda quanto tempo ficará no Brasil — o assédio da imprensa tem-no deixado muito irritado —, o guitarrista Mick Jagger, solista dos Rolling Stones, deixou perplexos ontem os hóspedes do Copacabana Palace ao surgir na piscina, com sua mulher, vestindo calças rosa justíssimas, cabelos passando dos ombros e sôbre êles um chapéu à Greta Garbo, com enorme broche no centro.

No comportamento dos *beats*, Mick e Marianne, há muito de surpreendente — substituíram as fraldas do filho pelas toalhas de rosto

Solista dos Rolling dá "show" no Copa com calça rosa e broche no chapéu

Com os cabelos passando os ombros, calças rosa
tíssimas e um chapeu à Greta Garbo — havia no c
enorme broche —, Mick Jagger, solista do conjunto
Rolling Stones, foi a maior atração ontem à tard
piscina do Copacabana Palace, onde êle e sua mulher
ficaram muito tempo, "porque o Rio só é bonito qu
os jornalistas estão longe".

Preocupado com o assédio da imprensa, Jorge G
ofereceu sua casa em Teresópolis a Mick, que recuso
pretender assistir a um desfile de escola de samba e
uma visita à Bahia, sempre em companhia do escritor
nando Sabino, seu cicerone no Rio.

DIALOGO COM "BEAT"

A tarde, depois de livrar-se várias vêzes dos jornalistas, Mike e Mariana — *beatnick* como êle — deixaram o filho de dois anos entregue à babá recrutada pelo hotel e desceram à piscina. O casal foi logo cercado por meninas e senhoras de todas as idades, muitas delas interessadas em reconhecer a fazenda das calças rosa de Mike, que tentou voltar para o

O casal quer assistir
desfile de escola de samb
tudo depende do comport
to da imprensa.

O retôrno a Londres
pode se dar daqui a uma
na como hoje mesmo ou
nhã.

LIBERTAÇÃO

Ao lado de seus quatro
panheiros de conjunto,
era um estudante que s

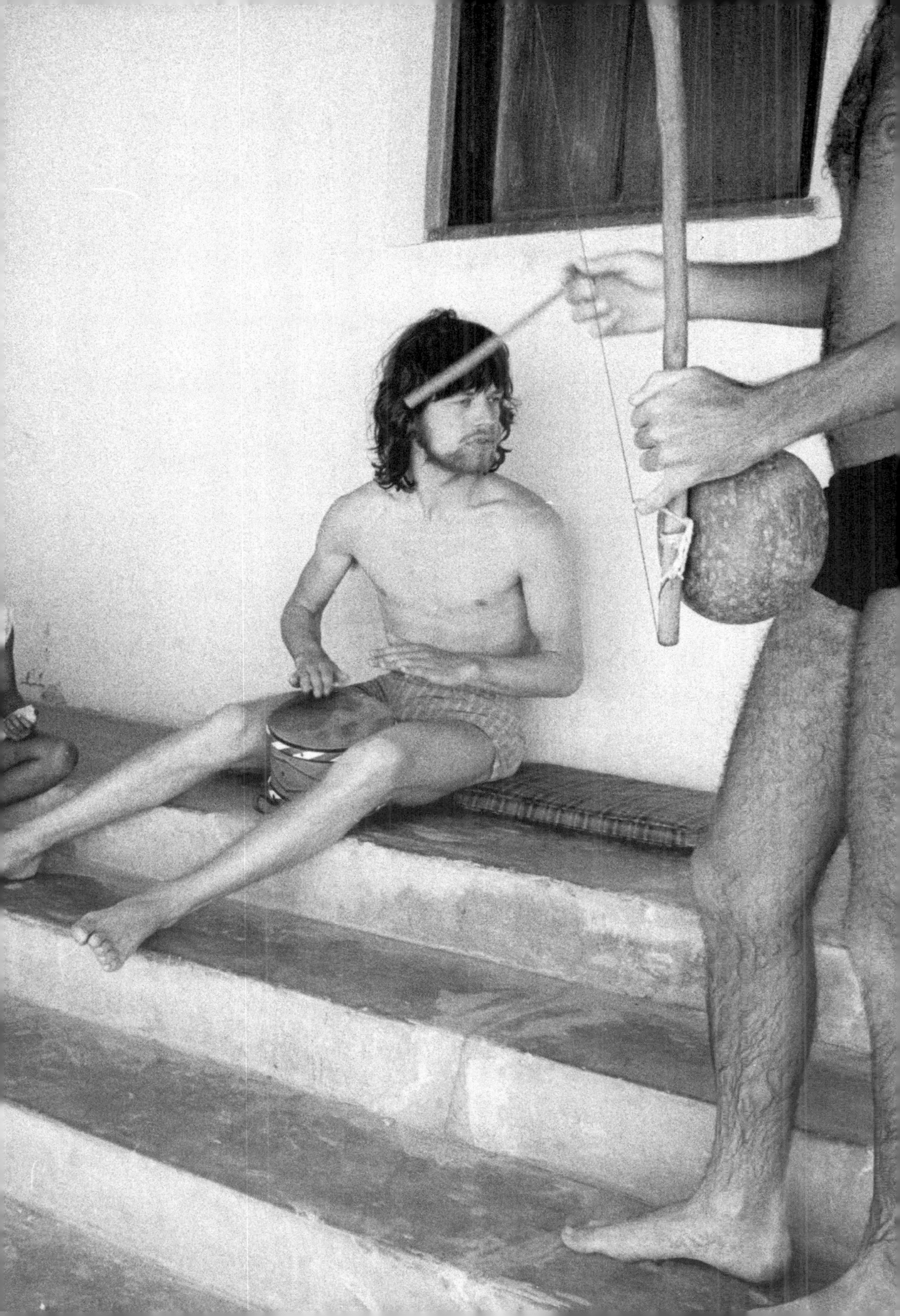

apiedou, e reduziu a sentença a três anos de liberdade condicional, tratamento médico mandatório, e a multa máxima, de mil libras.

Brian ficava livre da cadeia, mas a sombra de problemas futuros com a imigração americana continuava sobrevoando a banda. Isso, porém, ficaria para depois.

Passado o que parecia ser o pior, ao longo do verão setentrional de 1968 os Rolling Stones se dedicaram a *Beggars Banquet* com a paixão de quem tem muito a provar, em termos pessoais, artísticos e musicais: e o resultado é um disco sanguíneo, cheio de autoridade, onde os Stones retomam o caminho de casa – o blues – ao mesmo tempo que reinventam sua assinatura – a partir de agora representada pelas canções enxutas e riffadas, de ritmo marcadíssimo (cortesia de Jimmy Miller, ele mesmo um baterista), como "Street Fighting Man".

Abalado pelas atribulações com a justiça, massacrado pela ascendência de Mick e Keith, abandonado pela namorada – quando se encheu da sucessão de brigas, Anita Pallenberg correu para os braços de Keith – e emaranhado numa teia de crescente autodestruição, Brian contribuiu muito pouco no estúdio para *Beggars Banquet*. Ainda assim, mesmo reduzido a uma pálida sombra de si mesmo, Brian conseguiu deixar sua assinatura no disco: é dele o slide em "No Expectations".

Após uma das longas noites no Olympic, Brian voltou para casa, tomou um remédio para dormir e só levantou às sete e meia da manhã seguinte, quando quatro policiais da delegacia de Chelsea bateram na sua porta. Traziam um velho conhecido de Jones: o mandado de busca.

"Por que vocês sempre vêm em cima de mim?" balbuciava Brian, enquanto lia o mandado. "Por que sempre eu?"

Os policiais encontraram no apartamento um novelo de lã – e dentro dele um pedaço de uma substância marrom. Brian ficou lívido: "Isso não pode estar acontecendo de novo!"

Brian explicou aos policiais que aquele apartamento não era seu, estava morando ali apenas enquanto sua residência passava por reformas. E aquele novelo – e a surpresa que ele abrigava – deveriam ter sido deixados lá por alguém que morara no apartamento antes dele.

Não teve conversa: os policiais levaram Brian à delegacia, onde foi acusado formalmente de porte de maconha. Dali, partiram para o tribunal de Marlborough, e os advogados de Jones conseguiram liberá-lo sob fiança de mil libras para aguardar até setembro pelo julgamento.

Com o trabalho de gravação de *Beggars Banquet* encerrado e Mick e Keith trancados no estúdio mixando o LP com Jimmy Miller e o engenheiro de som Glyn Johns, Brian se refugiou em Marrakesh com a nova namorada (e clone de Anita), a modelo Suki Potier, e se ocupou de gravar no monte Atlas, no norte de Marrocos, os sons locais que tanto o encantavam, feitos pelos Mestres Músicos de Jajouka. A temporada o reenergizou, e quando ele voltou para Londres teve ânimo para comprar uma casa nova em Hartfield, a 70 quilômetros de Londres, que pertencera a um herói não-musical de Jones: o escritor A. A. Milne, autor do livro *O Ursinho Pooh*.

Semanas mais tarde, enquanto os Stones brigavam com a gravadora Decca para decidir como seria a capa de *Beggars Banquet*, Brian tinha encontro marcado com a justiça inglesa.

A defesa se apoiou na teoria de que toda e qualquer droga encontrada no apartamento havia sido deixada lá pelos antigos ocupantes do imóvel e insistiu que Brian desconhecia sua existência. Jones, em pessoa, argumentou no tribunal que desde o ano anterior não fumava maconha, porque a erva provocava nele surtos de paranóia.

O júri deliberou 45 minutos antes de concluir que Brian sabia que a droga estava lá e, portanto, era culpado.

O juiz Reginald Seaton, contudo, surpreendeu a todos com sua sentença. Ele considerou o veredicto "um lapso" e determinou que Brian fosse apenas multado em 200 libras, com a condição de se manter "longe das drogas". Caso ele voltasse a se envolver com drogas, o juiz prometia que "a coisa ficaria séria de verdade".

Brian dançou de alegria e alívio. Mick e Keith – que estavam no tribunal, ao lado de Suki, para dar apoio a Jones – saíram todos juntos para celebrar, numa rara demonstração de unidade e harmonia após meses de inferno.

> "Fizemos o melhor que pudemos, seus compatriotas, eu e meus colegas magistrados, para botar aqueles Rolling Stones no seu devido lugar. No entanto, não foi o que aconteceu, porque o tribunal de recursos criminais deixou que eles continuassem livres."
> – O juiz **LESLIE BLOCK**, falando para a Sociedade de Aradura e Agricultura de Horsham, no final de 1967.

Findos – ou, no mínimo, suspensos temporariamente – os embates com a polícia, os tribunais e sua própria gravadora (por causa da capa do novo LP), os Stones puderam saborear os elogios unânimes a *Beggars Banquet*, seu disco com maior influência country – fruto, em boa parte, da amizade de Keith com Gram Parsons, guitarrista e vocalista dos Byrds e dos Flying Burrito Brothers, de quem o stone tornou-se inseparável a partir de 1968, e até a morte de Gram, em 1973.

Curiosamente, quando a imprensa falou do álbum, passou batido pelo condimento rural do disco.

> "Os Stones retornaram, e com eles trazem de volta o rock'n'roll."
> – Jann S. Wenner, *Rolling Stone*, 10 de agosto de 1968.

"A VARIEDADE DE TÓPICOS ADICIONADOS DE MÚSICA INCLUI A BÍBLIA, SATÃ, DISTÚRBIOS DE RUA, E, CLARO, SEXO. É O MELHOR DOS STONES ATÉ AGORA."

– *Sunday Mirror*, 1º de dezembro de 1968.

"ESTE ÁLBUM ESTÁ PARA OS BEATLES ASSIM COMO COUBERT ESTÁ PARA MANET, MICHELANGELO PARA TINTORETTO E O REALISMO PARA O EXPRESSIONISMO."

– *The International Times*, 15 de novembro de 1968.

No escurinho com os Rolling Stones
ONE PLUS ONE ou SYMPATHY FOR THE DEVIL (1968)

O título duplo faz sentido. No começo, quando o celebrado (e cabecíssimo) diretor da *nouvelle vague* francesa Jean-Luc Godard contactou os Stones, seu desejo era registrar algumas das sessões de gravação do novo disco da banda para misturá-las a seqüências representadas por atores num filme sobre a revolução sócio-cultural-política que fazia ferver a Europa na década de 1960. No entanto, por ter concentrado o foco na gênese e na evolução de uma única canção, "Sympathy For The Devil", o filme seria conhecido, mais tarde, pelo título da música.

Da mesma forma que é fascinante acompanhar a transformação por que passa a música, depois de uma tediosa e persistente série de inúmeros exercícios estilísticos, é deprimente testemunhar a deterioração física, mental e artística de Brian Jones.

"Sei que (Godard) está usando o mesmo tipo de filme colorido utilizado pelos astronautas durante a reentrada na atmosfera da Terra. Achei ótima a idéia do filme, mas não sei se será a mesma quando estiver terminado. A mulher dele faz o papel de uma garota que vem para Londres e se destrói completamente com um negão. Se envolve com drogas, ou algo assim. E enquanto ela vai sendo destruída, nós encontramos os Rolling Stones pirando no estúdio de gravação, tirando um som."

– **MICK JAGGER**, *Rolling Stone*, 12 de outubro de 1968.

"Depois da exibição (de *One Plus One*) no Festival Internacional do Filme (no Rio de Janeiro), (os Rolling Stones) foram violentamente vaiados e aplaudidos. Acho que Godard quis fazer um filme à Andy Warhol (...) onde a repetição *ad nauseam* das cenas faz com que a platéia se sinta irritada, saturada ou violentada até chegar à manifestação viva de aplausos e de vaias."

– **ANTONIO BIVAR**, *Manchete*, 1969.

Antes que o ano terminasse, os Stones encontraram tempo para um projeto audiovisual com a cara daquele período, na cola do filme *Magical Mystery Tour*, que os Beatles tinham feito não muito antes: um especial de TV centrado num Circo Rock and Roll, animado pela banda anfitriã e por convidados especiais – The Who, Taj Mahal, Jethro Tull, Marianne Faithfull e a superbanda Dirty Mac, formada por Eric Clapton, John Lennon, Mitch Mitchell (baterista da Jimi Hendrix Experience) e Keith Richards (no baixo). Como os Stones não gostaram do seu desempenho –

cansadíssimos, eles foram massacrados pela apresentação arrasadora do Who –, decidiram não deixar o programa ir ao ar até conseguir regravar sua participação. O que jamais aconteceu. O *Rock and Roll Circus,* entretanto, acabou saindo assim mesmo... em 1996! Mas aí já era um pedaço da história do rock.

JAGGER, RICHARDS E MULHERES DESBRAVAM A BARRA DA TIJUCA E MATÃO

A primeira faixa do álbum *Beggars Banquet,* lançado pelos Stones no início de dezembro de 1968, guarda estreita relação com o Brasil. De autoria de Jagger e Richards, "Sympathy For The Devil" concentra boa parte de sua força e vigor rítmico nas congas tocadas pelo percussionista Rocky Dijon. Seu ritmo tribal e intenso, pontuado pelos "uu-uus" dos vocais de apoio fornecidos por Anita Pallenberg e Marianne Faithfull, teve como fonte de inspiração os rituais de candomblé e o samba-de-roda que Mick viu e ouviu pela Bahia quando ele e Marianne estiveram lá, em janeiro de 1968.

A conexão de Mick com o Brasil, contudo, não se esgotou em "Sympathy For The Devil". Ao contrário, a música só fez realimentar o desejo do cantor de visitar o país novamente. E logo, pois nem esperou o ano de 1968 terminar para pisar em solo brasileiro pela segunda vez.

Depois de gravar com os Stones o especial de TV *The Rolling Stones Rock And Roll Circus,* Mick voou com Marianne de Londres para Lisboa, de onde embarcaram no navio Arlanza, rumo ao Rio de Janeiro. Dessa vez, no entanto, não embarcaram sós. Keith Richards e Anita Pallenberg, entusiasmados com as histórias que Mick e Marianne haviam contado sobre suas aventuras nos trópicos, resolveram acompanhá-los.

Antes de partir, Keith chegou a declarar à imprensa inglesa, de forma jocosa, que planejava visitar um feiticeiro no Brasil chamado "Banana".

O navio zarpou de Lisboa no dia 18 de dezembro de 1968, data do 25º aniversário de Keith. Levou 11 dias deslizando pelo Atlântico até encostar lentamente no cais da Praça Mauá, no Rio. Era 29 de dezembro e o Brasil respirava o ar denso e opressor do recém-promulgado Ato Institucional Nº. 5, o AI-5.

Diferentemente da primeira visita de Mick, que chegou ao Rio sem que ninguém soubesse, já havia no cais do porto um jornalista de *O Globo* de plantão, à espera dos dois Stones. A chegada foi noticiada no dia seguinte nas páginas do jornal e veio acompanhada de uma foto de Mick e Keith, ambos usando chapéu e carregando suas respectivas malas de mão. Entre outras coisas, a nota informava

Chegaram ontem ao Rio pa férias dois "Rolling Stones"

Os cinco membros do conjunto musical inglês The Rolling Stones estão de férias e dois dêles decidiram passá-las no Brasil: Mick Jagger (Michael Phillip Jagger) e Keith Richard desembarcaram ontem no Rio, vindos de navio (o "Arlanza"), numa viagem muito bem comportada e discreta, a não ser pelas roupas, segundo o testemunho dos passageiros. Mick trouxe Marianne Faithfull, e Keith, Anita Pallemburg, um filhinho de um ano de idade e mais uma babá. Mick desembarcou vestindo calças vermelhas, justas, com listras brancas, finas, e blusão de veludo marrom; Keith, calças iguais, blusa raglan azul claro, com discreto estampado. Ambos usavam o chapéu clássicos dos Rolling Stones.

Anita

Mick Jagger e Keith Richard vieram dispostos a passar três semanas de verdadeiras férias. Nada de trabalho. Até as providências de desembarque foram tomadas por Anita Pallemburg, que fala português, além de francês, espanhol e alemão. Mick — o compositor do grupo — disse à reportagem que vieram para aproveitar as belezas do Brasil e que ficarão alguns dias no Rio, para visitar em seguida outros Estados. Informaram que Brian Jones, Bill Wyman e Charles Watts, os demais componentes dos Rolling Stones, ficaram descansando em Londres mesmo.

Em São Paulo

Mick Jagger e Keith Richard possuem um sítio a 150 quilômetros da capital paulista. Pretendem ir até lá. Mas pretendem também alugar um barco a motor e com êle percorrer o litoral brasileiro, provàvelmente de São Paulo ao Rio Grande do Sul. No passado, viveram algum tempo com pescadores na do Nordeste. Querer tir a experiência região, agora.

Os dois Rolling são figuras simpát viajam com muita cidade. Nada de secr e assessôres. A bor gundo o testemunl vários passageiros, c taram-se discreta Pouco beberam, j tênis e pingue-pong nada se distinguia outros passageiros, pelos trajes e a lor beleira. Têm uma modesta, que não ser afetada. Quand pórter comentou Rolling Stones eran cialmente queridos ventude brasileira, recebeu a notícia c riedade e interêsse.

Ao desembarcarer bos evitaram ao r caçadores de autó enquanto Anita Pall providenciava táxi e va cinco libras est pelos serviços do c dor.

que Mick Jagger e Keith Richards vinham dispostos a passar três semanas por aqui, pois queriam "aproveitar as belezas do Brasil". Passariam alguns dias no Rio e depois seguiriam para um sítio alugado no interior paulista.

Jagger e Richards foram descritos pelo jornal como "figuras simpáticas", um indicativo de que o tratamento dispensado aos Stones pela imprensa brasileira mudara significativamente. Em comparação com o que havia sido escrito a respeito de Mick e dos Stones no início do ano, tanto ele quanto os Stones, agora, já não eram mais nem tão estranhos, nem tão exóticos assim. Mas, como nem tudo é perfeito, Pallenberg virou Pallemburg na nota do jornal.

Os dois casais ocuparam quartos em andares distintos do Copacabana Palace. Mick e Marianne, o 101; Keith e Anita, o 202.

Evidentemente, Mick e Keith não iriam passar incólumes ao assédio da imprensa e dos fãs. Sobretudo dos mais persistentes, que chegavam a ficar horas plantados na porta do hotel. Os fãs, atrás de um autógrafo; os jornalistas, em busca de uma entrevista. Para estes, no entanto, a longa espera não servia como garantia de que conseguiriam alguma coisa.

João Luís Albuquerque, da revista *Manchete*, foi um dos poucos que conseguiram uma entrevista formal com Mick. O que só ocorreu depois de várias tentativas ao longo das seis horas que ficou no hotel.

Na entrevista, publicada na edição de 18 de janeiro de 1969, Mick não poupou ataques à imprensa:

> "Viemos descansar, não estamos fazendo temporada artística nem promovendo nossos discos. Temos o direito de só falar com quem quisermos. Os repórteres não sabem nada de nossas vidas, nem o que fizemos, nem para onde queremos ir. São mandados aqui pelos editores apenas para fazer um trabalho, e acabam perguntando as coisas mais tolas. Isso acontece em todo o mundo e no fim é uma perda de tempo."

Sobre a música brasileira, disse:

> "Realmente não acho que a bossa nova seja música brasileira. O ritmo, sim, mas a música em si tem muito de jazz. Prefiro a música brasileira de raízes africanas. Há uns três meses, gravamos um álbum (*Beggars Banquet*) e nele colocamos um samba de nossa autoria ("Sympathy For The Devil"). Nada de romantismo, samba com ritmo forte e marcado. Usamos músicos africanos para a gravação."

Sobre o período que passou na Bahia, contou:

> "Passamos lá um tempão, um dos melhores que já vivi. Todas as noites ficávamos até o nascer do sol tocando música brasileira, principalmente com tambores. Gente genial, aquela. (...) Daí surgiu meu interesse pela música afro-brasileira."

No afã de entrevistar os roqueiros ingleses, tudo era válido, até mesmo persegui-los pelas ruas da cidade, como fizeram uma repórter de um jornal carioca e o carro de reportagem da revista *O Cruzeiro*.

A aventura teve início na tarde ensolarada de 30 de dezembro, assim que Mick, Keith, Anita e Marianne entraram num táxi que os aguardava na porta do hotel. O táxi partiu pela orla, em direção a Ipanema, seguido pelo carro da jornalista e pelo da reportagem da revista. Distraídos com a beleza da orla e com a conversa animada, o grupo nem percebeu que estava sendo seguido. Só o motorista, Seu Rodrigues, que preferiu não falar nada. Talvez receasse perder o que poderia ser uma boa corrida.

Acostumado a conduzir turistas em passeio pela cidade, Seu Rodrigues perguntou aos passageiros se era a primeira vez que visitavam o Rio. Mick respondeu que já estivera na cidade antes e que gostara do clima, do mar e das montanhas. Por isso voltara e trouxera Keith.

O táxi passou por Ipanema, Leblon, São Conrado, e foi desembocar na praia da Barra da Tijuca, na época ainda de difícil acesso e muito pouco freqüentada. Ideal, portanto, para quem não queria ninguém por perto.

Depois de rodar alguns quilômetros pela orla, o táxi estacionou num ponto ermo da praia e, ao lado dele, parou o carro com a repórter do jornal. A pobre moça nem teve tempo de abrir a boca. Mick e Keith partiram pra cima dela, ordenando que fosse embora. A moça tentou contra-argumentar, mas só fez piorar a situação. Enquanto os dois ameaçavam jogá-la no mar de roupa e tudo, Anita, também exaltada, começou a jogar areia no carro dela. Assustada, a moça recuou, entrou rapidamente no carro e saiu desabalada dali, com o vidro do carro já fechado.

Ao testemunhar a cena, o repórter Nilton Caparelli e o fotógrafo Fernando Seixas, da revista *O Cruzeiro*, preferiram estacionar o carro um pouco mais adiante. Assim, não chamariam atenção, e poderiam pensar num jeito de abordar os dois Stones.

Sem ninguém por perto, Mick, Keith, Marianne e Anita, já com as roupas de praia, aproveitaram o momento para relaxar e aproveitar o sol e a praia quase deserta. Nesse ínterim, os jornalistas da revista convenceram um banhista a ajudá-los. Ele deveria se aproximar dos dois, assim como quem não tem muito interesse, para tentar arrancar alguma informação deles e, eventualmente, abrir caminho para os repórteres.

O banhista caminhou pela água até onde estavam Mick e Keith. Se aproximou e pediu um cigarro, no que Keith respondeu imediatamente: "Go to hell!" O banhista teve calma e soube contornar a situação. Já estava engatando uma conversa quando dois rapazes – ambos fãs dos Stones – chegaram e foram pedir autógrafo.

Mick e Keith começaram a desconfiar do banhista e o expulsaram dali aos gritos de "go, go, go". Suspeitando também daquela movimentação em torno deles, os dois preferiram desistir do passeio. Mas, para o azar deles, o táxi atolou na areia.

Caparelli e Seixas se aproximaram e se ofereceram para ajudar. Na verdade, um pretexto para travar contato com Mick e Keith. Mas bastou começarem com perguntas sobre os Stones para instigar a fúria de Mick e Keith.

Anita se juntou a eles, que, aos gritos de "go, go" misturados a palavrões, tentavam expulsar dali os jornalistas e o banhista que ficara vendo toda a confusão – e que tomara partido de Nilton e de Fernando. Enquanto discutiam, o motorista do táxi chegou com alguns operários arrebanhados numa obra próxima para ajudá-lo a tirar o carro daquela situação.

Com o táxi liberado, Keith puxou um canivete e correu junto com Mick em direção ao fusca do banhista. Enquanto Keith ameaçava furar o pneu do carro, Mick tirou a chave do fusca da ignição. Os dois, então, entraram no táxi. Quando o banhista se aproximou, exigindo a chave de volta, Mick a atirou na areia, e gritou para Seu Rodrigues partir.

A história apareceu nas páginas da revista *O Cruzeiro* de 16 de janeiro de 1969, com o título "O gênio bárbaro dos Rolling Stones".

Mas se a imprensa tinha do que reclamar, o mesmo não acontecia com os fãs. O guitarrista do grupo de rock carioca A Bolha (na época ainda conhecido como The Bubbles), Pedrinho Lima, exibia, orgulhoso, na porta do hotel, os autógrafos que colheu de Mick e Keith na capa do seu exemplar de *Beggars Banquet*. "Foi tranqüilo", conta ele.

Sorte diferente tiveram os quatro rapazes que entraram no hotel e foram direto bater no quarto de Mick. Quando chegaram ao primeiro andar, viram Keith sair correndo do quarto 101 em direção à escada, que ele subiu pulando os degraus. Marianne, com a blusa aberta e os seios à mostra, também passou correndo atrás de Keith. Provavelmente a caminho do quarto do guitarrista, no segundo andar.

Do quarto 101, que ficara com a porta escancarada, vazava o som alto da música. Para os quatro rapazes, aquilo parecia um convite. E nem pediram licença ou bateram na porta ou chamaram por Mick. Simplesmente, foram entrando. Quando Mick viu que seu quarto estava sendo invadido, correu em direção à porta, gritando "get out of here" e apontando o caminho da rua. Saíram todos do jeito que entraram, sem dizer uma só palavra. O que se ouviu, em seguida, foi o barulho da porta se fechando com toda força.

Apesar do incômodo gerado pela presença dos jornalistas e dos fãs, os ingleses tiveram seus momentos de trégua. Assistiram aos rituais de umbanda e aos festejos de fim de ano na praia de Copacabana e andaram pelas ruas próximas do hotel sem problemas. Keith chegou a comprar o violão de um cantador de rua. Lembrou disso numa entrevista concedida a José Emilio Rondeau e publicada na edição de outubro de 1988 da revista *Bizz*. Disse que o violão, que ele ainda guarda em casa, tem uma placa de metal, onde se lê: "Deus é grande".

Enquanto isso, a Fazenda Boa Vista, localizada em Matão, interior paulista, já estava pronta para receber Mick, Keith, Marianne e Anita. Seu proprietário, o banqueiro Walther Moreira Salles, colocara a fazenda à disposição dos Stones. O pedido de uso da propriedade viera através de assessores financeiros da banda, amigos de Walther.

Mick e companhia partiram do Rio no dia 4 de janeiro de 1969. Foram para o Hotel Jaraguá, na capital paulista, esperar pela Kombi que os levaria à noite para Matão. Keith se surpreendeu com São Paulo, "uma cidade incrível e tão movimentada e apressada quanto Nova York", conforme contou a Robert Greenfield na entrevista publicada na *Rolling Stone* de 19 de Agosto de 1971.

A bela propriedade de 33 cômodos do pai do cineasta Walter Salles, outrora conhecida como Fazenda dos Ingleses, pois pertencera a um grupo empresarial da Inglaterra, estava muito bem preparada para receber os dois Stones, suas respectivas mulheres e o filho de Marianne, Nicholas. Parecia uma fortaleza, protegida por seguranças, seis cachorros e altas cercas de arame farpado, cobertas de plantas trepadeiras.

Por quase duas semanas o intrépido grupo agitou a Fazenda Boa Vista. Acostumados a receber visitantes ilustres – embora, em geral, menos excêntricos e mais comportados, como o ex-vice-presidente americano Nelson Rockfeller – os funcionários fizeram de tudo para que os quatro europeus se sentissem bem. Além dos seguranças, que tinham ordens para não deixar ninguém se aproximar, Mick, Keith, Anita e Marianne contaram com um dedicado e atencioso caseiro, o Seu Paulo Viziolli, e com os caprichos da cozinheira Dona Joana, mulher de Paulo, que não cansou de preparar pratos à base de batatas, como queriam os visitantes.

A privacidade encontrada na fazenda e a simpatia e a dedicação do Seu Paulo, que também servia de motorista, e da Dona Joana, que faziam de tudo para agradá-los e para que nada faltasse, fizeram muito bem a Mick e a Keith. Sempre sorridentes e bem humorados, nem de longe lembravam a dupla enfurecida da Barra da Tijuca. Todas as manhãs, ao acordar, Mick chegava até a varanda e mandava um sonoro "bom dia" para Seu Paulo. Em português!

"Ele era o mais extrovertido do grupo", conta Paulo. "Mas os dois não queriam ninguém por perto, de jeito nenhum." Por isso, quase sempre só saíam à noite. Viziolli os levou diversas vezes ao centro da cidade, a cerca de cinco quilômetros da fazenda, onde eles geralmente compravam fogos de artifício e brinquedos para Nicholas.

Depois, na fazenda, como dois adolescentes num parque de diversões, se divertiam com o barulho e com a luz dos fogos iluminando o céu de Matão. Uma noite, encheram a piscina de barquinhos, cada um deles carregando um pires com uma vela acesa. Nicholas se esbaldava com as brincadeiras dos adultos.

Nem mesmo os mosquitos foram capazes de perturbar o bom humor dos rapazes. No final da tarde, quando os mosquitos apareciam em grande número, Keith enrolava um jornal e saía como um guerreiro bem treinado, eliminando um a um com golpes rápidos e certeiros. Já Marianne, a principal vítima das picadas (sem duplo sentido, por favor), vestia botas de cano longo, chapéu ou um véu e vestidos longos com mangas compridas. Só assim conseguia se proteger dos mosquitos.

Se durante o dia tomavam banhos nus na piscina, expondo seus corpos brancos sem pudor algum, à noite gostavam de jantares à luz de velas. Invariavelmente, quando acabavam de comer, iam tocar violão e cantar. Nessas ocasiões, "You Can't Always Get What You Want" era a favorita de Mick. Ele vivia cantando a canção como uma indireta para Anita. O fato é que Mick ainda não esquecera do *affair* que tivera com a mulher de Keith durante as filmagens de *Performance* – estrelado por ele e Anita – e vivia cochichando no ouvido dela. Como não era mais correspondido, cantava a música cujo título em português diz: *Nem Sempre Se Consegue O Que Se Quer...*

Seu Paulo Viziolli lembra que outra canção era muito repetida pelo grupo. E só lembra por um motivo muito simples: a palavra "Matão" aparecia muitas vezes ao longo da música.

Foi também na fazenda que Mick e Keith compuseram um dos grandes hits dos Rolling Stones: "Honky Tonk Women". A fazenda, os cavalos e os vaqueiros serviram de inspiração para a dupla. Para eles, tudo aquilo lembrava o Arizona, daí a levada country da música.

Curiosamente, "Honky Tonk Women" e "You Can't Always Get What You Want" fizeram par no compacto simples que só chegou às lojas em julho de 1969.

Os passeios do grupo não se restringiram ao centro de Matão. Na Kombi conduzida pelo intérprete Albert Grossmann, foram até Ouro Preto e Belo Horizonte, por onde passearam em completo anonimato. Mas Seu Paulo Viziolli estava ao volante quando o grupo partiu para a cidade vizinha de Araraquara, à procura de terreiros de umbanda, a pedido de Mick. Interessado nas manifestações da cultura afro-brasileira, o cantor também queria comprar discos e fitas com cânticos do candomblé e de cultos afins.

Na fazenda, a farra prosseguia de vento em popa. Além da cerveja, consumida diariamente, o que fazia a cabeça dos visitantes era a "poderosa maconha brasileira", como contou Marianne em sua autobiografia. E a manga, colhida ali mesmo.

Diante de tudo que acontecia, e por mais discretos que fossem os funcionários da fazenda, não houve como evitar que vazassem informações sobre a presenca dos ilustres hóspedes no local. Até pelo movimento incomum nas cercanias da fazenda, por si só motivo de atenção.

Alguns garotos da região começaram a se reunir na porteira e a rondar a cerca de arame farpado tentando descobrir o porquê daquele mistério todo. Não tardaram a descobrir. Em pouco tempo, o segredo se espalhou até chegar às redações dos jornais paulistas. Truncado, mas chegou.

"Há dois Rolling Stones numa fazenda em Matão", publicou *A Gazeta* em 13 de janeiro, errando ao chamar Keith de baterista do grupo. No dia 14 foi a vez d'*O Estado de S. Paulo* estampar: "Rolling avistados em Matão." Um dos "avistados", segundo o jornal, se chamava "Richard Keith".

O alerta da presença de Mick e Keith em Matão, contudo, soou tarde demais. A turma já estava de saída. E partiu na calada da noite, a bordo da Kombi guiada por Seu Paulo Viziolli, que os levou de volta ao Hotel Jaraguá, na rua da Consolação, onde o grupo chegou de madrugada.

De São Paulo, Marianne voou de volta à Inglaterra com Nicholas. Keith, Anita e Mick foram para o Peru. No dia 19, *O Estado de S. Paulo* publicou nota enviada de Lima pela agência *Reuters*: "Cantores expulsos de hotel." Começava assim: "Mick Jagger e Keith Richards, do conjunto Rolling Stones, receberam ordens para deixar o luxuoso Hotel Crillon, em Lima, ontem."

No escurinho com os Rolling Stones
INVOCATION OF MY DEMON BROTHER (1969)

O curta do californiano Kenneth Anger parte do título provocativo para criar uma montagem de imagens homoeróticas, com flashes reproduzindo rituais pretensamente satânicos, intercaladas com closes de um albino carrancudo e os Rolling Stones tocando. A Mick Jagger são creditados os sons do curta, uma trilha abstrata, calcada numa novidade da época, o sintetizador Moog.

No estúdio, Brian não rendia mais. Sua ficha suja, como o único a ter-se declarado culpado em juízo pelo uso de drogas, o impediria de receber visto de entrada para os Estados Unidos, e isso poderia cancelar os planos de uma longa, rentável e importante turnê americana que já vinha sendo negociada e organizada. Ademais, musicalmente, os Stones e Brian traçavam, a essa altura, caminhos divergentes. Para continuar viva e trabalhando, a banda sabia que precisava tomar a decisão mais importante de sua carreira e se desligar de Brian Jones.

E, quando finalmente aconteceu, foi tudo muito rápido, clínico, até: no dia 31 de maio de 1969, por sugestão de Ian Stewart, Mick Jagger telefonou para Mick Taylor, o jovem prodígio de 20 anos que tocava na banda de John Mayall, The Bluesbreakers, explicou a ele que Brian pensava em se desligar da banda, e o convidou para ser o mais novo stone. Taylor partiu direto para o estúdio Olympic, onde a banda estava gravando "Honky Tonk Women" e "Live With Me".

FINGERPRINT FILE: MICK TAYLOR

17 de janeiro de 1949

O mais técnico e habilidoso dos guitarristas que atuaram ou que ainda atuam nos Rolling Stones, Mick Taylor traz como marca de sua guitarra o toque calcado no blues, mas sempre arejado por solos fluidos e melodiosos que sinalizam influências sonoras diversas, como em "Time Waits For No One" (de sonoridade latina) e "Can´t You Hear Me Knocking" (jazzística).

Nascido em Welwyn Garden City, Hertfordshire, Inglaterra, Michael Kevin Taylor começou a tocar violão aos 9 anos de idade. Ainda adolescente, formou com colegas de escola a banda The Juniors que, em 1965, mudou de formação e de nome: virou The Gods. A banda também incluía o futuro tecladista do Uriah Heep, Ken Hensley.

Em 1966, Taylor substituiu outro Deus, o da guitarra, num show de John Mayall & The Bluesbreakers no The Hop, em Welwyn Garden City. Como o guitarrista fixo da banda, Eric Clapton, não apareceu, Taylor, que ainda era um dos "Deuses", conversou com Mayall no intervalo da apresentação e acabou tocando todo o segundo set do show – usando a guitarra de Clapton. Mayall gostou tanto do guitarrista que no ano seguinte o chamou para a vaga deixada por Peter Green nos Bluesbreakers.

Em 1969, atendendo a um pedido de Mick Jagger, John Mayall recomendou Mick Taylor para os Rolling Stones. O guitarrista preencheria o espaço antes ocupado por Brian Jones, que havia sido pressionado pelos companheiros a deixar o grupo. Assim que recebeu o telefonema de Jagger, Taylor se juntou aos Stones no estúdio, e acabou participando das gravações de "Country Honk" e "Live With Me", músicas que apareceriam no álbum *Let It Bleed*. Quando a sessão de gravação chegou ao fim, Mick e Keith se despediram dele com um "até amanhã". Ali Mick se deu conta de que já era o novo guitarrista dos Rolling Stones.

A estréia de Taylor aconteceu em 5 de julho de 1969, no megaconcerto ao ar livre, no Hyde Park, em Londres, onde os Stones homenagearam Brian Jones, encontrado morto dois dias antes na piscina de sua casa. Depois, percorreu os Estados Unidos com os Stones em turnê arquetípica, recheada de sexo, drogas e rock and roll, que culminou com o desastroso concerto de Altamont, em 6 de dezembro de 1969.

Muito tímido e avesso à fama, Taylor nunca parecia totalmente integrado ao grupo. Mesmo assim, enquanto Keith se embrenhava nas drogas, Rick deixou sua marca em várias composições que fez com Jagger, notadamente "Sway", "Moonlight Mile", "Winter" e "Time Waits For No One", todas creditadas somente a Jagger e Richards.

De fato, no que diz respeito a composições, só teve seu nome creditado como compositor uma única vez, na faixa "Ventilator Blues", do álbum duplo *Exile On Main St.*.

Sem o trabalho devidamente reconhecido, Taylor deixou-se dominar pela insatisfação. Ao retornar da Jamaica, em meados de 1973, logo após gravar o álbum *Goat´s Head Soup* com os Stones, não escondeu dos amigos mais íntimos o seu desagrado. O baixista Arnaldo Brandão era um deles, testemunha das lamúrias do Mick Taylor, cujo discurso batia sempre na mesma tecla: "Vou sair dos Stones."

Finalmente, ao ver seu nome deixado mais uma vez de fora de músicas que teria ajudado a compor, como "Till The Next Goodbye" (do álbum *It's Only Rock N' Roll*, lançado em outubro de 1974), Taylor tomou a decisão longamente postergada de sair dos Rolling Stones, e anunciou seu desligamento da banda em 14 de dezembro de 1974.

Estava em casa, no dia seguinte, quando recebeu um telegrama de Keith, que dizia: "Gostei muito de tocar com você nos últimos cinco anos. Obrigado por tudo que você me mostrou. Desejo tudo de bom."

Mick leu e começou a chorar.

"Na realidade, eu acho que os Brazilian Bitles deveriam ter se chamado Brazilian Rolling Stones, tal era o nosso fascínio por eles. Os Beatles tinham deixado de ser roqueiros e os Stones, não. Ao contrário, o som deles foi ficando cada vez mais rock."

- **VITOR TRUCCO**, inicialmente guitarrista e depois baixista do grupo The Brazilian Bitles

Les Perrin disparou um convite à imprensa para uma coletiva com Jagger no dia 19 junho, na qual ele falaria sobre os planos futuros dos Stones. E numa tarde ensolarada de domingo, 8 de junho, Mick e Keith fizeram a jornada de hora e meia do centro de Londres até a casa de Brian Jones. Os três stones originais conversaram durante trinta minutos sobre aquilo que todos já sabiam: havia chegado a hora da separação.

> "Acho que, de certa forma, ele já sabia (que isso iria acontecer). Ele se comportou de maneira bastante filosófica. Foi muito difícil (ter aquela conversa com ele). Mas ou era aquilo, ou era trabalhar com alguém que já não conseguia mais funcionar. Não teríamos sobrevivido com ele (na banda)."
> – **MICK JAGGER**, *Mojo*, julho de 1999.

Ficou decidido que Brian anunciaria seu desligamento da banda. Naquela mesma noite.

> "Não estou mais em concordância com os demais em relação aos discos que gravamos. Musicalmente, não nos comunicamos mais. A música dos Stones não combina mais com o meu gosto. Tenho o desejo de tocar meu próprio tipo de música, e não a dos outros, não importa o quanto eu aprecie os conceitos musicais deles. A única solução é traçar caminhos separados. Mas permaneceremos amigos. Amo esses caras."
> – Comunicado de **BRIAN JONES** à imprensa.

Três dias depois do anúncio da saída de Brian, os Stones se apressaram em posar para uma série de fotos com Mick Taylor, para marcar imediatamente a nova imagem da banda. E no dia 13 de junho anunciaram para dali a um mês o primeiro show com Taylor, um concerto ao ar livre no Hyde Park, o verdejante e enorme parque urbano no coração de Londres. Reenergizada com a entrada de Taylor, a banda tratou de ensaiar dedicadamente para sacudir a ferrugem de quase dois anos sem fazer um show longo. Os Stones queriam mostrar que ainda eram os Stones, e se preparavam com entusiasmo e determinação para o que parecia ser uma nova fase. Mas o destino achou por bem marcar esse recomeço com um fim trágico.

No dia 3 de julho, Brian Jones foi achado morto no fundo da piscina de sua casa.

As circunstâncias da morte de Brian nunca seriam completamente esclarecidas – ele não estava sozinho em casa, mas os testemunhos de quem passou com Jones suas últimas horas de vida e o encontrou debaixo d'água são confusos ou contraditórios demais para que se trace um quadro conclusivo do que realmente aconteceu. Há, até hoje, a suspeita de que ele foi morto acidentalmente por um operário que trabalhava na reforma da casa, durante uma crise de raiva incontida contra o patrão. A versão oficial, entretanto, atesta morte acidental por afogamento, após a ingestão de uma mistura de álcool e drogas.

Brian Jones tinha 27 anos quando morreu.

"Brian não tinha sido feito para funcionar dentro da indústria pop. Ele era excessivamente sensível a tudo. Algumas pessoas nascem tímidas. Carregamos Brian nas costas por muito tempo. Por um ano, aturamos as diatribes dele, as vezes que não aparecia para trabalhar. Não foi como se de repente a gente tivesse mandado ele se foder. (Mas) se você não comparece para fazer o show, está fora."
– **MICK JAGGER**.

"Quando conheci Brian, ele era como se fosse um pequeno touro galês. Parrudo, parecia bem durão. Mas, por causa de uma coisa ou outra, aos poucos ele foi se tornando mais frágil. Pra começar, toda hora alguém (dava drogas) a ele, só porque era um stone. E ele aceitava. Ele tomava qualquer coisa. E nunca teve tempo de se aprumar, porque estávamos na estrada o tempo todo. Chegou uma hora que veio a conta. (Mas) até o finalzinho Brian estava tentando se reerguer. Pouco antes de morrer, ele estava ensaiando com mais pessoas. Por que (a morte dele) aconteceu tão repentinamente, as pessoas acham (que ele estava deprimido). Mas nas duas semanas antes da morte dele, Brian ensaiava todo dia. Eu falava com ele diariamente, e ele dizia 'está ficando ótimo, vou formar uma bandinha bacana, trabalhar e gravar um disco'."
– **KEITH RICHARDS**, *Rolling Stone*, 19 de agosto de 1971.

"Ele era um sacana ardiloso. E, quanto mais famoso se tornava, mais cheio de si ficava. Foi se tornando, ao mesmo tempo, mais triste e mais irritante. Mas, para ser justo com Brian, muitos dos problemas dele com as pessoas podem ter acontecido porque ele não era muito saudável. Especialmente no início, ele era um grande catalisador. Não acho que teríamos chegado onde chegamos se ele não estivesse no comando lá no começo. Mas acho que ele queria ser o vocalista principal da banda, e ele não podia cantar, (a asma) dele não permitia. E ele queria ser o líder da banda, mas não era um líder."
– **CHARLIE WATTS**.

"Brian era fraco, complexado, e às vezes era um pentelho. Mas ele nos batizou, nós fomos uma idéia dele, e no começo ele escolhia o que iríamos tocar. Éramos a banda de Brian, e sem ele nosso pequeno conjuntinho de blues não teria virado A Maior Banda de Rock do Mundo. Embora os Rolling Stones tenham danificado a todos nós, de uma maneira ou de outra, Brian foi o único que morreu."
– **BILL WYMAN**, no livro *Rolling With The Stones*.

Dois dias depois da morte de Brian, os Rolling Stones se apresentaram pela primeira vez com o novato Mick Taylor, fechando um dia inteiro de shows para cerca de 250 mil pessoas no Hyde Park, num palco por onde já haviam passado, mais cedo, bandas como Family e King Crimson.

Como era de se esperar, apesar da expectativa enorme em torno da estréia do novo stone, Brian esteve presente – e em destaque – naquele dia de calor sufocante: na reprodução enorme de um detalhe com o rosto de Jones, tirado da foto usada na capa interna de *Beggars Banquet* e pendurada no fundo do palco; na emoção dos Stones; e na dedicatória que Mick preparou para o show. Antes da banda começar a tocar, Jagger, de vestido de *voile* branco, leu parte de um poema de Shelley, "Adonais", em homenagem a Brian:

**"PAZ, PAZ!
ELE NÃO ESTÁ MORTO, ELE NÃO DORME –
ELE ACORDOU DO SONHO DA VIDA"**

Na hora em que os Stones abriram a parte musical do show, tocando "I'm Yours, She's Mine", de Johnny Winter, 3.500 borboletas foram soltas sobre a platéia – e, por causa do calor nas caixas onde estavam presas antes do show, muitas morreram imediatamente após alçar vôo.

Os instrumentos estavam desafinados, a banda – apesar dos ensaios – demonstrava ter passado tempo demais sem tocar ao vivo, o som chegava embolado e mal mixado para a platéia, mas, ainda assim, o saldo do show em Hyde Park pode ser considerado positivo, porque mostrou que nada, nem mesmo a morte, era capaz de dobrar os Rolling Stones.

> "Foi um ritual nostálgico e desafinado que sumarizou uma década de pop."
> – **CHRIS WELCH**, *Melody Maker*, 12 de julho de 1969.

> "Desde que surgiram, como um conjunto anti-Beatles, os cinco perturbadores rapazes dos Rolling Stones representaram sempre a face menos agradável da chatíssima Swinging London, aquela que nunca poderá ser inteiramente assimilada pelo aparelho digestivo dos ávidos consumidores de mitos. A criminalidade latente que explodia em cada uma das suas atitudes fez dêles pessoas indesejáveis que é curioso contemplar a distância, mas das quais não se deve chegar perto."
> – **TITE DE LEMOS**, *Jornal do Brasil*, 30 de julho de 1969.

Somente Bill e Charlie compareceram ao funeral de Brian Jones. Os outros Stones mandaram flores. Mick estava com Marianne Faithfull na Austrália, onde filmariam, juntos, a cinebio de Ned Kelly, dirigidos pelo também inglês Tony

VOX

Richardson. Não que agradasse aos australianos a idéia de ver Jagger representando o fora-da-lei do século XIX que virou seu herói nacional. Não que as críticas dos conterrâneos do personagem-título interferissem na vontade de Jagger estrear como ator de cinema.

> "Esses australianos são uns burros! Pode apostar que vai ter um ou outro protestando quando eu chegar no aeroporto – e eu vou jogar cerveja neles. Eles são tão patéticos."
> – **MICK JAGGER**, *Daily Sketch*, 8 de julho de 1969.

Mick conseguiu filmar – mas Marianne precisou ser substituída às pressas, após tentar se matar com uma superdose de barbitúricos e entrar em coma. Faithfull estava deprimida desde a perda, por aborto espontâneo, no sétimo mês de gravidez, da filha cujo nome Mick e ela já haviam escolhido: Corrina.

Marianne sobreviveu, ao fim de 48 horas em coma. Mas demoraria muito mais para se recuperar dos danos psicológicos causados pela perda do bebê e pela deterioração de seu relacionamento com Mick – e da quantidade de álcool e drogas que passaria a consumir para anestesiar sua dor nos anos seguintes.

Com o fim de 1969 se aproximando, os Rolling Stones partiram para os Estados Unidos com seu novo guitarrista, e se dedicaram à turnê da qual emergiriam como A Maior Banda de Rock do Mundo – a mesma excursão que deixaria o saldo de muitos feridos e cinco mortos.

A turnê americana de 1969 fez história em muitos aspectos. Os Stones não tocavam nos Estados Unidos desde 1966, e agora, ambos – país e banda – estavam bastante mudados. Se três anos antes ainda havia um quê de verniz pop suavizando as arestas mais afiadas dos Stones, agora eles se apresentavam verdadeiramente perigosos, uma banda de rock and roll tocando com toda a violência e a sexualidade que isso implica. E os americanos de 1969 tinham feito a cabeça, abraçado o amor livre e se virado contra a guerra do Vietnã.

> "Realmente notei uma mudança em 1969. No último show nosso nos EUA, em 1966, ainda era a Stonesmania: garotas gritando e correndo atrás de nós com tesouras, tentando cortar um pedaço do nosso cabelo. Três anos mais tarde, as platéias aplaudiam e nos recebiam de maneira bastante barulhenta, mas depois caíam num silêncio respeitoso. Foi aí que eu notei que a coisa tinha mudado."
> – **KEITH RICHARDS**, *Circus*, setembro de 1977.

Existe uma razão palpável para os Rolling Stones começarem a ser chamados de A Maior Banda de Rock do Mundo justamente a partir desta turnê. Todas as noites, a voz de Sam Cutler, um dos gerentes da turnê, precedia a chegada dos Stones no palco pedindo ao público que desse as boas-vindas "à maior banda de rock do mundo! Os Rolling Stones!!!" De quem teria sido a idéia?

Dezessete cidades, 23 shows (muitas vezes dois por dia, alguns começando às quatro horas da madrugada!), com ingressos variando entre US$ 4.50 e US$ 8.50, os mais altos já cobrados até então para um concerto de rock. E no fim da turnê os Stones haviam sido vistos por 335 mil pessoas e faturado quase dois milhões de dólares.

O vigor exuberante da música tocada na turnê – com os solos elegantes de Mick Taylor escalando os céus e impulsionando a banda em direção a galáxias musicais até ali inexploradas – está registrado no álbum ao vivo *Get Yer Ya-Ya's Out.* ("O melhor concerto do rock já gravado", na opinião do crítico Lester Bangs). O lado sombrio da excursão – proporcionado pelos acontecimentos no show gratuito e ao ar livre montado em Altamont, no norte da Califórnia – surge, em todo seu horror, no documentário *Gimme Shelter*, dos irmãos Maysles.

> "Inundamos o Oakland Coliseum em 1969 com lembranças do Cow Palace em 1966 – mas dessa vez não havia aquela molecada de 12 anos molhando as calças. Os anos 1960 acabaram. A primeira coisa que você nota quando os Stones chegam ao palco é a marca dos anos no rosto de Mick Jagger. Ele parece que chegou no ponto. As feições não são mais maleáveis e soltas; são duras e grossas, como as ranhuras em mármore de uma estátua. Mas ainda demora muito até o Museu de Cera. Ele ainda está lindo."
> – **GREIL MARCUS**, *Rolling Stone*, 13 de dezembro de 1969.

Quando a turnê chegou a Nova York, já era mais que um rolo compressor rock, mais que um acontecimento restrito ao universo da música pop: era um evento sóciocultural. Um par dos ingressos mais baratos para um dos três shows no Madison Square Garden, de US$ 3.50, rendia aos cambistas 40 dólares. O maestro Leonard Bernstein assistiu a um deles, detrás dos amplificadores, antes de visitar a banda no camarim. Na noite anterior, Jimi Hendrix havia feito o mesmo.

> "Agora (os Rolling Stones) são mais como uma banda. E, definitivamente, uma banda diferente, pesada pra caralho! Mick (Taylor) é muito bom. Agora Keith pode dar um tempo e afinar a guitarra no meio de uma música. Tem mais tempo para pensar. E às vezes eles ficam se alternando nos solos, como em 'Sympathy For The Devil', e é lindo de ouvir, é algo que nunca tivemos assim antes."
> – **MICK JAGGER**, *Rolling Stone*, 27 de dezembro de 1969.

Numa coletiva em Manhattan, Mick Jagger anunciou que os Stones celebrariam o final da turnê com um show ao ar livre e gratuito na Califórnia, no dia 6 de dezembro, onde o palco seria repartido com vários grupos locais – entre eles Santana, Jefferson Airplane e Grateful Dead. Os Stones não tocaram em Woodstock, montado quatro meses antes numa fazenda em Bethel, vilarejo no centro do Estado de Nova York, e agora pareciam querer mostrar sua capacidade de organizar um minifestival nos mesmos moldes e com as mesmas proporções na costa oeste dos Estados Unidos.

Inicialmente, pensou-se em montar o show em Los Angeles, de clima mais ameno naquele início de inverno. Mas não havia espaço disponível para acolher as 250 mil pessoas esperadas para um show que estava sendo decidido em cima da hora. E os Stones transferiram tudo para São Francisco, porque, segundo Jagger, "nos garantiram que seria muito mais fácil fazer esse show (lá)".

Após muita negociação, chegou-se ao Autódromo de Altamont, a 80 quilômetros de São Francisco. Por sugestão do Grateful Dead, os Stones chamaram para fazer a segurança do evento os Hell's Angels, oficialmente um grupo de entusiastas do motociclismo, mas, na prática, uma gangue violenta e, como os Stones aprenderiam, incontrolável. Forma de pagamento pelo trabalho: toda a cerveja que eles conseguissem beber. No serviço.

Os seguranças chegaram munidos de tacos de sinuca e facas. Estacionaram suas adoradas motocicletas na frente do palco – onde não demoraria meio segundo para que alguém mais animado ou mais doidão (e lá havia baldes de ambos) na multidão de 400 mil pessoas as derrubasse. Os seguranças não respondiam a ninguém, não aceitavam ordens de quem quer que fosse, muito menos de seus contratantes. Os Angels mandavam ali. E ninguém mandava neles.

Os Angels não apenas sentaram a mão no público, a torto e a direito, para "acalmá-lo", como também surraram os músicos no palco! Quase todo o Jefferson Airplane apanhou porque reclamou da porradaria promovida pelos Angels durante sua apresentação. Só a vocalista Grace Slick saiu ilesa.

Os Stones começaram a tocar às 16h30, com cerca de 100 pessoas em cima do palco – entre eles, vários Angels, que saíram batendo no público a partir da quarta música. Na sétima canção, "Under My Thumb", saiu uma pancadaria na frente do palco, e os Stones pararam de tocar. Jagger tentou acalmar a platéia. Quando pareceu que havia conseguido, a banda recomeçou "Under My Thumb". E na hora em que Jagger cantava de improviso "rezo para que esteja tudo bem", aconteceu.

Tudo que os Stones conseguiram ver do palco era mais uma confusão, agora em torno de um rapaz negro vestido de verde. Não sabiam que estavam testemunhando um assassinato.

Primeiro, Meredith Hunter – um jovem de 18 anos que estava próximo à frente do palco, enquanto os Stones reiniciavam "Under My Thumb" – levou um puxão no cabelo em estilo afro e na orelha. Era um Angel de sacanagem com ele. Meredith conseguiu se livrar, mas logo tomou um soco na boca e caiu para trás. Quando o garoto conseguiu levantar e tentou se afastar, quatro Angels caíram em cima dele. Meredith escapou e saiu correndo pela multidão. Os Angels partiram no seu encalço. Um deles o esfaqueou – pelas costas. Meredith puxou um revólver do bolso de seu terno verde, sempre correndo. Um dos Angels arrancou a arma do garoto e a surra começou, com chutes – principalmente na cabeça – e mais golpes de faca. Depois que Meredith perdeu os sentidos, os Angels impediram que qualquer pessoa se aproximasse. Durante dois minutos. Meredith morreu ali mesmo, em Altamont.

Sem saber do ocorrido, os Stones ainda tocaram (e muitíssimo bem, como recorda Bill Wyman) sete outras músicas – inclusive, fizeram a estréia mundial de "Brown Sugar" – antes de superlotar o helicóptero que os levaria para bem longe daquele inferno.

Meredith não foi o único a perder a vida em Altamont. Um homem, viajando de LSD, se afogou num canal de irrigação próximo ao show. Outros dois morreram atropelados enquanto se aqueciam ao redor de uma fogueira. Mas somente o assassinato de Meredith pelos Angels foi capturado pelas câmeras dos irmãos Maysles, e é apresentado em detalhes – junto com as reações dos Stones, principalmente Mick Jagger – ao longo do documentário *Gimme Shelter.*

Houve um quinto falecimento em Altamont: os anos 1960 também morreram ali.

No escurinho com os Rolling Stones
GIMME SHELTER (1970)

Os irmãos norte-americanos David e Albert Maysles já haviam construído uma reputação sólida como documentaristas quando foram chamados pelos Rolling Stones para filmar sua turnê de 1969 pelos Estados Unidos. Ironicamente, o que era para ser o registro da coroação da Maior Banda de Rock do Mundo virou a reportagem do assassinato de um rapaz da platéia no show ao ar livre montado pela banda no norte da Califórnia.

Um clássico dos rockumentários, uma verdadeira aula do gênero, feita por mestres.

"Não existem culpados específicos, no caso de Altamont. Fomos todos culpados, inclusive eu. Na medida em que fracassamos em tomar alguma medida para garantir que aquele dia decorreria de maneira agradável, nós compartilhamos a culpa. Mas os Stones e o conceito de um dia gratuito com eles era uma combinação tão poderosa que todo mundo perdeu o controle. Creio ser verdade que Mick e os trabalhadores que organizaram (o evento) e os Angels que mataram aquele homem foram todos vítimas, também. A principal vítima fomos nós. Foi um Vietnã em miniatura, uma máquina descontrolada, montada em cima de uma hipótese equivocada que rapidamente virou a versão diabólica do que poderia ter sido bom."

– **RALPH J. GLEASON**, *Rolling Stone*, 1° de abril de 1971.

De volta à Inglaterra, os Rolling Stones lamberam as feridas da melhor forma que sabiam: trabalhando duro. Decidiram exorcizar os demônios e os fantasmas de Altamont com dois shows em lugares pequenos, antes de digerir as reações a seu novo álbum, de título, a essa altura, ironicamente macabro – *Let It Bleed,* deixa sangrar, um contraponto violento ao filosófico *Let It Be* (deixa estar) dos Beatles – e cuidar dos preparativos para a maior e mais cara turnê européia que a banda já havia empreendido: oito países e vinte shows, ao longo de um mês e meio.

O design do poster da turnê foi encomendado ao artista plástico John Pasche, junto com outro pedido: o de criar um logo para os Rolling Stones. O mundo inteiro conhece o resultado do trabalho de John: o símbolo hoje chamado de "a língua dos Stones". Numa exemplificação da típica mão fechada de Mick Jagger – que costumava dar mesadas a suas esposas –, pela criação de uma das marcas mais fortes e mais reconhecíveis de toda a história, Pasche recebeu exatas 250 libras.

"EXPLOSÃO MAIOR QUE A BOMBA

RETOMANDO O QUE HAVIAM FEITO EM *O BANQUETE DOS MENDIGOS* E SINTETIZANDO TAMBÉM TUDO O QUE PESQUISARAM EM SEUS OUTROS LPS, (OS ROLLING STONES) REALIZARAM O MAIS BELO E TERRÍVEL LP DA HISTÓRIA DA MÚSICA POP (...) ÊLES PERSISTEM NOS MAIS ENSURDECEDORES SONS, NOS MAIS SANGRENTOS E DEMONÍACOS VERSOS. SUAS NOVE FAIXAS SÃO POVOADAS POR ALMAS PENADAS, ANDARILHOS, CRIMINOSOS, MAL-AMADOS, BÊBADOS E DESORDEIROS QUE NÃO SE ENVERGONHAM DE VOMITAR SOBRE O OUVINTE SUA NEGRA VISÃO DO MUNDO ATUAL."

– **EZEQUIEL NEVES**, resenhando *Let It Bleed, Realidade,* 1969.

Os Stones sabiam que precisavam romper com Allen Klein e com a gravadora Decca para obter a liberdade só alcançada pelos artistas donos do seu próprio selo de discos. A distribuição dos discos da banda, os futuros lançamentos da ainda embrionária Rolling Stones Records, ficaria a cargo da Atlantic Records, legendário lar de gigantes do jazz capitaneado pelo turco-americano Ahmet Ertegun.

Como todo divórcio litigioso, a separação custou caro: por causa dos tratados firmados entre Klein, a Decca e Andrew Oldham, sem o conhecimento dos Stones, toda a obra gravada pela banda e todos os direitos editoriais dela pertenciam a Allen. E não havia como desfazer o combinado. Dali em diante, Klein controlaria essa obra, receberia todo o dinheiro resultante da sua comercialização, e continuaria pagando aos Stones apenas as percentagens a que tinham direito.

Allen e a Decca fizeram valer seu direito de posse imediatamente após o rompimento, lançando a primeira de muitas coletâneas não-autorizadas, *Stone Age*. A banda reagiu com a publicação de um anúncio no *Melody Maker* condenando o disco. Mas espernear era tudo que podia fazer.

Havia, ainda, o problema do dinheiro – ou melhor, da falta de dinheiro. Aconselhados pelo príncipe Rupert Loewenstein, conselheiro financeiro da banda, os Stones concluíram que o seu sucesso econômico – até então travado pela mão-de-vaca de Allen Klein – poderia representar a sua destruição.

A lei inglesa impunha taxação de 89% sobre qualquer rendimento anual superior a quinze mil libras. Mesmo enrolados constantemente por Klein, os Stones ganhavam bem mais que isso. Pois se desejavam preservar esse patrimônio e não entregá-lo de mão beijada ao Leão britânico, a saída era o aeroporto: na opinião do príncipe, os Stones precisavam se mudar da Inglaterra para poder continuar a ganhar dinheiro. Pelos próximos dois anos, o sul da França seria a nova morada dos Stones.

ORIGINAL MOTION PICTURE SCORE
MICK JAGGER
AS "NED KELLY"
A TONY RICHARDSON F
MUSIC BY
SHEL SILVER
WITH VOCALS
WAYLON JEN

This film was
ten years
ahead of its time.
Now, you're almost
ready for...
PERFORMANCE
X

Para Mick Jagger, 1970 teve significado ainda mais especial. Naquele ano, saíram seus dois filmes – o elogiado *Performance*, co-estrelado por Anita Pallenberg, e célebre, entre outros motivos, pelo caso tórrido mas curto protagonizado nos bastidores por Mick e Anita, mulher de Keith Richards; e *Ned Kelly*, massacrado até mesmo por seu ator principal ("Um monte de merda", ele definiu) –, nasceu seu primeiro filho – a menina Karis, fruto de seu breve namoro com a voca-lista Marsha Hunt, famosa por sua participação no musical *Hair* – e ele conheceu a nicaraguense Bianca Perez Morena de Macias, ex-namorada do ator Michael Caine, e sua futura primeira mulher.

No escurinho com os Rolling Stones

Seguindo o exemplo de Elvis Presley e John Lennon antes dele, Mick Jagger achou por bem se aventar como ator dramático. Em tese, uma proposta válida. No palco, Mick demonstrava algumas das qualidades necessárias ao ofício: o carisma, o magnetismo, a teatralidade. Os resultados, porém, seriam tão desiguais quanto o demonstrado no lançamento quase simultâneo de suas duas primeiras empreitadas. Na cinebio de época dirigida por Tony Richardson, falta profundidade a Mick para dar corpo e credibilidade a um personagem tão diferente dele mesmo. Já o experimental *Performance*, de Nicolas Roeg soube tirar proveito da própria persona de Jagger, com toda sua androginia e uma aura de perigo

NED KELLY (1970)

"Como o azarado personagem-título, Mick Jagger, o cantor de rock, com uma barba que o faz parecer mais *amish* que australiano, é, tristemente, apenas um renegado sisudo que raramente se transforma no 'selvagem rapaz colonial' da lenda."
– **A. H. WEILER**, *The New York Times*, 8 de outubro de 1970.

PERFORMANCE (1970)

"Um marco do cinema britânico, e nosso melhor filme de gângster. Um filme que exprime e transcende sua época confusa."
– **PHILIP FRENCH**, *Sight and Sound*, 1971.

Os ares da Riviera Francesa acenavam com a promessa de um refresco merecido para a primeira banda de rock a se tornar uma exilada fiscal. Mas os Stones aprenderiam que mesmo o paraíso atrai o pior.

> "Junto com Crosby, Stills, Nash and Young, (os Stones) são a última das bandas completamente superstar – lordes dos tempos modernos, totalmente paparicados, cuja única responsabilidade é manter a cabeça num lugar que os permita fazer música."
> **ROBERT GREENFIELD**, *Rolling Stone*, 15 de abril de 1971.

3. O REINADO ROCK'N ROLL – 1971 A 1976

Antes de iniciar seu exílio fiscal no sul da França, os Rolling Stones se despediram do Reino Unido com trombetas. Gigantes.

Montaram uma miniexcursão de 16 shows em nove cidades, sempre se apresentando em teatros ou salões de baile de tamanho bastante inferior aos ginásios e estádios onde costumavam tocar – e não cobrando um tostão a mais por isso. Conseguir entrar nos shows já era outra história: algumas filas se espichavam por mais de um quilômetro.

Pela primeira vez a banda subia ao palco trazendo mais acompanhantes adicionais do que o sempre-por-perto Ian Stewart para aditivar seu poder de fogo ao vivo: Bobby Keys, no sax, Jim Price, no trumpete, e Nicky Hopkins, no piano.

O objetivo não era ganhar dinheiro – e, pelos cálculos do sempre atento Bill Wyman, os shows renderam não mais que 26 mil libras –, mas deixar gravada na lembrança de seus conterrâneos – e, mais importante, na de seus colegas de ofício – a certeza de quem mandava no terreiro. Com os Beatles já fora de combate, os Rolling Stones eram deuses na Terra.

> "Todo mundo em Londres lavou o cabelo e fez fila no domingo para ver os Rolling Stones no Roundhouse, uma *gig* metafísica de primeira ordem há muito esperada. A banda certa, no lugar certo, e uma chance de ver toda a cidade. Dave Mason num paletó de veludo verde-floresta, os ex-Mad Dogs Jim Gordon e Snaky Jim Keltner. Eric está chegando. Chris Jagger. Lá fora, Family, Edgar Broughton, os Faces. No andar de cima, John Peel, Tom Donahue, toda a imprensa pop, a imprensa careta, a indústria de música, um grupo barulhento de RPs, um punhado de executivos do disco, uma congregação de doidões gritadores superbem-vestidos. Com uma hora de atraso, o segundo show começa. Uma apresentação difícil, na qual os microfones emudecem durante 'Street Fightin' Man' e bolas de pingue-pongue, flores amarelas e confete branco chovem sobre o palco. A banda está celebrando, em meio a um mar de garrafas verdes de champanhe. A turnê acabou e deve demorar um pouco até que aconteça outra. O rock and roll é para ser praticado por jovens."
>
> - **ROBERT GREENFIELD**, *Rolling Stone,* 15 de abril de 1971.

> "Os shows dos Stones eram o teatro dionisíaco. Eles entravam no palco e logo se estabelecia uma atmosfera que era a mais viva demonstração de entendimento do espírito da época e o mais forte estímulo para ampliar suas conquistas. Mick Jagger parecia uma labareda de significados cambiantes. Ele era uma mulher, um macaco, um bailarino, um atleta, um moleque, um poeta romântico, um tirano, um doce camarada. (...) Ele lograva ser mais diva do que qualquer Sinatra, do que qualquer Barbra Streisand. Ele se confundia com as pessoas, com as coisas. O grupo funcionava como um organismo. A inteligência saía pelos poros. Mick e Keith nunca fizeram canções como as dos Beatles, nunca escreveram como Dylan, nunca cantaram como Winwood ou Paul, mas no palco eles representavam o que havia de melhor e de mais forte em todos esses."
>
> – **CAETANO VELOSO**, em seu livro *Verdade Tropical.*

"Jagger pode ser o último dos grandes *entertainers* pop brancos. Sentiremos falta, caso os Stones não toquem mais (na Inglaterra), da qualidade de espetáculo de que são capazes. Os Stones são um pedaço de história social."
– *Financial Times*, 1971.

Morar e trabalhar concentradamente no Sul da França, graças à importação da unidade móvel de gravação dos Stones, parecia uma idéia de gênio. Os Stones traziam na bagagem os embriões de algumas canções que há muitos meses vinham burilando em outras sessões de gravação, como "Shine A Light", "Sweet Black Angel", "Stop Breaking Down" e "Tumbling Dice", o que já adiantaria o preparo de um novo álbum. E estabelecer o QG da banda na residência de Keith Richards – Nellcote, uma *villa* ensolarada e cercada de vegetação exuberante que antes abrigara nazistas, na municipalidade costeira de Villefranche-sur-Mer, na Côte d'Azur – garantiria o comparecimento no trabalho do maestro e co-autor das músicas, que desde a última turnê americana vinha estreitando seu relacionamento com Mme. H e, conseqüentemente, se comportando de maneira errática e imprevisível.

Num dia, ele poderia estar concentrado e produtivo. No outro, parecia perdido, desorientado – isso se comparecesse. Não muito tempo antes da viagem, Keith dera uma demonstração de sua crescente instabilidade. Chegou quatro horas atrasado para a filmagem de um especial de TV importante, no mesmo Marquee onde a banda tinha iniciado a carreira. Estava sujo, com a barba por fazer, e meio fora de órbita. Mick e os demais Stones esperavam que o sul da França revigorasse Richards e o ajudasse a se dedicar ao trabalho.

Mas o buraco era muito mais embaixo. Keith e Anita longe de Londres não significava exatamente longe das mesmas distrações que emperravam o bom funcionamento da máquina Stone. Junto com o casal vieram os mesmos chapas, aproveitadores e vaporzinhos que gravitavam em torno deles, dia e noite. E todas as drogas que Mick queria longe de Richards.

"Foi certamente bizarro o negócio em Nellcote. Fez (a gravação de) *Satanic Majesties* parecer organizada. (O engenheiro de som) Andy Johns tentava gravar *overdubs* com as pessoas comendo na cozinha ao mesmo tempo. Parecia coisa daqueles discos de festa dos anos 1960, em que todo mundo acha que precisa se meter. E esse caos não era ajudado nem um pouco pelo estilo de vida de Keith e Anita."
– **BILL WYMAN**, no livro *Rolling With The Stones*.

Se as doideiras de Keith e Anita atrapalhavam suficientemente o que deveria ser a realização de um novo disco, e não férias despirocadas à beira-mar, os sumiços de Mick Jagger tampouco ajudavam. Sua atual namorada, Bianca, preferia se basear em Paris. E estava grávida! Por causa disso, Jagger passava longos períodos ao lado dela – e longe das gravações.

Era uma forma, também, de Mick evitar os confrontos entre sua mulher e a de Keith. Anita nunca ocultou sua antipatia por Bianca, a ponto de espalhar que ela, na verdade, seria um transexual! Tanto se opunha a ela que estava decidida a explorar ao limite a apreciação de Jagger por mulheres negras para mandar Bianca para escanteio. Pallenberg planejava libertar a ativista negra Angela Davis, uma professora universitária alta, bonita e carismática, presa na Califórnia sob a acusação de assassinato, e levá-la a Nellcote para convencer Mick a largar Bianca e ficar com ela. A história mostra que Jagger jamais trocou Bianca por Angela. Mas Davis serviu de inspiração para "Sweet Black Angel", faixa incluída no álbum que os Stones estavam gravando na França.

No seu livro *A Season In Hell With The Rolling Stones*, sobre a temporada dos Stones em Nellcote, Robert Greenfield afirma que Mick, "intelectualmente inquieto e facilmente entediado, estava sempre em busca de sexo." E o sexo, de acordo com Robert, poderia surgir na forma de jovens fãs na estrada que o stone sabia que nunca mais encontraria de novo, da mulher de um amigo ou conhecido (e sua proximidade de Anita Pallenberg, existente desde os tempos de *Performance*, perdurou até o sul da França, e chegou a fazer Pallenberg acreditar, em certo momento, que estivesse grávida de Mick, quando o filho – ou melhor, filha – era de Keith) ou mesmo de mulheres variadas que aceitavam qualquer condição imposta por Mick para prolongar casos – mesmo quando ele estava casado. E muitas vezes Jagger nem se esforçava para esconder suas atividades extramaritais e seus flertes inconseqüentes. De certa forma, parecia se exibir para sua parceira do momento – por bem ou por mal.

O baixista e vocalista Arnaldo Brandão, que morou um tempo com Mick Taylor, confirma isso. Numa noite em Roterdã, em meio a uma turnê dos Rolling Stones, Mick "começou a dar em cima" de Cláudia, na época mulher do baixista, "e a Bianca ficou puta da vida", recorda Arnaldo. "Mick tinha convidado (a mim) e a Cláudia para jantar depois do show. A Cláudia já conhecia a Bianca, tinha saído com ela pra fazer compras, junto com a Rose (mulher de Mick Taylor). Mick fez um elogio qualquer para Cláudia e a Bianca deu um ataque." De acordo com Arnaldo, sua mulher também "ficou puta" e recusou o convite de Mick. Jagger não se fez de rogado e foi até o quarto de Arnaldo e Cláudia: "Esquece", argumentou, "é besteira da Bianca." Mas Cláudia, "muito orgulhosa", segundo Brandão, não deu conversa. E Mick e Bianca saíram sozinhos para jantar.

Nessa mesma noite, ainda segundo Arnaldo, Anita também bateu no quarto do casal brasileiro. "No camarim, ela já tinha falado loucuras pra mim", Arnaldo conta. "Eu não tinha entendido porra nenhuma, por que ela estava ligadona, misturava italiano com inglês, e falava muito, falava muito. Então, ela foi lá no quarto e perguntou quais eram nossa fantasias sexuais." Mas nada aconteceu.

Não que Anita topasse tudo. Bill Wyman conta que, certa vez, de férias no Marrocos, Brian Jones contratou prostitutas locais para transar com Anita. Ela não apenas recusou, como se mostrou indignada com a proposta de Brian. "Até mesmo para Anita, aquilo era um pouco demais", comentaria Wyman.

Por outro lado, a troca de casais acontecia com certa frequência em Nellcote, mesmo porque metade dos cônjuges ou namorados estava sempre doida demais para conseguir transar ou se dar conta do que estava acontecendo. Conta-se que, certa vez, o *bon vivant* inglês Tommy Weber, que chegou ao sul da França acompanhado dos dois filhos pequenos (um dos quais, Jake, faria par com Patricia Arquette na série de TV *Medium*, trinta anos mais tarde) a pretexto de operar no Mediterrâneo uma rádio pirata para os Rolling Stones, transou com Anita ao lado de Keith. Mas Richards, nocauteado por uma combinação de Mandrix e conhaque, nem parou de roncar.

Com o trabalho progredindo aos trancos e barrancos, Nellcote tornou-se o olho de todos os furacões. Gatunos afanaram algumas guitarras de Keith enquanto ele assistia TV, e Anita e Richards escaparam por pouco de morrer queimados num incêndio provocado por um cigarro que o casal esqueceu de apagar antes de adormecer. Keith esfolou as costas num acidente de kart e se envolveu numa batida de carro ainda mais séria, que o pôs na indesejável mira da polícia local.

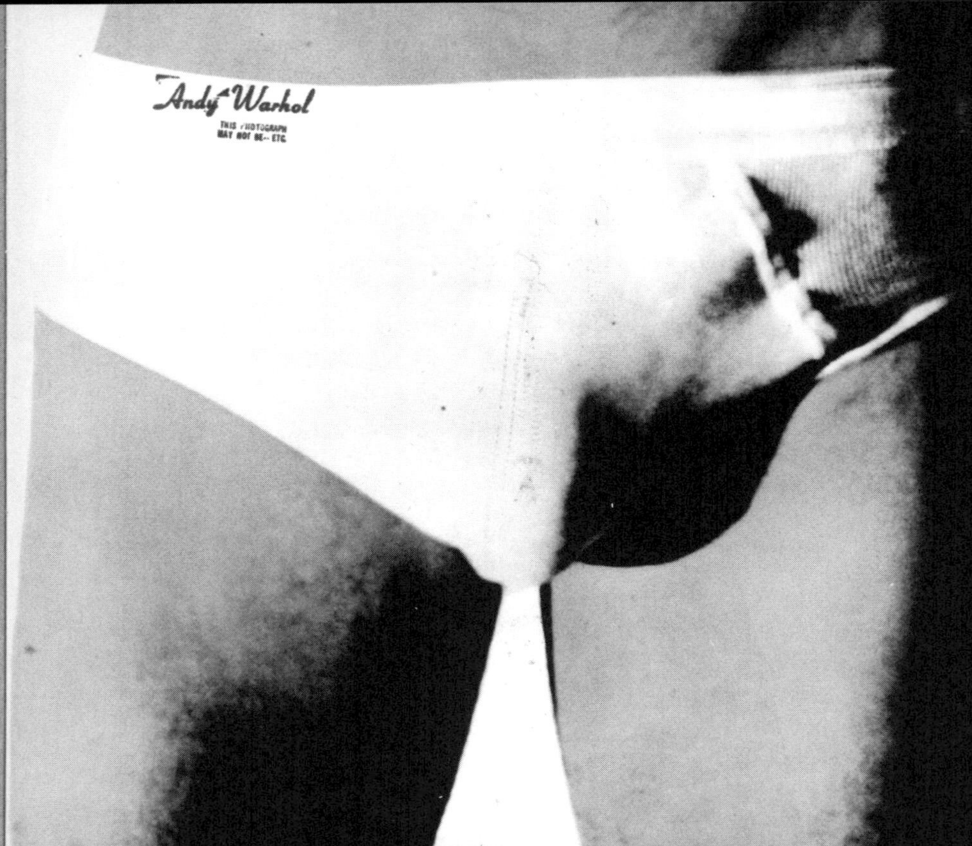
Andy Warhol
THIS PHOTOGRAPH
MAY NOT BE-- ETC

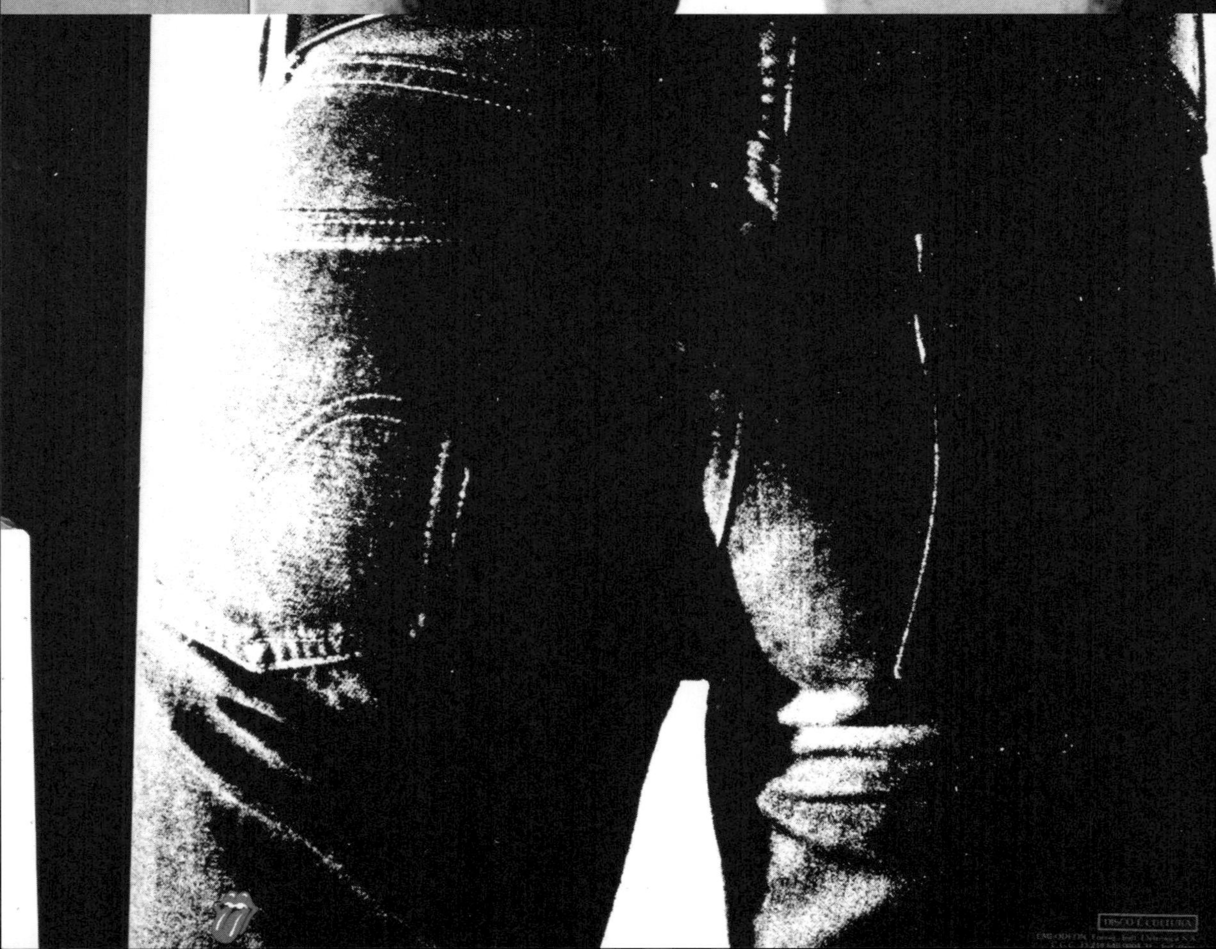

Enquanto o novo disco não ficava pronto, o álbum *Sticky Fingers* e o compacto "Brown Sugar" inauguravam o selo Rolling Stones Records com uma sonoridade crua, um acabamento enxuto e uma mordida letal. A partir da capa – um par de jeans dando um abraço apertado na virilha protuberante de um rapaz –, e da faixa de abertura, *Sticky Fingers* pegava o ouvinte – e toda a competição – pelo gasganete e partia numa viagem rock suarenta, tesuda e dançável, impulsionada pelo condimento de provocação a que os fãs e detratores dos Stones já haviam se acostumado: um compacto que cantava as aventuras violentas (e altamente reprováveis) de um estuprador de escravas, e uma coleção de canções salpicadas de referências variadas a drogas e junkies.

Num de seus livros, Bill Wyman desmonta duas noções equivocadas sobre "Brown Sugar", pretensa invenção musical de Keith Richards que para tanta gente sempre falou, em código, de heroína chinesa, o "açúcar mascavo" do título.

"Mick fez a música quando estava filmando na Austrália. O riff (que abre a canção) é de Mick, e não, como muita gente é levada a crer, de Keith. Originalmente, Mick havia batizado a canção de 'Black Pussy' ('Xota Negra'), antes de se decidir por um título mais ponderado. E a letra foi parcialmente inspirada por uma vocalista negra (da banda de Ike e Tina Turner) que conhecíamos em L.A., chamada Claudia Linnear."
– **BILL WYMAN**, no livro *Rolling With The Stones*.

"Toque 'Brown Sugar' e depois toque qualquer faixa de abertura de um dos primeiros cinco álbuns (dos Stones). As faixas mais antigas são descuidadas, bagunçadas e vulgares. São quase cruéis na sua energia. E soam reais. Em comparação, 'Brown Sugar', por toda sua correção formal, é um artifício. Os dois milhões de horas que eles dizem, brincando, ter gasto fazendo esse disco devem certamente ter resultado da incerteza do que eles queriam ouvir no produto final. Por outro lado, aqueles discos antigos sempre soaram (e se isso refletia a verdade é irrelevante) como se tivessem sido gravados num dia, sem *overdubbing*, e reunissem, em sua maior parte, primeiras tomadas. Eles ressoavam com determinação e espontaneidade."
– **JON LANDAU**, *Rolling Stone*, 10 de junho de 1971.

"A foto que acompanha o LP é de uma babaquice total. Parece coisa da *Vogue l'Omo* (sic), mostrando os Stones em pleno uso de um guarda-roupa que deve ter sido bolado por Cecil Beaton. Quem se lembra daquelas fotos demoníacas e acintosas que mostravam os espinhentos garotos classe média inglêsa? Somente seus admiradores mais antigos e que viam nêles os contestadores capazes de cuspir nas salas do Buckingham Palace."
– *Rolling Stone* brasileira, 15 de fevereiro de 1972.

ROLLING STONE

Cr$ 2,00

N.º 8 — Rio, 16 de maio de 1972

GIMME SHELTER - MICK JAGGER

"Se existir a posição de maior banda de rock and roll do mundo, ela agora é ocupada pelos Stones, embora isso tenha acontecido mais por falha dos Beatles do que por causa de seus próprios esforços."
– **MICK FARREN**, *Ink*, 1º de maio de 1971.

As distrações se acumulavam na França. Mick resolveu casar com Bianca numa capela do século XVII em St. Tropez. Jagger alugou um jato especialmente para trazer seus convidados da Inglaterra – familiares, mais metade dos Beatles, quase todos os Faces (a banda de Ron Wood), Eric Clapton e Ahmet Ertegun, o todo-poderoso da Atlantic Records – para uma cerimônia "discreta", descrita pelo assessor de imprensa Les Perrin como "o dia mais difícil em meus 21 anos de carreira".

O toque de amarga ironia era dado, quase na hora exata em que Mick e Bianca prometiam amor eterno diante do padre e dos convidados, ao som da trilha sonora do filme *Love Story*, pela prisão em Londres de Marianne Faithfull, por bebedeira e bagunça num lugar público.

Some Girls

Andy Warhol costumava dizer que **Bianca Jagger** era "a maior estrela de cinema que nunca havia feito um filme". Pensando bem, de certa forma Bianca co-estrelou um filme, que poderia ser chamado de "Os Anos Mais Devassos dos Rolling Stones". Em toda a carreira dos Stones, a década de 1970 foi a mais pródiga nos prazeres e pecados que a vida de astro de rock pode oferecer – e Bianca estava lá, ao lado de Jagger, quase o tempo todo. O que atraía Mick a Bianca? Ele próprio. "(Mick) teve a impressão de estar olhando para ele mesmo", disse Bianca sobre seu primeiro encontro com Jagger. "Adoram teorizar que ele achava divertida a idéia de casar com sua gêmea." Apesar do casal ter tido uma filha logo no início do relacionamento, Jade Sheena Jezebel Jagger, a vida a dois azedou com quatro anos de casamento, e a sucessão de infidelidades – de ambas as partes – culminou com a separação em 1977, pela qual Mick teria pago uma fortuna. Solteira, Bianca largou a vida de socialite – após ter sido sinônimo da vida noturna nova-iorquina no auge da febre das discotecas – e passou a se dedicar à luta contra a Aids e à defesa dos direitos humanos, trabalhando ao lado de organizações como a Anistia Internacional, a Human Rights Watch e o Washington Office for Latin America.

Ahmet Ertegun não tinha viajado para a França apenas para festejar o casamento de Mick e Bianca. Estava lá também como executivo preocupado com seu investimento. Durante os três meses que os Stones passaram em Nellcote, Ertegun e Marshall Chess – filho e sobrinho dos fundadores da Chess Records, e agora presidente da Rolling Stones Records – faziam visitas para ouvir as novas faixas que a banda estava gravando. E quando constataram, em novembro de 1971, que os Stones estavam precisando apertar o passo para conseguir fechar uma maratona de gravações que se estendia desde o início do ano anterior, Ahmet e Marshall convenceram a todos de que a melhor opção era transferir as operações para Los Angeles.

De fato, com um olho no taxímetro dos estúdios de L.A. e o outro no bolso, os Stones renderam melhor, e em apenas um mês fecharam a tampa do que seria o álbum mais longo, espalhado, mitificado e debatido de sua farta discografia: *Exile On Main St.*

Mas como eles conseguiriam entrar nos Estados Unidos, com a ficha suja de Mick e Keith na Inglaterra? Ahmet era muito amigo do senador Jacob Javitz, republicano de Nova York – e um dos cabeças do comitê de relações exteriores do Senado. Bastou uma conversinha de pé-de-ouvido para a embaixada americana em Londres concluir que um pito formal bastaria para punir os Stones – e os vistos de entrada foram emitidos.

Mesmo com os Stones nos EUA, na França os problemas de Keith e Anita iam de mal a pior. Um ex-empregado de Nellcote contou à polícia francesa sobre o consumo generoso na casa de um tal pó branco. Armou-se o barraco: se voltassem a pisar em solo francês, Richards e Pallenberg poderiam ser presos por tráfico de heroína.

Aliás, era bom que todos os Stones ficassem longe da França. A polícia queria interrogar cada um deles sobre as atividades de Keith em Nellcote.

A temporada em L.A. pode ter sido benéfica para a gravação do disco, mas potencializou perigosamente a disponibilidade de drogas. E, num momento decisivo de lucidez, Keith resolveu se internar com Anita numa clínica em Vevey, na Suíça, para livrar seu sistema da droga que agora o escravizava. Teria sido esse processo que entrou para o rol de mitos stonianos como a vez em que Keith Richards trocou todo o sangue para zerar o organismo.

Keith sabia que poderia morrer se continuasse daquele jeito. Pior que morrer, talvez, era saber que uma turnê americana o aguardava dentro de poucos meses. E ele precisava estar de pé e operante para fazer o que mais adorava: tocar. Além disso, Anita estava grávida do segundo filho do casal, e ambos temiam que o uso continuado de drogas pesadas pudesse afetar a saúde do bebê.

Bill Wyman afirma que também nessa época começou a borbulhar o descontentamento de Mick Taylor com sua vida como um stone. O jovem guitarrista chegou a propor a Wyman que eles dois, mais Charlie Watts, gravassem juntos músicas deles mesmos – uma clara prova de que seu problema era com Jagger e Richards, controladores de tudo que os Rolling Stones gravavam. Wyman convenceu Taylor a desistir do motim. Mas não demoraria muito até Mick se rebelar de vez contra a banda.

Para alívio geral, a menina Dandelion, o segundo rebento de Keith e Anita, nasceu saudável, apesar do parto prematuro (mais tarde, ela seria criada pela avó paterna, mudaria o nome para Angela, e se casaria com um carpinteiro). Ao mesmo tempo, os Stones conseguiram romper seus laços com Allen Klein.

Passado o tratamento de desintoxicação, acalmados os ânimos de Mick Taylor, encerrada a guerra com a ABCKO, os Rolling Stones estavam prontos – e tinindo – para partir na sua excursão mais legendária.

"Eles conseguiriam lotar o Madison Square Garden durante um ano. Eles são a maior atração em toda a história da humanidade. Só um cara chegaria perto deles: Gandhi."
– O empresário americano de shows **BILL GRAHAM**, em 1972.

"Depois de ter passado 14 horas fazendo fila na porta de uma loja no shopping de Century City sem conseguir comprar ingressos, depois de ter ido direto ao banco para sacar todas suas economias, só para descobrir que cada ingresso estava custando 75 dólares, depois de passar o dia inteiro no telefone à cata de todo mundo que conhecia, ele finalmente achou alguém a quem fez uma proposta irrecusável – dois ingressos para o Jethro Tull e o Led Zeppelin no Forum mais o Grateful Dead no Hollywood Bowl, mais 12 LPs novos – e tudo que Danny precisava agora era esperar oito horas na fila para entrar no Palladium e conseguir vê-los.

No momento em que os Rolling Stones iniciam uma turnê de oito semanas por todos os Estados Unidos, você consegue praticamente qualquer coisa em troca de um ingresso. Em Los Angeles, sete gramas de haxixe e 20 dólares de maconha são considerados um preço razoável.

O Forum recebeu 50 mil cartas quando foi anunciada a realização de um segundo show lá. Em Norfolk, Virginia, 14 mil ingressos para os Stones foram vendidos em quatro horas. Todos os shows nas trinta cidades da turnê estão completamente lotados. *Exile on Main St.* é o álbum mais vendido (nos EUA). As rádios tocam sem parar as músicas dos Stones e as lojas de disco encomendaram mais dúzias dos álbuns antigos da banda. 'Eles são os artistas mais quentes da parada, tá sabendo?', diz o DJ Wolfman Jack, ouvido em 1.505 estações de rádio ao redor do mundo. 'Se Jesus Cristo chegasse na cidade, não ia conseguir vender mais ingressos que eles.'

Nas duas semanas que precedem a turnê, Wolfman Jack vem tocando seis, oito músicas dos Stones a cada hora, e foi o primeiro a tocar todo o novo álbum do começo ao fim. 'Eles são universais. São deuses. São brancos fazendo música negra. Todos os negros curtem os Stones. Todos os brancos. E também os chineses e os mexicanos. Tá me entendendo?'

Um espelho medindo 5X12m será pendurado na frente do palco, em cima dos Stones e de Stevie Wonder. Seis refletores grandes vão mirar nele do fundo do palco. Assim, de uma só tacada, os Stones serão iluminados por trás e pela frente. O chão do palco é feito de seis painéis brancos de madeira compensada e um composto de borracha sintética, sobre os quais foram pintados dois dragões cuspindo fogo. Ele é lavado com água e Seven-Up para ficar dançável.

No meio do show (no Winterland, em São Francisco) baseados começam a ser jogados no palco. Bill Wyman, que nunca se mexe, pegou um fósforo aceso de alguém no fundo do palco e acendeu um dos baseados. Ele passou todo 'Midnight Rambler' tocando e fumando.

Em Minneapolis, enquanto a banda tocava 'Jumpin' Jack Flash', um cheiro forte de fumaça começa a se espalhar pelo lugar. Guardas com máscaras de borracha jogavam latas de gás lacrimogêneo em 75 garotos amedrontados.

Os dias começam às cinco da tarde e terminam às dez da manhã. O tédio de ficar à deriva nos Hyatt Houses e Ramada Inns da América não tem fim. Nada consegue amenizá-lo, a não ser ficar doidão até cair, desmontar uma privada, ou às vezes arrancar um televisor da parede e jogá-lo do décimo andar, depois aumentar o som no toca-cassetes e sair em busca de outra festa em outro quarto."

– **ROBERT GREENFIELD**, *Rolling Stone*, 6 de julho de 1972.

A turnê americana de 1972 reescreveu a cartilha das excursões de rock – pela eletricidade dos shows (abertos, a cada noite, por Stevie Wonder), pelo nível de *frisson* causado, pela quantidade e variedade das drogas consumidas e negociadas (e a desintoxicação de Keith na Suíça acabou indo para o espaço em dois tempos), pela cobertura de imprensa (agora, os Stones eram notícia importante, prioritária, nas TVs e na imprensa careta), pelo condimento sexual (simbolizado – mas nem de longe restrito – pelos quatro dias que a banda passou na mansão de Hugh Hefner, dono do império *Playboy*), pela maneira como enfeitiçou gente de todas as camadas da sociedade (Truman Capote seguia a turnê para a *Rolling Stone*, Norman Mailer, Tennessee Williams e a princesa Lee Radziwill, irmã da ex-primeira dama Jackie Onassis, eram figurinhas carimbadas nos camarins ou no Electra enfeitado com o a língua-logo que transportava a banda) e pelas cifras (51 shows, que renderam quatro milhões de dólares, um recorde monumental).

Os quatro dias passados na mansão de Hugh Hefner renderam a Mick e Keith dividendos outros, mais difíceis de se computar: um verdadeiro cortejo de mulheres mais que dispostas a transar com dois dos maiores astros pop do seu tempo. O jornalista americano Robert Greenfield conta que as coelhinhas trocavam impressões sobre o desempenho de cada stone. Segundo as moças, era melhor transar com Keith. Demorava mais – "viciados em heroína custam a gozar", argumenta Greenfield – e Keith "era do tamanho de um boi."

"Ultrajantes. Seguros de si. Picarescos. Implicantes. Diabólicos. Provocadores, tentadores. Uma hora e meia de má influência para sua filha e um impressionante bacanal rock do primeiro e único Mick Jagger e sua banda de feiosos."

– **MERI REAGLE**, *Tucson Citizen*.

Curiosamente, enquanto a turnê consagrava a supremacia da banda em seu décimo ano de atividade ininterrupta e as rádios entupiam as ondas de amplitude e freqüência moduladas com a música do novo álbum, a crítica não sabia o que fazer com *Exile On Main St.*, lançado pouco mais de uma semana antes do início da excursão. Os quatro lados de vinil preto do álbum duplo, recheados de mistério, variedade e densidade desconcertantes, funcionavam, para muitos, como uma selva intransponível. E o que para tantos é hoje a quintessência da discografia dos Stones dividiu radicalmente as opiniões quando saiu.

"Os Rolling Stones possuem o talento da sobrevivência. Têm sido um sucesso monstruoso por quase uma década. Mas sinto um pressentimento desagradável de que não vão durar por muito mais tempo. Com seu novo álbum duplo eles parecem ter chegado a um beco sem saída."
– **KEN FOLETT**, futuro autor de *thrillers* de espionagem, no diário britânico *South Wales Echo.*

"*Exile On Main St.* parece continuar de onde *Sticky Fingers* parou, com os Stones tentando lidar com seus problemas e de novo errando o alvo. Eles progrediram para o outro extremo, apagando um conjunto de problemas, só para serem confrontados com outro. Com poucas exceções, isso significa que eles preferiram o caminho de casa, fazendo as coisas que lhes são mais naturais, sem sair do território onde se sentem mais confortáveis. Sem dúvida, isso resulta em boa música, e é um ótimo sinal vê-los mais uma vez gravando de forma tão prolífica. Mas acho que o grande disco dos Stones de sua fase madura ainda está por vir. Espera-se que *Exile On Main St.* dê a eles a base sólida de que precisam para se abrir. E, com um horizonte mais amplo, (talvez afiados por dois meses na estrada) eles até podem conseguir nos dar este álbum da próxima vez."
– **LENNY KAYE**, *Rolling Stone,* 6 de julho de 1972.

"Um disco ótimo, recheado de energia, excitação, (com) muitos estilos e influências, mas, ao contrário do prístino *Álbum Branco* dos Beatles, ele funciona muito mais no nível físico. Os Stones chegaram a um pico."
– **NORMAN JOPLING**, *Record Mirror,* 4 de junho de 1972.

A turnê acabou triunfalmente em Nova York, onde os 20 mil pagantes que lotavam o Madison Square Garden cantaram "Parabéns" para ajudar a comemorar o 29º aniversário de Mick Jagger.

A situação de Keith na França impedia que os Stones voltassem a suas casas na Riviera sem o risco de cair nas garras da polícia. Instruídos pelo príncipe Rupert, cada um deles zarpou, então, para outras destinações.

John Pasche
THE ROLLING STONES
AMERICAN TOUR 1972

Em Nellcote, Keith deixou para trás sua coleção de discos, boa parte do guarda-roupa de Anita, o papagaio Boots, o cachorro Okee, e um carro Jaguar, modelo E. Nunca mais Keith e Anita voltariam a pisar na *villa*, embora ele viesse a continuar pagando um ano de aluguel por ela, para preservar a prova de residência fora da Inglaterra para o Leão britânico.

> "Não passa de uma palhaçada política. Acho que os franceses estão tentando mostrar aos americanos que estão fazendo algo a respeito do problema das drogas. Mas em vez de fazer algo de fato, pegam um nome conhecido. A única coisa que me dá raiva é que estão arrastando minha mulher para o meio disso tudo. Isso eu acho especialmente desagradável."
>
> – **KEITH RICHARDS**, no final de 1972.

Por causa dos problemas de Keith e Anita, os Stones agora eram fugitivos. E a França não era o único país a se opor aos Rolling Stones em 1973. No início dos preparativos de uma turnê mundial para reverberar a campanha triunfal pelos Estados Unidos, a Austrália e o Japão negaram vistos de entrada à banda (a situação seria parcialmente revertida, meses mais tarde, mas o Japão fez pé firme, alegando, entre outras coisas, que Mick Jagger era famoso demais!). E existia, ainda, a necessidade de gravar um novo álbum. Mas onde fazê-lo sem a polícia e as autoridades de imigração fungando no cangote? A resposta se materializaria sob a forma da lânguida e pouco visada Jamaica.

Enquanto a banda trabalhava em Kingston – num estúdio guardado por um segurança armado de escopeta –, as atribulações legais de Richards e Pallenberg faziam fervilhar em Londres rumores de dissensão na banda. De acordo com as fofocas, Jagger queria demitir Keith da banda e substituí-lo por Ron Wood!

A situação de Keith e Anita piorou substancialmente quando ela foi detida por três dias em Kingston, por posse de drogas, "algo que que deve ter exigido um esforço e tanto", como ironizou Wyman, e, logo depois, o casal foi preso em Londres por porte de drogas e armas! Dias antes de seu *pied-à-terre* londrino pegar fogo! A menos de dois meses do lançamento do álbum gravado na Jamaica, *Goat's Head Soup* – e do início de mais uma turnê européia (*sans* França). A vida dos Rolling Stones nos anos 1970 podia ser muitas coisas, menos monótona.

Apesar (ou por causa) da controvérsia em torno da vulgaridade da faixa "Star Star" – originalmente chamada "Starfucker", por falar dos truques criativos com frutas e espuma com sabor praticados pelas *groupies* –, do tom sombrio – dado pela sopa de cabeça de bode que servia de título ao álbum, e pelo diálogo com a morte em "Dancing With Mr. D", – e do excesso de xarope na balada "Angie", *Goat's Head Soup* tornou-se o quarto álbum mais vendido de toda a discografia da banda. Mas a maneira como o LP foi recebido deixava claro que os Rolling Stones, para a crítica, não eram mais unanimidade.

"Não há nada de bom a respeito do novo álbum dos Rolling Stones. Nenhuma qualidade que possa redimi-lo. Nem mesmo algo que possa ser revirado e esticado e imaginado para significar alguma coisa positiva. Nada mesmo. Tem a pior capa já criada para um disco dos Stones, mesmo que tenha sido feita por David Bailey, o cara que fez todas aquelas capas ótimas nos discos antigos dos Beatles e dos Stones. Ultrapassados, como todos os outros, a um nível vergonhoso."
– **GREG SHAW**, *Phonograph Record*, novembro de 1973.

"Essa é positivamente a tarefa mais deprimente que já precisei cumprir como crítico de rock. Este compacto é um erro sério em todos os sentidos que você puder imaginar. 'Angie' é uma atrocidade."
– **NICK KENT**, *New Musical Express*, 8 de setembro de 1973.

"'Angie' será, inevitavelmente, a canção mais duradoura e bem-amada do álbum. Por várias razões: um vocal de convicção praticamente sem precedentes, feito por Jagger, o adorável jogo entre cordas e guitarra elétrica, que dramatiza o núcleo romântico da canção, e uma execução perfeita de piano por Nicky Hopkins. Mas a chave é a canção, propriamente dita, tão emocionalmente complexa quanto direta no que diz."
– **BUD SCOPPA**, *Rolling Stone*, 8 de novembro de 1973.

A turnê, por sua vez, tornou-se a maior excursão européia já empreendida pela banda – 21 cidades em oito países. Menos a França, onde, três dias antes do último acorde do périplo, Keith e Anita foram julgados e condenados a um ano de prisão e multa de 250 dólares por uso, fornecimento e tráfico de maconha. O juiz suspendeu a pena, mas a multa acabou sendo paga na hora, no tribunal em Nice, pelos advogados do casal, que não comparecera à audiência.

"EXCURSÃO DOS STONES SACODE A INGLATERRA
OS STONES ESTÃO CADA VEZ MAIS INCRÍVEIS, LEVANDO NA BAGAGEM UMA ENORME QUANTIDADE DE GARRAFAS DE UÍSQUE, CONHAQUE E VINHO, MONTES DE LATAS DE CERVEJA, MUITA COMIDA CONGELADA, INCENSOS VARIADOS E ATÉ REMÉDIOS PARA O ESTÔMAGO."
– *Pop*, outubro de 1973.

“Ver os Stones em ação não é apenas assistir ao show de uma banda. É ver a história em ação.”
– **COLIN STEWART**, *Mail on Sunday*, setembro de 1973.

“Mick Jagger deveria ter distribuído cápsulas de cianureto ao público. Nada, absolutamente nada conseguiria superar um show como aquele.”
– O jornal inglês de música *New Musical Express*, comentando um dos shows dos Rolling Stones no estádio de Wembley, em Londres.

Na Inglaterra, a justiça achou por bem pegar leve com Keith e Anita, e eles se safaram do pior das mais recentes acusações. Richards recebeu apenas uma multa de 200 libras pelas drogas e armas encontradas em seu apartamento. Já Anita passaria o ano seguinte em liberdade condicional, por conta dos 25 tabletes de Mandrix achados com ela. Mas, na França, o que antes parecia um caso ameno de “morde-e-sopra” mostrou-se bem mais sinistro: uma corte superior em Aix-en-Provence confirmou a pena estabelecida em Nice, e, portanto, Keith estava proibido de entrar na França pelos próximos dois anos.

Apenas rock and roll? Longe disso – que o digam as legiões de advogados e os baldes de dinheiro mobilizados para impedir a ida de algum stone para a prisão. Mesmo assim, nada parecia capaz de abalar a capacidade da banda de continuar trabalhando num estúdio em Munique na criação de um novo álbum – intitulado, simplesmente, *Apenas Rock and Roll.* Seria o último disco de Mick Taylor como um rolling stone.

“No seu nível mais simples, o álbum lida com a psicose de fazer parte de uma banda de rock 'n' roll e ter virado estrela – e o faz melhor que o *opus* do Who exclusivamente dedicado ao assunto, *Quadrophenia.* Num outro nível, usa a relação entre uma banda e seu público para falar da relação parasitária entre um homem e uma mulher. E, já num outro nível, na melhor tradição do rock 'n' roll, pavoneia sua própria sexualidade de maneira convincente.”
– **JON LANDAU**, *Rolling Stone,* 19 de dezembro de 1974.

"Na velhice, os Stones começam a tergiversar. (*Goat's Head*) *Soup* era amigável e seguro. Quero o perigo, e este álbum não me garante que o terei. Que situação curiosa, mas talvez seja essa a beleza dos Stones, né, garoto? Este álbum é falso. Dormente. Mas corta como uma faca cega. São eles que estão cortando, ou somos nós?”
– **LESTER BANGS**, *Village Voice*, 1974.

MICK TAYLOR SE REFUGIA NO RIO

O verão de sol e mar no Rio de Janeiro ainda é, apesar de tudo, um bom destino para quem quer fugir do inverno europeu. Mas, em dezembro de 1973, quando o guitarrista Mick Taylor cogitou vir para a cidade, não era do frio que ele queria se afastar, mas da mulher, dos Rolling Stones – e, principalmente, da heroína.

Mick tinha acabado de passar por um processo de desintoxicação. Portanto, quanto mais longe das tentações e das ofertas que teimavam rondar sua casa, menores as chances de uma recaída. Além disso, Taylor se sentia desiludido pelo fim do casamento com Rose e dividido em relação ao seu futuro nos Rolling Stones. Achava que não tinha seu trabalho reconhecido, e que não lhe davam o devido crédito nas canções que ajudava a compor. "Quando conheci Mick Taylor, em meados de 1973, ele já tinha esse discurso na ponta da língua, e o desfecho era sempre o mesmo: 'Vou sair dos Stones'." Quem conta é o baixista Arnaldo Brandão, que na ocasião morava com Taylor ("uma doce pessoa") na mansão do guitarrista, a 45 minutos do centro de Londres. Arnaldo ainda tentava argumentar: "Essa banda só trabalha de seis em seis meses, trabalha metade do ano com eles e no resto do tempo você faz o que quiser." Mas Taylor parecia irremovível da sua convicção.

Havia mais de um ano que Arnaldo e sua mulher Cláudia estavam na Inglaterra. Arnaldo tinha viajado para estudar contrabaixo, razão pela qual deixara A Bolha, com quem tocava desde 1969, quando a banda ainda se chamava The Bubbles.

Logo que chegaram a Londres, no segundo semestre de 1972, Arnaldo e Cláudia fizeram amizade com Ruphus Collins e com Jeremy, ambos ligados ao grupo de dramaturgia experimental do Living Theatre. Passaram a sair juntos por ruas, pubs, restaurantes e festas chiques de Londres. Pouco tempo depois, Ruphus começou a repartir com Arnaldo e Cláudia um apartamento pequeno mas sempre movimentado pela presença de amigos, principalmente amigos de Ruphus, que conhecia meio mundo em Londres. Um deles era Mick Taylor, a quem Arnaldo havia sido apresentado assim que o guitarrista retornou da Jamaica, onde gravara com os Stones o álbum *Goat´s Head Soup*.

Cláudia e Rose, mulher de Mick Taylor, se deram muito bem. E passaram a sair juntas, às vezes levando Bianca Jagger (que estava brigada com Anita) com elas para as casas noturnas que começavam a popularizar a música discotheque na comunidade gay. O mesmo aconteceu com Arnaldo e Mick. "Acabei me tornando o 'Consultor Cósmico' de Mick Taylor", conta Arnaldo. "A gente ficava tocando o dia inteiro", lembra Brandão. "E ele gravava tudo em fitas cassete. A gente tocava violão, baixo, tinha um teclado lá também. A gente ficava inventando, brincando. O Sérgio Bandeira (pianista de Elza Soares que, ao descobrir A Bolha, se converteu ao rock and roll e tornou-se exímio guitarrista) também tocava com a gente. O Billy Preston foi outro que apareceu lá. E Mick Jagger."

Algum tempo depois, Taylor e Rose se mudaram para uma mansão no subúrbio de Londres que ainda guardava resquícios aparentes de ruínas romanas. E convidaram Arnaldo, Cláudia e Ruphus para morar junto com eles. Lugar, havia. De sobra. Arnaldo e Cláudia ocuparam um espaçoso quarto no sótão da casa, com vista para os jardins que cercavam a antiga construção. Brandão lembra que a música negra predominava na casa de Taylor. "Só dava Toots and the Maytals, Junior Walker and The All-Stars, só isso", conta Arnaldo.

Arnaldo não tinha do que reclamar daquela vida de "fantasia", como ele mesmo define. Estava no olho do furacão stoniano. Integrante do séqüito de Mick Taylor, Arnaldo viu dos bastidores os shows dos Rolling Stones em Wembley, Manchester e Roterdã, e sentiu o gostinho agridoce dos excessos e das loucuras do circo de sexo, drogas e rock and roll que embalava a banda.

Como aconteceu num show dos Stones em Roterdã, "maravilhoso, lotado, perfeito", segundo lembra Brandão. Encerrada a apresentação, já no hotel, Mick Taylor reclamou: "O show foi uma merda, não ouvi minha guitarra. O Keith ficava aumentando a guitarra dele o tempo inteiro e eu não conseguia ouvir a minha." Arnaldo se surpreendeu com a reclamação de Mick. "Mas eu vi você no meio do show ir lá no amplificador, aumentar também." Mick sorriu triste. "Não, não, só fui cheirar umazinha." A ficha de Arnaldo caiu: "Em cima do amplificador tinha uma fileira de herô e uma de cocaína. O cara escolhia."

"Em Roterdã, lembro que havia 5 camarins", continua Arnaldo. "Um para passar o som; um para trocar de roupa; um pra receber as visitas, com frutas etc. Sei que na porta desse camarim tinha sempre uma garota, de tailleur, muito simpática, vestida de executiva. Tinha uma bolsinha. Você falava *smack* (heroína) ou *coke* (cocaína), aí ela tirava da bolsa uma colher, colocava (o pó) no papel e vendia pra você."

Chegou um ponto em que Arnaldo quis respirar um ar mais limpo. Ele contou a Mick Taylor que iria passar o verão no Rio – e a idéia seduziu o guitarrista, cercado de problemas: as drogas, a recente separação da mulher e, é claro, os Stones. "E se eu também resolver ir para o Brasil?" indagou Taylor. "Tenho certeza de que você vai gostar, sobretudo agora, que é verão lá. Além do mais, tem uma ótima erva", respondeu Arnaldo.

Taylor topou, mas fez um pedido a Arnaldo: que mantivesse sua viagem ao Brasil em completo segredo. Não queria saber de jornalistas, fotógrafos e muito menos pensar nos Rolling Stones.

Arnaldo e Cláudia viajaram antes, de navio, e alugaram um apartamento no Vidigal, na zona sul do Rio de Janeiro. Mick Taylor chegou anonimamente, como queria, em meados de janeiro de 1974, e se instalou no mesmo apartamento.

Os primeiros dias foram tranqüilos. Com Arnaldo e Cláudia, Taylor visitou pontos turísticos, como o Pão de Açúcar e o Corcovado, e freqüentou a isolada Praia da Macumba, no Recreio. Chegou a ficar com inúmeras bolhas na pele por causa do sol forte do verão carioca. Sem ser reconhecido, andava feliz da vida, curtindo a cidade, o sol, o mar e a amizade com Arnaldo e Cláudia.

Além dos passeios, Arnaldo levou Mick Taylor para ver o show dos Novos Baianos, no Teatro Excelsior, em Ipanema. Azar dos azares, Mick acabou sendo reconhecido, e sua presença anunciada ao microfone por Baby Consuelo. Não ficou nem mais um segundo no teatro. Mick, além de tímido, tinha uma relação complicada com a fama. Era algo que não conseguia aceitar e que o constrangia.

Amigos de Arnaldo, o cineasta Neville D´Almeida e sua mulher Liège Monteiro sabiam da presença do guitarrista dos Stones e apareceram na casa do baixista para conhecê-lo. A conversa engrenou. Dali, todos partiram para visitar o crítico musical Ezequiel Neves, um apaixonado pelos Stones. E a primeira coisa que Mick Taylor viu quando entrou no apartamento de Ezequiel foi um poster enoooooorme de Mick Jagger pendurado numa das paredes da sala. Taylor olhou para Arnaldo como quem diz "que merda, onde é que fui me meter!" Mas Ezequiel, muito engraçado e divertido, acabou deixando o guitarrista à vontade.

Difícil foi manter silêncio sobre a presença do rolling stone no Rio. A notícia vazou, claro, e chegou aos jornais. O diário *O Globo* de 22 de janeiro só fez mistério quanto à localização de Mick Taylor: "Ele está hospedado em casa de amigos, num lugar muito bonito e escondido. Não quer de maneira nenhuma saber de entrevistas, apresentações e coisa e tal."

O *Jornal do Brasil* também deu nota, e ajudou a estabelecer uma crise no relacionamento de Arnaldo com Mick. Com o *JB* em mãos, Liège telefonou para ler a nota para Taylor. O guitarrista ficou preocupado, e começou a desconfiar que Arnaldo fosse a fonte das notas na imprensa. Mas ficou quieto.

A notícia da estadia de Mick no Rio se espalhou. E a tranqüilidade de Arnaldo, Cláudia e Taylor acabou. Agora, o telefone não parava de tocar. Todo mundo queria ver, conhecer, entrevistar e fotografar o stone. Na rua, carros de reportagem faziam plantão. Chegaram a jogar pedra na janela do apartamento de Arnaldo. E até nos prédios vizinhos havia gente de olho na janela de Arnaldo.

Mick estava assustado, acuado, e injustamente culpou Arnaldo por tudo aquilo. Um dia, quando saíam para a praia, Mick virou-se para Arnaldo e disparou: "É, Arnaldo, você deve estar conseguindo muita publicidade à minha custa, não é?" Cláudia ficou possessa. Freou o carro, voltou de marcha à ré até o prédio e metralhou o inglês: "Isso tudo é culpa sua. Você vive se escondendo, não fala com ninguém, cria essa confusão toda e ainda vem nos culpar? Pode fazer suas malas agora mesmo que eu não quero mais você lá em casa. Pode ir para um hotel, para a casa do Neville, para onde você quiser, mas aqui você não fica mais!"

Arnaldo ficou sem ação, mas não quis contrariar Cláudia. O baixista acredita que Neville ou Liège, ou mesmo ambos, tenham deixado escapar para a imprensa a informação acerca da presença de Mick Taylor no Rio. Mas foi na casa dos dois que o guitarrista dos Stones resolveu se refugiar. Anos depois, Liège contaria a *O Globo* que

Taylor gostava de acordar cedo e descer para comprar pão, para depois ficar em casa tocando violão.

A vinda de Taylor ao Brasil não se restringiu ao Rio de Janeiro. Sabendo que um dos desejos do visitante arredio era conhecer a Floresta Amazônica, Neville tratou de organizar o passeio e viajou com ele para a selva. Mick adorou, até porque foi deixado em paz pelos animais da floresta, que não reconheceram o famoso guitarrista. O cineasta, como não poderia deixar de ser, registrou em Super-8 alguns momentos do passeio.

Arnaldo retomou a amizade com Taylor assim que voltou à Inglaterra, em abril. Taylor se desculpou com Arnaldo e o convidou para morar em sua nova casa. Já a relação do guitarrista com os Rolling Stones caminhou em direção contrária. Na segunda semana de dezembro de 1974 o guitarrista anunciou o seu desligamento da banda de Jagger e Richards.

Em outubro de 1990 Mick Taylor veio mais uma vez ao Brasil: esteve em São Paulo, onde fez duas apresentações com sua banda, nos dias 1 e 2, no Teatro Jardel Filho.

Arnaldo e Mick se reencontraram em São Paulo. Mas a intimidade dos anos 1970 não existia mais.

O que levou Mick Taylor a sair dos Rolling Stones? É fácil responder: a incapacidade de conseguir receber crédito por suas contribuições musicais. Ele oferecia as idéias, várias delas eram aproveitadas, buriladas e gravadas – vide boa porção da parte mais melódica de *Goat's Head Soup* –, só que as canções acabavam sempre atribuídas exclusivamente à dupla Jagger/Richards. Mas a mesma coisa não acontecia com Bill Wyman, a ponto dele decidir em 1974 lançar um álbum solo, o divertido – e bastante elogiado – *Monkey Grip*? Sim. A diferença era a maturidade – quando deixou os Stones, Taylor ainda não havia completado 26 anos – e o temperamento. Wyman estava confortável com seu posto, suas responsabilidades – e suas limitações. O excessivamente humilde e inseguro Mick Taylor queria e esperava bem mais, mas não se sentia à altura de peitar os tratores Jagger e Richards, na hora H. Considerava-se inferior a eles.

Mick vinha ensaiando na encolha com Jack Bruce, e esperava nessa nova banda com o ex-baixista do Cream ter vazão e reconhecimento para seu talento como compositor. Não deu ouvidos a quem avisava que estava se metendo numa roubada feia, porque Jack, assim como Keith, atolara num pântano de heroína. A banda jamais decolou, Mick recusou outras ofertas de trabalho (Paul Rodgers o queria para formar o que viria a ser o popularíssimo supergrupo Bad Company) e permaneceu onde está até hoje: no limbo, um agente modificador da Maior Banda de Rock do Mundo, que deu a ela lirismo, elegância e sofisticação sem enxergar o quanto sua intervenção na assinatura musical dos Rolling Stones estava sendo aprecia-

22-1-1974

Tem Rolling Stones no Rio

Primeira mão: chegou ao Rio neste fim de semana, na maior moita, um integrante dos Rolling Stones: Mick Taylor.

O bicho é amigo de muitos brasileiros, que conheceu em Londres, inclusive o baixista Arnaldo Brandão e o ator Paulo Vilaça, que se hospedaram em sua casa.

Mick andava muito a fim de descansar dos ouriços europeus e americanos e acabou vindo, a convite de seus amigos brasileiros e com a recomendação de Mick Jagger, que já esteve por aqui e curtiu demais, inclusive o interior da Bahia.

Ele está hospedado em casa de amigos, num lugar muito bonito e escondido. Não quer de maneira n nhuma saber de entrevistas, apr sentações e coisa e tal. A palav é... férias!

Tem pintado na praia, onde pessoal confirma o que Paulo V laça já tinha me dito: é uma pess maravilhosa e o legal é levar pap com ele esquecendo que é um Ro ling Stone.

O seu programa inicial de féri incluiu também duas festas, uma n casa de Maria Clara Mariani e o tra na de Maurício Leite Barbos

Toque final: não encham a p ciência do rapaz, que quer sol muita praia.

da o tempo todo pelo mundo inteiro. Para muitos, a fase Mick Taylor rendeu aos Stones seus melhores shows. Mas se seu desligamento da banda pode ter sido ruim para os Stones, para ele foi devastador.

O mais trágico é notar como tantas pessoas hoje se arrependem de ter incentivado a saída de Mick (como o engenheiro de som Andy Johns), e o quanto o próprio Keith – que em determinado momento hostilizava abertamente Taylor – sente falta "do toque, das idéias melódicas e do timbre" de Mick, "que me deslumbravam".

> "Trabalhei com eles de tal maneira, e durante tanto tempo, que não achava que conseguiria progredir muito mais sem músicos diferentes. Quando surgiu a chance de trabalhar com Jack Bruce, eu quis ficar com ele. Foi por razões puramente musicais. Não houve animosidade pessoal na separação. Não houve discussão, bate-boca ou briga."
> – **MICK TAYLOR**, 1975.

> "Lamento vê-lo partir, mas acho que as pessoas devem ser livres para fazer o que quiserem. Não é o exército, é apenas uma banda de rock and roll."
> – **MICK JAGGER**, 1975.

No escurinho com os Rolling Stones

LADIES AND GENTLEMEN, THE ROLLING STONES (1973)

Por causa de desentendimentos com Allen Klein e a Decca, jamais saiu o álbum ao vivo gravado durante a turnê de 1972 (boa sorte para quem quiser pescar uma versão pirata na rede). Descontadas as dúzias de *bootlegs*, o único registro semi-oficial da música daquela turnê legendária está no filme *Ladies and Gentlemen, The Rolling Stones* (1973), compêndio de dois shows lançado em 1974 com trilha em som quadrafônico – sistema de alta fidelidade badaladérrimo na época que precedeu, em conceito, o som *surround* 5.1, tão comum nos DVDs e filmes hoje em dia – e rapidamente tirado de circulação.

COCKSUCKER BLUES (1972)

A mesma turnê foi filmada, ainda, pelo documentarista americano Robert Frank, autor da capa de *Exile On Main St.*. Mas o resultado, *Cocksucker Blues* (1972), assustou tanto os Stones e a Atlantic que o filme, a bem dizer, não existe de verdade. "O filme é bom pra caralho", Mick teria dito a Frank, "mas se ele for lançado nunca mais deixarão a gente voltar aos Estados Unidos." Graças a uma negociação *sui generis*, suas cenas de tédio e solidão na estrada, salpicadas por seqüências de sexo – Jagger se masturba, *roadies* e uma *groupie* fazem acrobacias sexuais a bordo do avião da banda –, drogas – seringas penetram a pele de anônimos, Keith apaga minutos antes do começo do show, Mick dá uma cafungadinha de leve no camarim – e pouquíssimo rock and roll podem ser exibidas publicamente apenas uma vez por ano, na presença de Robert Frank, precedidas de um letreiro avisando o público que aquela é uma obra de ficção!

"Documentário de um show mediano dos Stones, (*Ladies and Gentlemen, The Rolling Stones* é) filmado por um câmera obcecado por Jagger. Com Mick em *close-up* 80% do tempo, e nenhuma idéia visual da banda como uma unidade, o filme (se apoiou) na novidade do som Dolby quadrafônico para causar algum impacto. Não é suficiente."
– Guia de cinema da revista *Time Out.*

"(*Cocksucker Blues*) conquista seu lugar no panteão dos grandes documentários musicais porque revela – de uma maneira talvez honesta demais para os Stones – uma banda no seu auge supremo se digladiando com suas personas de palco fora do brilho das luzes. Simpatia para o diabo? Esqueça. *Cocksucker Blues* provoca um nível totalmente diferente de empatia por Jagger e companhia: pena."
– **ERIC HELLWEG**, *rollingstone.com*, 1º de maio de 1998.

Eternamente duros na queda, os Stones pegaram o limão e dele fizeram uma limonada rala.

Pressionados pela necessidade de gravar um novo álbum e achar um substituto para Taylor a tempo de cumprir a megaturnê americana programada para meados de 1975, Mick e Keith transformaram as sessões de estúdio em Munique em audições. Passaram por lá – e alguns deixaram registrados seus testes em passagens aproveitadas no álbum *Black and Blue*, lançado em 1976 – desde pesos pesados como Jeff Beck ao blueseiro Rory Gallagher e os músicos de estúdio Hank Marvin, Harvey Mandel e Wayne Perkins. Cogitou-se Eric Clapton. Steve Marriott – um dos Small Faces originais, e agora líder do Humble Pie – também. Mas o escolhido seria o guitarrista de estilo pouco refinado, mas de temperamento mais afinado com o de seu parceiro de instrumento na banda: Ron Wood, o boa-praça dos Faces que havia sido apresentado a Keith Richards por Mick Taylor e que já dera uma canja em "It's Only Rock and Roll".

Um comunicado à imprensa informou que Ron iria apenas "acompanhar" os Stones na excursão americana de 1975, e que o "arranjo não era, de forma alguma, permanente". Wood seria um contratado *freelancer* dos Rolling Stones. Era uma maneira de manter abertas as opções dos Stones – para todos os efeitos, Ron ainda era dos Faces, havia se comprometido a realizar duas excursões com sua banda naquele mesmo ano, e podia muito bem querer permanecer onde estava, o que mais tarde forçaria os Stones a buscar um outro integrante. Era, também, uma tentativa de aplacar os Faces, inseguros e enfurecidos com o "empréstimo" de Ron. A carreira de Wood nos Rolling Stones começava, assim, na corda bamba.

FINGERPRINT FILE: RONALD DAVID WOOD

1º de junho de 1947

Músico de cabelo espetado, alma quase gêmea de Keith, Ron Wood começou a tocar guitarra com os Rolling Stones em 1975. Hoje, soma muito mais tempo ao lado de Mick, Keith e Charlie do que Brian Jones e Mick Taylor juntos. Ainda assim, até hoje é considerado o "novato" da banda, o irmão caçula e arteiro.

O lar dos Wood, em Hillingdon, um bairro predominantemente rural distante pouco mais de 20 quilômetros de Londres, era um ambiente festivo e rodeado de músicos. A mãe, Mercy, vivia cantarolando e o pai, Arthur, tinha uma banda. Ted e Art, os irmãos mais velhos, também engrossavam o caldo musical familiar. O primeiro tocava numa banda de jazz tradicional, enquanto Art se envolvia com o rhythm and blues. O pequeno Ron adorava aquilo tudo, mas começou a expressar seu talento com lápis e folhas de papel.

O desenho foi seu primeiro amor – e deu a Wood seu primeiro gostinho de sucesso. Ron, que em casa desenhava compulsivamente, chegou a ganhar prêmios no colégio e a ter alguns de seus desenhos exibidos em programas infantis de TV. Mas, à medida que crescia, sentia-se cada vez mais atraído pelo mundo da música. A vida de músico, exemplificada pelos irmãos, sempre em festas e cercados de mulheres bonitas, parecia atraente demais para resistir a seu apelo. E bastou ganhar um violão de Art para Ron passar a dividir com a música a paixão que nutria pelo desenho e pela pintura.

Sempre influenciado pelo gosto de Art, Ron descobriu – e se encantou por – Big Bill Broonzy, um dos expoentes do mesmo blues de Chicago que fazia a cabeça de Mick, Keith e Brian. Sem saber disso, Ron já preparava os alicerces para sua carreira como um rolling stone.

Em 1964, Wood formou com amigos da região a banda The Thunderbirds – mais tarde rebatizada apenas The Birds, por causa de uma banda homônima – e caiu na estrada, rodando a Inglaterra de um lado para o outro, travando amizade com companheiros de jornada como The Who, The Yardbirds, e uma infinidade de outros que agitavam o cenário roqueiro inglês de meados dos anos 60. A banda, contudo, não foi muito longe, e se desfez em 1966, depois de gravar alguns compactos e aparecer no filme de terror *The Deadly Bees (As Abelhas Mortais)*, lançado no ano seguinte.

Para Ron, a essa altura uma figura já conhecida no meio musical britânico, o fim dos Birds representou o início de uma nova etapa. Ele tornou-se baixista do Jeff Beck Group, que também incluía Rod Stewart, e seguiu com eles para os Estados Unidos, onde passou longos períodos em turnê. O grupo gravou dois discos seminais, antes que o desgaste e as ambições individuais provocassem sua dissolução.

Depois disso, Ron e Rod se juntaram a Ronnie Lane, Ian McLagan e Kenney Jones, remanescentes do Small Faces, encurtaram o nome do grupo para The Faces, e fizeram história como uma das bandas mais ativas e estimadas da Inglaterra até o desmantelamento do grupo, em 1976, provocado, em parte, pela saída de Wood.

Na verdade, Ron sonhava em ser um rolling stone desde que vira a banda em ação no Richmond Jazz and Blues Festival, em 1964. Saiu daquela apresentação prometendo a si mesmo: "Um

dia ainda vou tocar nessa banda." Levaria mais de uma década para transformar o sonho em realidade, depois de receber o convite de Mick Jagger para ser o novo guitarrista da banda, em substituição a Mick Taylor.

Em 1974, Wood deu o primeiro, maior e mais importante passo naquela direção, ao acolher Keith Richards em sua casa durante os quatro meses que os dois levaram para gravar no estúdio caseiro de Wood o primeiro álbum solo de Ron, *I´ve Got My Own Album To Do*. Mick Jagger também participou das gravações – ajudou a compor "I Can Feel The Fire" e, de quebra, adicionou vocais de apoio imediatamente reconhecíveis. Ron retribuiu a gentileza e Jagger e ele prepararam juntos a primeira encarnação de "It's Only Rock and Roll", com palmas e vocais de fundo cortesia de David Bowie. Wood jamais receberia crédito pela ajuda na composição do que se tornaria um clássico, mas, solidificada a amizade e a afinidade musical com Keith – e Mick – ao longo da gravação, Ron sabia que integrar a banda dos seus sonhos era uma mera questão de oportunidade e tempo.

E, quando o guitarrista Mick Taylor saiu dos Stones, aconteceu – ainda que a adição de Wood à banda fosse considerada, àquela altura, uma substituição temporária. Ron só relaxaria em 1976, depois de efetivado como membro oficial dos Rolling Stones, banda de onde nunca mais arredou pé.

Músico e pintor, cuja arte pôde ser vista no Brasil tanto nos palcos quanto em galerias (ele expôs em São Paulo, em 1996), recentemente Ron publicou sua autobiografia (*Ronnie*, St. Martin´s Press, New York, 2007). Quem sabe agora a escrita não se torne mais uma de suas paixões?

"Nunca mais meu pai me chamou apenas de Ronnie. Virei 'Ronnie Wood, dos Rolling Stones'."

– **RON WOOD**, no livro *Ronnie*.

"Eu queria alguém com quem fosse fácil conviver, que tocasse bem e estivesse acostumado com o palco. É pedir muito a alguém querer que ele faça uma turnê com uma banda como os Stones, sabe? Não que eu ache que os Stones sejam algo de mais, mas para alguns tende a ser uma experiência paralisante. E eu queria alguém que não se intimidasse. No palco, ele tem muito estilo. E você precisa se divertir na estrada."
– **MICK JAGGER**, edição especial da *Rolling Stone*, primavera de 1975.

"Um mês antes do meu primeiro show (com os Stones) eu precisei aprender 125 músicas! Subi o palco (pela primeira vez com a banda) em Baton Rouge com 125 mil acordes nadando na minha cabeça. Nunca vou esquecer a resenha que saiu depois no *Melody Maker*: 'Wood é um fracasso.'"
– **RON WOOD**, no livro *A Life On The Road*.

"Para deixar registrado, em 1975 acontece a sexta turnê americana dos Stones. As três primeiras (1964, 1965 e 1966) aconteceram de um em um ano. As três seguintes (1969, 1972 e 1975) foram realizadas a cada três anos. Respeitada a matemática, as turnês seis, sete e nove acontecerão com nove anos de intervalo entre uma e outra, surgindo com regularidade de cometa nos anos 1984, 1993 e 2002, sendo que a turnê de 2002 será a primeira feita por uma banda de rock & roll sexagenária. A Atlantic Records vem insinuando que a turnê deste ano pode ser 'a última durante muito tempo', possivelmente numa tentativa de realçar a mística da banda, assim contribuindo para estimular vendas de discos. Vendas imensas, comparáveis ao significado da banda, são algo de que os Rolling Stones jamais desfrutaram. Chicago, John Denver e Olivia Newton-John ofuscam os Stones nas paradas."
– **STEVE WETZMAN**, edição especial da *Rolling Stone*, primavera de 1975.

"San Antonio, Texas, 3 de junho, 1975 – No decorrer do dia, mais e mais fãs curiosos começaram a entrar (no hotel dos Stones). Quando cheguei ao *lobby*, quase cambaleei com o aroma quente, vaporoso, de desejo cru e sexo quente que chegava a mim como uma puta barata. O *lobby* estava literalmente fervilhando de carne humana. Até mesmo um cego seria capaz de entender o que se passava. Garotas. Garotas por toda a parte. Não são mulheres. São menininhas em flor. Têm uma aparência atordoante e impressionante. Para começar, tudo aponta para cima. Do nariz perfeitamente arrebitado às maçãs do rosto, à juba dourada displicentemente jogada para trás, ao impossivelmente impertinente empuxo em direção aos céus dos mamilos cor de cereja nos peitinhos que se projetam sob o tecido de suas camisetas dos Stones, e os jeans incrivelmente apertados – como conseguem? Ficam sentadas na banheira vestindo as calças durante horas? – que são quase uma epifania. Tangas de camurça e topzinhos. E couro esticado. E echarpes de seda aqui e nada ali. Ufa. Foi a primeira – e única – vez que estive no meio de uma orgia fétida doida para acontecer. Precisei tomar uma

chuveirada fria e me deitar por um tempo. Como os Stones lidam com esse tipo de tentação? Aparentemente, eles não tomam banhos frios de chuveiro."
– **CHET FLIPPO**, no livro *On the Road with the Rolling Stones.*

"Os Stones tinham gente cuidando das logísticas do que aconteceria nos bastidores, gente que se ocupava das possibilidades de 'infiltrações' (de fãs ou visitantes indesejáveis), tinham guarda-costas verdadeiramente grandes, tinham gerentes administrativos, secretárias e funcionários que viajavam com eles, gente que planejava o que aconteceria lá na frente, e tudo era feito por escrito. Todo mundo recebia setlists com as músicas que tocaríamos, o andamento de cada uma delas, as guitarras que cada um usaria, e tom em que tocaríamos as músicas. Faziam até *newsletters* que passavam por debaixo das portas dos nossos quartos toda noite, para você saber a hora de acordar e exatamente o que faria no dia seguinte."
– **RON WOOD**, no livro *Ronnie.*

Gilberto Gil, o maestro Moacyr Santos e a cantora Regina Werneck foram alguns dos brasileiros que atenderam à convocação feita pelos Rolling Stones para participar das apresentações da banda no Forum, em Los Angeles, entre 9 e 13 de julho de 1975. Os brasileiros entravam no palco com instrumentos de percussão e faziam um minicarnaval durante "Sympathy For The Devil". A participação pode ser vista na filmagem do show do dia 11 que circula livremente entre os colecionadores da banda.

GATOR BOWL, JACKSONVILLE, FLÓRIDA, 2 DE AGOSTO DE 1975

Mas é só isso?!? Cadê a epifania? Cadê a Maior Banda de Rock do Mundo?
Os Rolling Stones estavam ali, a menos de dez passos, em carne e osso, e tudo que eu pensava era: são eles, mesmo? Mas eles são tão... ruins!
Talvez esperasse uma aparição sobre-humana. Talvez imaginasse que uma luz mágica traria a banda dos céus e a platéia toda gozaria no primeiro acorde. Mas aquilo ali era uma banda de rock apenas passável, tocando música dos Rolling Stones. São eles mesmos? Ou uma banda *cover*?
À luz inclemente da tarde de verão, após quase dez horas de sol na moleira, as apresentações de Rufus, J. Geils Band, Charlie Daniels Band e muita espera, o primeiro impacto causado pelos Rolling Stones, ao som épico (e gravado) de "Fanfare for the Common Man", foi surpreendentemente anticlimático: Jagger de capa roxa e sombrinha japonesa combinando, o rosto vermelho de ruge (ou era calor?). Keith com pinta de quem dormiu com a roupa do corpo (e acordou naquele instante!), Ron amarelo feito um pinto. Charlie de cabelo reco. Confesso que não lembro de Bill.
"Honky Tonk Women" começa. Mas, até agora, nada dos Stones. No seu lugar, algo mais próximo daquilo que Caetano chamou de uma estrela da Broadway acompanhada pela banda que apóia os calouros no programa do Chacrinha.

O cara igualzinho a Jagger já descartou a sombrinha e a capa e pula e dança, rebola e rodopia, cria um vórtex de energia que vai envolvendo o resto dos músicos no palco até que, de repente ... tudo clica!

A ilusão se desfaz e acontece a mágica, a epifania. Aquele conjuntinho furreca se transforma, em instantes, nos Rolling Stones!

A banda, agora, é uma coisa só, uma máquina bem azeitada de fazer rock a caminho da velocidade de cruzeiro. Chega "All Down The Line" e o estádio inteiro parece dançar junto. Estamos todos na palma da mão de Mick, reagindo a cada requebro, a cada salto, a cada "oh, yeah!"

Em "Get Off My Cloud" o Gator Bowl vira um bailão. Todo mundo (setenta mil pessoas!) canta – canta, não, grita! – junto com Mick, caprichando no palavrão de "Star Star": "you're a starfucker, starfucker, starfucker, starfucker, staaaaaarrrrr!" Billy Preston sai do posto de pianista acompanhante e faz dois números solo, cantando, dançando (feito caipira americano) e sarrando Jagger, que retribui o arrocho. Ollie Brown, músico de Stevie Wonder, asssume a bateria temporariamente, e entrega a percussão a Charlie.

Com a noite caindo, a banda engata uma terceira, Mick saca da gaita, e lá vem "Midnight Rambler". Quando se aventura por uma micropassarela que o aproxima um pouco mais da platéia, Jagger é agarrado por um marmanjo afoito, que é prontamente imobilizado e ejetado por um segurança gigantesco.

"Street Fightin' Man", e instintivamente sei que o show está para terminar. Mas já? Quanto tempo passou? Antes que alguma resposta venha, os Stones já estão encerrando "Jumpin Jack Flash" sob uma chuva de fogos de artifício. E desaparecem do palco. A platéia, enlouquecida, urra por mais.

Quero mais, também, muito mais. Como o programa da turnê, comprado na entrada do Gator Bowl, dizia que a banda tocaria no Maracanãzinho em agosto, em duas semanas estaríamos juntos de novo.

Mas com o cancelamento da perna latina da excursão, um novo encontro com os Rolling Stones só se materializaria seis anos mais tarde. No Madison Square Garden.

– **JOSÉ EMILIO RONDEAU**

"Eles chegam debaixo de uma ovação como somente os Cesares devem ter conhecido. Por um momento o concerto dos Stones parece uma cena de *Ben Hur*."

– Resenha no *Miami Herald*, falando do mesmo show em Jacksonville.

A grande polêmica da ambiciosa excursão – com um faturamento de 10 milhões de dólares, a mais rentável da carreira da banda – criou-se em torno de um enorme pênis inflável de seis metros que brotava do palco e era cavalgado por Jagger durante "Star Star" (mas apenas nos shows em lugares fechados). Ameaçado de confisco por diversas polícias locais dos Estados Unidos e do Canadá, o pinto-

estrela permaneceu livre até o fim da turnê, sem ser incomodado – embora, por problemas técnicos, nem sempre plenamente ereto.

Anunciada como a Turnê das Américas, a excursão de 1975 acabou restrita a uma única América – a do Norte – depois que México, Venezuela e Brasil caíram da planilha. Pelo roteiro original, os Stones tocariam quatro noites no Maracanãzinho – de 14 a 17 de agosto –, mais outras quatro no Anhembi – de 19 a 24 de agosto –, onde fariam um show no Palácio das Convenções que teria sido histórico, para apenas 3.500 pessoas!

A logística e o custo devem ter sido a pá de cal nos planos para a banda tocar na América do Sul. Naquele ano, pela primeira vez os Rolling Stones saíam em turnê com um palco próprio, criado por Robin Wagner sob a supervisão de Mick e Charlie (responsável pela criação da logomarca da excursão, uma águia turbinada). Pesando dez toneladas, o palco se abria em direção ao público até formar uma flor de lotus com cinco pétalas. Keith Moon, baterista do The Who, tanto se encantou pelo palco-flor que comprou um dos dois usados na excursão e o instalou no quintal da sua casa! Mas nos shows ao ar livre da tour de 1975 o arranjo era outro: a banda se apresentava sob um toldo gigante na forma aproximada de um castelo branco.

De Stones, mesmo, naquele ano o Brasil só veria Mick Jagger. Em dezembro.

JAGGER TOUREIA A IMPRENSA NO JOÁ, VIRA D.J. E SE ESBALDA EM BÚZIOS

Em 16 de dezembro de 1975 os Rolling Stones finalizaram algumas faixas do álbum *Black And Blue*, no Musicland Studios, em Munique, e partiram da Alemanha para passar as festas de fim de ano junto de suas famílias. As férias de Mick seriam, mais uma vez, no Rio de Janeiro.

Mick desembarcou no Aeroporto do Galeão às sete horas da manhã do dia 22 de dezembro de 1975. Usava óculos escuros, chapéu, paletó azulado, calça preta e um cachecol que não combinava com a temperatura elevada daquela segunda-feira. Foi recebido pela mulher, Bianca, que havia chegado um dia antes com a filha do casal, Jade. Com a ajuda de Joaquim Miranda, motorista contratado para servi-los, Mick e Bianca acomodaram o violão e as malas no carro, algumas repletas de brinquedos para a filha, e foram direto para a casa que haviam alugado da atriz Florinda Bolkan, na Joatinga. Uma casa com muros de pedra, portão de madeira maciça, piscina, jardim e uma bonita vista da praia da Barra da Tijuca.

HITPOP

Nº 32
JUN. 1975

STONES VÊM MESMO!

Já começou a grande viagem da maior banda de rock do mundo pelas Américas. Os concertos no Maracanãzinho (Rio) e Anhembi (S.P.) serão na segunda quinzena de agosto. **Págs. 10/11.**

Desde que Jagger estivera no Brasil pela primeira vez, em janeiro de 1968, o cenário do pop-rock internacional já havia passado por muitas transformações, e agora se subdividia numa profusão de diferentes estilos: hard, heavy, country, glam, jazz, prog e por aí vai. No Brasil, com a adição do tempero local, a coisa descambou para o samba-rock de Jorge Ben, e para o brasileiríssimo rock com guitarra e cavaquinho dos Novos Baianos. Os Stones, agora com Ron Wood a bordo, também haviam mudado.

Por sua vez, o Mick Jagger que acabara de desembarcar no Rio era um homem legalmente casado. E, ao lado de Bianca Perez Morena de Macias, a Bianca Jagger, Mick se transmutara numa celebridade do *jet set* internacional, o homem rico e de bom gosto da música que ele mesmo escrevera. Tanto que foram as colunas sociais dos jornais cariocas que anunciaram sua temporada na cidade.

Ao contrário das visitas anteriores, Jagger trazia anotada na agenda uma série de compromissos sociais organizados por Bianca e pelo casal Odile e Paulo Coelho Marinho, seus cicerones: almoços, jantares, festas e reuniões, todos com gente da alta sociedade carioca. No dia 25, receberam um pequeno grupo de amigos para o almoço de Natal; dia 26, estiveram no jantar em homenagem a Régine Chouckron, a francesa que era então rainha da noite carioca; dia 27, jantaram no apartamento da socialite Beki Klabin, na Vieira Souto, em noite que se estendeu na boate Special, ao som do conjunto Tranca. Mick sambou, deu autógrafos, mas terminou a noite com ar de enfado.

No sábado, dia 27, jantaram na casa dos Moreira Salles, que reuniram alguns amigos em torno do pianista Sérgio Mendes. Já no dia 29, os Jagger jantaram no restaurante Fiorentina, no final do Leme. Mas foi sem Bianca que Mick apareceu no Teatro Casa Grande, no dia 30, para assistir ao espetáculo *Isto É Que é Show*, promovido em conjunto com a Sombrás, entidade que reunia músicos e compositores, para festejar o lançamento do jornal *Mais Um*. Pelo palco, naquela noite, passaram os mestres do samba Cartola e Nelson Cavaquinho, Paulo Moura, o grupo A Barca do Sol, Macalé, Lecy Brandão, Nana Caymmi, João Nogueira, Ivan Lins, Gonzaguinha, João Donato, MPB-4, Sá & Guarabyra e Martinho da Vila.

O réveillon foi passado no apartamento de Paulo e Odile Marinho, em Ipanema. Contagiado pelo ambiente festivo, Mick desceu para dar um passeio pela praia e ver de perto a festa para Iemanjá. No trajeto, distribuiu sorrisos, abraços e votos de feliz ano-novo às pessoas que cruzavam com ele. Quem o reconhecia, passada a perplexidade inicial, reagia como se tivesse recebido as bênçãos de Iemanjá, em pessoa.

Enquanto isso, jornalistas e fãs agitavam os altos da pacata Joatinga, no pequeno bairro do Joá, localizado nas encostas que descem da Pedra da Gávea em direção ao mar e que separam São Conrado da Barra da Tijuca, e, na época, superprivê. Todos, evidentemente, atrás de Mick Jagger. E a diferença, agora, é que estavam todos na porta de sua casa e não na entrada de um hotel, como na época em que Mick havia se hospedado no Copacabana Palace.

Os jornalistas tentavam de tudo para conseguir uma entrevista exclusiva com Mick. Batiam no portão, tocavam a campainha, bisbilhotavam pelas frestas, enviavam bilhetes através dos empregados, gritavam por Jagger. Como Mick não aparecia, a repórter do *Jornal do Brasil*, Norma Couri, entrevistou o motorista e a cozinheira, os únicos disponíveis. E até mesmo a filha de Mick, Jade, (que virou Jane na matéria), que brincava com uma boneca no jardim.

As informações triviais colhidas com os empregados da casa rechearam o artigo intitulado "Nem Mick Nem Bianca – Jane (sic) Jagger, boneca em punho, recebe a imprensa" (*Jornal do Brasil*, 23 de dezembro de 1975). "Ele pagou 250 dólares para liberar a bagagem", contou Joaquim Miranda. "Eram seis volumes, incluindo brinquedos e presentes." A cozinheira, D. Antonia, disse que "eles devem ficar por 15 dias", que "usavam roupas normais" e que Jagger pedia cerveja em português, "gelada!". A filha de Mick e Bianca disse também ao jornal que sua babá tinha cinco namorados!!!

Para os jornalistas mais persistentes isso não era o bastante. Queriam falar diretamente com Jagger. Caso contrário, não dariam trégua ao astro. Acuado, Mick pedia, de dentro de casa, que o deixassem em paz e que fossem todos para o inferno. Isso, enquanto ouvia as últimas gravações dos Stones em alto volume.

A batalha se prenunciava longa, mas Mick percebeu que não teria muitas chances contra os obstinados jornalistas. Ainda que relutante, Jagger cedeu.

O colunista de *O Globo*, Joaquim Ferreira dos Santos – na época repórter da revista *Veja* – contou no livro *Os Rolling Stones No Brasil* que só conseguiu entrevistá-lo no segundo dia em que esteve lá.

> "Toquei a campainha e um empregado da casa veio atender. Pedi a ele que entregasse a Mick o bilhete que havia escrito, explicando os motivos da entrevista, e um exemplar da revista. Para minha surpresa, logo em seguida Mick abre o portão e me convida para entrar. Sentamos todos na grama, eu, minha mulher, que seria a intérprete, o fotógrafo e Mick. O mais interessante é que o meu gravador pifou logo quando íamos começar o papo. No mesmo instante, Mick disse: 'Não tem problema.' Foi lá dentro e trouxe um gravador."

O crítico musical Ezequiel Neves, que escrevia para o *Jornal da Tarde*, de São Paulo, e o guitarrista e dublê de jornalista Gabriel O´Meara, da revista *Rock A História e A Glória*, também se beneficiaram da estratégia do bilhete.

Já Eduardo Athayde, da revista *Pop*, apelou para a amizade de alguns empregados para ter acesso à residência.

> "Foi assim que entrei na casa, no dia em que Mick estava sozinho: chamei-o aos berros, tentando abafar o som que se espalhava por toda a Joatinga. E lá veio ele, fingindo-se zangado e fazendo beicinho de menino mimado, a cara amassada de ressaca, uma garrafa de água na mão, um brilhante num dos dentes caninos. Mick veio resmungando:

Vá para o inferno."
– **EDUARDO ATHAYDE**, *Pop*, fevereiro de 1976.

Outros persistentes jornalistas conseguiram falar com Jagger, como Okky de Souza, também da revista *Pop*, e Tarlis Batista, da *Manchete*. Enquanto Tarlis aguardava uma chance para falar com Mick, o fotógrafo Frederico Mendes, que o acompanhava, não perdeu tempo. Subiu na caixa d´água de uma casa vizinha e flagrou a intimidade do casal, na piscina com a filha Jade: Bianca de topless e Mick com uma minúscula sunga.

EZEQUIEL NEVES, *Jornal da Tarde*, 5 de janeiro de 1976
Você acaba de chegar da Alemanha, onde estava gravando um novo disco. Como foram as sessões de gravação?
– Fantásticas. Gravamos 24 faixas. Dessas 24, vamos selecionar oito ou dez, que serão incluídas no álbum.

Além de Richards, quais guitarristas participam do disco?
– Ron Wood, *of course*, Harvey Mandel, Wayne Perkins e... não me lembro mais quem participa. Mas é só gente boa, ligada ao nosso trabalho há bastante tempo. Jimmy Page também entrou em três faixas. Mas essas não serão aproveitadas, pois o resultado não foi bom.

E a excursão pelo Brasil? Em 76, 77, 78 ou nunca?
– Talvez 76. Depende apenas de alguns acertos. Quero muito tocar aqui, mas isso depende de uma excursão maior. Vir somente ao Brasil não teria graça. Queremos nos apresentar em toda a América Latina. Caso contrário, não valeria a pena. Seria jogar dinheiro fora.

Que discos você tem ouvido ultimamente?
– Ouço sempre Marvin Gaye e Stevie Wonder. Escuto também Bob Dylan (o disco dele gravado ao vivo é soberbo), acho David Bowie e Lou Reed muito bons, quero ouvir Patti Smith e tomei o maior susto quando escutei *Blow By Blow*, de Jeff Beck.

JOAQUIM FERREIRA DOS SANTOS, *Veja*, 7 de janeiro de 1976
A música que você faz nunca foi muito política. Por quê?
– Isso não é totalmente verdade. Os Stones têm algumas canções bastante politizadas. Mas não completamente. Nós não cantamos a revolução.

De fato, em 1968, enquanto as ruas do Ocidente se enchiam de jovens enraivecidos, você fazia uma música afirmando que a solução era o engajamento numa banda de rock.
– Eu nunca acreditei que o rock tivesse outra obrigação, senão a de divertir. É apenas música. E música retrata todas as variações da emoção humana. Não se pode colocar mais do que isso num disco. Eu, como músico de rock, estou interessado em que o ritmo seja forte, violento, que o clima criado, toda a coisa misturada, dê alegria às pes-

soas. Quanto a 1968, se fôssemos franceses e não ingleses, talvez largássemos tudo para ir para as barricadas. Nos Estados Unidos havia a guerra do Vietnã. Mas na Inglaterra... tudo tão calmo, em paz. Poucas pessoas no mundo do rock são totalmente politizadas. Eu, eu estou mais interessado nas mulheres.

Em suas apresentações, você sempre espalhou uma imagem de androginia, de bissexualidade.
– Exato. Eu sou bissexual. Acho que todo mundo o é. Não por usar maquiagem nos olhos. Os homens egípcios também se pintavam. Os árabes usam maquiagem até hoje. A dança? Quando os pretos dançam, mexem-se da mesma maneira, seja homem ou mulher. Engraçado: na América dizem que minha dança é de um porco chauvinista. Aqui você diz que é feminina.

O que significou para você a frase do ex-Beatle John Lennon – "O sonho acabou"?
– Nada. Nunca a ouvi. John fez uma canção com essa frase? Gosto muito dele, é meu amigo, mas não ouço suas canções. Ele também não conhece as minhas músicas. De qualquer forma, esta frase soa imprópria, não é?

TARLIS BATISTA, *Manchete*, 10 de janeiro de 1976
Sobre uma possível turnê ao Brasil:
Não é compensador vir apenas ao Brasil. As distâncias são enormes, precisaríamos fechar contratos com outros países da América do Sul.

EDUARDO ATHAYDE, *Pop*, fevereiro de 1976
Você, ao que parece, não tem vindo ao Brasil para colher material para utilização posterior, como tantos já fizeram, embora afirme que "Sympathy For The Devil" é um samba. É um samba?
– É. Não dentro da conceituação formal. Mas dentro da minha cabeça. Pouco me importa se não parecer.

Por que a troca de Mick Taylor?
– Tinha que ser. Além disso, (cria) uma badalação incrível, a ponto de você fazer esta pergunta.

Quantos anos você tem?
– Vá pro inferno!

Que tal um recado especial para POP*?*
– *Leave me alone!*

OKKY DE SOUZA, *Pop*, fevereiro de 1976
Mick, como vai ser o novo álbum?

– O disco novo ainda não tem nome. Eu e os rapazes gravamos 24 faixas, entre as quais temos que escolher oito ou nove. Só depois da seleção é que poderemos chamar o disco de alguma coisa, achar um nome de acordo com o que ele nos sugere. Mas creio que fizemos um bom disco. (...) Eu e Keith temos feito muitas baladas. (...) Mas no fundo não adianta: o que a moçada quer mesmo é rock ´n´roll. A velha pauleira de sempre. Às vezes é ruim para a minha dor de cabeça, sabe. Mas o que há de se fazer?

Houve algum tipo de rompimento entre Ronnie Wood e Rod Stewart, quando Ronnie resolveu ficar definitivamente com os Stones?
– A verdade é que Rod não jogou limpo com seus companheiros do Faces, quando resolveu dissolver o conjunto. Ele simplesmente se mandou da Inglaterra, sem avisar ninguém, em meio às negociações de uma turnê do Faces pela Europa. Depois disso, Rod Stewart veio tomar satisfações comigo, dizendo que os Stones estavam roubando seu guitarrista. E você acha que eu ia dar satisfações a ele?

Você considera Ronnie Wood o guitarrista mais adequado para substituir Mick Taylor, em termos musicais, nos Rolling Stones?
– Bem, para falar a verdade, nós tínhamos pensado seriamente em convidar Eric Clapton. Mas trabalhar com Eric, atualmente, é quase impossível.

GABRIEL O´MEARA, *Rock, A História e A Glória*, 1976
Ron Wood é mesmo o substituto definitivo de Mick Taylor?
– Oh, *yeah*, ele está definitivamente na banda, porque, aliás, o Faces praticamente não existe mais depois que Rod Stewart saiu...

Você não acha que os Stones estão ficando com um som puxado pro soul?
– Eu diria que estão indo mais pro lado latino, na verdade.

Mas vocês não gravaram um antigo sucesso dos Temptations ("Ain´t Too Proud Too Beg") em It´s Only Rock ´N Roll*...?*
– Oh, *yeah*, eu tenho uma inclinação muito forte pro soul, pra toda a música negra de qualquer tipo, música negra sempre em primeiro lugar, depois música americana em geral, e agora música latina, eu estou realmente curtindo som latino, agora. Sabe, eu já estive no Brasil antes, muitos anos atrás, em 69, por aí...

Então, "Sympathy For The Devil..."
– *Yeah*, é um samba, é um samba mesmo, sabe?

(...) E o Ollie Brown? Como é que ele foi parar no álbum novo dos Stones?
– Ele era baterista do Stevie Wonder, e depois que nós excursionamos com Stevie ele saiu, eu acho que recebia uns 200 dólares por semana, o que é muito pouco. E nós o usamos na excursão, tocando percussão, e, depois, no disco, junto com Billy Preston.

Você faria algum trabalho individual?

– Acho que não. Mas tenho umas idéias, sabe... essas coisas que eu quero fazer no Brasil... eu quero fazer um disco um pouco diferente, sabe, um pouco estranho, não quero voltar a gravar no Muscle Shoals (um estúdio no Estado americano de Alabama, muito na moda nos anos 1970).

– (...) Eu queria uma coisa diferente mesmo, no Brasil ou em Trinidad, Jamaica, fora dos Estados Unidos, totalmente.

– (...) Eu estive na Bahia muito tempo, e curti muito samba, mas nunca consegui compreendê-lo. Bom, eu não toco bateria nem nada, mas não deveria ter sido difícil, não, porque muitas canções que eu faço são meio samba, eu escrevo canções de amor que são quase samba, não samba, samba, mas meio samba, meio mambo... latino, sabe?

Me dê sua opinião sobre alguns artistas.

– *Okay*, quem, por exemplo?

Wilson Pickett.

– É um cascateiro, mas é muito bom.

B.B. King.

– Repetitivo, mas bom.

Led Zeppelin.

– Meio pesado... mas bom.

Mahavishnu.

– Meio leve, mas bom.

Você tem artistas prediletos?

– Minha cantora favorita é Esther Philips, e meu cantor favorito é Stevie Wonder, provavelmente.

Há alguma chance dos Stones fazerem uma tour pela América do Sul?

– Sim, o Brasil em 1976... definitivamente.

Enfim, Mick se livrou do cerco da imprensa. E de Bianca, que voou de volta à Inglaterra no dia 7 de janeiro. Agora, estava livre, leve e solto. E tão logo Bianca partiu, trocou os compromissos sociais pelas boates, sobretudo pela Sótão, na Galeria Alaska, em Copacabana, freqüentada por gays. Também se divertiu na boate Privé,

> **NA PÁGINA AO LADO:** Sérgio Motta, Mick jagger e Big Boy na Joatinga

em Ipanema, onde uma noite, enquanto dançava, teve seu cabelo puxado várias vezes por um bêbado, que acabou sendo expulso da casa pelos seguranças.

Jagger estava se sentindo tão bem que concordou em gravar um programa de rádio com o DJ Big Boy. O encontro foi tratado por Sérgio Motta, que trabalhava no Departamento Internacional da gravadora Continental, então representante da Rolling Stones Records no Brasil. Na verdade, todos os gastos de Mick no Rio foram cobertos pela gravadora brasileira, a pedido de sua matriz no exterior.

Big Boy apresentava um programa diário de muito sucesso na Rádio Mundial do Rio de Janeiro, que variava de estilo conforme os dias da semana. Aos sábados, por exemplo, ele comandava o "Cavern Club", inteiramente dedicado aos Beatles. Havia também programas de soul music, de rock e de velhos sucessos, ou "flashback", como costumava dizer. Com Mick, Big Boy gravaria um programa desse tipo, no qual o cantor escolheria as músicas e faria comentários.

Em artigo escrito para o jornal *O Globo* (15 de janeiro de 1976), Big Boy conta que chegou apreensivo à casa de Mick. Achava que encontraria "um astro difícil, diabólico, mal-humorado". Mas se surpreendeu com a simplicidade e a boa vontade de Mick, que o recebeu de roupão.

Antes de Big Boy apertar a tecla "rec" do gravador, Mick fez questão de exercitar a memória, lembrando de vários sucessos. Só então começou a gravar. Transmitido pela Rádio Mundial pouco tempo depois, o programa – com uma hora de duração – abre com Mick anunciando a primeira canção:

"Vamos começar com Ray Charles. 'Lonely Avenue' é de um dos primeiros álbuns do cantor na Atlantic."

Em seguida, Big Boy anuncia "Sitting On The Dock of The Bay", com Otis Redding, e Mick comenta:

"É uma história um pouco triste, porque quando o disco saiu ele morreu. Foi seu último *single*, mas é um dos melhores."

Depois de "Chains of Fools", com Aretha Franklin, Big Boy solta "Please Please Please", de James Brown. Mick havia escolhido "Mary Don´t Weep", do álbum gravado por James ao vivo no teatro Apollo, em Nova York. Um disco difícil de achar, e que Big Boy não tinha. Jagger sugeriu, então, algo mais facilmente disponível, como "Cold Sweat", ou "Please Please Please". A opção pela última, também gravada pela banda The Who, mereceu o seguinte comentário de Mick:

"Nos shows, ele sempre usava uma capa quando interpretava essa música, e durante sua performance caía de joelhos, como se estivesse morrendo de mágoa. Ficava assim, de joelhos apoiados no chão, até que os quatro vocalistas de apoio de sua banda retirassem a capa que o cobria, trazendo-o de volta à vida. Mas ele caía novamente gritando *'Please! Please! Please!'*"

Na seqüência, Mick apresenta:

"Nós vamos tocar uma velha canção de Smokey Robinson and The Miracles. É uma das mais bonitas que ele escreveu e se chama 'The Tracks of My Tears'. É de meados dos anos 1960, não é, Big Boy?"

O programa prossegue com "Crimson and Clover", do grupo Tommy James and The Shondells, e "It´s Gonna Work Out Fine", de Ike and Tina Turner. Aliás, "It´s Gonna Work Out Fine" foi brilhantemente regravada pelos ingleses do Spencer Davis Group. E Jagger deve ter se lembrado disso, porque escolheu uma música deles em seguida.

"Essa música que vou pedir é de um amigo meu chamado Stevie Winwood, do Spencer Davis Group. Ele gravou essa música quando tinha 16 anos e muitas espinhas no rosto. Agora, ele tem 29, mas continua com espinhas no rosto. É uma ótima música."

Na verdade, Stevie Winwood tinha 18 anos quando gravou "Keep On Running", a música pedida por Jagger – e primeiro lugar na Inglaterra, em 1966.

Jagger: "Nós íamos escolher uma canção antiga de Bob Dylan, mas decidimos tocar uma nova. É uma canção de protesto que fala de um lutador de boxe jogado na prisão por algo que não fez. O nome da música é 'Hurricane'."

Depois, são enfileiradas "My Mistake", com Marvin Gaye e Diana Ross, "Oye Como Va", do Santana ("um dos primeiros grupos de rock a tocar no Brasil, em 1971"), "The Boxer", de Simon & Garfunkel, e "Benny & The Jets", de Elton John.

Sobre "We Can Work It Out", Jagger diz ser uma de suas canções favoritas de Lennon & McCartney, mas escolhe a gravação feita por Stevie Wonder, que considera melhor.

O programa termina com "Oh My Soul", de Little Richard.

Antes de se despedir, Mick ainda fala do novo disco dos Stones:

"É bem diferente de *It´s Only Rock'N'Roll*, e tem muita coisa latina. Não foi ainda totalmente mixado. (...) Usamos o percussionista de Stevie Wonder, mas o disco foi basicamente feito por quatro pessoas: Keith, Charlie, Bill e eu."

As férias estavam quase chegando ao fim, mas Mick queria algo mais: gravar com músicos brasileiros.

Com a ajuda de André Midani, então presidente da Polygram (hoje Universal Music) no Brasil, Jagger agendou uma sessão de gravação no novo estúdio da gravadora, na Barra da Tijuca, próximo da casa na Joatinga.

Conforme as instruções de Mick, Midani convocou dez instrumentistas: Antônio Adolfo (piano), Dadi (baixo), Paulinho Braga (bateria), Luiz Cláudio (guitarra), Neném (cuíca), Marçal (tamborim), Eliseu (tamborim), Lula (surdo), Risadinha (pandeiro) e Canegal (ganzá), todos experientes músicos de estúdio.

O baixista Dadi, que nos anos 1960 tocou na banda The Goofies, cujo repertório incluía muitos covers dos Stones, contou no livro *Os Rolling Stones No Brasil* que André Midani "adorava os Novos Baianos", e que por isso o havia convidado. "Fiquei alucinado quando soube que ia gravar com Mick. Eu adoro os Stones e tenho quase todos os discos que eles lançaram", disse.

Às 16 horas de 10 de janeiro, os músicos já estavam no estúdio quando Jagger chegou à gravadora, a bordo do Chevette do produtor Sérgio Carvalho. Trazia uma guitarra Fender Stratocaster e um amplificador pequeno, da marca Pignose – aparelho geralmente usado para ensaios solitários. Mick entrou no estúdio distribuindo cumprimentos e simpatia, empunhou sua guitarra, e explicou por alto a sonoridade que gostaria de obter nas gravações. Se houvesse tempo, gravariam duas músicas.

Acompanhando-se na guitarra, Jagger começou a cantar a música que se chamava "Scarlet". Repetiu várias vezes, até que todos estivessem familiarizados com a forma e com a estrutura da melodia. Com os músicos afiados, mandou rodar a fita, dando início à gravação.

Os *takes* foram se repetindo e, entre um e outro, Mick dava novas instruções, procurando extrair dos músicos exatamente o que ele queria. Em dado momento, pediu a Dadi uma frase musical diferente no baixo, com muitas notas. E explicou como elas deveriam soar, cantarolando. Dadi conseguiu repeti-las imediatamente e foi elogiado. "*Great*, Dadi, *great*." Ao baterista, Mick pediu que mantivesse o ritmo e evitasse as viradas.

Mick também conversava com o técnico de gravação, indicava o ritmo aos percussionistas e ouvia cada instrumento com muita atenção. Simpático, ele conseguia extrair dos músicos exatamente o que queria. O clima era de descontração, com muita cerveja circulando no estúdio. Mais ainda depois que Mick acendeu um baseado, compartilhado com todos.

A longa sessão de gravação terminou às 22 horas. Depois de uma audição final, em que parecia satisfeito com o resultado, Mick colocou debaixo do braço a fita de 24 canais, agradeceu a todos e saiu. No estacionamento, ainda ajudou a carregar o amplificador de Dadi até o carro do baixista.

Dadi lembra de "Scarlet" como um misto de rock e samba cadenciado, mas com uma batida de marcha. Já o pianista Antonio Adolfo, que também achou maravilhoso trabalhar com Jagger, "uma pessoa superdoce, tranqüila, simpática e profissional, além de um ótimo papo", diz que a música "era tipicamente no estilo rock, bem próximo ao que os Stones tocavam". De uma forma ou de outra, "Scarlet" não passou de uma experiência de Mick com músicos brasileiros, e talvez por isso tenha permanecido inédita todo esse tempo, provavelmente esquecida em algum lugar da casa de Mick. Vale registrar, contudo, que em 15 de outubro de 1974 Keith Richards, auxiliado por Jimmy Page (guitarra), Rick Grech (baixo) e Bruce Rowland (bateria), também registrou no Olympic Sound Studios, em Londres, um tema com o mesmo nome. Seriam as duas a mesma canção?

Antes de partir de volta à Europa, Mick foi convencido por Florinda Bolkan a visitar Búzios, uma antiga aldeia de pescadores que ganhou fama depois de ter hospedado a atriz francesa Brigitte Bardot no verão de 1964. Florinda organizou tudo, do transporte à hospedagem. Mick ficaria na casa de Renata Deschamps, amiga de Bolkan.

Na limusine que partiu da Joatinga ao entardecer do dia 11 de janeiro de 1976, estavam, além do motorista (uniformizado e de quepe), Mick, a filha Jade, a babá, e

Renata Deschamps. Em entrevista concedida a Chico de Assis, e ainda disponível no sítio *buziosdirect.com.br*, Renata contou que a viagem, na época, era longa, e a estrada, "esburacada e empoeirada", mas que "Mick estava bem à vontade e com bastante expectativa em relação à Búzios".

"Paramos várias vezes", lembra Renata. "Ora para beber cachaça, ora para jogar sinuca num bar de beira de estrada." Também pararam várias vezes para apreciar a paisagem. E, quando finalmente chegaram, Mick "ficou encantado com o lugar".

A casa de Renata, na rua das Pedras, de fundos para a praia do Canto, já estava em festa quando a limusine estacionou. Noelza Guimarães, amiga de Renata, sabia da visita de Jagger. Contou para a filha Olívia, que contou para as amigas Andréa e Patrícia Braga, que contaram para outros amigos e amigas. Estavam todos lá, à espera de Mick, que passou da cachaça bebida na estrada para a champanhe servida em taça.

Eurico Teixeira de Freitas tinha 20 anos, e também estava lá. Era um dos amigos das meninas. Não esqueceu de levar o violão. Mas como havia muita gente em torno de Mick, foi tocar seu violão na beira da praia do Canto, nos fundos da casa. Mick apareceu em seguida, taça de champanhe na mão. "Ele sentou ao meu lado, me pediu o violão e começou a tocar. Algum tempo depois, Olívia nos convidou para irmos à casa dela. Mick pegou o violão dele, um Gibson Country, e fomos para lá. Ficamos tocando e cantando madrugada adentro." Segundo Renata, "até o sol nascer".

No dia seguinte, Eurico almoçou com Mick e Renata. Jagger queria andar pelas praias, passear pela região, mas em paz, sem curiosos ou tietes em volta. E Eurico se ofereceu para levá-lo em sua Kombi.

"Saímos logo depois do almoço. Primeiro, fomos para a praia da Ferradura. De lá, revezando-me com ele ao volante, fomos para Geribá, praia um pouco mais afastada do centro da vila. Caminhando pela areia, vimos um casal de hippies sentado na frente de uma barraca. Estavam fumando maconha. Sentamos com eles e, enquanto repartíamos o baseado, o cara olhava para mim e para Mick, meio desconfiado, repetindo a todo momento: – Eu conheço esse cara."

No final da tarde, Eurico e Mick correram na praia do Canto. Aliás, correr, pular corda, se exercitar, em geral, fazia parte da rotina de Jagger em Búzios. Também se preocupava com a alimentação, em manter-se em forma, saudável. "Ele era muito simples, sentava à mesa para comer arroz, feijão e peixe frito", conta Renata.

À noite, Mick e Eurico voltaram a Geribá. "Ficamos numa pequena birosca, à beira da praia, tomando cachaça, comendo peixe frito e ouvindo um velho que tocava bandolim. Lembro de uma lua enorme enchendo o céu de Geribá. Depois, ele me pediu que convidasse algumas meninas para jantar."

O restaurante escolhido foi o La Tortue, "de dois chefs franceses, pai e filho, muito temperamentais", segundo Renata. No livro *Os Rolling Stones no Brasil*, Eurico explicou: "O cara foi muito grosso conosco. Quando acabamos de jantar, começamos a cantar e a batucar na mesa. O francês se irritou e nos expulsou do restaurante com auxílio de um guarda. Terminamos a noite perto dali, junto com alguns pescadores e operários de obra que faziam uma tremenda batucada na praia escura."

Na entrevista a Chico de Assis,Renata lembrou que Mick "virou a madrugada" batucando com os operários que dormiam no ambulatório abandonado do lado da casa dela. "Ninguém podia acreditar que o vocalista de uma das maiores bandas de rock do mundo estava ali, cantando e batucando com os cachaceiros de Búzios."

A presença de Mick movimentou a casa de Renata. Sobretudo de mulheres, sempre ao redor do stone. Ele, sempre atencioso, entretinha a todos cantando e tocando violão. "Ao entardecer, juntava um grupo de jovens e uns hippies para vê-lo cantar e tocar violão", conta Renata. "Mas foi tudo tranqüilo. Em Búzios, quando a notícia de que Mick Jagger estava hospedado na minha casa se espalhou, as pessoas não acreditavam, (por isso) houve pouco assédio. (Além do mais), ele jamais deu qualquer demonstração de estrelismo, e foi sempre muito gentil com as pessoas que pediam autógrafo."

Na terça-feira, Eurico levou Mick para conhecer as praias Azeda, Azedinha e João Fernandes. Mick ficou fascinado. À noite, foram todos, incluindo um grupo grande de meninas, para a casa que a irmã de Eurico, Constança, havia alugado. Tinha bateria, guitarra, violão, microfones, era só sentar e tocar. Mick sentou na bateria e acabou com o silêncio da noite na pacata Búzios. O barulho infernal despertou a ira dos vizinhos, que começaram a atirar pedras e uma infinidade de objetos no telhado da casa. Para alívio de todos, Eurico convenceu Mick a trocar a bateria pela guitarra. Quando a zoeira acabou, Mick saiu acompanhado de uma das meninas. Foi sua última noite em Búzios.

Mick viajaria na noite de quarta-feira e não quis enfrentar a estrada novamente. Preferiu voltar de avião. Renata conseguiu um táxi aéreo. O bimotor precisou fazer vários vôos rasantes antes de aterrissar, para afastar o gado que ocupava o pedaço de chão que serviria de pista. Ao se despedir de Eurico, Mick o convidou para trabalhar como *roadie* dos Rolling Stones e deu o endereço e o telefone do escritório da banda em Nova York. Passadas três décadas, Eurico ainda não respondeu.

Renata embarcou no avião com Mick, Jade e a babá. "Descemos no Aeroporto Santos Dumont, fomos até a casa de Florinda pegar as bagagens (e dali direto) para o Galeão, onde eles embarcaram para Nova York."

Quatro dias depois, Mick e Keith se reuniram no estúdio da Atlantic, para mixar o disco *Black and Blue.*

CHARLIE: UM "MONGE MEDIEVAL" EM COPACABANA

Ao concluírem a excursão européia de 1976 com uma apresentação em Viena, no dia 23 de junho, os integrantes dos Rolling Stones se dispersaram. Só voltariam a se reunir em 21 de agosto, para aquele que seria o show mais longo de sua carreira, no festival ao ar livre Knebworth Fair, na Inglaterra,: 29 músicas tocadas em mais de duas horas e meia de espetáculo.

Nesse meio tempo, Mick Jagger assistiu aos jogos olímpicos de Montreal, no Canadá; Ron Wood se apresentou com Eric Clapton, no Crystal Palace Bowl, em Londres; Keith Richards ficou em Londres; e Bill Wyman descansou em casa, na França. Charlie Watts preferiu passar uns dias no Rio de Janeiro. Dica de Jagger, que falara muito bem da cidade e o instigou a visitá-la. Mas não sem a família, claro.

O baterista cruzou o Atlântico a bordo de um Concorde, junto com a mulher, Shirley, a filha, Serafina, e o cunhado, Stephen, e desembarcou no Rio no dia 11 de julho de 1976. Do aeroporto, seguiu direto para o Copacabana Palace (outra dica de Jagger). Mas não precisou enfrentar o cerco de jornalistas, fotógrafos e fãs, como Mick. Discreto e elegante, por não ser tão facilmente reconhecível, Charlie circulou pela cidade sem o incômodo do indesejado assédio.

Assim, pôde visitar pontos turísticos, freqüentar restaurantes, assistir, fascinado, a um ensaio da bateria da Portela, e ver um Fla X Flu de domingo no Maracanã!

Como passava despercebido, ou quase, chegou a ir à praia com a família, tendo ao lado o cunhado vestido num roupão azul escuro com o nome "Rolling Stones" gravado nas costas em letras amarelas. De estilo e aparência tão distintos de Jagger e Richards, Charlie parecia mesmo um homem comum. Tanto que o porteiro da boate New York City, em Ipanema, quando viu aquele homem com um paletó discreto, calça bem cortada, sapatos de couro e cabelo bem curto, não acreditou estar diante do baterista da Maior Banda de Rock do Mundo. E barrou Charlie.

A visita de Watts ao Rio de Janeiro também incluiu alguns compromissos, digamos, formais. Um deles foi o jantar em sua homenagem, oferecido por André Midani, na época presidente da gravadora WEA no Brasil, representante local da Rolling Stones Records. Entre os presentes à festa no apartamento de Midani, na Lagoa, estavam importantes jornalistas da cena musical, como Nelson Motta, Ana Maria Bahiana e Ezequiel Neves.

Nelson publicou sua impressão sobre Charlie em sua coluna no jornal *O Globo* de 19 de julho: "Muito tímido, de paletó e camisa fechada no colarinho, Watts pode se parecer com tudo, menos com a imagem que os fãs fazem da locomotiva da maior banda de rock'n'roll do mundo." Na conversa informal após o jantar, o jornalista ouviu Charlie falar de sua grande admiração pelo saxofonista Charlie Parker e de músicos como o baterista Ginger Baker e o baixista Jack Bruce.

Ana Maria Bahiana também aproveitou a ocasião para conversar com o baterista, e reproduziu o papo na edição da revista *Rock: A História e A Glória* que chegou às bancas na última semana de julho. No artigo, Ana Maria expressou opinião semelhante à de Nelson Motta a respeito do "ilustre visitante", que ela observou sentado sozinho num canto do apartamento: "Cabeça quase raspada, grandes olhos azuis flutuando num rosto severo, que não sorri nunca. Camisa abotoada até o pescoço, paletó modesto. Um rolling stone? Ninguém diria." Talvez "um monge medieval".

Indagado por Bahiana sobre seus bateristas favoritos, Charlie respondeu:

"Hmmm... são tantos... principalmente os americanos e negros, mas há brancos e ingleses fantásticos, também. Ouça Ginger, ele é incrível, tem um estilo muito pessoal. (...) Mas foram os bateristas negros americanos de jazz que primeiro despertaram a minha atenção para o instrumento."

Watts também falou sobre Alexis Korner.

"Ele era fantástico. Tinha a melhor banda da Inglaterra. Mas saí porque era mal pago. Ninguém fica muito tempo com Alexis, mas acho que isso não tem importância. Ele não liga, não é isso que ele quer, manter uma banda... Depois que ele forma uma, ele enjoa, já quer outra coisa... E continua assim até hoje. (...) É como John Mayall, conhece? Ele é um bom guitarrista, mas o que ele tem de melhor é o ouvido, essa capacidade de saber quando um músico é bom ou não. Isso é um verdadeiro dom."

Ao folhear uma revista que a jornalista lhe dera, deparou-se com uma foto de Mick Taylor e comentou: "Ele está em Londres. Vagueando. Não faz nada, estes dias. Não toca nem nada. É uma pena."

Ao contrário de Mick e Keith, que só queriam distância da imprensa durante suas férias brasileiras, Charlie se dispôs a receber alguns jornalistas no hotel. O encontro foi organizado pela WEA, para atender aos pedidos feitos pelas revistas *Manchete* e *Pop.*

As entrevistas aconteceram na pérgula do Copacabana Palace no dia 19 de julho, a segunda-feira após o Fla X Flu. Geralmente lacônico quando entrevistado ao lado de seus companheiros de banda, Charlie foi gentil e conversou abertamente com os jornalistas.

Na entrevista concedida a Tarlis Batista e publicada na *Manchete* de 14 de agosto, Charlie comentou a separação dos Beatles. Para ele, enquanto Brian Epstein comandava a carreira do conjunto, o que valia era a imagem dos Beatles como um todo, e não a personalidade de cada um deles. Com a morte de Epstein, em 1967, os quatro Beatles, ligeiramente desorientados, deixaram emergir suas fortes e reprimidas personalidades, a tal ponto que a unidade do conjunto tornou-se secundária e impossível de ser mantida. Charlie alega que, no caso dos Stones, nunca houve esse tipo de orientação e comportamento, daí a longevidade de sua banda.

Ele também atribuiu a liderança musical dos Stones a Keith, o "responsável pelos arranjos da banda". Durante a conversa, admitiu ter sido convencido por

COM O JORNAL D MÚSICA E SOM (não pode ser vendido separadamente)

A HISTÓRIA E A GLÓRIA

ROCK

1

Cr$ 4,00 4 de novembro de 1974

quinzenal

- Entrevista: Big Boy
- A Historia Do Rock (1º capitulo)

THE ROLLING STONES

Biografia ★ Discografia
Poster ★ Hit-Parade
Letras ★ Opinião

Jagger a visitar o Brasil. Uma viagem de descanso e de aproximação com a música brasileira. "Eu já conhecia alguma coisa através dos discos que Mick levou daqui e distribuiu entre os membros do conjunto", disse. E perguntou ao jornalista: "Você sabia que 'Sympathy For The Devil' é um samba disfarçado?"

O nome de Ollie Brown, o percussionista que andava tocando com os Stones, veio à tona. Sobre ele, Charlie disse: "É um músico excelente e ganhava pouco com Stevie Wonder. Mick soube da história e perguntou se nós concordávamos em contratá-lo. O som de Ollie enriqueceu nossas apresentações."

Aos olhos do repórter Eduardo Athayde, da revista *Pop*, não escapou detalhe algum daquele indivíduo que mais parecia "um próspero homem de negócios".

"Reparem na elegância da fera. Terno listrado, com colete acompanhando. Sapatos bico fino, com meias de algodão. Relógio Piaget, finíssimo. E mãos bem tratadas, de quem nunca pegou no pesado", escreveu Eduardo, sabendo que o leitor ia conferir nas fotos que ilustravam a matéria.

Perguntado sobre a onda de violência e maldição que andou acompanhando os Stones, Charlie respondeu:

"Na verdade, já tivemos problemas brabos em Nice e Altamont, mas a violência está dentro do indivíduo, seja onde for. E não tenho a menor idéia sobre porque estas pessoas se identificam com os Stones. Talvez isso se deva ao fato de termos sido promovidos nos clubes de Londres (...) como um conjunto barra-pesada – o que realmente éramos. (...) Para mim, quem mais se aproxima dessa imagem pintada para os Stones é Keith Richards. Não quero dizer, com isso, que ele seja um tipo violento. É que seu estilo de vida se aproxima muito do que dizem de nós."

Sobre seus bateristas favoritos, Charlie disse que poderia citar vários, que admira e que gostaria de copiar. "Noah Haynes é uma espécie de ídolo, desde que começou na década de 1940. (...) Tony Williams é outro cobrão, mais jovem, e que deu nova vida a bateria. Há Max Roach, Jim Keltner, Bill Bruford, centenas de outros."

Watts disse considerar Ringo Starr um bom baterista. "Temos coisas em comum, inclusive a origem. Acho que ninguém poderia desempenhar melhor o seu trabalho. É um individualista incrível, o que é ótimo para um baterista. Mas não é o estilo que eu gostaria de ter como meu ideal, embora, provavelmente, nosso modo de tocar seja muito parecido."

Uma excursão pelo Brasil, segundo Charlie, estava no planos dos Stones. "O Mick vive insistindo que devemos nos apresentar aqui, ele adora o Brasil. Por mim, tudo bem: eu também vi e gostei."

Charlie voou de volta a Londres no dia 20 de julho, carregando na bagagem um punhado de instrumentos de percussão. Inclusive um berimbau. Charlie, contudo, nunca se entendeu com o instrumento. Quase 16 anos depois, revelaria ao jornal *O Globo* que ainda não havia conseguido extrair uma única nota do instrumento.

"Se os Stones sempre foram os brancos mais negros da Inglaterra, em *Black and Blue* isso fica ainda mais claro. O disco traz um autêntico blues de New Orleans, um reggae e o balanço da música soul na faixa de abertura."
– **ALBERTO CARLOS DE CARVALHO**, *Jornal do Brasil*, 1976.

"(Os Stones) ainda estão perfeitamente antenados com o seu tempo (às vezes, estão à frente dele), mas eles esfriaram, porque acabou, eles não importam mais, e não representam mais coisa alguma, o que é a maior sorte para eles e para nós. Este é o primeiro álbum SEM SENTIDO dos Stones, e graças a Deus, eu nem odeio *Black and Blue* tanto quanto odeio o novo do Led Zeppelin. Obrigado por nem almejarem: vocês são uma inspiração para toda a geração (punk)."
– **LESTER BANGS**, *Creem*, julho de 1976.

"Mais desbragadamente imitador de ritmos e estilos de música negra de qualquer outro álbum dos Stones desde *December's Children*, e menos original (se mais bem humorado) na transformação, este disco genuinamente corre riscos e sugere novos caminhos. Diagnóstico: nem de longe mortos."
– **ROBERT CHRISTGAU**, na mesma *Creem*.

O mais curto de todos os álbuns da banda (são oito faixas, apenas), o "disco das audições" gravado em Munique, *Black and Blue* (cuja capa foi criada pela brasileira Bea Feitler) encontrou um mundo bastante diferente daquele a que os Rolling Stones haviam se acostumado – e que tinham ajudado a criar. A soul music e o rhythm and blues que nutriram os anos formativos da banda e ainda forneciam material e inspiração para seu repertório de discos e shows tinham cedido terreno à discotheque, a música dançante de ritmo marcado, arranjos cafonas e sem rosto. E onde antes os Stones davam as cartas do que era "bandido" ou "maldito", agora havia uma garotada nova de cabelos curtinhos, roupas rasgadas e alfinetes pregados no corpo que cuspia nos seus fãs e fazia um rock and roll sujo e urgente para quem gente da laia do Led Zeppelin, do Pink Floyd, e, principalmente, dos Rolling Stones não passavam de dinossauros enfastiados de grana e fama – e destinados à extinção.

Os Stones tinham consciência das mudanças ocorridas fora de sua bolha protetora, e sabiam que precisavam acenar ao mundo com demonstrações de que estavam antenados com seu tempo e ainda eram relevantes. Tanto que *Black and Blue* é um disco dançante – embora cambe mais para ritmos caribenhos – que abre rebolante ("Hot Stuff", um hit na pista da discoteca carioca The Frenetic Dancin' Days, capitaneada por Nelson Motta no final da década de 1970) e fecha com um rock feroz e cru ("Crazy Mama"). Muita gente considerou o LP – e os Stones –ultrapassados, *démodé*, sem idéias novas e cansados. Com a distância do tempo, hoje sabe-se que ali os Stones estavam em transição.

CHARLIE WATTS

Rolling Stone curtindo o Brasil

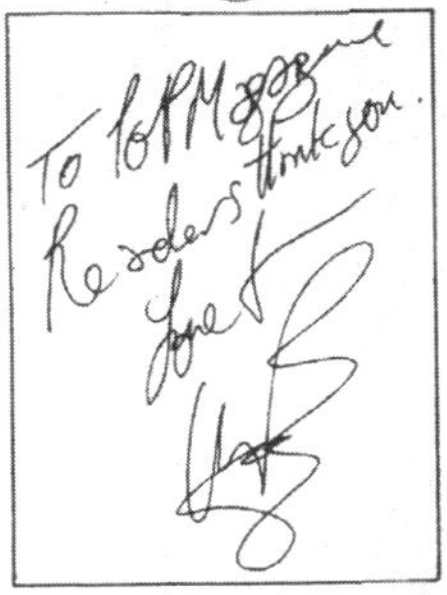

O compasso de Watts é com as baquetas. Quando Eduardo Athayde, repórter de POP, pediu-lhe que escrevesse um recado à moçada que se amarra nos Stones, Watts escreveu. Pra ninguém entender seus garranchos. Tradução: "Aos leitores de POP, meus agradecimentos. Amor, de Charlie Watts". Falou.

Watts — Não. Pra mim é a mesma coisa. Existem músicos em New Orleans (EUA) que tocam tão bem quanto Elvin Jones. Bateria é um instrumento pra se dançar e, embora não se dance ao som de jazz, sempre fico imaginando as pessoas dançando. O jazz mexe comigo tanto quanto o rock, e esse "mexer" é fundamental. Como baterista, o que mais adoro é fazer as pessoas dançar. Curioso, não sei dançar.

POP — Qual o melhor baterista?

Watts — Eu jamais me colocaria entre os melhores. Poderia citar vários que admiro e que gostaria de poder copiar. Noah Haynes: é uma espécie de ídolo, desde que começou na década de 40. É admirável. Tony Williams é outro cobrão, mais jovem, e que deu nova vida à bateria. Há Max Roach, Jim Keltuers, Bill Bruford, centenas de outros.

POP — E Ringo Starr?

Watts — É bom, mas não o considero o máximo. Temos coisas em comum, inclusive a origem. Acho que ninguém poderia desempenhar melhor o seu trabalho. É um individualista incrível, o que é ótimo para um baterista. Mas não é o estilo que eu gostaria de ter como meu ideal, embora, provavelmente, nosso modo de tocar seja muito parecido.

POP — Por que os Stones têm melhor acolhida nos EUA que na Inglaterra?

Watts — Não é bem assim. Mas, de qualquer forma, nos EUA a promoção do rock é mais intensa.

POP — Se Mick não e tão violento, por que joga água na platéia?

Watts — Ele gosta de molhar as pessoas das primeiras filas — onde os lugares são mais caros, pois estão sempre vestidas em roupa de gala, o que não é adequado para um concerto dos Stones. Aí concordo com Mick: água neles.

POP — Você é um homem rico?

Watts — Sou, mas não tanto quanto as pessoas imaginam. Nossa excursão aos EUA deu um lucro de milhões de dólares, mas pra nós coube uma porcentagem. Gosto da Inglaterra, mas tenho que viver na França, por causa dos altos impostos. Quanto aos nossos grilos com censura, tudo o que foi censurado dos Stones, até agora, era um material bem mais inocente que o não-censurado. Portanto, acho que esse negócio é perda de tempo: ninguém tem o direito de chegar para uma pessoa e dizer-lhe que não pode falar assim, ou assado.

POP — A pergunta de praxe: vocês vão se apresentar no Brasil?

Watts — Depois de nossa excursão pelos EUA, talvez percorramos alguns países da América do Sul, e é lógico que o Brasil está em nossos planos. O Mick Jagger vive insistindo que devemos nos apresentar aqui, ele adora o Brasil. Por mim, tudo bem: eu também vi e gostei . . .

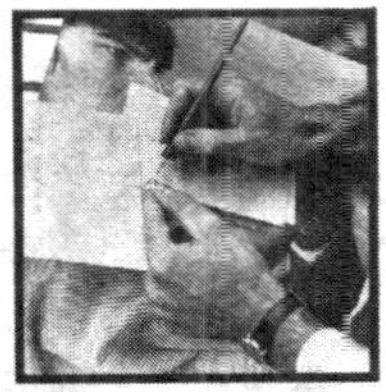

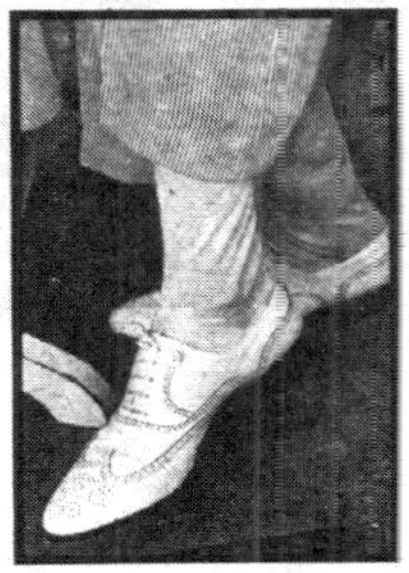

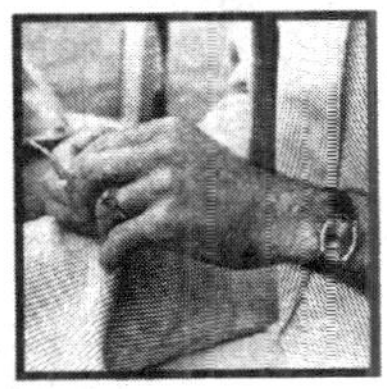

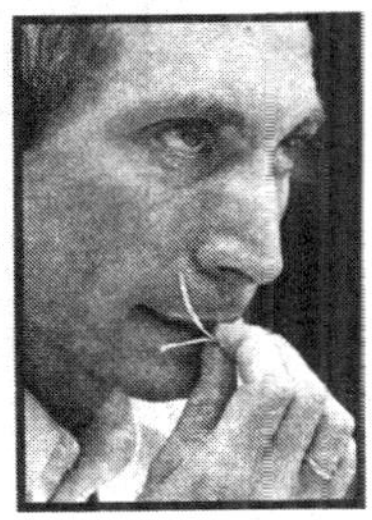

Black and Blue é o primeiro claro indício da ascensão de Mick Jagger ao posto de CEO único na empresa em que haviam se transformado os Rolling Stones. Com Keith distraído das atividades da banda por um apego cada vez maior às drogas, Jagger segurou firme o leme para manter os Stones no seu curso. E agora conduziria a banda ao seu modo.

Por isso, *Black and Blue* é o primeiro de uma série de discos onde predomina o gosto, a vontade e a força de Mick, enquanto Keith parecia prestes a se transformar em Brian Jones.

4. DE CARA PARA O PUNK E O QUASE FIM – 1977 A 1988

Stock'n Roll Año III Nº 19 Febrero 1995

Distribución Gratuita

"O grupo já existe há bastante tempo. E isso não pode durar muito mais anos. Daqui a um ano os Stones não existirão mais. Eu não agüento mais. Acho que vamos parar logo com discos, apresentações e o resto. Ainda não está nada acertado, mas é bem provável. Muito provável."
– **MICK JAGGER**, *Pop*, 1974.

"É melhor você se precaver, Flippo, e mencionar em algum lugar (na matéria) que existe uma chance enorme de que este será o último álbum dos Stones para sempre. Parou todo o trabalho no estúdio e já se fala na dissolução da banda."
– **PAUL WASSERMAN**, assessor de imprensa dos Rolling Stones, no telefone com Chet Flippo, da revista *Rolling Stone*, fevereiro de 1977.

"Nada de Elvis, Beatles ou The Rolling Stones em 1977."
– Letra de "1977", da banda punk inglesa **THE CLASH**.

Contra os prognósticos de Jagger e Joe Strummer, cérebro do Clash, em 1977 os Rolling Stones ainda estavam bem vivos, na ativa, e sem o menor sinal de querer parar. Sua hegemonia e sua relevância podiam estar sendo questionadas pela crítica e pelas novas gerações de músicos, mas se nunca antes os Stones tinham dado ouvidos a pichações não seria agora, após uma turnê européia demolidora, diante de 554 mil fãs em nove países (e agora a França aceitava a banda de volta), que mudariam de atitude.

A troca da guarda, de Mick Taylor para Ron Wood, já estava completa, para a tranqüilidade de Jagger e para o deleite de Richards, que agora tinha um irmão caçula com quem compartilhar as mesmas afinidades musicais e o mesmo gosto por farra. Em vez do formato clássico de guitarra solo e guitarra ritmo, estabelecido na gestão Taylor, a dupla Keith/Ron instituía o que eles mesmos apelidariam de A Arte Ancestral da Tecelagem, a mescla absoluta dos sons de guitarras diferentes, tocadas ao mesmo tempo, sem que se consiga distinguir precisamente onde termina o som de uma e começa o de outra.

No entanto, cavando um pouco mais fundo, no íntimo da banda as coisas iam de mal a pior, e 1977 levou os Rolling Stones à beira do abismo.

Paul Wasserman – contratado para manter a imprensa indesejável longe de seus patrões – sabia muito bem do que estava falando quando telefonou para Chet Flippo.

Os Rolling Stones estavam dormindo com o inimigo – e o nome dele era Keith Richards.

Quanto mais drogas usava – e a heroína permanecia favorita –, mais Keith se tornava um peso, uma preocupação, e um perigo. Naquele ritmo, Richards arriscava morrer ou ser preso. E qualquer das duas possibilidades decretaria longas férias – ou o fim – para os Stones.

Conscientemente ou não, Keith reproduzia a mesma trajetória descendente de Brian Jones – com o agravante de que agora Richards era, oficialmente, um junkie, um viciado em heroína. A vida de Keith era ditada pela busca da próxima picada. A música começava a ser empurrada para o segundo plano.

Isso, até a chegada da Polícia Montada do Canadá.

A justiça inglesa acabara de livrar a cara de Richards, sentenciando-o a uma pífia multa de mil libras por posse de cocaína, quando ele e Anita chegaram a Toronto, em fevereiro, onde os Rolling Stones gravariam uma apresentação histórica na boate El Mocambo – lotação: 300 pessoas – para compor o álbum ao vivo iniciado em Paris e que sairia em setembro.

Os Stones tinham acabado de assinar um novo contrato para a distribuição de seus discos que repartia o mundo entre a Atlantic (que ficava apenas com o mercado americano) e a EMI (a quem coube o resto dos territórios) e adicionou 14 milhões de dólares aos cofres da banda – uma fortuna ainda hoje, e um verdadeiro espanto na época. Pelo novo contrato, a banda deveria lançar quatro álbuns, dentre eles um gravado ao vivo.

Assim que desembarcou no aeroporto, o casal levou uma geral na alfândega, e as autoridades descobriram dez gramas de haxixe e vestígios de heroína na bagagem de Anita. Mesmo acusado de posse de drogas, o casal foi liberado e pôde se instalar no hotel Harbour Castle Hilton, às margens do lago Ontário.

Às 16h30 do dia seguinte, um domingo, quatro policiais do esquadrão antidrogas da Polícia Montada canadense subiram à suíte de Keith e Anita, onde encontraram o stone adormecido – ao lado de um saco contendo 28 gramas de heroína de alta qualidade.

Os policiais precisaram esbofetear Keith repetidas vezes até conseguir acordá-lo. Só então puderam levá-lo preso, junto com Anita. Na delegacia, Keith soube que estava sendo acusado de porte de heroína com intenção de tráfico. Se fosse condenado, pegaria uma pena mínima de sete anos de prisão. No caso de pena máxima, Keith passaria o resto dos dias detrás das grades.

A polícia autorizou a soltura de Keith e Anita, mas só depois de confiscar seus passaportes.

Passado o primeiro e terrível impacto, no dia seguinte os Stones se reuniram para discutir as implicações do acontecido. Ali mesmo decidiram que fariam os shows e a gravação no El Mocambo, conforme planejado.

Mas havia um problema mais imediato. Keith era viciado em heroína. Sem a droga, seu corpo reagia violentamente: vômitos, convulsões, dores. Sem a droga, ele não conseguia funcionar. Como a polícia havia se apoderado do estoque de Richards, Bill e Ron se incumbiram de buscar e adquirir heroína para o colega adoecido.

Na tarde que precedia a apresentação no El Mocambo, Keith compareceu ao tribunal e declarou-se culpado por porte de heroína e haxixe. De lá, foi direto para a passagem de som. E à noite tocou e cantou com os Rolling Stones. A mulher do primeiro-ministro do Canadá, Margareth Trudeau, estava na seletíssima platéia.

Apesar de ter ido ao show na limusine de Mick Jagger, Margareth, na verdade, era convidada de Ron Wood, com quem mantinha um caso que seria brevíssimo mas intenso.

Era o que faltava: além de foco principal de um escândalo envolvendo o pretenso tráfico de drogas perigosas, agora os Stones também se transformavam em pivôs da crise conjugal do casal mais importante do país!

Os tablóides londrinos – sempre os primeiros a farejar sangue – se esbaldaram nas manchetes: "Mulher do premiê envolvida em escândalo dos Stones!"; "A primeira-dama que fez a cabeça com os Stones!"

Os Stones tocaram duas noites no El Mocambo, e gravaram apenas a segunda – a melhor do par. Dois dias mais tarde, Keith estava no tribunal.

Durante audiência de apenas três minutos, Keith pagou fiança de mil dólares e ouviu uma nova acusação. Agora, ele também seria julgado pelo porte de quase seis gramas de cocaína que a Polícia Montada alegava ter encontrado na suíte do hotel. Devolvidos os passaportes, ficou marcado para 27 de junho o julgamento que decidiria o futuro de Richards e dos Rolling Stones.

Começava ali uma longa e agonizante espera – e um turbilhão de atividade nos bastidores para recuperar a saúde de Keith e livrá-lo da cadeia.

Uma vez Keith despachado para uma clínica de desintoxicação em Nova Jersey, nos Estados Unidos, os demais Stones se reuniram para debater os próximos passos. A conclusão: com Keith preso por um longo tempo, a banda se separaria.

O julgamento de Richards, contudo, sofreu diversos adiamentos, o que esticou a indefinição até outubro de 1978. Com o destino da banda ainda turvo, o álbum ao vivo *Love You Live* chegou às lojas e os Stones trataram de preparar o disco que poderia marcar seu canto de cisne – ou seu renascimento.

> "Não consigo crer que um governo vá gastar dois segundos do seu tempo preocupado com qual banda de rock and roll está vindo para seu país. Mas eles se preocupam. A idéia é: 'vamos pegá-lo.' E (nós viramos) foras-da-lei políticos. Não há como uma pessoa na nossa posição – ou na minha posição – ter um julgamento justo. Por causa da imagem, ou por causa do preconceito. Já está tudo contra mim por causa da imagem. Eles querem fazer com que o rock and roll seja ilegal."
> – **KEITH RICHARDS**, *Rolling Stone*, 5 de maio de 1977.

> "Os ricos são diferentes de você e eu. Tenho amigos que morreram por desconhecer essa diferença, e a culpa não é toda de Keith, mas isso não faz com que eu me importe com o que acontecerá com ele. O que mais me ofende não é o fato de Keith ser um viciado, mas o de ter tocado exatamente um solo de guitarra em *Black and Blue* e ter cobrado cinco dólares por aquilo. Até mesmo Keith seria capaz de compreender que

ROLLING STONES

EMI ODEON

cinco dólares compram uma trouxinha de maconha. Tenho amigos que precisam daqueles cinco dólares. Se essa lógica parecer torta, ponha na conta de uma cultura de drogas que ele perpetua ao tornar glamurosa uma aparência de morte gulosa. Ele é considerado o Sr. Rock'n'Roll, mas se o seu último fiapo de carisma é um cara que não toca muito mais, que, por escolha própria, parece meio morto, então, quem se importa com os Rolling Stones ou o rock'n'roll?"
– **LESTER BANGS**, *New Musical Express*, junho de 1977.

"Para um disco que tomou oitenta horas durante nove meses de mixagem nos estúdios da Atlantic, em Nova York, *Love You Live* transmite uma estranha sensação de atabalhoada pressa dos Rolling Stones de soltar um álbum duplo ao vivo que vem sendo esperado desde 1972."
– **JOSÉ EMILIO RONDEAU**, *Jornal de Música*, outubro de 1977.

"Mick arruinou a capa que eu fiz para *Love You Live* ao escrever por cima de tudo. É a letra dele, e ele escreveu tudo tão grande. Quem comprar o álbum poderia estar adquirindo uma boa peça de arte – se (Mick) não tivesse estragado tudo."
– **ANDY WARHOL**, no seu diário.

"A cada novo LP dos Rolling Stones repete-se o refrão: este pode ser o último. Mas nenhum dos mais recentes lançamentos do ativo *businessman* Mick Jagger cheiram tanto a rescaldo quanto *Love You Live*. Jagger sabe que o rock logo pede concordata. Como esperto homem de negócios, não se espantem se ele diversificar. Quem sabe uma butique de *hautecouture* punk?"
– **TÁRIK DE SOUZA**, *Jornal do Brasil*, 5 de dezembro de 1977.

"*Stones, beloved: hate you live!* Positivamente, não dá para entender. Vocês resolvem apresentar (um álbum ao vivo) registrado num concerto logo em Paris, o próprio túmulo do rock – um lugar em que as pessoas assistem aos concertos de rock com as bundas grudadas nas cadeiras e aplaudem polidamente em vez de cair na farra. Logicamente a troca de energia (a base do rock) vai pras cucuias e qualquer grupo elétrico que receba da platéia apenas essa esnobe receptividade só pode fazer um show broxa. Profissional, competente, mas broxa. Não é à toa que Jagger, a todo instante, diz pra si mesmo: *shit!* E verbaliza exatamente o que *Love You Live* é: cocô."
– **ANGELA DUST**, *Jornal de Música*, outubro de 1977.

"Não sei por que, mas chamar *Love You Live* de um álbum muito bom soa como um insulto aos Rolling Stones."
– **PAUL NELSON**, *Rolling Stone*, 17 de novembro de 1977.

Trabalhar debaixo de pressão desumana nunca foi problema para os Stones. Mas as condições dessa vez eram verdadeiramente extraordinárias, passado o sufoco em Toronto. E a instabilidade de Keith, atormentado pela espada de uma sentença pesada roçando a cabeça, pouco ou nada ajudava. Quando comparecia ao estúdio Pathé Marconi, em Paris, onde a banda estava trabalhando, Richards chegava muitas horas atrasado, depois de quase todos (menos Ron, geralmente) terem ido dormir. Ou, então, cismava que queria todo mundo no estúdio naquela hora. E isso às cinco da madrugada.

Nessas condições, os Stones gravaram as músicas do álbum *Some Girls*.

> "Eu me preocupava com Keith, e não apenas como colega de trabalho. Passamos por tanta coisa juntos nos 13 anos anteriores, conquistamos o mundo, compartilhamos aventuras às quais meras palavras não fazem jus. Mas era verdade: Keith não precisava viver conforme as regras da sociedade normal. O dinheiro proporcionava a ele aquele luxo, se é que aquilo é um luxo. As escolhas são dele e ele faz o que quer. O que nos irritava era a maneira como o uso de drogas atrapalhava a música."
> – **BILL WYMAN**, no livro *Rolling With The Stones*.

Some Girls

Em meio a toda a debacle canadense, Mick Jagger começou a circular com uma nova mulher: a modelo texana **Jerry Hall**, toda pernas, dentes e cabelos louros. Os dois se conheceram quando ela ainda namorava Bryan Ferry, vocalista do Roxy Music – é Jerry a sereia que enfeita a capa do quinto álbum do RM, *Siren*, de 1975. Num desenrolar clássico no mundo do rock, em pouco tempo Jerry trocaria de vocalista – quer dizer, de namorado. Jerry seria a relação mais longa de Mick, a que lhe daria mais filhos (quatro, ao todo) – e aquela durante a qual ele deixaria mais à mostra sua incurável infidelidade.

A despeito da tormenta no decorrer de sua realização, o novo álbum, lançado em junho de 1978, causou um estrondo, tornou-se um megavendedor, e ateou diferentes polêmicas.

A capa trazia fotos de mulheres famosas cuja permissão de uso de imagem jamais havia sido pedida, muito menos dada. A faixa-título enfureceu feministas em geral – e o Reverendo Jesse Jackson, em particular –, com uma letra caricaturalmente misógina listando as características e preferências das mulheres: as francesas só querem Cartier, as italianas adoram carros, as inglesas reclamam demais, e as negras gostam de "ser fodidas a noite inteira".

Musicalmente, os Stones conseguiram o feito de reafirmar sua identidade musical e, ao mesmo tempo, se alinhar ao som da época. O futuro clássico "Miss You" era a versão stoniana da música disco. E a sonoridade do lado rock do álbum apresentava a banda em seu estado mais cru, urgente e energético, próximo ao punk.

4

Acima de tudo, *Some Girls* mostrava que os Stones ainda tinham fome. Se aquele era para ser, de fato, o último disco da banda, ela se despedia com fúria de gladiador.

Some Girls recebeu uma indicação para o Grammy de Álbum do Ano (e os Stones perderam naquele ano para a trilha do filme *Os embalos de sábado a noite*). E serviu de estopim para um entrevero jornalístico entre a casa grande e a senzala da revista *Rolling Stone*.

Quando a banda se lançou numa turnê americana bem diferente da norma, alternando shows em estádios enormes com apresentações em ginásios e teatros, houve quem encontrasse na excursão "os melhores momentos dos Stones no palco desde 1963" (segundo Chris Welch, do *Melody Maker*). Outros, porém, não se encantaram com a produção simples e enxuta, nem com os nacos de fita isolante usados por Jagger para "punkificar" sua roupa de palco, e consideraram tudo um grande caça-níqueis para fazer caixa na eventualidade de Keith partir em férias forçadas, ou da banda pendurar as chuteiras.

Era uma época de reavaliação dos artistas rock veteranos impulsionada pelo aluvião punk, e os Stones – trintões, milionários, paparicados feito paxás – eram um senhor alvo. Não apenas para fãs e músicos mais moços, mas para a crítica, também, jovem ou madura.

E assim foi que, depois de *Some Girls*, *Street Legal* (o álbum lançado ao mesmo tempo por Bob Dylan) e os shows da turnê de 1978 levarem um malho vigoroso nas páginas da *Rolling Stone*, o editor da revista, Jann S. Wenner – amigo pessoal de Mick Jagger –, se apressou em desautorizar três de seus principais críticos, escrevendo ele mesmo novas resenhas, todas elogiosas. E desancando os críticos!

> "As resenhas de *Street Legal* e *Some Girls* e de dois concertos dos Stones na *Rolling Stone* foram excepcionalmente negativas e de muitas maneiras baseadas num amargor e numa hostilidade estranhos. Greil Marcus (*Street Legal*), Dave Marsh (os concertos) e Paul Nelson (*Some Girls*) estão entre os cinco ou seis principais críticos de rock do mundo. Mas os artigos de Marcus e Marsh foram ataques *ad hominem* (um argumento com que se procura confundir o adversário). *Some Girls* é sensacional, uma obra-prima."
>
> – **JANN S. WENNER**, *Rolling Stone*, 21 de setembro de 1978.

> "Em *Some Girls*, as guitarras voltam a ser mixadas no máximo volume, a percussão volta ao estimulante compasso 2/2, a voz de Mick Jagger retoma a agressividade sensual de 'Satisfaction', a banda inteira volta a transmitir a sensação de perigo iminente. E mais: a capa do LP recria a elegante ironia que sempre caracterizou o visual dos Rolling Stones."
>
> – **POP**, outubro de 1978.

"Os Rolling Stones conquistaram nosso coração coletivo inicialmente como uma banda punk adolescente da classe operária. E agora aqui estão Keith Richards e Mick Jagger, 15 anos mais tarde, milionários com 34 anos de idade provocando algum rico metido em seu novo álbum, *Some Girls*, por ser 'respeitável' demais."

– **GEOFFREY HIMES**, *Unicorn Times*, 1º de julho de 1978.

Os advogados de Keith Richards fizeram de tudo para salvar o cliente no Canadá. Exibiram extratos bancários para comprovar que sua renda de astro de rock assegurava uma vida luxuosa e confortável – Keith, portanto, não precisava traficar para se sustentar. Compararam seu cliente a outros artistas dominados pela droga – como Van Gogh, Dylan Thomas e Billie Holiday –, e nem por isso traficantes. Mas o argumento que livraria o guitarrista da prisão – e os Stones de uma morte súbita – viria de uma fã da banda, uma moça cega chamada Rita Bedard.

Por conta própria (ou instruída pelos advogados de defesa, talvez nunca se saiba a verdade), Rita bateu na casa do juiz encarregado do caso, explicou como Keith sempre se preocupara com a segurança dela nos shows dos Stones, instruindo a equipe para protegê-la o tempo inteiro, e propôs uma solução: por que o juiz não ajudava essa pessoa tão boa a largar o vício, em vez de encarcerá-lo? E se ele pagasse sua pena com trabalho, e não com a própria liberdade?

Deu certo! O juiz aceitou o argumento de Rita e sentenciou Keith à realização de um show beneficente para o Canadian Institute For The Blind. Na sentença, o juiz determinou que Richards não seria "encarcerado por vício e riqueza, e (permaneceria) livre para criar sua música e finalizar seu tratamento (médico)".

Assim, o Canadá se safava diplomaticamente de uma batata quente internacional. Os Stones podiam seguir em frente – e, às vésperas de completar 35 anos, Keith ganhava uma chance de pôr suas prioridades em ordem. Se queria continuar fazendo música, a heroína precisava ficar para trás.

"Para mim era simplesmente uma questão de: 'OK, daqui não posso passar mais com essa merda. Hora de mudar.' Eu poderia ter continuado naquilo por anos. Mas me sinto melhor, mais à vontade. (Porque a heroína) faz você ficar mais introvertido e se desligar das pessoas. Fico feliz por ter parado, porque ultimamente tenho adorado seguir por outro caminho."

– **KEITH RICHARDS**, *Circus*, setembro de 1977.

"Todo mundo sempre achou que eu tinha um desejo de morrer. Era um desejo de viver! É uma questão de se conhecer. Se eu percebesse que realmente ia passar do limite, eu tomaria cuidado. Mas, no meu ver, eu estava apenas testando meus limites. E, no meu ver, permaneci bem dentro deles."

– **KEITH RICHARDS**, *Mojo*, setembro de 2007.

Keith longe da heroína não significava um abandono completo das drogas – resultado, em boa parte, do assédio ininterrupto de batalhões de fornecedores. Muito menos implicava num rompimento com a bebida, que, ao contrário, tornou-se companheira ainda mais constante. E o quadro era agravado pela ligação cada vez mais forte de Keith com Ron Wood – farrista e doidão como ele, e tão parecido fisicamente que diversas vezes era confundido com Keith. Os dois tinham até formado uma banda paralela, os New Barbarians (com o baixista Stanley Clarke, o baterista Joseph Modeliste, o tecladista Ian MacLagan e o infatigável saxofonista Bobby Keys), à qual dedicavam tempo e foco precioso aos Stones, em meio à gravação de mais um disco. E isso incomodava Mick. Um Keith já dava trabalho suficiente. Dois, era o caos prestes a se instalar na banda.

Em 1979, Ron parecia destinado a ofuscar Keith nos quesitos Drogas e Problemas Com A Polícia. Naquele ano, ele descobriu o crack, o escravizante consumo de cocaína via oral, sob a forma de fumaça. Wood era capaz de passar horas, dias, trancado no banheiro de sua casa em Los Angeles, purificando pasta de cocaína e fumando o resultado sozinho, ou com visitantes habituais, como Bobby Keys (quem, aliás, o apresentou ao novo "passatempo"), Bobby Womack, e o vizinho Sly Stone, que costumava chegar acompanhado de outros 15 "amigos", todos andando em fila indiana! Até a babá dos filhos de Ron se ajeitou no banheiro para fumar com ele.

Ron chegou ao extremo de pedir um empréstimo bancário de 70 mil dólares, a pretexto de fazer uma reforma em sua casa, para torrar quase tudo em crack.

Exemplo simbólico do descalabro com que Wood conduzia sua vida, Keith chegou à casa de Ron, certo dia, e encontrou o amigo no banheiro, fumando crack como sempre. Richards entrou, acomodou-se no vaso, "desproduziu" o almoço, limpou-se e saiu sem Wood dar-se conta de sua passagem por ali!

Mesmo quando tentou se afastar da cocaína, Ron conseguiu se encrencar ainda mais. Ele e a esposa Jo viajaram para a ilha St. Marteen, no Caribe, em busca de sol, saúde e sanidade. Mas os problemas os encontraram antes das férias começarem. A polícia prendeu os dois por porte de cocaína (trazida por "amiguinhos" recém-conhecidos na ilha) e o casal passou seis dias e noites preso antes de advogados contratados pelos Stones obterem sua soltura e arrancá-los para fora do país.

A situação pioraria ainda mais na turnê americana de 1981: em plena excursão, Ron passava horas escondido num quarto de hotel com seu crack, mesmo depois de Mick ter proibido equipe e banda de dar qualquer tipo de droga a Wood, sob pena de demissão, "independente do cargo". Vai das tantas na turnê, Keith perdeu a paciência, arrombou o quarto onde o colega estava escondido, quebrou todo o equipamento de crack, feito de vidro, e partiu com um caco grande para cima de Ron, determinado a feri-lo. Wood reagiu com um soco na cara e um chute no saco de Keith – que cortou Ron com o vidro, sacou uma faca jamaicana enorme, encostou a lâmina no pescoço de Wood e prometeu que ali mesmo iria matá-lo.

Richards não cumpriu a promessa – nem aquele seria o último confronto físico entre os dois. Keith já socou Ron no palco porque ele estava distraído em pleno show. Em outra ocasião, um puxou arma de fogo para o outro – mas nenhum dos dois chegou a apertar o gatilho. Mesmo porque a arma de Ron estava descarregada.

Keith e Ron não foram os únicos Stones a trocar tabefes. Depois de ter tomado umas e outras com Keith, Mick voltou para o hotel de madrugada e ligou para o quarto de Charlie, que estava afundado no sono. "É o meu baterista que está falando?", sacaneou Jagger. "Desce logo aqui!" Charlie levantou, se barbeou, vestiu o terno mais elegante que achou no armário e desceu para o quarto de Mick. Quando Jagger abriu a porta, levou um soco de Charlie tão forte que aterrissou de cara num prato de salmão defumado. Keith precisou intervir para impedir que um segundo soco fizesse Mick voar janela afora. De dedo em riste, Charlie rosnou para Jagger: "Nunca mais me chame de 'seu baterista!' Você é meu cantor!"

Não é surpresa que *Emotional Rescue*, o álbum lançado em junho de 1980, mas gravado em sessões salpicadas ao longo dos dois anos anteriores, soe como uma colcha de retalhos costurada na marra com chiclete e cuspe. Wood estava completamente descontrolado. E Mick e Keith não concordavam com a direção musical da banda – Jagger favorecia um viés mais dançante e comercial, enquanto Keith puxava a brasa para o rock básico. O cabo de guerra produziu lampejos – a faixa de abertura "Dance", as infantis "Let Me Go" e "She's So Cold" – mas só isso. Muito pouco. Os Rolling Stones estavam marcando tempo.

"Conclusões negativas: nada aqui se equipara à força dos novos álbuns de Graham Parker ou Peter Gabriel. Comparado a eles, *Emotional Rescue* é destituído de paixão e inchado por poses desengonçadas e artificialidade. Conclusões positivas: o grupo não está descansando sobre seus lauréus. Pelo menos três das dez faixas são grandes obras dos Stones, dignas de inclusão em *Exile*."

– **NICK KENT**, *New Musical Express*, 28 de junho de 1980.

"Às vezes eu aumento o volume, em busca da conexão que não consigo acreditar que não está ali. Imagino que, na verdade, os Stones morreram e que esse disco de som clássico mas sem alma é uma mensagem do além. Essa seria a única ironia capaz de salvar *Emotional Rescue*. A não ser que os Stones renasçam, temo que as pessoas não continuarão a chamá-los de sobreviventes por muito tempo mais."

– **ARIEL SWARTLEY**, *Rolling Stone*, 21 de agosto de 1980.

HEROÍNA PODERÁ CONDENAR RICHARD A PRISÃO PERPÉTUA

Toronto/UPI

Richard deixa o Tribunal: mais dois meses de espera

TORONTO — Keith Richard, 33 anos, guitarrista — base do Rolling Stones — será julgado dia 6 de fevereiro por posse de heroína e cocaína. Na última sexta-feira, Keith pagou 25 mil dólares de fiança para permanecer em liberdade até o julgamento. Na audiência, o Juiz H. A. Rice recusou os argumentos dos advogados de Keith Richard de que o guitarrista não tinha intenção de vender heroína. O tráfico da droga é punido no Canadá com a pena de prisão perpétua. Keith — de terno azul e brinco na orelha esquerda — ouviu se[u]s advogados e o Juiz visivelmente irritado ao longo [de] 6 horas de audiência no tribunal de Toronto.

Jornal da Tarde 24/10/1978

Hoje, a sorte dos Rolling Stones, no julgamento de Keith Richard.

Sentado no banco do réus, vestindo um elegante terno creme com colete, a fisionomia impassível, o guitarrista Keith Richard, do conjunto Rolling Stones, declarou-se ontem culpado da acusação de posse de heroína perante um tribunal de Toronto, no Canadá. Imediatamente o promotor da Coroa retirou uma acusação mais séria que pesava contra Richard: a de tráfico de drogas, que poderia levá-lo à prisão perpétua, pelas leis do país.

No dia 24 de fevereiro do ano passado quando os Stones chegaram a Toronto para uma breve temporada, os fiscais do aeroporto descobriram dez gramas de haxixe na bolsa de Anita Pallemberg, mulher de Richard há dez anos. Três dias depois, na suite do hotel onde o casal estava hospedado, a polícia voltou a encontrar mais haxixe e uma enorme quantidade de heroína e cocaína.

O guitarrista, de 34 anos, assumiu toda a responsabilidade, declarando-se viciado em drogas e sob rigoroso tratamento médico desde 1972. Em sua defesa, o advogado Austin Cooper alegou também o prestígio de seu cliente, "um astro do rock, mundialmente famoso e fabulosamente rico". Richard já gastou quase um milhão de dólares com o processo que se arrasta por dois anos.

Ontem ele chegou discretamente a Toronto num jato particular, acompanhado do advogado, um assessor de imprensa, uma secretária particular, o psiquiatra e vários guarda[s]

anos. Três dias depois, na suite
casal estava hospedado, a p
encontrar mais haxixe e uma
dade de heroína e cocaína.

O guitarrista, de 34 anos, a
responsabilidade, declarando-
drogas e sob rigoroso tratamen
de 1972. Em sua defesa, o ad
Cooper alegou também o pr
cliente, "um astro do rock,
famoso e fabulosamente rico".
tou quase um milhão de dólares
so que se arrasta por dois ano

Ontem ele chegou discretar
to num jato particular, acomp
vogado, um assessor de impre
tária particular, o psiquiatra e
de segurança. O promotor da
agora a punição de Richard c
entre seis meses e um ano de pr
ça deverá ser pronunciada a
seja condenado, o guitarrista n
sair de Toronto.

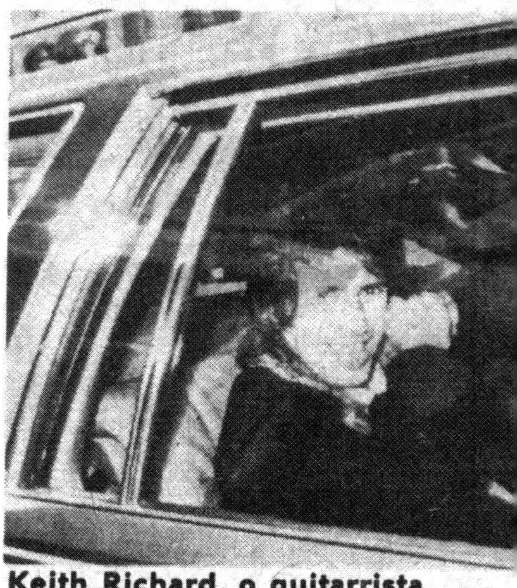

Keith Richard, o guitarrista.

"OS RS FAZEM SEU ÚLTIMO DISCO. DE VERDADE.
***EMOTIONAL RESCUE* É A RADIOGRAFIA DE UM GRUPO EM PROCESSO DE DESINTEGRAÇÃO. OS STONES SÃO UMA PARÓDIA DE SI MESMOS HÁ MUITO TEMPO, E É JUSTAMENTE NESSA MEDIDA QUE *EMOTIONAL RESCUE* TEM IMPORTÂNCIA. NÃO PELO QUE TRAZ, COMO SOA, O QUE DIZ – NESSE SENTIDO, HÁ DEZENAS DE COISAS DRASTICAMENTE MELHORES, BASICAMENTE IMPORTANTES, COMO *LONDON CALLING*, DO GRUPO CLASH, O *UP ESCALATOR*, DE GRAHAM PARKER, E O TERCEIRO LP DE PETER GABRIEL. MAS POR QUE OS STONES SÃO. UM ÍCONE, UMA COISA, UM ENTE COMO UMA GARRAFA DE COCA-COLA, O SINAL DE TRÂNSITO.**
OS STONES SÃO O DINOSSAURO, O MEDALHÃO, O PÔSTER VIVO DOS ANOS 1960 VIVENDO ENTRE NÓS. SÃO UMA RELÍQUIA. RELÍQUIAS DEVEM SER RESPEITADAS?
ELES AINDA SÃO UMA GRANDE BANDA DE BAILE, E SE É VERDADE QUE ISTO É O FIM, É MELHOR QUE SEJA DESSE MODO – DANÇANDO."

– **ANA MARIA BAHIANA**, *Jornal do Brasil*, 14 de julho de 1980.

"MONUMENTOS DO ROCK – THE ROLLING STONES – A BANDA QUE SE RECUSA A MORRER"

– Chamada de capa da *Rolling Stone* de 21 de agosto de 1980.

"No começo dos anos 1980, Mick queria (comandar a banda) do jeito dele. O problema é que foi ali que eu larguei (a heroína). E voltei: 'Ei, Mick, deixe eu tirar um pouco desse peso das suas costas. Você fez um trabalho e tanto enquanto eu me ausentei da diretoria.' Mas ele tinha se acostumado àquilo. Ele não queria compartilhar o peso. Ele não queria ceder o poder que acreditava ter acumulado. Ele não precisava consultar a mim ou Charlie (antes de tomar uma decisão)."

– **KEITH RICHARDS**, *Mojo*, setembro de 2007.

Muita coisa acontece em 18 anos. Especialmente em anos de Stones. E quase no final de sua segunda década de existência os anos começavam a pesar na banda. Não fisicamente – emocionalmente.

Após 12 anos, três filhos (Marlon, de 1969, Dandelion/Angela, de 1972, e Tara, menino nascido em 1976 mas morto dez semanas depois, vitimado por uma gripe) e incontáveis peripécias e atribulações envolvendo polícias em diversos continentes e drogas variadas, o casamento de Keith com Anita Pallenberg terminou em 1980.

Enquanto isso, o estóico Charlie e o pragmático Bill andavam com os nervos à flor da pele em 1981, quando Mick e Keith começaram a planejar uma excursão americana de proporções gigantescas, sem precedente, para promover um novo álbum, *Tattoo You*. Watts chegou a se recusar enfaticamente a excursionar, e regava sua convicção com quantidades de bebida inéditas no seu currículo. Repetidas vezes Watts garantiu a Wyman que os Stones haviam chegado ao fim da linha, e, por isso, não fazia sentido algum tentar empurrar a banda mais adiante.

E ainda havia o problema de Wood com crack. Como ir para a estrada com ele daquele jeito? Jagger chegou a falar seriamente em tirar Ron da banda. George Thorogood, o americano que abriria tantos shows para os Stones naquele ano, teria ensaiado em segredo para substituí-lo. Mas a possibilidade foi contornada com a oferta de 500 mil dólares ao guitarrista para ele trabalhar de cara limpa o tempo todo. Wood embolsou o cheque, jurou sobriedade, mas passou os três meses da megaturnê tão chapado quanto pôde.

Em contraste com a deterioração de Ron, a divulgação da nova turnê enfatizava o vigor e a vitalidade de Mick Jagger, fazendo circular relatos de como ele cuidava bem da saúde e distribuindo fotos dele praticando *jogging* na fazenda onde a banda se reunira para ensaiar. Só para contrariar, Keith Richards deixava aparecer seus primeiros fios de cabelo branco.

> "Parece que a gente nunca pára, e não vejo razão para parar agora. Não vejo o grupo se separando no futuro imediato. Mas não tenho uma bola de cristal. Nunca se sabe o que vai acontecer. Agora, nos comprometemos a excursionar por um tempo considerável e a fazer novos discos."
>
> – **MICK JAGGER**, em agosto de 1981, na coletiva de imprensa para lançar o álbum *Tattoo You* e anunciar a turnê americana do mesmo ano.

Patrocinada pelo fabricante de perfumes Jovan (que desembolsou um milhão de dólares para ter seu nome associado à banda), a turnê de 1981 transportou por 28 cidades norte-americanas 50 dos shows mais longos que os Rolling Stones já fizeram, com duração de duas ou mais horas, cada. Uma dupla de Ians acompanhou a banda na excursão: os pianistas Ian MacLagan, ex-Faces, e o boa-praça Ian Stewart.

Como grande parte da turnê ocupava estádios, e como todos os shows em estádios aconteciam de dia (geralmente começando às 16h!), os Stones encomendaram ao designer japonês Kazuhide Yamazari painéis gigantescos, com imagens coloridíssimas, para emoldurar o palco onde a banda se apresentaria.

A última parada da turnê, em Hampton, Virginia, foi transmitida ao vivo, em sistema *pay-per-view*, para todos os Estados Unidos e o Canadá, antes do programa tornar-se um disputado item de colecionador. Não por causa das cenas de bastidores, onde a banda aquece no camarim antes do show e homens e mulheres lavam-se juntos num mesmo banheiro de vestiário, enquanto cobras rastejam pelo chão, mas pelo momento em que Keith usa a guitarra feito taco de beisebol para atacar um fã mais afoito que conseguiu subir no palco e corre para abraçá-lo durante "Satisfaction".

NOVEMBER 1980

UK 50p/U$2.

ZIGZAG

MUSIC ● NEWS

KEITH RICHARD

EXCLUSIVE INTERVIEW

THIS HEAT

THE SOUND

RAMONES

GANG OF FOUR

DRUGS: PART II

DEAD KENNEDYS

T. V. EXPLORERS

"De repente, todo mundo quer ver os Rolling Stones – seus fãs mais velhos estão com 30, 40 anos, como os próprios Stones, e seus fãs mais jovens mal entraram na adolescência. 'As platéias eram muito jovens, mas jovens mesmo, na Flórida', observa Mick Jagger com felicidade evidente, enquanto um maquiador aplica *pancake* ao seu rosto, minutos antes do grupo subir ao palco em Atlanta. 'As fileiras da frente em Orlando estavam repletas de meninas de 12, 13 anos, algumas fazendo as propostas mais atrevidas.'"

– **ROBERT PALMER**, *The New York Times*, 4 de novembro de 1981.

"Você tanto pode deitar e rolar, como pode se emocionar ouvindo (*Tattoo You*). Novamente os Stones se renovam permanecendo fiéis aos temas básicos do rock. É o que se pode chamar de mais lúcido e jovem em termos de maturidade. Enfim, são tatuagens que adquirimos ao longo do exercício de viver."

– **EZEQUIEL NEVES**, *Jornal da Tarde*, 3 de outubro de 1981.

Até hoje Mick considera *Tattoo You* um de seus álbuns favoritos. Credita sua preferência à sonoridade moderna, mas não datada, esculpida com a ajuda do produtor associado Chris Kimsey. Mas o que agrada tanto a Jagger no álbum que deu ao mundo "Start Me Up" e "Waiting On A Friend", feito a partir de restos das sessões de gravação de *Emotional Rescue*, talvez seja o fato de ser este o melhor disco dos Stones dirigido por Mick. Aqueles eram os Rolling Stones conforme a visão de Jagger para a década de 80.

O sucesso da excursão americana de 1981 justificou uma versão européia no ano seguinte, à qual se integrou Chuck Leavell, tecladista dos Allman Brothers – e futuro diretor musical dos Stones.

A banda, na verdade, precisava descansar de si mesma antes de retornar à estrada. Durante os três meses de turnê pelos Estados Unidos, brigas constantes – especialmente entre Keith e Mick (que agora andava bebendo em excesso, algo totalmente antagônico ao seu habitual esquema saúde) – minaram a frágil estabilidade do grupo. Sem um longo período de folga antes de recomeçar o trabalho, os problemas americanos espirraram para o Velho Continente.

Ron passou toda a perna européia da turnê na mira de Mick e Keith. Os Stones o restringiram a uma mesada para evitar que ele comprasse drogas. Ao vivo, Jagger fazia tudo para apressar os shows, enquanto Keith, de cara fechada para Mick, ralentava o quanto podia as trocas de guitarra. Num show na Escandinávia, Keith "seqüestrou" a plataforma hidráulica usada para transportar Jagger por cima da platéia durante "You Can't Always Get What You Want" e de lá fez um solo de guitarra que durou 20 minutos. Soltando fogo pelas ventas, a certa altura do solo quilométrico Jagger despachou Ron para mandar Keith descer da plataforma. Richards, óbvio, negou-se a obedecer. E quase sobrou para Woody.

Em outra ocasião, num quarto de hotel lotado de jornalistas, reagindo ao comentário de um músico sobre Jagger, Keith disse que aquilo parecia "um exemplo bastante apropriado do tipo de babaca com que eu tenho que lidar".

Mas o pior ainda estava por vir.

No escurinho com os Rolling Stones

LET'S SPEND THE NIGHT TOGETHER (1983)

Em *Let's Spend The Night Together* (1983) o diretor Hal Ashby – conhecido por filmes emblemáticos da década de 1960, como *Ensina-me a viver, Shampoo* e *Amargo regresso* – enquadra o grandiosismo da turnê de 1981 com cenas de diferentes paradas balizadas por shows realizados no estádio de Tempe, no Arizona, e num ginásio em Nova Jersey. Não é um registro 100% ao vivo, uma vez que muita coisa da trilha sonora foi recriada em estúdio. O filme chegou a ser programado para passar no Brasil em 1984, mas só chegaria no país bem mais tarde, em *home video*.

"Eu me interessaria por um filme que explorasse o fenômeno dos Rolling Stones. Gostaria de saber mais sobre como se monta um concerto de rock moderno, possivelmente o espetáculo sensualmente mais arrebatador da história humana fora dos períodos de guerra, e que pode até ter sido inventado, na forma, e no foco em um indivíduo carismático, nos comícios gigantes de Hitler. Gostaria de conhecer mais sobre Mick Jagger, (saber) como se sente um homem (maduro),educado, literato e civilizado, com uma cabeça boa para números e um talento para contratos e negociações, que pavoneia com um suporte atlético diante de dezenas de milhares de fãs drogados e ensandecidos. *Let's Spend The Night Together* não responde a qualquer uma dessas questões. Justiça seja feita, não é a isso que se propõe. Aqui, é música do começo ao fim."

– **ROGER EBERT**, *Chicago Sun-Times*, 1º de janeiro de 1983.

Turbinados pelo imenso sucesso dos giros de 1981 e 1982, os Stones chegaram a 1983 com cacife bastante para negociar o maior contrato de gravação já assinado até então. Em troca de quatro novos álbuns para distribuição, a partir de 1985, pela CBS (a futura Sony Music), a banda recebeu 28 milhões de dólares. Mick fez constar no contrato uma cláusula para garantir distribuição também de seus álbuns solo. Mas agiu sem o conhecimento dos demais Stones. E quando a cláusula e os planos individuais de Jagger vieram à tona, o circo, como era de se esperar, pegou fogo.

"Nunca quis me botar numa situação de precisar me dividir em dois e dizer 'isso é meu, vou guardar para mim, e isso eu dou para os Stones'. É uma estupidez se permitir chegar a uma situação dessas."

– **KEITH RICHARDS**, *Hit Parader*, outubro de 1980.

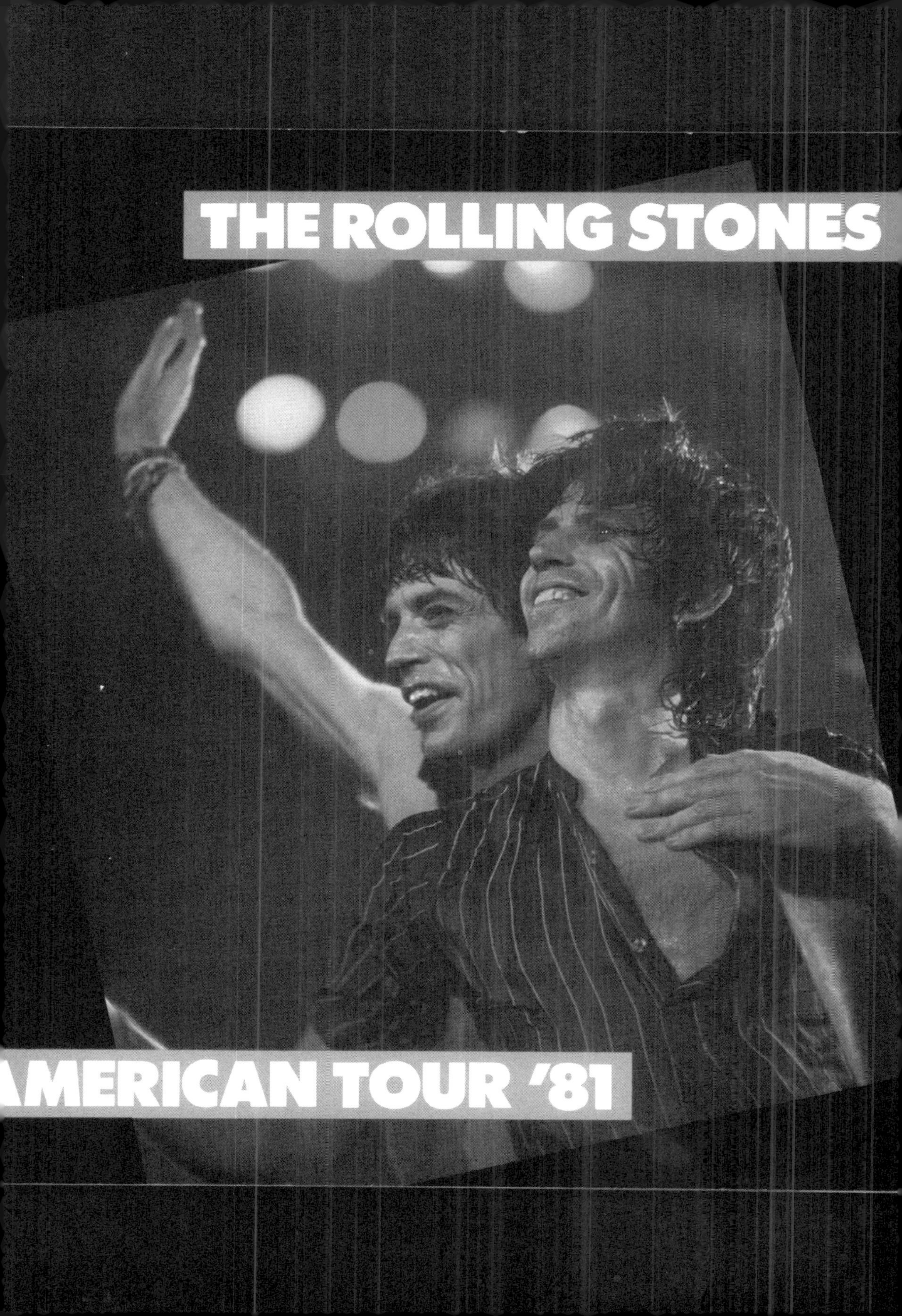
THE ROLLING STONES
AMERICAN TOUR '81

L DO BRASIL

aneiro — Sábado, 8 de agosto de 1981

OS ROLLING STONES NO R

UM "SHOW" PARA FAZER ESQUECER SINATR

JORNAL DO BRASIL, 11-6-82

FLORENÇA PROÍBE "SHOW" DO ROLLING STONES

FLORENÇA — Sem dúvida preocupado em p servar o valioso patrimônio artístico da cida a Câmara de Vereadores de Florença proil ontem que os Rolling Stones realizem os três conc os de **rock** previstos para o próximo mês na cida

Após acalorada discussão, em que 28 vereado votaram contra a apresentação e 25 a favor, conclu se que Florença não tem condições de abrigar cerca de 3 mil jovens esperados para assistir o fam conjunto.

Com essa rejeição, é possível que os Roll Stones cancelem sua passagem pela Itália em s **tournée** pela Europa. Isso porque, para incluir a Itá na programação, eles haviam exigido realizar conc os em Turim e Florença. As autoridades de Turi uma cidade industrial e sem o patrimônio históri artístico de Florença, haviam aprovado anteriorm

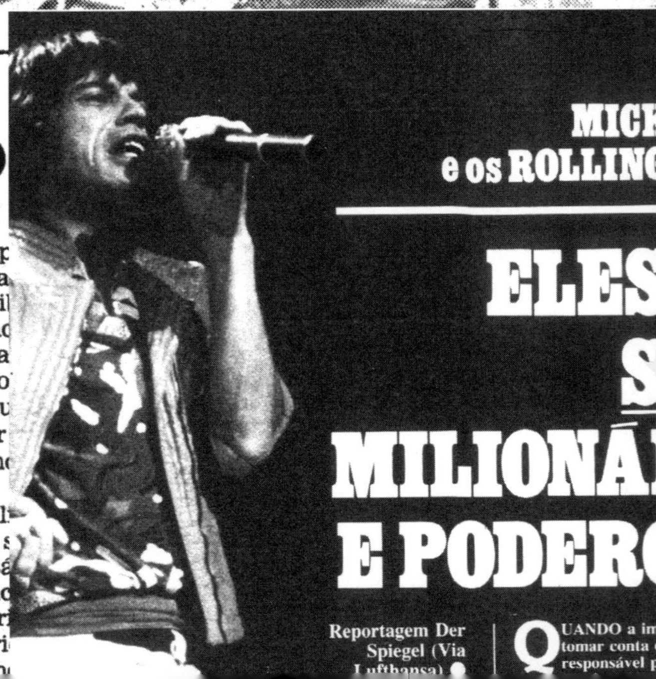

Undercover, o último álbum da banda antes de mudar-se para a CBS, impressiona menos pelo polimento da produção, a cara de novidade (a sonoridade da faixa-título parece psicografada de uma versão da banda em algum lugar no futuro) e o conjunto de canções do que pelo seletivo bom gosto com que os Stones (ou só Jagger?) selecionam e combinam os elementos que formam o disco. Na faixa mais arrojada do álbum, a superfunkeada e macabra "Too Much Blood", eles juntam os metais do quarteto Chops (ex-naipe de metais do selo rap Sugar Hill Records) a dois percussionistas marroquinos, mais a bateria eletrônica do mestre do reggae moderno Sly Dunbar e o sax de David Sanborn! Ficava claro também que Jagger, sempre atento, andara ouvindo muita coisa do nascente rap.

O álbum saiu no mesmo ano em que Keith, após a solteirice saltitante que sucedeu sua separação de Anita, casou-se com a modelo americana Patti Hansen, futura mãe de suas duas filhas mais moças, Theodora e Alexandra.

"Caso as futuras gerações queiram entender o porquê dos Stones terem durado tanto tempo no topo, este disco oferece praticamente todo tipo de explicação. Aqui está a melhor sessão rítmica do mundo desempenhando com potência máxima; as guitarras rolando e rugindo; riffs que colam nas vísceras; canções que se apoderam dos quadris e até do coração; um cantor que soa sério, novamente. *Undercover* é rock & roll sem desculpas."
– **KURT LODER**, *Rolling Stone*, 8 de dezembro de 1983.

"As novas gerações de músicos pop que se cuidem. Os Stones, espertalhões, como sempre, sacam e gargalham diante de coisas como Eurythmics, Culture Club, Duran Duran, Gang of Four, Talking Heads, etc. Esse petardo chamuscante chamado *Undercover* já começa instigando ou amedrontando o ouvinte: o que escutamos é um ruído ricocheteante de metralhadora."
– **EZEQUIEL NEVES**, *O Estado de S. Paulo*, 26 de novembro de 1983.

"*Undercover* é uma trilha sonora bem adequada para o 84 orwelliano. *Undercover*, entre aspas: clandestino, espião, na calada da noite, onde tudo acontece, onde a sociedade decadente e marginal que os Stones cantam há duas décadas vive e prospera. Um recado para roqueiros de todos os idiomas de que rock and roll é mais do que versos bobos e água com açúcar, que proliferam em nossos ouvidos."
– **JAMARI FRANÇA**, *Jornal do Brasil*, 13 de novembro de 1983.

"Basta ouvir os discos. *Emotional Rescue* e *Undercover* não são o meu barato. Então, era uma questão de (brigar para ver quem vai) ditar o material que a gente gravaria. (Longa pausa). Acho que eu estava bastante confuso naquela época."
– **KEITH RICHARDS**, *Mojo*, setembro de 2007.

the
rolling stone
let's spen
the nigh
together
MOVIE SPECIAL 83-2

Uma volta explosiva,c

Beirando os 40, os Rolling Stones exibem a eterna juventude do rock

, o rock
npre. Vo-
cantam
você co-

s, farda-
la, barri-
rança da
enda des-
na e brin-
ato para
ntida de
de explodir todos os fusíveis da casa, até o final apoteótico (duas horas depois, sem interrupção), com mais de 20 mil fãs de pé acompanhando o grupo em "Satisfaction", enquanto ba-

Mick Jagger, com suas piruetas, domina a platéia desde o começo

ingestão
ele, Ron
do vária
alucinant
selvagen
manteve
horas, ca
vés de cla
night to
man", "
is on m
"Shatter
musicais, desde
década de 50-60,
origem do grup
"rhythms and bl
futilidade de disc

No escurinho com os Rolling Stones

DIGITAL DREAMS (1983)

Bill Wyman havia acabado de descobrir os computadores pessoais e se apaixonado por um dos primeiros modelos Macintosh da Apple quando resolveu criar um filme de ficção onde tenta digitalizar toda sua experiência de vida. Atores como James Coburn e convidados especiais do front stoniano – Charlie Watts e Stephen, filho de Bill – compartilham a tela com sequências de animação criadas pelo mesmo Gerald Scarfe por detrás do longa musical *The Wall*, baseado no disco do Pink Floyd, tudo ao som de uma trilha assinada por Wyman e tocada pela London Symphony Orchestra.

"VAI SOM, VAI CÂMARA, VAI MICK!" JAGGER FILMA NO BRASIL

Havia mais de oito anos que Mick Jagger não botava os pés no Brasil. Esteve perto, na Amazônia Peruana, para filmar com o diretor alemão Werner Herzog na virada de 1980/1981. Mas contratempos no set de *Fitzcarraldo* atrasaram o início das filmagens e Jagger, preso a outros compromissos, desistiu do que poderia ter sido um de seus papéis mais importantes no cinema.

Coincidentemente, foi um filme que o trouxe de volta ao Rio de Janeiro. Nele, Jagger viveria as desventuras de um astro internacional do rock esquecido e abandonado... no Brasil! O longa, com locações diversas no Estado do Rio de Janeiro, serviria para reforçar a promoção em torno de seu primeiro álbum solo, cujo lançamento estava marcado para fevereiro de 1985. Afora participações em discos alheios (Carly Simon, Peter Tosh, The Jacksons, entre outros), Jagger colecionava apenas algumas gravações esporádicas sem os Stones, especialmente para as trilhas dos filmes *Performance* e *Ned Kelly*, ambos estrelados por ele. Logo, um álbum inteiro sem a sua banda seria mesmo uma grande novidade.

She´s The Boss, o primeiro álbum solo de Jagger, foi gravado entre maio e junho de 1984 no Compass Point Studios, nas Bahamas, e mixado no Power Station, em Nova York. O LP traz a participação dos guitarristas Jeff Beck e Pete Townshend, mais as de Herbie Hancock, Michael Shrieve, Steve Ferroni, Sly Dunbar, Robbie Shakespeare e Ray Cooper. Dois futuros colaboradores fixos dos Stones, o tecladista Chuck Leavell e o vocalista Bernard Fowler, também trabalharam no álbum.

Com o disco pronto, Mick bolou o roteiro do filme junto com Julien Temple, que já havia dirigido os videoclipes de "Too Much Blood" e "She Was Hot" para os Rolling Stones. A trama seguiria as atribulações de um astro de rock decadente abandonado à própria sorte num país hostil, com a ação costurada em torno de várias músicas do álbum solo. Mas a idéia de ambientar a história no Brasil não existia no roteiro original. Ela partiu de Temple, que estivera no Rio de Janeiro no final de 1979 para rodar o rockumentário de ficção *The Great Rock 'N' Roll Swindle*, com Paul Cook e Steve Jones, baterista e guitarrista do grupo punk inglês Sex Pistols. O filme, escrito e dirigido por Temple, conta com muita ironia a trajetória curta mas impactante dos Pistols, daí o título, algo como *A maior trapaça do rock*.

Mick Jagger desembarcou no Aeroporto Internacional do Rio de Janeiro na manhã de 24 de novembro de 1984, um sábado, no vôo 201 da Pan Am, procedente de Nova York. Veio acompanhado da mulher, Jerry Hall, e da filha do casal, Elizabeth Scarlett, de apenas oito meses. Vestia calça preta, camisa clara, tênis e óculos escuros, e desembarcou pelo setor de embarque para driblar os jornalistas.

Recebidos no aeroporto por Alvenia Bridges, secretária particular de Mick, e por um emissário da produtora de Renato Aragão, os visitantes rumaram num Galaxie preto direto para o Copacabana Palace. O hotel, velho conhecido de Mick, foi logo transformado no quartel-general da equipe de produção, que reunia a produtora inglesa Nitrate e a de Renato Aragão, contratada para administrar a produção do filme e fornecer estúdio, equipamentos técnicos e todo o suporte necessário para a sua realização.

Enquanto Mick se acomodava na suíte e começava a desfazer a volumosa bagagem, Alvenia Bridges informava aos jornalistas que tinham corrido do aeroporto para o hotel que Jagger atenderia a imprensa somente na segunda-feira. Naquele momento, o rockstar precisava descansar, pois, ao contrário das três visitas anteriores, teria muito trabalho pela frente.

Para a equipe de filmagem, descanso era uma palavra proibida. Principalmente para aqueles diretamente ligados à pré-produção. Neste caso, o trabalho se intensificou com a chegada de Mick. E, na corrida contra o tempo, ainda restava definir uma ou outra locação e finalizar a escolha dos artistas brasileiros que participariam do filme.

Coube a Flávio Tambellini, que atuou como assistente de direção de Temple, a escolha do elenco, que incluiu, entre outros, Norma Bengell, Carlos Kroeber, Grande Otelo, Paulo César Pereio e Tony Tornado. Flávio também esteve com Julien em Trancoso, na Bahia, avaliando possíveis locações. Mas a idéia de filmar por lá acabou vetada. Elevaria demasiadamente os custos para um filme de baixo orçamento. Acabaram trocando Trancoso por Paraty e municípios vizinhos, todos no Estado do Rio de Janeiro.

No dia 25 de novembro, um domingo de sol lotou as praias. No hotel, enquanto isso, o clima era de atividade frenética, com a equipe de filmagem trabalhando incessantemente, inclusive Jagger, pendurado ao telefone, discutindo roteiro, locações, custos, horários, e até mesmo recebendo artistas brasileiros, candidatos a integrar o elenco. Estiveram na suíte do cantor músicos das bandas A Cor do Som, Blitz e Black Rio, além da atriz Maria Zilda e do ator Walmor Chagas.

A cena foi repetida várias vezes e como o espaço era pequeno, os internos chegaram a fazer um revezamento. Quando finalmente a cena ficou pronta e o diretor Julian Temple deu o "OK", houve uma certa decepção.

O promotor Nílson Araújo da Cruz fez um acordo com a equipe de filmagens. Autorizou a entrada de todos no presídio, desde que os produtores consertassem o ambulatório que está em péssimas condições. "Chove dentro e não temos condições de recuperar — explicou ele — e acho que não custa nada a produção do filme fazer isso." Um grupo de presos, sentados sob uma árvore, discutia uma forma de conseguir "uns dólares" de Mick Jagger, mas havia um problema: ninguém falava inglês. Eles diziam que "uns 200 ou 300 dólares" para o

ram cigarros, to

Mick Jagger durante as...

...gravaçõe

Fotos Maur

Estado de S. Paulo, 29-11-84

na prisão. A trabal

nter os escravos presos. Na cela nero um, onde funciona a redado jornal "Elo" editado pelos

tá aqui 'no estelionato'. A alguém vai acreditar que Jegui" veio aqui te dar au

À tarde, Jagger e Julien Temple sentaram no restaurante situado na pérgula, entre a piscina e o calçadão da Avenida Atlântica. Queriam almoçar e conversar sobre o filme. Bem que tentaram, mas havia jornalistas e fãs demais por perto. Ainda que estivessem separados da rua pelo vidro do restaurante, o alvoroço causado pelas fãs, que gritavam e acenavam para o ídolo, roubou a privacidade de Mick. O garçom ainda tentou minimizar o incômodo baixando as persianas mas sem resultado. Mick se levantou e saiu com o cardápio na mão, em busca de outro local para almoçar.

Naquele momento, Jagger deve ter invejado a mulher, Jerry Hall, estirada numa das espreguiçadeiras à beira da piscina, de maiô vermelho e com um livro nas mãos, sem que ninguém a notasse. Sequer pelo lânguido e branquíssimo corpo que parecia refletir a luz do sol como um espelho. Mas, à noite, Mick e Jerry conseguiram escapar do assédio para jantar juntinhos no Antiquarius, um dos restaurantes mais elegantes do Leblon, na zona sul do Rio de Janeiro.

Na segunda-feira, 26 de novembro, o estúdio do comediante Renato Aragão, na Barra da Tijuca, amanheceu agitado. Mick, Julien, Tambellini e outros integrantes da equipe de filmagem foram conhecer o local, escolhido para a gravação de algumas cenas, e testar candidatos a figurantes, entre os quais muitas mulatas, alguns travestis e diversos músicos.

O baixista Dadi, que gravara com Jagger no Rio em 1976, e Evandro Mesquita aguardavam uma definição. Estariam ou não no elenco do filme? Jagger chegou a pedir o telefone de Dadi. A princípio, duas bandas apareceriam no filme. Uma de músicos negros, e outra, de brancos. No final, optou-se por apenas uma banda, com músicos, em sua maioria, negros. Dadi e Evandro ficaram de fora.

Ao cair da tarde, quando Jagger retornou ao hotel, todos os artistas e figurantes já estavam selecionados, as locações definidas, e o roteiro das filmagens aprovado. Também já havia chegado ao Rio a ala estrangeira do elenco: o ator norte-americano Dennis Hopper e a atriz sino-americana Rae Dawn-Chong. Após um banho rápido, Jagger se preparou para a tarefa mais tediosa do dia: enfrentar a imprensa.

Às 18h:30, hora marcada para o início da coletiva do cantor, a sala de leitura do Copacabana Palace já estava repleta de jornalistas e fotógrafos. Jagger só apareceu depois das 19h. Vestia calça cinza, camisa estampada em tons bege e cinza, cinto prateado, tênis branco e óculos escuros.

Posou para os fotógrafos no varandão do hotel, deu entrevistas para as emissoras de televisão, e só então seguiu para o amplo salão onde os repórteres já o aguardavam numa enorme mesa retangular.

Mick distribuiu sorrisos e simpatia no primeiro contato com a imprensa, mas manteve-se lacônico durante os 40 minutos de entrevista. Talvez por isso alguém tenha perguntado se ele era sempre irônico. “Sou sempre, mas não só na América Latina, no mundo todo”, respondeu Mick.

Jagger explicou que a escolha do Rio como cenário do filme (que ele chamava de "vídeo" e cujo título, *Running Out of Luck*, Alvenia já adiantara aos presentes) partiu de Julien Temple, mas disse que gostava da cidade, na qual já estivera "umas seis ou sete vezes" (!).

Sobre o disco, o nome estava "sempre mudando", mas deveria, enfim, se chamar *She´s The Boss*. Chegaria às lojas em fevereiro de 1985, com nove faixas, todas assinadas isoladamente por Mick ou com parceiros, mas apenas uma atribuída a dupla Jagger & Richards.

Mick também falou da new wave ("coisa passageira, faz sucesso e morre rapidamente") e de grupos como The Smiths, Cocteau Twins e Wham! ("Você acha isso bom?"); de Michael Jackson ("uma espuma de cerveja" que "faz música de criança"); de Prince ("muito bom") e também de John Lennon ("um cara engraçado"). Quando veio a inevitável pergunta sobre uma possível vinda ao Brasil dos Rolling Stones, Jagger listou, de maneira didática, os obstáculos que impediam os shows da banda no Brasil ("Os grandes astros dificilmente se dispõem a vir à América Latina. Aqui há problemas de organização, de taxação sobre o que pagam... e também por causa dos sistemas de governo").

RUNNING OUT OF LUCK – DIÁRIO DE FILMAGEM

27 DE NOVEMBRO

As primeiras cenas foram rodadas a bordo de uma escuna – singrando pela enseada de Botafogo ou ancorada junto ao píer do (antigo) restaurante Sol e Mar. Participaram das gravações Mick, Jerry Hall e Dennis Hopper. Entre os figurantes estava a modelo brasileira Tarita. Radicada na França e amiga de Jerry dos tempos em que ambas freqüentavam as passarelas de Paris, Tarita veio fazer companhia à amiga no Rio. Entrou no filme por acaso.

No Copacabana Palace, Jerry e Tarita posaram para as lentes da fotógrafa Annie Leibovitz. As fotos ilustrariam uma reportagem da revista *Vanity Fair* sobre o livro autobiográfico que Jerry Hall lançaria no ano seguinte, com o título de *Tall Tales*. Mais tarde, Annie ainda fotografaria Jerry e Tarita em Paraty.

28 DE NOVEMBRO

A equipe de filmagem amanheceu no presídio Vieira Ferreira Neto, em Niterói. A ex-fazenda de escravos, situada na Alameda São Boaventura, viveria um dia de muita agitação. Para os detentos seria um dia de festa, pois, no lugar da rotina entediante, veriam artistas famosos e personagens exóticos – e ainda poderiam ganhar algum dinheiro como figurantes de uma produção cinematográfica internacional.

Mick acordou cedo. Cruzou a ponte Rio-Niterói num Santana e às oito horas da manhã já estava no trailer que servia de camarim se preparando para o início das filmagens. Seria um dia de trabalho longo e extenuante. No presídio, Mick

, para gravar, no Rio e na Bahia, o videoclip de seu disco solo

o Mick Jagger
dos Trapalhões

Man

gravaria um clipe para a música "Secrets", mais todas as seqüências em que está preso e é libertado.

Jagger parecia à vontade naquele cenário improvável de 38 mil metros quadrados. Embora a maioria dos detentos não soubesse quem ele era, alguns chamavam por ele, gritando "Mick!", ou "Rolling Stones!" Ao longo do dia, Mick distribuiu muitos autógrafos, enquanto circulava entre os detentos, no pátio e junto às celas. Alguns queriam mais de um autógrafo – para poder presentear os parentes. Um detento pediu a Jagger para autografar os cartões de Natal que ele mesmo confeccionava. Atendido, anunciou que iria vendê-los por um valor inflacionado em 300%! Outro preso reagiu no ato: "Você acha que alguém vai acreditar que Miqui Jegui veio aqui te dar autógrafo? Vão achar que você falsificou isso." E o tal cara dos cartões de Natal era estelionatário!

O ator Paulo César Pereio também acabou sendo reconhecido pelos presos, mas quem roubou a cena foi o maquiador Ângelo Dibiase. Com seus longos cabelos louros, brinco na orelha, discreto batom nos lábios e trejeitos efeminados, Ângelo desfilava pelas amplas dependências do presídio indiferente aos olhares dos internos, alguns até muito animados. Fez mais sucesso que Mick.

O Pavilhão Promotor Ismael Cirieiro concentrou a maior parte das gravações, que se estenderam até as oito horas da noite. Numa das cenas, gravada na cela em que funcionava a redação do jornal *Elo*, editado pelos detentos, Paulo César Pereio, no papel de diretor do presídio, recebe a visita de Rae Dawn-Chong, a namorada do personagem de Mick no filme. Ele é seduzido e drogado por ela – e acaba assinando o alvará de soltura de Jagger. Outra seqüência, desta vez bem mais longa, e com diferentes tomadas e reposicionamentos de câmeras, mobilizou dezenas de presos, que atuaram como figurantes. Alguns até de dentro de suas celas.

No final do dia, cerca de cem detentos receberam cachês. A felicidade só não foi maior porque no dia seguinte estariam de volta à habitual e monótona rotina do local, mas com a promessa da produtora do filme de reformar o velho ambulatório da penitenciária.

29 DE NOVEMBRO

Um dia tranqüilo. Mick visitou a danceteria Mamão Com Açúcar, na Lagoa. Sugerida como cenário, a danceteria recém-inaugurada de Ricardo Amaral, decorada ao estilo "anos 1950", misturando Marilyn Monroe com máquinas de Coca-Cola, agradou a Mick, mas não foi aproveitada no filme.

30 DE NOVEMBRO A 1 DE DEZEMBRO

As filmagens se concentraram no próprio Copacabana Palace e no Porto do Rio de Janeiro. Da rua, os passantes viam Jerry Hall atirando um abajur pela janela do quarto. A cena, repetida algumas vezes, fazia parte de uma seqüência no quarto em que Mick estava hospedado. Já no cais do porto as filmagens aconteceram à noite.

2 DE DEZEMBRO

A gravação do videoclipe de "Just Another Night", uma das canções em destaque no filme, e que também resultaria no primeiro single extraído do disco de Mick, teve como locação a Gafieira Elite, localizada no andar superior de um antigo sobrado junto ao Campo de Santana, região central do Rio.

Toda a equipe de filmagem, figurantes e a atriz Rae Dawn-Chong chegaram ao local por volta das sete e meia da manhã. Mick só apareceu duas horas depois e partiu direto para o trailer-camarim estacionado defronte à porta de entrada da gafieira. Enquanto isso, figurantes e músicos da banda que apareceriam acompanhando Jagger no filme ensaiavam com Julien Temple. Do lado de fora, além do corre-corre do pessoal da produção, havia duas fãs recém-chegadas de Ribeirão Preto, SP, para ver o ídolo e algumas mulatas que se ofereciam para trabalhar como figurantes.

Mick Jagger saiu do trailer com uma maquiagem pesada, realçando os olhos e os lábios. Vestia uma camiseta amarela, calça de malha azul-piscina e tênis branco. Subiu as escadas do sobrado e fez a música voltar a soar nas caixas de som. Do lado de fora, ouvia-se com clareza a música ainda inédita, ao estilo dance. A música foi repetida várias vezes durante o ensaio, que se estendeu até o meio-dia.

No intervalo, Mick atravessou a rua para chegar a uma velha casa alugada pela produção para a equipe descansar. Saiu de lá logo depois, acompanhado por Alan Dunn, assessor que trabalha para Mick e os Rolling Stones desde a década de 1960. Foi abordado com pedidos de autógrafos pelas fãs de Ribeirão Preto e por dois rapazes com discos dos Stones na mão. Todos permaneceram mudos, enquanto viam os autógrafos se materializarem. Livre do cerco momentâneo, Mick seguiu a pé com Alan até o Quartel do Corpo de Bombeiros, distante cerca de 150 metros dali, onde parte da equipe almoçava. Minutos depois, os dois reapareceram caminhando de volta. Preferiram almoçar no tradicional restaurante português A Lisboeta, defronte à gafieira. Enquanto isso, Rae circulava pela rua sem ser notada.

As filmagens começaram após o almoço. Mick surgiu do trailer com a maquiagem retocada, vestindo camiseta preta, calça até o meio da canela, estampada com motivos variados em tons claros sobre fundo preto, meias brancas e sapato preto. Entrou na gafieira, repassou com Julien o posicionamento diante da banda e deu o o.k. para o início das filmagens.

Eram 16:30 quando Jerry Hall chegou com a filha no colo, e ainda precisou ouvir "Just Another Night" muitas vezes antes de retornar com o marido para o hotel. O percussionista mineiro Marku Ribas, figuração como baterista da banda durante as filmagens do clipe, aproveitou a oportunidade para conversar com Jagger. O papo rendeu um convite a Marku para participar do novo disco dos Rolling Stones, que começaria a ser gravado em 1985.

De fato, são do percussionista brasileiro o agogô, a cuíca e o tambor ouvidos na faixa "Back To Zero", incluída no álbum *Dirty Work*, lançado em março de 1986.

Todavia, seu nome não aparece creditado na capa do disco. Ribas atribuiu a problemas contratuais a ausência do seu nome. "O Ian Stewart me disse que se eu fizesse realmente questão eles colocariam meu crédito, mas que ia dar uma tremenda dor de cabeça, por causa do contrato. Respondi que não era necessário", contou Ribas ao *Jornal da Tarde* de 18 de janeiro de 1995.

4 E 5 DE DEZEMBRO

Por dois dias consecutivos, a equipe de filmagem agitou a sede do Fluminense Futebol Clube, nas Laranjeiras. O elegante Salão Nobre do clube, transformado em cassino, serviu de cenário para as seqüências do filme referentes à música "Lucky In Love". De *summer* branco, sapatos pretos e com cabelos presos num rabo-de-cavalo, Jagger contracenou com Rae em meio a mesas de bacará, carteado, roletas e mais de uma dezena de figurantes.

Sócios do clube e alguns fãs dos Stones se concentraram nas proximidades da escada de acesso ao salão, de onde puderam ver Mick passando de um lado para o outro. Entre os torcedores do time, a piada corrente dizia que Jagger era "o novo astro tricolor".

A equipe também aproveitou a sede do clube para as cenas em que Jagger aparece dentro da caçamba de um caminhão frigorífico, com a roupa rasgada, entre carnes e manchas de sangue no chão. O caminhão estava estacionado junto ao campo, mas, para dar a impressão de movimento, colocaram a turma da produção para balançar o veículo no muque. Segundo Roberto Faissal, fotógrafo de cena do filme, Jagger não gostou nem um pouco da experiência.

6 A 9 DE DEZEMBRO

Do Rio, toda a equipe de filmagem partiu para Maricá, iniciando um périplo que percorreria Itacuruçá, Mambucaba (em Angra dos Reis), Barra do Piraí e Paraty. Todos municípios do Estado do Rio de Janeiro.

Maricá é o cenário das tomadas em que Mick aparece faminto, vagando por estradas de terra, tendo como trilha sonora a música que daria título ao filme: "Running Out of Luck". De lá, a equipe seguiu para dois dias de filmagens nos arredores de Angra.

Com exceção de Mick, toda a equipe ficou hospedada no Hotel Charles. Para ele, reservaram o Hotel Portogalo, mais luxuoso, e com uma belíssima vista da baía de Angra. E com teleférico para transporte dos hóspedes até a praia, já que fica localizado no alto de um morro. Mas Mick não passou a noite lá. Quando desceu para jantar, notou que era o centro das atenções. Não gostou. Preferiu ficar com os companheiros de trabalho no Hotel Charles.

Em Itacuruçá, uma casa à beira-mar que um dia pertenceu ao comediante Oscarito virou bordel para as cenas com Mick, Rae, Carlos Kroeber e Norma Bengell. Já em Mambucaba as cenas foram rodadas no cemitério local, cujo terreno, em declive, se estende até as proximidades da praia.

Mas a cena mais engraçada de todas não estava no *script*. Instruídos por Julien Temple, que buscava o melhor ângulo para a tomada, o assistente de direção Flávio Tambellini e Mick recuavam no terreno, quando Flávio enfiou a perna numa cova e perdeu o equilíbrio. Na queda, se agarrou em Mick, que caiu ao lado de uma sepultura. Aturdido com o susto, Jagger escapou rápido da cova – e de um enterro precoce.

10 A 13 DE DEZEMBRO

Do litoral, a trupe subiu a serra, a caminho da Fazenda Santa Maria, em Barra do Piraí, interior do estado. De propriedade de Augusto Pascoli, a Fazenda Santa Maria não só hospedou toda a equipe, incluindo Jagger, como serviu de cenário para mais uma etapa do filme. Na trama, Mick havia sido escravizado por uma fazendeira, interpretada pela atriz Norma Bengell, e forçado a trabalhar no corte e na colheita de banana. Além disso, era obrigado a satisfazê-la sexualmente. Contracenaram com Jagger, no papel de escravos, os atores Grande Otello e Tony Tornado. Nosso herói contou com a ajuda de Rae para fugir dali.

Os empregados da fazenda estranharam toda aquela movimentação. Mas gostavam de assistir a distância o trabalho dos artistas. Só se espantaram com o som alto de uma música ("She´s The Boss") durante a gravação da cena em que Mick aparece cortando a plantação junto a outros escravos. Sem ver as caixas de som escondidas entre a vegetação, os empregados ficaram sem entender de onde viria aquela música.

O ambiente agradável e hospitaleiro da fazenda fez muito bem a Mick. Entrevistado por Nélio Rodrigues, o fazendeiro Pascoli contou que Mick "estava sempre bem-humorado, perguntava muito sobre a cultura brasileira e ouvia muita música, principalmente David Bowie". Pascoli viu o astro tocando violão e ficou impressionado com a voz de Mick: "Maravilhosa, melhor do que em disco!", garantiu.

Durantes as filmagens, Mick se esbaldava com a percussão brasileira. Numa cena onde os "escravos" improvisam uma batucada com panelas, frigideiras pandeiros, cuíca e tamborim, a empolgação de Mick era tanta que instigou o pessoal a continuar batendo, mesmo depois do diretor ter gritado "corta!" E assim ficaram. Mick talvez tenha se lembrado das batucadas em sua casa alugada na Bahia, em 1968.

14 DE DEZEMBRO

De volta à Costa Verde, a equipe seguiu para Paraty. Na Pousada do Ouro, onde ficaram hospedados, Mick passava boa parte do tempo sentado num canto, tocando violão, enquanto aguardava ser chamado para mais uma tomada. "Acho que ele estava trabalhando em algumas composições, pois eu o vi ligando para Keith várias vezes para resolver coisas do próximo disco dos Stones", contou Tambellini a Nelio Rodrigues.

À noite, Mick conferia as fotos feitas por Roberto Faissal e se distraía com as imagens gravadas por Alan Dunn, "um doce de pessoa", segundo Tambellini. Com sua pequena videocâmera, Alan gravava tudo, e depois mostrava para quem quisesse assistir.

15 DE DEZEMBRO

A equipe aproveitou a viagem de volta ao Rio para registrar cenas na estrada, usadas no filme com a música "Turn The Girl Loose" ao fundo. Mick, em andrajos, como pedia o seu personagem naquelas tomadas, e Tambellini acabaram se adiantando, e decidiram parar em São Conrado para aguardar a chegada do restante da equipe. Mick ficou em pé, ao lado do carro, com as roupas rasgadas, manchadas de sujeira e o rosto maquiado, uma cena absolutamente inusitada para quem o viu naquelas condições.

16 DE DEZEMBRO

Dia de folga. Mick foi ao Maracanã assistir ao Fla X Flu. Sentou na Tribuna de Honra, tendo ao seu lado o inseparável Alan Dunn. Chegou a ser entrevistado no intervalo do jogo, mas saiu antes do final da partida, para fugir à tietagem.

17 DE DEZEMBRO

As filmagens foram retomadas no dia 17 e prosseguiram por mais um ou dois dias. Restavam, basicamente, o clipe para a música "1/2 A Loaf", realizado no estúdio de Renato Aragão, que aparece na parte inicial do filme, e as cenas finais, rodadas no Aeroporto Santos Dumont.

No estúdio de Renato Aragão, Flavio Flaksmann criou uma rua de Nova York cenográfica para o clipe de "1/2 A Loaf". Participaram da cena Dennis Hopper, Jerry Hall, o ator brasileiro Raul Gazolla, e a modelo Tarita, em meio a um punhado de figurantes, alguns arregimentados ali mesmo, entre gente da produção e suas respectivas mulheres ou amigos e amigas presentes no estúdio. Tambellini também entrou na cena, já que o número de figurantes era insuficiente, como notou Jagger, irritadíssimo, quando constatou o problema. E tinha razão: afinal, uma espécie de bloco carnavalesco apareceria em destaque na cena. Jagger chegou a discutir asperamente com uma inglesa da equipe de produção.

As últimas seqüências filmadas no Rio aconteceram no Aeroporto Santos Dumont. O cantor Ritchie participou da cena, interpretando uma grande estrela do rock que desembarca no Brasil para gravar um videoclipe. Exatamente como o personagem vivido por Mick. Na verdade, Mick e Julien Temple haviam convidado Rod Stewart para fazer essa pequena ponta no filme. Os dois achavam que Rod tinha as características imaginadas para o personagem, "um cara rico, arrogante, narcisista e empavonado". Como Rod não pôde vir, Mick aceitou a sugestão da gravadora CBS: o cantor anglo-brasileiro Ritchie, um dos maiores sucessos na época do cast da gravadora.

A conclusão das filmagens em tempo recorde mereceu uma confraternização de toda a equipe num restaurante em São Conrado. Era 22 de dezembro. Mas Mick não apareceu. Naquele mesmo dia ele se despedia do Copacabana Palace e do Rio de Janeiro.

Running Out of Luck saiu no mercado internacional em 1986, mas apenas no formato *home video*. Ao contrário do divulgado anteriormente, era um longa-metragem, com noventa minutos de duração, no qual todas as nove faixas do disco aparecem. Quando a atriz Norma Bengell soube que tinha trabalhado num longa, e não num videoclipe comprido, como lhe disseram originalmente, sentiu-se enganada. Se soubesse que trabalharia num longa, teria pedido um cachê maior.

'Hell's Angels' querem matar Mike Jagger e seus músicos

O GLOBO, 5-3-83

WASHINGTON (O GLOBO) — O gru[illegible] de motociclistas americanos conhecid[illegible] como "Hell's Angels" já tentou, em du[illegible] ocasiões, matar o cantor Mike Jagger e [illegible] músicos do conjunto inglês "Rolling St[illegible] nes" e não deistiu do projeto, que se to[illegible] nou uma espécie de obsessão desde 1969.

Em depoimento ante uma comissão d[illegible] Senado que investiga o crime, um ex[illegible] membro do "Hell's Angels", escondid[illegible] por uma tela e identificado apenas com[illegible] "Butch", contou que este ódio surgiu de[illegible] vido à morte de um jovem presente a u[illegible] concerto dos "Rolling Stones" em Alta[illegible] mont, na Caolifórnia, cuja segurança es[illegible] tava a cargo do grupo de motociclistas.

Este espectador foi apunhalado durant[illegible] uma briga com os "Hell's Angels", que s[illegible] revoltaram porque Mike Jagger e os mú[illegible] sicos que o acompanham não os apoiara[illegible] no processo a que responderam.

"Butch", condenado por assassínio, de[illegible]

She's The Boss culminou todos os esforços de Mick Jagger para mostrar ao mundo (e, possivelmente, a ele mesmo) que era capaz de muitas coisas fora dos Rolling Stones. De que não *precisava* deles.

Ter sido o primeiro lançamento via CBS de qualquer música produzida no *front* stoniano sublinhava com caneta vermelha essa pretensa declaração de independência.

Desde os anos 1960 Mick vinha tentando se firmar como ator, com resultados desiguais, e as tentativas mais recentes de emplacar um filme tão significativo quanto *Performance*, de 1970, haviam rendido apenas dois projetos abortados: o papel-título num longa sobre o poeta e dramaturgo francês Antonin Artaud, em 1978, e uma participação em *Fitzcarraldo*, de Werner Herzog (por causa de atrasos na produção e problemas na agenda de Mick ele precisou se desligar do filme, e seu papel foi sumariamente excluído da trama). Sem desanimar, em 1983 Jagger fez o papel de Imperador (chinês!) num episódio da série americana de TV *Faerie Tale Theatre* inspirado num conto de Hans Christian Andersen.

Mas o peso e o significado de *She's The Boss* eram substancialmente maiores: nele, Jagger podia exibir ao mundo suas qualidades musicais fora dos Rolling Stones.

Não era a primeira vez que gravava sem os colegas de banda. Seus vocais de apoio ajudaram a transformar "You're So Vain" num dos maiores sucessos de Carly Simon. E não havia muito tempo Mick tinha gravado um dueto com um Michael Jackson no auge da popularidade, "State of Shock". *She's The Boss*, por outro lado, era Jagger em estado puro e concentrado, e 100% no comando.

Ali estava Mick cercado de produtores "da hora" e músicos de peso (Jeff Beck, Pete Townshend, Herbie Hancock) para exibir sua visão do mundo pop e seus talentos sem um pingo do condimento Richards (embora a parceria fosse mantida numa faixa solitária do álbum, ironicamente chamada "Lonely At The Top"). No entanto, o resultado final era mesmo tão diferente assim do que Jagger teria obtido ao lado da banda com quem vinha trabalhando há mais de duas décadas? E havia alguma sobra de inspiração, que fosse, para ajudar na preparação do novo disco dos Rolling Stones, o primeiro dentro do novo contrato com a CBS? Mais que catapultar o Jagger solo, *She's The Boss* serviria de primeira pá de cal sobre os Stones?

> "Com seu primeiro disco solo, Mick Jagger pulou para o ano de 1985. Está duas décadas à frente de seu grupo, ainda baseado nas células do rhythm and blues que moldaram as bandas inglesas do começo dos anos 1960. (Aqui) ele pode expandir o ego contido nos limites máximos de tensão permitidos à manutenção de um grupo como os Stones."
>
> – **TÁRIK DE SOUZA**, *Jornal do Brasil*, 12 de fevereiro de 1985.

"Achei muito estranho (ele) lançar um álbum obviamente comercial logo antes da gente começar a trabalhar no novo álbum dos Stones. Se ele tivesse gravado suas canções irlandesas favoritas, acompanhado de uma moça tocando harpa ou se chamasse Liberace para tocar com ele algumas músicas de Sinatra, qualquer coisa que ele não conseguiria ter feito com os Stones, aí, tudo bem. Na minha cabeça, um álbum de Mick Jagger deveria ser um evento absurdamente gigantesco. E não apenas mais um disco. E eu disse a ele que achava uma burrice lançar o disco justo naquela hora e que não era um trabalho inspirado."

– **KEITH RICHARDS**, em 1985, comentando *She's The Boss.*

Em 1985, Keith Richards vislumbrava um futuro desafiador e estimulante para os Rolling Stones. Conforme delinearia ao jornalista inglês Nick Kent, "(os Stones) chegaram a um ponto onde nós podemos fazer essa coisa – o rock and roll – virar adulto. Somos os únicos juntos por tanto tempo. Faz sentido ser uma banda de rock and roll depois de vinte anos? Conseguiremos fazer com que (o rock) amadureça de maneira graciosa e continue fazendo sentido?"

Mas Mick Jagger tinha outros planos.

Entusiasmado com a vida solo, Jagger já preparava um segundo álbum (e, quem sabe, uma excursão) individual, e os Stones, naquele momento, eram uma pedra no seu sapato.

Neste clima de tensão e vontades desencontradas, começaram em Paris, em janeiro de 1985, as gravações do que viria a ser *Dirty Work*, o primeiro álbum para a CBS. E começaram sem Jagger.

Quando ele finalmente chegou para trabalhar – em março! – Richards sentiu-se duplamente insultado ao constatar que Mick, além de estar dois meses atrasado para o trabalho, não trazia música alguma para o disco. Tudo composto recentemente estava reservado para seu próximo álbum solo.

Frustrado, Charlie voou de volta para a Inglaterra. Bill permaneceu em Paris, mas tocou em apenas metade das faixas. Por isso, grande parte do instrumental do disco é creditado a um tal Biff Hitler Trio, um apanhado de amigos, *roadies* e músicos contratados que tocaram junto com Keith e Ron no lugar de Bill e Charlie. Na ausência de Mick, as vozes-guia eram gravadas por Bobby Womack e Don Covay, algo inédito na carreira da banda.

"Quer ter uma idéia de como andavam mal as coisas entre Mick e Keith naquela época? O álbum saiu com quatro músicas minhas!"

– **RON WOOD**, no livro *Ronnie*.

Quarenta por cento das composições de *Dirty Work* creditadas a Jagger/Richards/Wood era a forma de Keith dar o troco a Jagger, que assumira sozinho a autoria de quase todas as músicas do disco solo, quebrando uma tradição de desde sempre, segundo a qual todas as músicas compostas por um ou por outro seriam sempre assinadas por ambos. Somente "Lonely at the Top" foi creditada a Jagger/Richards, porque havia sido composta em 1977, durante as sessões que deram origem ao álbum *Some Girls*.

A relação entre os dois se deteriorou a tal ponto que cada um passou a gravar suas partes para o disco em estúdios diferentes.

O nível da animosidade entre Mick e Keith pode ser medido pelos títulos das músicas compostas por cada um, em separado, entre janeiro e junho de 1985: "Vou chutar todos os seus dentes, um por um" (Keith), "Preciso do seu amor?" (Mick), "Por que você me trata feito um idiota?" (Keith), "Meu lado sombrio?" (Mick). Nenhuma delas entrou no disco.

Bill lembra no seu livro *Rolling With The Stones* que o clima era tão pesado em Paris que a banda passava grande parte do tempo tocando músicas alheias para acalmar – e tentar se inspirar. No lote, entraram até pesos leves como "Splish Splash", "Bungalow Bill", dos Beatles, e "Perfidia", dos Ventures.

De todos os Stones, Charlie pagou o preço mais alto pelas tensões em torno dos Stones na metade dos anos 1980. Ele começou a beber demais, e dali progrediu para anfetaminas e, por fim, heroína. Normalmente um homem sossegado, apegado à família, Charlie permaneceu nesse estado por quase dois anos, e só parou depois da mulher, Shirley (que se internara para cuidar do seu próprio alcoolismo, provocado pelos problemas de Watts), ameaçar deixá-lo.

Os Rolling Stones estavam por um fio. E a morte de seu integrante mais antigo, o pianista e faz-tudo Ian Stewart, derrubado por um infarto na saída de uma consulta com seu cardiologista, se encarregaria de desestruturar completamente a banda.

> "Foi a gota d'água. Ele era a cola, e quando a cola deixou de existir, todos os pedaços caíram soltos no chão. Eu estava de visita em Londres por uma semana, marcamos um encontro, e estava esperando por ele no meu quarto de hotel. E nada dele – embora (atrasar) não fosse do seu estilo. Fico esperando, esperando, esperando, até que, às quatro da manhã, toca o telefone, e é Charlie Watts. 'Tenho más notícias.' Pois é, estou aqui esperando por Stu. 'As más notícias são essas: Stu morreu.' E é engraçado como você reage quando morrem seus amigos. Você fica com raiva deles. 'Como você teve coragem de me abandonar aqui?' Foi um choque para todo mundo. Stu era indestrutível! E o fato (da morte dele) ter acontecido quando aconteceu foi o golpe final na banda."
> – **KEITH RICHARDS**, em entrevista a José Emilio Rondeau, em 31 de agosto de 1988.

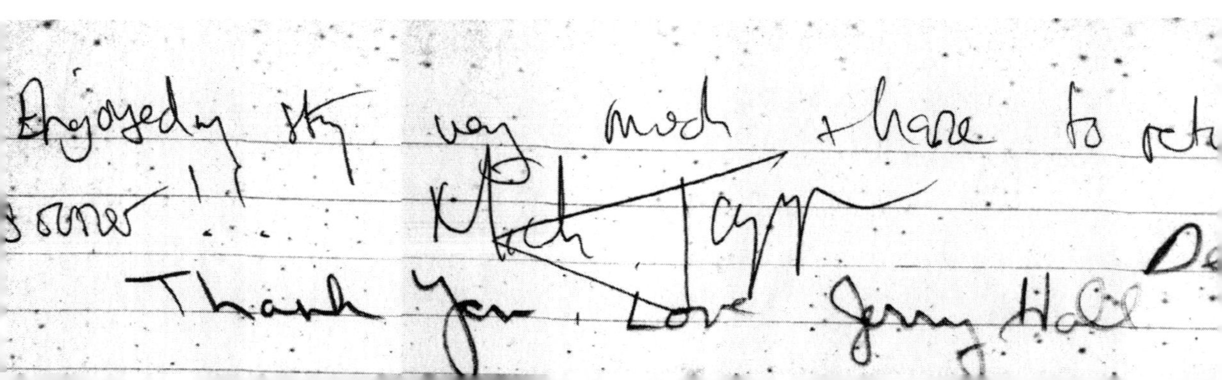

"Stu era nossa consciência. Sem ele, (nossas vidas) teriam sido muito mais duras."
– **BILL WYMAN**, no seu livro *Rolling With The Stones*.

Os Rolling Stones não excursionaram para promover *Dirty Work*. Entregue o disco à CBS, cada um partiu para o seu lado: Jagger gravou com David Bowie um *standard* pop dos anos 1960, "Dancing In The Street" e começou a preparar mais um álbum solo. Wood organizou uma exposição de suas pinturas. Bill jogou críquete em partidas beneficentes. Charlie organizou uma banda de jazz. E Keith ajudou o diretor Taylor Hackford a filmar um documentário sobre Chuck Berry antes de chamar o baterista Steve Jordan, músico que havia trabalhado no filme e que participara da banda dos programas de TV *Saturday Night Live* e *Late Night With David Letterman*, para ajudá-lo a preparar as demos do seu primeiro álbum solo.

"Como um todo, a música e as letras de *Dirty Work* não se comparam às de *Beggars Banquet, Let It Bleed, Sticky Fingers, Exile on Main St.* ou *Undercover*, sólidas, mas não espetaculares. (O disco) parece incompleto; soa feito para cumprir um prazo."
– **JON PARELES**, *Rolling Stone*, 3 de julho de 1986.

"É como se eles recuperassem a autoconfiança e voltassem a reclamar o título de (A Maior Banda de Rock do Mundo). A essa altura do campeonato ninguém esperava que os Stones soassem tão seguros, coesos e à vontade. *Dirty Work* é uma obra-prima que ninguém mais acreditava que estes senhores fossem capazes de criar."
– **JOSÉ EMILIO RONDEAU**, *Bizz*, maio de 1986.

"De vez em quando precisamos ser lembrados de que o rock, embora tenha nascido como música da juventude, ainda consegue agradar aos adultos, também. E ninguém mais capaz de fazer esse lembrete que esse resistente quinteto de sobreviventes."
JOHN ROCKWELL, *The New York Times*, 27 de abril de 1986.

"Excursionar (após o lançamento de) *Dirty Work* teria sido um pesadelo. Era uma época terrível. Todo mundo se odiando tanto, era muito desentendimento. E por bobagens: todo mundo doidão demais, e Charlie estava péssimo. Quando se falou em turnê, eu disse 'não acho que vai dar certo.' Vendo agora, eu estava cem por cento certo. Teria sido a pior turnê dos Rolling Stones. Provavelmente, seria o fim da banda."
- **MICK JAGGER**, *Rolling Stone*, 14 de Dezembro de 1995.

No escurinho com os Rolling Stones

CHUCK BERRY – HAIL! HAIL! ROCK 'N' ROLL (1987)

O melhor deste documentário, feito por quem entende e gosta de música misturada com cinema – o californiano Taylor Hackford, o mesmo de *La Bamba* e de *Ray*, cinebio de Ray Charles –, acaba sendo a maneira como Keith Richards é a voz da razão e da organização diante de um homenageado – Chuck Berry, comemorando seus 60 anos – rigorosamente ingovernável.

> "Fica claro que Richards precisa superar dificuldades enormes para organizar esse tributo, e o filme capta diversas pequenas desavenças entre ele e Berry, com (Chuck) insistindo que tocará do jeito que gosta, e que se daquele jeito não soar bem para o filme, pior para o filme. 'Ele me deu mais dores de cabeça que Mick Jagger, mas ainda assim não consigo desgostar dele', diz Richards. 'Quanto mais você descobre sobre ele, menos você sabe.'"
>
> – **JANET MASLIN**, *The New York Times*, 3 de Outubro de 1987.

Em 1986, Keith Richards estava pronto para matar Mick Jagger.

Depois de ler uma entrevista com Mick na revista *Musician* onde ele dizia que estava se preparando para excursionar sem os Stones – a banda que para ele agora não passava de "um fardo" –, Keith prometeu "cortar o pescoço de Jagger", caso ele ousasse sair pela estrada com outros músicos.

Apesar da ameaça, um ano e meio mais tarde Jagger partiu em turnê por Japão e Austrália sem os Rolling Stones – e Keith deve ter rido com vontade ao saber que a maior parte do repertório dos shows solo de Mick consistia de músicas dos Stones!

Na verdade, com a banda em hibernação e Mick e Keith só se comunicando através de xingamentos divulgados pela imprensa, todos os Stones estavam ocupados com suas atividades individuais: Ron excursionava com Bo Diddley e abria uma casa noturna em Miami Beach, Charlie se apresentava com sua orquestra de jazz, Bill compunha para a trilha do filme *Opera*, do diretor italiano Dario Argento.

E Keith urdia sua vingança.

> "Agora, está quase terminado: os Stones esgotam as razões para permanecer juntos."
>
> – Manchete de capa da revista *Spin*, agosto de 1986.

Para Richards, lançar um disco solo era o mesmo que admitir a falência de sua banda. O mundo de Keith começava e terminava nos Rolling Stones. Portanto, o processo que o levou ao álbum individual *Talk Is Cheap* teve um travo amargo. Se *Dirty Work* era o som de Keith tentando retomar as rédeas dos Stones, *Talk Is Cheap* aceitava o fim da banda.

Mas o álbum solo de Richards serviu, incrivelmente, para ressuscitar os Stones. Mesmo antes de ser lançado.

Quando Keith finalizava em Nova York a mixagem de *Talk Is Cheap* recebeu a convocação para uma reunião em Londres, onde se discutiriam os planos para um novo disco e uma nova excursão dos Rolling Stones em 1989, coincidindo com a entrada da banda para o Rock and Roll Hall of Fame.

> "(Eu sabia que) se meu disco fosse bom, serviria para dar um chute no traseiro (do resto da banda). Mas não esperava um resultado tão rápido! Se (*Talk Is Cheap*) tiver servido para (reunir a banda), já me ajudou a superar minha sensação de fracasso. Por outro lado, a gente precisava de umas férias, um do outro. Especialmente Mick e eu. Nós dois temos nossos próprios embates. Nos conhecemos há 40 anos, desde quando éramos menores que essa mesa! E de uma maneira ou de outra a gente estava cheio, um do outro. Depois de anos e anos vendo outras bandas acabarem, dizíamos que pelo menos não tínhamos aquele problema. E de repente acontece com a gente! Depois de tantos anos trabalhando juntos, não importa quem você seja, chega sempre um ponto em que um disseca o outro de tal maneira que de uma hora para outra (a parceria) deixa de funcionar por um tempo. E quem sabe a gente aprendeu alguma coisa nesses dois anos e pode acrescentar essa experiência aos Stones e continuar fazendo as nossas coisas (individuais). Não vejo por que não."
>
> – **KEITH RICHARDS**, em entrevista a José Emilio Rondeau, Los Angeles, 31 de agosto de 1988.

A década de 1980 chegava ao fim, e os Rolling Stones estavam prontos para começar tudo de novo.

5. A ESTRADA SEM FIM – 1989 A 2007

"STONES RESISTEM A: DIVÓRCIO, CALÚNIA, TRAMBIQUES, FOFOCAS, SEXO COM MENORES, ÁLCOOL, DROGAS"

– Camiseta oficial da banda, vendida a partir da turnê de 1994.

Os Rolling Stones podiam ter permanecido os três anos anteriores entre a beligerância e o estado de animação suspensa. Mas, uma vez religada, a máquina voltou à vida com potência máxima e gana de atropelar qualquer dúvida de que os Stones ainda eram capazes de engolir a competição – e palitar os dentes com os seus ossos.

E tudo aconteceu rápido, como sempre ocorre quando os Stones decidem arregaçar as mangas e trabalhar duro. Os primeiros telefonemas exploratórios – basicamente, Mick ligando para cada um dos demais Stones para avaliar disponibilidades e interesses – começaram em janeiro de 1988. Quatro meses depois, todos os Stones estavam reunidos em Londres para discutir datas e detalhes: a banda gravaria um novo disco e sairia em excursão no segundo semestre do ano seguinte. Faltava, no entanto, cumprir uma condição preliminar: Jagger e Richards conseguiriam fazer as pazes e trabalhar juntos novamente?

> "Na época, todo mundo queria saber: 'Como é que foi? O que aconteceu? Como é que as coisas se arrumaram?' (Mas) foi um não-evento. O que poderia ter sido uma sessão de xingamentos acabou não havendo. Acho que ficou decidido que aquela parte já tinha acontecido. Claro que precisamos organizar o *modus vivendi* de todo mundo, porque estávamos planejando um tipo bastante diferente de turnê. Todo mundo precisou compreender que estava vivendo num mundo novo. Era necessário inventar novas regras. A indústria (da música) tinha crescido, havia mais eficiência do que nas turnês drogadas dos anos 1970. Os shows começariam pontualmente na hora. Todo mundo sabia que tinha sua responsabilidade, e todos estavam dispostos."
>
> – **MICK JAGGER**, *Rolling Stone*, 14 de dezembro de 1995.

De fato, desde que os Stones tinham sido vistos ou ouvidos pela última vez, o mundo pop havia passado por mais uma de suas tantas, cíclicas transformações. As grandes atrações do final da década de 1980 eram balizadas pelo pop dance teatral e aeróbico de Madonna e o rock Hollywood do Guns N' Roses. Era um mundo novo onde o U2 recém-superstarizado dividia as atenções com o rap ativista do Public Enemy. Os Rolling Stones – a essa altura um anacronismo, uma banda de rock integrada por cinco senhores de meia-idade – conseguiriam se sobressair nessa selva e, o mais complicado, sobrepujar o resto da fauna apenas com o peso do seu currículo?

Os convivas que lotaram o salão nobre do hotel Waldorf Astoria, em Nova York, para assistir ao ingresso dos Rolling Stones no Rock and Roll Hall of Fame, em janeiro de 1989, testemunharam que Mick e Keith pareciam dispostos a um cessar-fogo para valer. Apesar de inicialmente desconfortáveis com a proximidade física, Mick e Keith ensaiaram um abraço no palco e gargalharam juntos antes de se juntar a um verdadeiro Butantã do rock – como Pete Townshend, Bruce Springsteen, Little Richard e Tina Turner – para tocar versões garagem de "Start Me Up" e "Honky Tonk Women". O primeiro passo estava dado.

> "Os americanos são engraçados. Primeiro, você os choca. Depois, eles põem você num museu."
> – **MICK JAGGER**, na cerimônia de entrada da banda no Rock and Roll Hall of Fame.

Após o reencontro público de Jagger e Richards, uma onda de rumores adicionou bizarrice ao ainda frágil recomeço. Como Bill Wyman e Charlie Watts não compareceram à festa do Rock and Roll Hall of Fame, e como Mick Taylor ressurgira do nada para receber as homenagens ao lado de Mick, Keith e Ron, e tocar com eles no show de encerramento da cerimônia, os mais apressados concluíram que Wood assumiria o posto de baixista para Taylor voltar a tocar guitarra com a banda. Ou seja, Wood seria rebaixado e Bill Wyman estava fora dos Stones.

A fofoca, ainda que delirante, não era de todo absurda. Detrás daquela fumaça havia uma fogueirinha se armando. Numa reunião em Nova York, poucos dias mais tarde, Bill pediu licença à banda para se ausentar das gravações do novo disco e participar apenas dos shows. O pedido foi negado, e em março Bill viajou para trabalhar com os demais Stones no estúdio de George Martin, na ilha caribenha de Montserrat. Mas as sessões que dariam origem a *Steel Wheels*, o álbum gravado dentro de apenas cinco semanas em clima tropical, seriam a última temporada de Bill Wyman no estúdio com os Rolling Stones.

Desde os anos 1970 Wyman vinha construindo uma vida paralela aos Stones, (não necessariamente independente deles) como artista solo, produtor, fotógrafo e colecionador de arte. Bill rascunhava um futuro em que não mais precisaria viajar com a banda durante metade do ano e passar os demais meses conforme as agendas (por vezes conflitantes) pessoais e profissionais de Mick e Keith. Tanto que aproveitou o anúncio da turnê de 1989 para inaugurar em Londres, quatro meses antes do primeiro show, seu restaurante temático Sticky Fingers Cafe, todo dedicado à memorabília dos Stones.

Aos 52 anos, naquele momento de busca por uma vida nova, Wyman também toureava uma onda considerável de controvérsia, por causa de seu namoro com Mandy Smith, uma moça de 19 anos com quem ele se relacionava desde que ela tinha... 13 anos! Bill garante que saía com ela sem saber que estava namorando uma menor de idade, mas, para todos os efeitos, o relacionamento dos dois era escandaloso, senão legitimamente chave-de-cadeia. E a história ficava ainda mais apimentada: num singular caso de inversão de papéis, Stephen, o filho de 28 anos de Wyman, resolveu, ao mesmo tempo, ter um caso com Patsy, de 38 anos – e mãe de Mandy!

Bill casou com Mandy, mas a união durou apenas um ano. O casamento terminou na mesma época em que Bill decidiu se desligar de vez da banda com quem passara as últimas três décadas.

Longe de espetacular, o álbum *Steel Wheels* trazia a pegada-assinatura dos Stones embalada na sonoridade polida comum à música gravada no final dos anos 1980. Comentando nas letras – e sem recorrer a grandes metáforas – os embates recentes entre Mick e Keith ("Cale a boca, *baby*. Vamos parar de brigar e apagar o passado") e cercados de vários músicos de apoio, os Stones fizeram um álbum eficiente e enxuto, próprio para ser transposto para as grandes dimensões dos estádios onde a banda se apresentaria no decorrer daquele ano (embora somente três delas viessem a figurar no setlist da turnê daquele ano).

E da mesma forma que até hoje chamam para abrir seus shows rostos novos, estrelas em ascensão que possam atrair o público mais jovem, em 1989 eles contrataram Cliff Burnstein e Peter Mensch – empresários de Metallica e Def Leppard, então no auge de sua popularidade – como consultores de promoção e marketing do álbum, da turnê, e do conceito do show. Os Stones não queriam – não podiam – errar.

> "Se os Stones pretendem sobreviver como algo mais que uma atração nostálgica, como o The Who, *Steel Wheels* tem muito a provar. Os Stones ainda são uma banda coerente? E, 26 anos após sua primeira gravação, eles ainda têm algo a dizer? Com *Steel Wheels* as respostas são um enfático sim e um talvez dúbio. Sem o gume cortante de letras melhores, *Steel Wheels* torna-se um álbum seguro, agradável, oco."
> – **JON PARELES**, *The New York Times*, 27 de agosto de 1989.

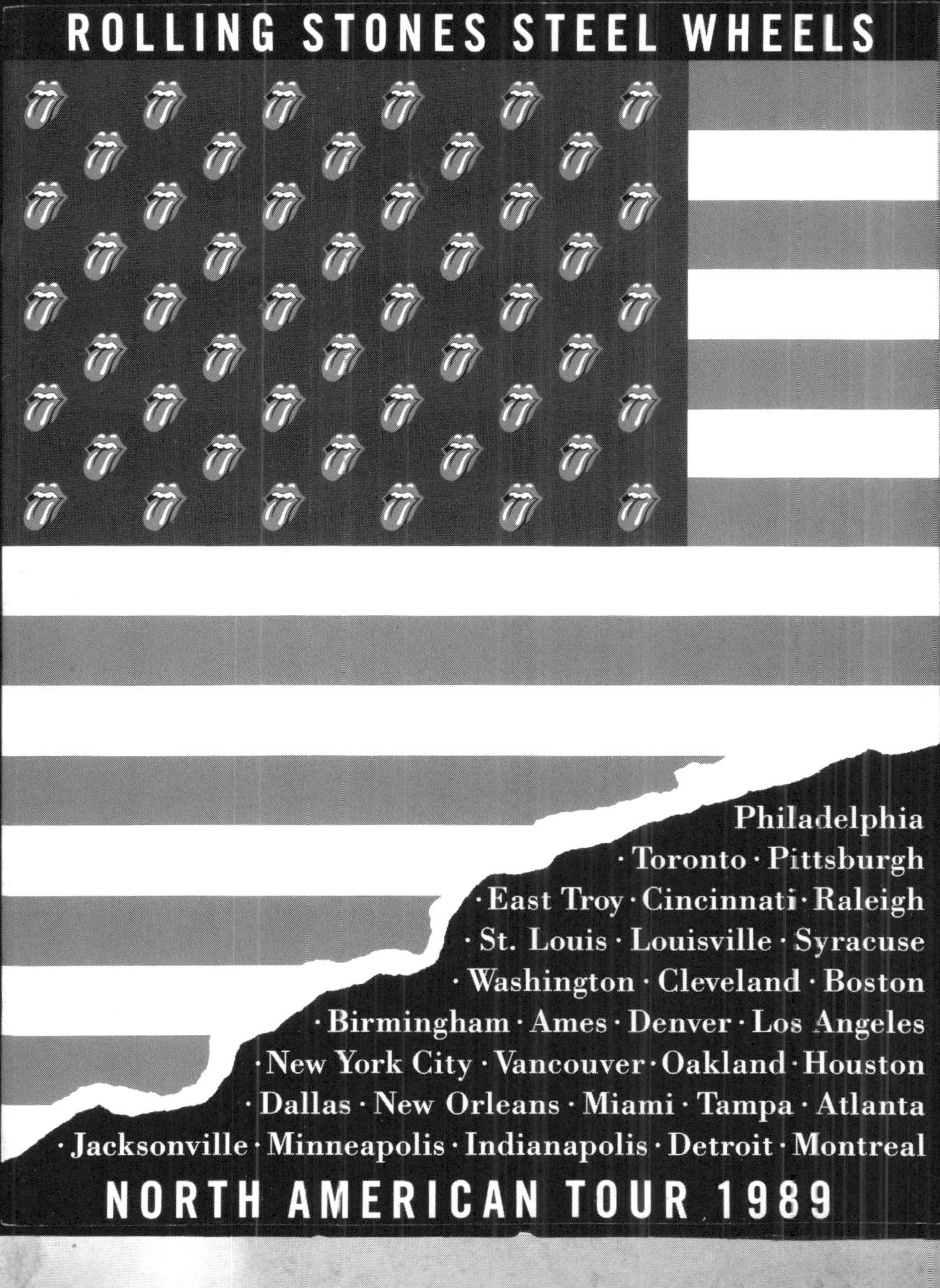
ROLLING STONES STEEL WHEELS
Philadelphia
· Toronto · Pittsburgh
· East Troy · Cincinnati · Raleigh
· St. Louis · Louisville · Syracuse
· Washington · Cleveland · Boston
· Birmingham · Ames · Denver · Los Angeles
· New York City · Vancouver · Oakland · Houston
· Dallas · New Orleans · Miami · Tampa · Atlanta
· Jacksonville · Minneapolis · Indianapolis · Detroit · Montreal
NORTH AMERICAN TOUR 1989

"Não espere um milagre. Um disco sangüíneo, violentamente pesado, que desnude e ilumine as questões do seu tempo, de gume afiadíssimo e com uma química musical perversa de tão precisa que faça ruir toda e qualquer fronteira do idioma rock 'n' roll. Os Rolling Stones não fazem isso há 17 anos. No entanto, *Steel Wheels* é um triunfo. O primeiro álbum dos Rolling Stones que não se resume a jams desorientadas que foram transformadas em canções na mesa de edição (descontada a ocasional gema perfeita), (o novo álbum) surpreende por sua coesão e (seu) vigor: uma coleção de faixas de construção sólida, que pulsam com uma urgência inimaginável a essa altura nos Stones."

– **JOSÉ EMILIO RONDEAU**, *O Globo*, 18 de setembro de 1989.

"Os Stones ainda têm o vigor, mas existe sempre um esforço na música, também, uma preocupação em demonstrar energia, como se eles fossem os caras mais velhos na academia querendo fazer boa figura no aparelho de ginástica. O rock 'n' roll pode ser a vida deles – e o seu negócio. Pode ser algo que eles façam com naturalidade, mas não com facilidade. Foram-se a velha soberba e a segurança absoluta em si mesmos. Há bastante suor nessas canções."

– **JAY COCKS**, *Time*, 4 de setembro de 1989.

A abertura da turnê, no Veterans Stadium, na Filadélfia, o primeiro show dos Rolling Stones em oito anos, sofreu um tropeção tão dramático que era como se os deuses estivessem testando a determinação dos Stones para seguir em frente.

"Quando as luzes do estádio de beisebol Veterans se apagaram, os fãs de todas as idades que lotavam cada cadeira explodiram num único grito de expectativa e entusiasmo. Pela primeira vez desde 1981 ali estavam, unos, reunidos e operacionais, os Rolling Stones. O que os fãs não sabiam e os Stones não esperavam é que o show de abertura da monumental turnê americana fosse uma espécie de superproduzido ensaio geral, com direito a buracos, microfonias, e uma patética falta de energia elétrica, jamais vista em espetáculos deste nível e porte, e que deixou o palco às escuras completamente sem som durante seis desesperadores minutos, quando o concerto estava na terceira música."

– **ANA MARIA BAHIANA**, *O Globo*, 2 de setembro de 1989.

Sustos à parte, apoiada maciçamente pela MTV, a turnê *Steel Wheels* fez história. O maior contrato de patrocínio (a Budweiser pagou seis milhões de dólares pela exclusividade na associação de sua marca aos shows). O maior palco já construído para uma excursão de rock (uma minicidade futurista bolada por Mark Fisher e inspirada nos escritos *cyberpunk* de William Gibson, que precisava de 80 caminhões para ser transportada). O maior elenco de músicos acompanhantes já reunido num palco junto com os Stones (dez, ao todo, arregimentados com a ajuda do tecladista Chuck Leavell, agora o diretor musical da banda).

O promotor canadense Michael Cohl, em troca do agenciamento de toda a turnê, prometeu aos Stones uma renda mínima, garantida, de 75 milhões de dólares. Foi espetacularmente conservador. Somados todos os ganhos dos quase cinco meses de turnê – venda de ingressos, merchandising (camisetas, pôsteres, jaquetas, bonés, programas), patrocínio, dois especiais de TV (um transmitido em 3D e uma apresentação *pay-per-view* do último show da excursão, no cassino Taj Mahal, de Donald Trump) –, a renda bruta da *Steel Wheels* atingiu perto de 250 milhões de dólares. De acordo com o diário *Variety*, que toma o pulso da indústria norte-americana de entretenimento, a turnê *SW* papou dez por cento de cada dólar gasto naquele ano com shows de rock nos Estados Unidos. Os Rolling Stones passaram o rodo.

A *Steel Wheels* ainda levou os Stones pela primeira vez ao Japão, antes de chegar na Europa em versão reduzida, com um novo conceito, um novo palco (menor, para se ajustar às menores dimensões dos prédios do Velho Mundo) e um novo nome: virou a excursão *Urban Jungle*. Os três meses adicionais de trabalho renderam aos Stones mais 140 milhões de dólares.

Entre 1989 e 1990, os Rolling Stones fizeram 115 shows e tocaram para cerca de seis milhões de pessoas, o equivalente a toda a população da cidade do Rio de Janeiro.

"Os Rolling Stones ainda são a melhor banda tipo Rolling Stones do mundo."
– **CHARLES SHAAR MURRAY**, *Daily Telegraph*, 6 de julho de 1990.

No escurinho com os Rolling Stones
THE STONES AT THE MAX (1991)

Os Stones convocaram o velho conhecido Julien Temple para dirigir o primeiro longa não-científico rodado no formato IMAX, sistema de filmagem com bitola 10 vezes maior que os tradicionais 35 mm utilizados no cinema. O resultado é uma imagem não apenas gigantesca, projetada numa tela com a altura de um prédio de cinco andares, como também riquíssima em detalhes. Tudo embalado pelo equivalente sonoro.

É nessas condições que Julien apresenta trechos de cinco apresentações da banda na Europa, durante a turnê *Urban Jungle*. Apesar de funcionar bem em DVD, é nas salas de IMAX que o filme atinge seu pleno e inebriante potencial.

"A grande revelação é o profissionalismo absoluto com que um show dos Stones é realizado. A platéia consegue ver tudo, desde o aparelho, parecido com um *teleprompter*, que assinala (para os músicos) a canção que está sendo tocada e a roupa que Mick Jagger deve estar usando naquele momento, à maneira exaustivamente ensaiada, quase teatral, da apresentação de Jagger. Desse ponto de vista, a platéia com certeza notará que o astro tornou-se um atleta magnífico e que ele tem um ótimo alfaiate."
– **JANET MASLIN**, *The New York Times*, 22 de novembro de 1991.

"Tocávamos 'Paint It Black' e toda a parte rock deles. Era um barato! Adorava o Brian Jones, o mistério e a rebeldia deles."

- **SÉRGIO DIAS**, vocalista, guitarrista – Mutantes

Os veteranos Rolling Stones adentraram a década de 1990 ocupando um patamar inédito no Olimpo pop. Com seus contemporâneos extintos ou reduzidos a estilhaços, os Stones eram os únicos ícones dos anos 1960 ainda excursionando e gravando com regularidade e com sucesso constante. Sua história e seu repertório criavam uma sombra histórica e artística inescapável. Mas agora eles precisavam aprender como prosseguir trabalhando sem perder a majestade – e sem virar uma caricatura de si mesmos. Só que não havia mapa para o território onde os Stones estavam começando a pisar. E a partir dali eles caminhariam sem Bill Wyman.

> "Durante a turnê *Steel Wheels*, Bill vivia nos dizendo que aquela seria sua última excursão, que depois que todos fôssemos para casa ele se desligaria da banda. Todos nós sabíamos que ele odiava viajar de avião, mas nenhum de nós acreditava que ele odiasse aviões mais do que gostava de ser um rolling stone."
> – **RON WOOD**, no livro *Ronnie*.

As ameaças de Bill não eram vazias. Os shows realizados no estádio de Wembley, em Londres, nos dias 24 e 25 de agosto de 1990, marcaram o fim da turnê *Urban Jungle*. E foram os últimos shows de Wyman com os Rolling Stones.

> "Os acontecimentos dos últimos anos haviam me convencido de que existiam outras coisas que eu queria e precisava fazer. Primeiro, eu tinha que pôr minha vida pessoal em ordem, e eu queria explorar outras idéias criativas. Sei que é muito difícil para muitos de vocês enxergar as coisas do meu ponto de vista, mas tocar com os Stones era meu emprego. Era minha carreira, e, como acontece com muita gente, não era necessariamente para durar a vida inteira. Eu tinha passado mais da metade da minha vida com os Stones, e estava na hora de mudar."
> – **BILL WYMAN**, no livro *Rolling With The Stones*.

Budweiser
Presents
ROLLING STONES
STEEL WHEELS
THE NORTH AMERICAN TOUR 1989
Budweiser
THIS BUD'S FOR YOU.
TUNE IN TO
MTV

ROLLING
STONES
URBAN
JUNGLE
EUROPE 1990

No escurinho com os Rolling Stones

FREEJACK – OS CAÇADORES DE VIDA (1992)

Nesse ficção científica derivativo e raso, dirigido pelo neozelandês Geoff Murphy, Mick Jagger é Victor Vacendak, um "caçador de corpos" que pretende capturar o jovem piloto de corridas Alex Furlong (Emilio Estevez) antes que ele morra, para poder vender seu corpo ao moribundo magnata Ian McCandless (Anthony Hopkins) a tempo de ser efetuada uma troca de cérebros. Uma chatice que já saiu datada – e que não faria falta alguma à ficha cinematográfica de Jagger.

"Um monte de gente boa brincando de exterminador do futuro."
– **CARLOS HELI DE ALMEIDA**, *Jornal do Brasil*, 5 de maio de 1992.

"Para atirar poeira nos olhos do espectador, o diretor Geoff Murphy promove uma mistura cinefílica de pelo menos uma dezena de filmes de ficção científica, começando por *Blade Runner*."
– **INÁCIO ARAUJO**, *Folha de S. Paulo*, 8 de maio de 1992.

STONE TOCA NO BRASIL! MAS O SHOW É DE JAZZ...

Mick e Keith podem ter desbravado o Brasil bem antes, mas Charlie Watts foi o primeiro rolling stone a tocar aqui.

Só que não tocou rock and roll. Em maio de 1992, o baterista se apresentou no Brasil com o seu grupo de jazz, The Charlie Watts Quintet.

O giro do quinteto, iniciado na célebre casa de jazz londrina Ronnie Scott's, em 1991, servia para promover o CD *From One Charlie*, um tributo do baterista a seu xará e ídolo-mor, o saxofonista e ícone do jazz bebop Charlie "Bird" Parker.

From One Charlie existe graças à persistência do empresário Mark Hayward. Havia anos, Hayward tentava convencer o baterista a deixá-lo reeditar o livro *Ode To A High – Flying Bird*. Esgotado desde o seu lançamento em fins de 1964, o pequeno livro, originalmente escrito e ilustrado por Charlie Watts em 1961, em homenagem a "Bird", tornara-se um cobiçado item de colecionador.

Hayward recebeu o sinal verde de Charlie, com a condição de que o livro viesse acompanhado de um CD, cuja música deveria refletir o estilo de Parker, tendo como inspiração as ilustrações e o pequeno texto do livro de Charlie.

Charlie delegou a responsabilidade de recriar a essência da música de Parker a seu amigo Peter King, considerado pelos músicos e críticos de jazz o melhor sax alto que a Europa já produziu. Além de ter sido um dos 33 músicos reunidos pelo baterista para formar a Charlie Watts Orchestra – o extravagante projeto paralelo de Charlie que, entre 1985 e 1986, excursionou por Inglaterra, Alemanha e Estados Unidos, e gerou um disco gravado ao vivo no Fullham Town Hall de Londres –, King também trazia no currículo uma longa ficha de serviços prestados a importantes nomes do jazz, entre eles Rodney King, da banda de Parker, Zoot Sims, Nat Adderley (irmão de Cannonball) e Hampton Hawes, além das bandas de Maynard Ferguson e Tubby Hayes. King participou, ainda, dos quatro primeiros discos do duo pop Everything But The Girl.

Além de Peter King, Charlie Watts convocou o premiadíssimo pianista Brian Lemon, o baixista (e amigo de infância) Dave Green, com quem tocara no grupo de jazz Joe Jones 7, em 1958, e o jovem trompetista Gerard Presencer, de apenas 18 anos, recomendado por Peter.

Gravado no Landsdowne Studios, em fevereiro de 1991, o disco *From One Charlie* chegou às lojas em abril do mesmo ano. Vinha embutido, junto com o livro, numa caixa que também incluía uma fotografia ampliada de Charlie Parker. Dos sete temas que compõem o disco, cinco levam a assinatura de Peter King. Os outros dois, “Bluebird” e “Relaxing At Camarillo”, são originais de Parker.

Charlie aproveitou o usual recesso pós-turnê dos Rolling Stones e caiu na estrada com os músicos, unindo o desejo de divulgar o disco com o prazer de tocar jazz ao lado de grandes músicos e amigos. The Charlie Watts Quintet, como foi batizado o grupo, depois da estréia em Londres, se apresentou no renomado Blue Note,

de Nova York, se exibiu em programas de TV nos Estados Unidos, e fez uma série de shows no Spiral Hall, em Tóquio.

Na Inglaterra, ao voltar do Japão, o quinteto decidiu ampliar tanto o show – com o acréscimo de novos temas de Parker e de standards do jazz – quanto a própria banda: entrou o vocalista Bernard Fowler (que já havia trabalhado na excursão individual de Jagger, em 1988, e com os Stones, na turnê *Steel Wheels*), a tempo das apresentações que o grupo faria no recém-inaugurado Ronnie Scott's de Birmingham

O show reformulado, apresentado durante algumas noites entre o final de outubro e o início de novembro de 1991, rendeu o CD ao vivo *A Tribute To Charlie Parker With Strings*, cujo lançamento, em maio de 1992, coincidiria com os shows do Charlie Watts Quintet no Brasil.

Charlie e banda chegaram ao Rio na manhã do sábado de 2 de maio de 1992. Naquele mesmo dia, à tarde, compareceram à entrevista coletiva organizada no antigo Hotel Rio Palace (hoje Sofitel), em Copacabana, onde estavam hospedados. O release distribuído aos jornalistas fornecia as datas e locais das apresentações da banda no Brasil:

4 e 5 de maio – Canecão, Rio

7 de maio – Teatro Guaíra, Curitiba

8 a 12 de maio – Palladium, São Paulo

13 de maio – Olympia, Belo Horizonte

14 de maio – Teatro da Reitoria, Porto Alegre

Depois das fotografias de praxe, na ampla varanda com vista para a praia, o quinteto – sem a presença de Fowler – se sentou à mesa para a entrevista coletiva.

E lá estava Charlie, ao centro da mesa, ladeado por Peter, Dave, Brian e Gerard. Grisalho, terno bege, camisa clara, sem gravata. O olhar distante, sem se fixar exatamente em alguma coisa ou alguém. Nas mãos, uma caneta batia na mesa, passeava pelos lábios, rabiscava um papel, apontava aleatoriamente. Por ela, escoava sua angústia, sua impaciência, sua timidez. Ou seria enfado? Silêncio... Certamente preferia que aquela caneta fosse um lápis diante de uma folha em branco ou, mais provável, uma baqueta indo de encontro a uma caixa, um tom, um prato. Melhor ainda: que Mick e Keith estivessem ali, assumindo o controle da situação. Não estavam. Silêncio e desconforto do *band leader*, do *frontman*, do porta-voz, do centro das atenções que não queria ser.

Talvez por tudo isso, mal conseguisse explicar o seu próprio show.

– Somos nós cinco, um grupo de cordas, além de uma pessoa que narra e canta.

– *O que o narrador diz?*

– Meu texto do livro e a música de Peter. É meio jazz e poesia.

– *Vocês tocarão músicas de Charlie Parker?*

– O segundo set é todo de músicas de Charlie Parker com acompanhamento de cordas.

Charlie e Peter King citam algumas: "Just Friends", "Cool Blues", "Dewey´s Square"... Percebendo que os jornalistas ainda pareciam confusos, Peter King aproveita a oportunidade para esclarecer de uma vez por todas como seriam os shows.

– O show consiste num tributo a Charlie Parker e é apresentado em duas partes: a primeira, com música e poesia, é baseada no disco *From One Charlie*, com músicas minhas que se intercalam com a narração do texto de Charlie Watts, escrito para o livro *Ode To A High Flying Bird*; na segunda, tocaremos músicas de Parker, acompanhados por uma pequena orquestra de cordas brasileira.

As perguntas voltam a ser dirigidas ao baterista.

– *Já existem planos para o próximo disco?*

– Primeiro, eu gostaria de chegar ao final dos shows no Brasil. Depois, quem sabe? Um ano atrás eu não sabia que faria isso. Com os Stones nunca se sabe. Eles são como o exército. Se Mick e Keith me convocam...

Indagados sobre *Bird*, a cinebio de Parker dirigida por Clint Eastwood, Charlie e os músicos admitiram ter gostado, mas com a ressalva de que o filme se concentrou muito no período final – e trágico – da vida de Parker.

O ambiente ainda frio só se descontraiu quando perguntaram aos músicos do quinteto se eles tinham discos dos Rolling Stones. Todos riram, inclusive o sisudo Charlie. Brian, Peter e Dave disseram ter um, cada. Como Gerard não tinha, Charlie, bem mais à vontade, disse: "Então, dêem um a ele". Gargalhada geral.

Dave Green aproveitou o momento para contar que ele e Charlie estudaram juntos quando eram garotos. E que até hoje guarda uma fita de quando ambos tocaram no mesmo grupo de jazz. "Muito antes dos Stones", esclareceu.

Um pouco mais relaxado, Charlie respondeu a mais uma rodada de perguntas.

– *Por que você fez esse trabalho isolado dos Stones?*

– Eu não sei... (risos de todos). Essa banda se juntou para esse disco e por causa do livro. Como resultado, fomos para a América, viemos para cá... O livro foi escrito muito tempo atrás.

– *Por que os Stones nunca vieram ao Brasil?*

– Não sei por que nunca viemos, já que sempre nos pedem para vir. Durante a turnê norte-americana de 1975 nos disseram que viríamos para a América Latina, mas nunca viemos...

– *Você assistiu ao novo filme do Mick,* Freejack*?* (O filme futurista protagonizado por Jagger, Emilio Estevez e Anthony Hopkins acabara de estrear nas salas de cinema do Rio e de São Paulo.)

– Ainda não. (Nesse momento, alguns jornalistas começam a rir.) Por que vocês estão rindo? Se Mick visse meu show, provavelmente estaria sentado no fundo, rindo, também.

A aparência de enfado de Charlie nos videoclipes dos Stones suscitou a pergunta seguinte:

– *É timidez sua, ou você acha graça das "macaquices" dos três* (outros Stones)*?*

– Eu não sei... (novas gargalhadas dos músicos). Eu odeio vídeos e não gosto de fazê-los.

Nesse ponto, a coletiva foi encerrada. Ainda à mesa, Charlie deu autógrafos e se surpreendeu quando lhe estenderam a capa do CD *From One Charlie*: "Ah, então é por isso que você já sabe do que se trata", disse ao fã.

Na noite seguinte, numa mesa enorme no bar-restaurante Mistura Fina, cercado dos músicos, de Bernard e de toda a equipe, Charlie parecia outro. Ali estava o Charlie que ri, fala animadamente, é alegre e desprendido.

"PELA PRIMEIRA VEZ UM ROLLING STONE AO VIVO NO BRASIL. O BATERISTA DOS STONES PRESTANDO UM TRIBUTO A CHARLIE 'BIRD' PARKER. UM ESPETÁCULO EMOCIONANTE, ACOMPANHADO DE CINCO FERAS DO CIRCUITO DE JAZZ LONDRINO E ORQUESTRA DE CORDAS".

É o que prometia o anúncio impresso nos jornais. Mas não conseguiu seduzir nem os fãs dos Stones, nem os jazzistas. Os primeiros não queriam saber de um espetáculo de jazz, no qual não ouviriam os clássicos dos Stones, nem veriam Mick ou Keith em cena. Para os amantes do jazz que desconheciam a formação de Charlie, um show liderado pelo baterista de uma banda como os Stones não poderia ser lá grande coisa. E o preço salgado do ingresso se incumbiu de afastar os indecisos.

Faltando menos de uma hora para o início do show de abertura da turnê brasileira, a entrada do Canecão estava deserta. Nem mesmo os habituais cambistas de praxe deram as caras. No interior da casa a situação não era melhor: um mar de mesas vazias.

Pouco antes do espetáculo começar, o empresário de Charlie pediu ao público – cerca de 200 pessoas onde cabiam em torno de 3000 – que se juntasse nas mesas mais próximas do palco. A bateria de Charlie estava fixada diretamente no assoalho do palco, por conta de um atraso na entrega de um praticável para o instrumento. De resto, estava tudo pronto para a primeira apresentação de um stone no Brasil.

E, ao surgir no palco, acompanhado pelos músicos, todos trajando terno e gravata como ele, Charlie recebeu os aplausos entusiasmados da pequena e reverente platéia, composta, em sua maioria, por fãs dos Rolling Stones. De saxofone na mão, Watts postou-se à frente do grupo, soprou o instrumento e extraiu sons desconexos, como um jovem Parker arriscando as primeiras notas. Era a deixa para o conjunto emendar o tema "Practising, Practising, Just Great", que também abre o CD *From One Charlie*, enquanto o baterista recuava para assumir as baquetas.

O show prosseguiu com todo o repertório do CD. Entre um tema e outro, o vocalista Bernard Fowler recitava trechos do livro de Watts. Bem à esquerda do palco, Bernard era o único que não usava terno e gravata. Chamava a atenção pelas trancinhas e pelas roupas coloridas. Por sua vez, Watts quase não encarava o público, mas era visível a sua imensa satisfação de estar ali, tocando o jazz que tanto ama. Compenetrado, elaborava com classe e competência o acompanhamento percussivo. Ora com vassouras, ora com baquetas, aquele senhor não parecia o outro da batida vigorosa que impulsiona A Maior Banda de Rock do Mundo.

Oito músicos brasileiros, todos com instrumentos de cordas, subiram ao palco para a segunda metade do show. Juntos, ingleses e brasileiros passaram a recriar temas do repertório de Charlie Parker, como "Just Friends", "Cool Blues", "Dancing In The Dark", "Perdido" e *standards* eternizados por ele, como "Lover Man" e "Laura".

Ao final, demorados aplausos em reconhecimento ao impecável show. Para a *Veja Rio* (13-5-1992), aquele tinha sido "um espetáculo de altíssimo nível".

A banda repetiu o mesmo show no dia seguinte, 5 de maio. Na platéia, um pouco mais numerosa, estavam o baixista Dadi e os guitarristas Roberto Frejat e Fernando Magalhães, ambos do Barão Vermelho. Após o show, no camarim, Charlie, sempre muito gentil, distribuiu autógrafos e posou para fotos ao lado de fãs. A um deles, perguntou, em voz baixa, como que antecipando a resposta: "Você gostaria de me ver com minha outra banda, não é?" No íntimo ele sabia que a maior parte do público do Canecão era fã dos Stones. Mas não se incomodava com isso.

Ainda no Rio, Charlie e banda tiraram a quarta-feira para um passeio ao Pão de Açúcar. Na quinta, dia 7, voaram para Curitiba, e tocaram no Teatro Guaíra, novamente para uma platéia reduzida. No dia 8, realizaram a primeira das cinco apresentações previstas para São Paulo. No Palladium, casa de espetáculos localizada no Shopping Eldorado, a sorte do quinteto não foi melhor. O público variou entre 100 e 150 pessoas por apresentação, numa casa que comporta mil.

O Charlie Watts Quintet acabou fazendo apenas três apresentações no Palladium. As outras duas, bem como as que faria em Belo Horizonte e Porto Alegre, acabaram canceladas pelo produtor da turnê, José Muniz Neto. Mais do que evitar prejuízos financeiros, Muniz queria poupar os músicos de novos constrangimentos.

Um final melancólico para uma jornada que começara mágica.

Charlie não foi o único stone a desenvolver projetos individuais após a maratona *Steel Wheels/Urban Jungle*. Mick lançou seu terceiro álbum solo, o ótimo *Wandering Spirit*, produzido por Rick Rubin, conhecido por alguns dos melhores discos de Johnny Cash e dos Red Hot Chili Peppers. Keith excursionou pelo mundo inteiro – chegando a bater na Argentina – para promover o álbum *Main Offender*. Ron também caiu na estrada, quando saiu seu *Slide On This*. Mas agora estava na hora de reunir os Rolling Stones para um novo disco – e mais uma turnê. Pela primeira vez, sem Bill.

O experiente Darryl Jones – veterano de palco e estúdio ao lado de gente tão variada quanto Miles Davis, Sting e Peter Gabriel – tornou-se o novo baixista da banda, embora até hoje seja um funcionário, e não um sócio da "empresa". Darryl estreou na excursão que a banda iniciaria em agosto de 1994 – aquela que traria os Rolling Stones pela primeira vez ao Brasil.

> "Acho que estamos mais felizes de trabalhar juntos. A única nuvem foi saber que Wyman estava saindo. Na verdade, Mick e eu brigamos porque precisávamos de umas férias desse monstro que nós mesmos criamos, chamado Rolling Stones. Fazíamos (apenas) o que ele, o monstro, queria. E não conseguíamos enxergar o inimigo, por isso brigávamos um com o outro. Mas depois (dos projetos individuais) voltamos todos bem azeitados."
> – **KEITH RICHARDS**, em entrevista a José Emilio Rondeau, Toronto, 20 de julho de 1994.

O álbum de 1994, *Voodoo Lounge*, inaugurou um contrato dos Stones com a Virgin Records – que já lançava os discos solo de Keith Richards – pelo qual a gravadora pagava entre 35 e 45 milhões de dólares em troca da distribuição dos três próximos CD's da banda e dos direitos de reedição de 17 álbuns do catálogo dos Stones. O produtor Don Was – que ressuscitara a carreira da cantora e guitarrista Bonnie Raitt – assumiu com Jagger e Richards a direção das gravações, e imprimiu às faixas um sabor Stones clássico que, por um lado, agradou aos fãs da fase anos 1970 da banda, mas que, por outro, decepcionou quem preferia os Stones apontando para o futuro. Entre estes, o próprio Jagger.

> "Compusemos um monte de coisas para *Voodoo Lounge* que Don nos fez deixar para trás: temas instrumentais, influências africanas, coisas assim. E ele nos levou para bem longe daquilo. Ele tentou refazer *Exile On Main St.*. E o engenheiro de som queria o mesmo. Eles estavam num clima retrô total. Não digo que haja algo basicamente errado nisso. Mas exageraram, foram longe demais."
> – **MICK JAGGER**, *Rolling Stone*, 14 de dezembro de 1995.

"*Tattoo Lounge? Doodoo You?* Tanto faz. A despeito da grana preta que a Virgin desembolsou, a essa altura os álbuns dos Stones são mais bem compreendidos como sendo um gesto de vaidade de uma atração especializada em tocar seus antigos sucessos, disponibilizado principalmente para reforçar no público e na banda a certeza de que não estão ouvindo/se transformando em Sha Na Na. Vale dizer que não tem o ar repelentemente manufaturado de *Steel Wheels*, que soava como se os Stones tivessem decidido deixar de lado o intermediário para gravar dentro de um banco."
– **TOM CARSON**, *Village Voice*, 16 de agosto de 1994.

"Apesar de momentos em que a banda permanece de um modo demasiadamente previsível dentro dos limites que há muito ela mesmo estabeleceu, em geral (os Stones) mostram que ainda têm o desejo e a habilidade de nos desarmar de maneiras às vezes sutis e surpreendentes. Não há dúvida: os Stones ainda conseguem tocar feito os Stones melhor que ninguém."
– **ROBERT HILBURN**, *Los Angeles Times*, 10 de julho de 1994.

"O ano só chegou à metade e *Voodoo Lounge* já pode ser considerado um dos melhores discos de 1994."
– **APOENAN RODRIGUES**, *Isto É*, 20 de julho de 1994.

"Hoje eu vi um escoteiro fazendo uma boa ação. Ele estava ajudando os Rolling Stones a atravessar a rua."
– O apresentador de TV **DAVID LETTERMAN**, em 1994.

As brincadeiras sobre a idade, a pele enrugada e a validade dos Rolling Stones como uma banda corrente e vital, e não mero golpe nostálgico e cínico, perpetuado por megaexcursões badaladíssimas, caíram por terra perante os resultados e as reações diante do álbum e da turnê *Voodoo Lounge*: foram vendidos quatro milhões de cópias do novo disco, que só deixou de chegar ao primeiro lugar da parada americana por causa da trilha do desenho animado *O Rei Leão*. Havia um enorme público interessado na nova música da banda. E 26 países viram o show. Inclusive, o Brasil.

Quando a excursão terminou, os Stones tinham mais 320 milhões de dólares na conta, e já começavam a planejar o passo seguinte.

"Eu não consigo imaginar o mundo sem os Stones, os Beatles. Acho que seria mais difícil. Aos 12 anos eu tocava na minha banda Goofies e sonhava em ser um beatle ou um rolling stone. Quando passei uma tarde inteira no estúdio com Jagger, que me tratou como se fosse da banda, eu acho que realizei este sonho."
- **DADI CARVALHO**, baixista e vocalista – Novos Baianos, A Cor do Som

OS PRIMEIROS SHOWS NO BRASIL

Antes mesmo do anúncio oficial da turnê *Voodoo Lounge*, os empresários brasileiros já se mexiam para trazer a banda ao Brasil. Em diversas ocasiões, ao longo de décadas, vários haviam tentado, todos sem sucesso. Mas os ventos, agora, eram inteiramente favoráveis. Depois do *Rock In Rio* original, o Brasil entrara de vez no circuito das grandes atrações internacionais, e contratar os Stones para tocar aqui seria apenas uma questão de arregaçar as mangas e suar a camisa. Apenas?

Em 17 de janeiro de 1994, o diário *O Globo* informou que a empresa paulista DC-Set, de Dody Sirena, mantinha "contatos" com os empresários dos Rolling Stones. Entretanto, cerca de três semanas depois (6 de fevereiro), Ibrahim Sued escreveu em sua coluna, naquele mesmo jornal, que "enquanto duas empresas (...) vêm anunciando o início de negociações para trazerem os Rolling Stones ao Brasil em 1995, (...) uma terceira (...), séria e conceituadíssima, iniciou contatos nesse sentido há dois anos" (sic). "Se não for desta vez", escreveu o colunista, "os stonemaníacos podem pendurar as chuteiras."

Ibrahim não revelou, mas quem estava na briga, além da DC-Set, eram a Dueto e a Promoter, ambas do Rio.

O anúncio oficial da turnê só ocorreu em 3 de maio de 1994. Num pequeno palco armado especialmente para o evento, no Píer 60, às margens do rio Hudson, em Nova York, os Rolling Stones informaram à imprensa ali reunida que a turnê *Voodoo Lounge* percorreria os Estados Unidos, o Japão, a Europa e "lugares onde nunca estivemos", como declarou Jagger. Entre esses "lugares", incluía-se o Brasil.

No dia seguinte, a boa nova apareceu estampada na primeira página dos principais jornais do país: "Stones trarão turnê *Voodoo* ao Brasil" (*O Globo*); "Após décadas de espera, os fãs brasileiros vão poder conferir ao vivo o som dos Rolling Stones" (*Jornal do Brasil*); "Stones vão fazer show no Brasil em fevereiro" (*Folha de S. Paulo*). Só restava saber qual empresa teria seu nome associado aos primeiros shows dos Rolling Stones no Brasil, marcados para acontecer entre janeiro e fevereiro de 1995, em São Paulo e no Rio de Janeiro.

Com a desistência da DC-Set, noticiada por *O Globo* em 12 de maio, ficaram no páreo a Dueto, das irmãs Monique e Silvia Gardenberg, e a Promoter, do empresário Paulo Rosa Junior. A Dueto, associada na empreitada à cervejaria Antarctica, trazia no currículo os festivais da série Free Jazz e as apresentações de Madonna no Brasil, em novembro do ano anterior. Já a Promoter, além de ter sido responsável pela vinda do ex-Beatle Paul McCartney para shows no Maracanã, em 1990, promovia os festivais Hollywood Rock, dentro dos quais se apresentaram Bob Dylan, Nirvana, Supertramp e Simply Red, entre muitos outros. Michael Cohl, encarregado de contratar as excursões dos Rolling Stones, escolheu a Promoter.

ROLLING STONES
VOODOO LOUNGE
WORLD TOUR 1994/95

O álbum *Voodoo Lounge* chegou às lojas brasileiras em 20 de julho de 1994, um dia depois de uma apresentação dos Stones no RPM, pequena casa de shows em Toronto, que serviu de aquecimento para a estréia oficial da excursão, em 1º de agosto de 1994, no JFK Stadium, em Washington, D.C.

A Promoter reuniu a imprensa no Hotel Intercontinental, no Rio, em 3 de novembro, para anunciar os primeiros shows dos Rolling Stones no Brasil: 27 e 28 de janeiro no Morumbi, em São Paulo, e 2 e 4 de fevereiro no Maracanã, no Rio. Na verdade, os Stones seriam a principal atração de mais uma edição do Hollywood Rock. Barão Vermelho, Rita Lee e os nova-iorquinos Spin Doctors abririam os shows.

Os ingressos foram postos à venda a partir do dia 28 de novembro em 97 pontos de venda espalhados por todo o país. Ao todo, eram 304 mil ingressos, sendo destinados 80 mil para cada apresentação no Maracanã e 72 mil para cada show no Morumbi.

Com os ingressos esgotados em São Paulo, uma notícia publicada no *Jornal do Brasil*, em 8 de dezembro, causou imediata apreensão, sobretudo para os fãs paulistas: a Prefeitura de São Paulo decidira interditar o estádio do Morumbi, alegando falta de segurança. Segundo técnicos que vistoriaram o estádio, a estrutura do anel superior das arquibancadas estava comprometida.

No dia 9, a *Folha de S. Paulo* informou que a interdição do estádio não impediria a realização dos espetáculos, uma vez que as obras para corrigir o problema já estavam em andamento. No dia 20, Francisco Dourado, diretor de operações da Promoter, afirmou em entrevista coletiva que as obras de recapeamento do anel superior das arquibancadas do Morumbi concluídas até 15 de janeiro. "Eu estive no Morumbi na semana passada e vi que a reforma está adiantada. Para agilizar os trabalhos, triplicou-se o número de operários. Tudo será terminado dentro do prazo", disse.

Quem não demonstrou otimismo foi o diretor do Contru (Controle do Uso de Imóveis da Prefeitura de São Paulo), Carlos Alberto Venturelli. "Há vigas e colunas expostas", contou à revista *Isto É* (21-12-1994). Ainda segundo Venturelli, o estádio só receberia o sinal verde se todas as obras de recuperação estrutural fossem realizadas.

A essa altura, os Rolling Stones já iniciavam a etapa latino-americana da turnê com o primeiro de quatro shows no Autódromo Hermano Rodrigues, na Cidade do México, em 14 de janeiro de 1995.

Faltando poucos dias para a banda desembarcar no Brasil, os telejornais do dia 19 revelaram que o Morumbi havia sido definitivamente vetado. Por conta da descoberta de novas fissuras nas fundações do estádio, parte da arquibancada poderia desabar com o peso do público. A péssima notícia, a apenas oito dias do primeiro espetáculo dos Rolling Stones no país, apavorou.

A Promoter agiu rapidamente. Garantiu a liberação do Estádio Municipal do Pacaembu e negociou com os Stones a realização de um terceiro show da banda em São Paulo. Menor que o Morumbi, com capacidade para receber apenas 50 mil espectadores, o Pacaembu não poderia acomodar, em dois dias, as 135 mil pessoas que haviam adquirido ingressos para o Morumbi. Acertou-se a data extra, 30 de janeiro. Mas, como distribuir o público que iria ao Morumbi entre as três datas do Pacaembu?

A solução encontrada era complexa: quem quisesse assistir ao terceiro show poderia se deslocar livremente entre arquibancadas, gramado e cadeiras. Todos que haviam adquirido ingressos para as arquibancadas precisariam trocá-los por cartões-senha. Os que tinham comprado ingressos para o gramado ou para as cadeiras para os dias 27 e 28 não precisavam trocá-los, pois as datas seriam mantidas. Uma tremenda dor de cabeça para todo mundo, mas, apesar dos percalços, o método acabou funcionando.

A interdição do Morumbi também alterou o planejamento de montagem do palco. Jake Berry, o produtor da turnê, disse ter sido "louvável o esforço de toda a equipe, que teve de fazer a estrutura funcionar em tão pouco tempo". E que estrutura!

Três palcos idênticos foram construídos para a turnê *Voodoo Lounge*. Enquanto um seguiria do México para outro país, no trajeto dos Stones, dois chegaram ao Brasil. Um, para ser montado em São Paulo; outro, para o Rio. A estrutura de cada um, não incluídos equipamentos de som e luz, pesava 480 toneladas, das quais 170 só de ferro e alumínio. O palco media 32 metros de altura, 72 de largura e 26 de profundidade, e possuía duas passarelas laterais com 100 metros, cada. A "cobra", a torre localizada à direita do palco que acomodava grande parte do sistema de iluminação do show, projetava-se a 30 metros de altura. No centro, uma gigantesca tela Jumbotron de alta definição, com 8 metros de altura por 12 de largura, mostraria as imagens do show captadas por 14 câmeras – sete instaladas no palco, duas na torre de mixagem e cinco em diferentes pontos do estádio –, misturadas com as imagens de animação geradas por computador.

O design futurista do palco era uma criação de Mark Fisher, autor dos palcos do Pink Floyd e do U2, que também corriam o mundo naquele momento com suas respectivas turnês, *A Division Bell* e *Zoo TV*. Para montá-lo eram necessários 350 homens, 150 deles parte da equipe fixa que acompanhava a turnê.

O som ficou a cargo da empresa Show Co., do Texas, que utilizou o sistema Prism, então de última geração. Comandado por Benji Lefevre, consumia 3,5 milhões de watts, o equivalente ao som produzido por 10 mil aparelhos microsystem ligados simultaneamente no maior volume.

A iluminação utilizou 1.500 refletores, todos controlados por computador para reproduzir os efeitos de iluminação idealizados por Patrick Woodroffe. E, para tornar o espetáculo ainda mais atraente, oito bonecos infláveis de 11 metros de altura, cada, entre os quais o de uma santa e um do rei do rock Elvis Presley, ficavam escondidos para entrar em cena no momento apropriado.

A banda que servia de apoio a Mick, Keith, Charlie e Ron somava Chuck Leavell (teclados), Darryl Jones (baixo), Bobby Keys (sax), o trio de sopros The New West Horns, formado por Andy Snitzer, Michael Davis e Kent Smith, e os vocalistas Bernard Fowler e Lisa Fisher.

Na madrugada do dia 26 de janeiro, repórteres, fotógrafos, cinegrafistas e fãs corriam de um lado para o outro no Aeroporto de Cumbica em busca da confir-

instruções
• ESTE ENVELOPE É PARTE INTEGRANTE DO INGRESSO. MANTENHA-O EM SEU PODER, ELE É O SEU COMPROVANT
DE SETOR
• É EXPRES
A EN
SP
JANEIRO
DIAS 27 E 28
MORUMBI
RJ
FEVEREIRO
DIAS 2 E 4
MARACANÃ
hollywood
ROCK
ROLLING STONES

mação do horário de chegada da banda, anunciado para as quatro horas da manhã. Mas o avião que traria Keith, Ron e Charlie de Cancún, no México, ainda não tinha sua situação regularizada junto ao Departamento de Aviação Civil do Brasil (DAC). Esperava-se que viessem num avião particular, como antes informado, e não em vôo fretado. Porque ninguém havia solicitado autorização para a aeronave sobrevoar o espaço aéreo brasileiro, ela ficou retida no México. Mais uma prova de fogo para a Promoter, que só conseguiu a autorização às 15h do mesmo dia 26, depois de muito esforço e muitos telefonemas.

Mick Jagger, por sua vez, desembarcou sem problemas. Veio no vôo 837 da Varig, direto de Los Angeles. Foi recebido na pista do Terminal 2 por Jim Callagham, chefe de segurança dos Stones, e logo entrou num Mercedes azul, de vidros escuros, estacionado na pista. O carro partiu, mas ao se aproximar da cerca de proteção onde estavam os fãs e os jornalistas, parou. Jagger desceu do carro, chegou ao gradeado e saudou o grupo: "Olá a todos. Bom dia, Brasil. Vejo vocês amanhã à noite. Bom dia." Entrou no carro novamente e partiu acompanhado por seis batedores, um carro da Polícia Militar e mais dois carros com seguranças. Obviamente, seguido pelos carros da imprensa, que fizeram de tudo durante o trajeto até o Hotel Maksoud Plaza para se aproximar do veículo que levava Mick.

Mick não viu, mas na entrada do hotel havia um grupo de dez pessoas da seita cristã "Amores de Abrajó – Filhos da Liberdade" protestando contra a presença dos Rolling Stones. Num dos cartazes que empunhavam podia-se ler: "Enquanto choram em desespero no Japão, Bósnia e Chechênia, aqui se divertem com os mestres do rock, da droga e da violência."

Sem Keith, Charlie e Ron para dividir as atenções, a imprensa colou em Mick. Após fazer uma visita ao Pacaembu, no dia seguinte, à tarde, Jagger precisou sair de lá escondido na caçamba de um caminhão-baú para despistar os jornalistas. E só no meio do caminho deixou o caminhão e entrou no carro que o servia. De volta ao hotel, Mick se fechou em sua suíte presidencial.

Charlie Watts, Keith Richards e Ron Wood chegaram na madrugada do dia 27, acompanhados por 40 integrantes da equipe, incluindo os músicos de apoio da banda. Agora, só faltava esperar pelos shows.

ESTÁDIO DO PACAEMBU, SÃO PAULO, SP, 27 DE JANEIRO DE 1995

A sexta-feira amanheceu ensolarada e quente. O Pacaembu estava pronto para receber os Rolling Stones.

Os fãs se aglomeraravam junto ao portão principal do estádio, que dava acesso ao gramado, desde as primeiras horas da madrugada. E não paravam de chegar. O movimento se intensificou tanto que ao meio-dia as filas junto aos portões já eram enormes. Os fãs vinham de várias regiões do país, até mesmo do Rio – e da Argentina, onde a banda ainda se apresentaria.

Os portões foram abertos pouco antes das 15h. Apesar da correria de alguns para ocupar os lugares mais próximos do palco, os shows só começariam a partir das 19h.

A Promoter tratava os shows como parte de mais um festival Hollywood Rock. Já a atração principal enxergava o evento de outra maneira. Com efeito, as logomarcas do festival, exibidas nas laterais do palco, foram cobertas antes da entrada em cena dos Rolling Stones. O Hollywood Rock só existiria mesmo para Barão Vermelho, Rita Lee e Spin Doctors.

Nos bastidores, longe dos olhares do público, os Stones e toda sua equipe de produção tinham à sua disposição nada menos que 11 camarins, com sala de ginástica, sala VIP, escritório, sala de maquiagem, sala de estar para 60 pessoas, além dos camarins exclusivos dos músicos.

O estádio já estava cheio quando o céu nublou e um vento forte começou a soprar. Uma chuva fina veio em seguida, obrigando técnicos e *roadies* a cobrir teclados, amplificadores e parte do equipamento de som e luz. O Barão Vermelho subiu ao palco quatro minutos antes do horário previsto (19h) temendo que a chuva piorasse. Abriu o show com "Carne Crua", um rock pesado que agitou a platéia. Mas, à medida que enfileiravam um hit atrás do outro, a chuva só fez piorar. Muita gente que estava no gramado e nas arquibancadas descobertas saiu em busca de abrigo. Para quem estava no gramado a única proteção disponível ficava numa pequena área sob o anel da arquibancada, justamente por onde passavam as pessoas que entravam no estádio em direção ao gramado.

No palco, o músico do Barão Vermelho precisava virar o sax para baixo para retirar a água que se acumulava dentro dele. Os instrumentos de percussão espirravam água pra todo lado. Guto Goffi fazia o que podia com sua bateria totalmente molhada. Sem condições de prosseguir, o Barão Vermelho encerrou sua apresentação às 19h37 – com parte do equipamento danificado.

A chuva torrencial era agora acompanhada de fortes rajadas de vento e muitas trovoadas. O público corria de um lado para o outro, aturdido, mas não havia mais onde se abrigar. Ao mesmo tempo, quem queria entrar no gramado encontrava a passagem bloqueada por uma massa humana que se comprimia ali, na pequena área sob o anel da arquibancanda, onde esperava o fim do dilúvio. Como não havia passagem para quem vinha de fora, a Polícia Militar decidiu fechar os portões para evitar que alguém se machucasse. Mas quem ficou de fora não se conformou e a polícia entrou em ação para impedir que os portões fossem rompidos. Gritos, vaias, correrias, empurra-empurra – e muita tensão no ar.

Quem ficou no gramado retirou as placas de madeira que revestiam o gramado para usá-las como proteção ou para formar uma pequena cabana, o que levou *O Estado de S. Paulo* (29-01-1995) a dizer que o gramado parecia um "campo de refugiados". A situação piorou quando anunciaram o cancelamento do show de Rita Lee. A ex-Mutante, preocupada com possíveis danos aos instrumentos, alegou falta de condições técnicas e nem apareceu no palco.

A situação ainda era caótica no estádio quando os Rolling Stones chegaram ao Pacaembu. Faltava pouco para as 21h. Uma lanchonete e um posto médico, ambos próximos da entrada do gramado, estavam alagados. A água escorria como cachoeira pelas escadas que ligam o gramado às arquibancadas. Imensas poças d´água se formaram na pista ao redor do campo. E o temporal não dava sinais de amainar.

A banda nova-iorquina Spin Doctors dedidiu encarar a chuva e subiu ao palco com 35 minutos de atraso – duas horas depois de encerrado o show encurtado do Barão Vermelho. Mesmo sob o temporal, os Spin Doctors apresentaram todo o setlist planejado para o pequeno, obstinado e encharcado público que teimou em ficar no gramado. Concluíram sua apresentação às 22h20.

DE ALMA LAVADA

Quando as luzes se apagaram, 52 minutos após a apresentação dos Spin Doctors, a platéia, mesmo ensopada pela chuva intensa que não parava de cair, explodiu.

Era chegada a grande hora. E para mim e para os fãs da banda, àquela altura, não importavam a chuva, o vento frio, as áreas enlameadas e encharcadas do estádio. Somente os Rolling Stones.

Enquanto as luzes passeavam pelo palco, acompanhadas pelo batuque sincopado que ressoava das caixas de som e pelo clima de excitação quase juvenil que se apoderou do público (e de mim), trinta anos de convivência íntima com os Stones passaram como um flash por minha cabeça.

Eles lá, eu aqui. Da audição de "(I Can´t Get No) Satisfaction", em 1965, até aquele momento, havia comprado todos os discos da banda, visto a morte de Brian, testemunhado o inferno de Altamont, acompanhado todas as turnês, desejado boas-vindas a Mick Taylor, e depois a Ron, lastimado a saída de Bill e muito mais. Agora, depois de muita expectativa e ansiedade, aqueles trinta anos estavam ali, inteiros, na minha frente, em carne e osso, tão reais como nas minhas mais oníricas fantasias. Vi a banda muitas vezes antes, esplendorosa em incontáveis sonhos, mas ao vivo... aquela era a primeira vez.

Subitamente, sob som forte e crescente, a cobra de 32 metros de altura começa a se iluminar gradativamente da base até o topo. Quando as últimas luzes se acendem, a cobra cospe fogo e dois focos de luzes convergem para Mick Jagger. Ele se curva, reverenciando o público. É ovacionado. Com Keith à sua esquerda e Ron à sua direita, engata "Not Fade Away" e dá início à festa.

Tentei controlar a euforia. Difícil. Tudo parecia um delírio: o palco, o som, a luz, a platéia e... os Rolling Stones! Me aproximei ainda mais do palco. Queria ver cada detalhe e tudo ao mesmo tempo. Vi as rugas no rosto de Mick, a pele flácida de Keith, os cabelos brancos de Charlie e o nariz e os cabelos espetados sobre o corpo esquálido do gaiato Ron. Depois, olhei para a direita tentando localizar o ponto exato onde Bill teria fincado seus pés. Sinto sua falta. Mas só por instantes. Logo, em meio ao som forte e claro que se espalha pelo ar e me pega pelo ouvido, me vejo repetindo com Jagger:

"Hey, hey, you got me rocking now, hey, hey, you got me rocking now..."

A chuva diminui, mas a banda mantém o show em alta voltagem, até mesmo quando desanda no início de "Rocks Off", com Mick indo numa direção e os músicos em outra. Sorri.

Mas quando Keith faz soar de sua guitarra distorcida o inesquecível riff de "Satisfaction", uma catarse coletiva se instala no Pacaembu. O público urra, chora, sorri, canta e pula sem se dar conta de que voltou a chover forte. É contagiante. Na grama encharcada vejo um homem se ajoelhar e bradar emocionado, com as mãos na cabeça: "Eu não acredito. Eu não acredito. Puta que o pariu! Eu estou vendo eles (sic) tocarem 'Satisfaction'. Eu não a-cre-di-to!" Eu ali do lado, igualmente emocionado e entorpecido pela música, pela reação da platéia, pelos Stones e pela visão da história que passava diante de nós, num misto de fantasia e realidade.

Mick corre pelas passarelas com os cabelos molhados e colados no rosto. Noto que sua cabeça é grande, ligeiramente desproporcional ao corpo. É a majestade satânica em pessoa, sem truques e clara como água. Em "Beast of Burden", é esse corpo disforme que contracena com a figura que é metade mulher, metade diabo, projetada no telão. E com todos nós, súditos obedientes.

A água da chuva acumulada no palco é retirada com rodo. O rolo compressor dos Stones passa em seguida. São nove minutos mergulhados numa versão diabólica de "Midnight Rambler". Ao vivo, e que me perdoem o trocadilho, os Stones não deixam pedra sobre pedra.

Ou será "Just My Imagination", sugada pela magia da Maior Banda de Rock do Mundo?

Mick apresenta o "descabelado" Ron Wood, o "superelegante" Charlie Watts (o mais aplaudido), o "boa-vida" Keith Richards – e sai do palco.

Keith canta dois temas ("Before They Make Me Run'" e "The Worst"). Ao final, agradece olhando para a chuva. As luzes se apagam, os bonecos são inflados ao som do batuque sampleado de "Sympathy For The Devil". Mick surge no centro do palco vestindo cartola, fraque, calça preta e óculos escuros arredondados. Como um mestre-de-cerimônias do vodu stoniano, iluminado de baixo para cima, encarna o diabo descrito na letra da música – "Por favor, permita que me apresente" – e dá início ao ritual. Durante alguns minutos, sacoleja pelo palco como se incorporando uma entidade. A platéia, enfeitiçada, responde fazendo coro com Bernard Fowler e Lisa Fischer em intermináveis "ooh-ooh, ooh-ooh" até o final.

Também participo do coro, sacolejo e entrego minha alma sem receio. Dizem que é só rock and roll.

Retrocedo a 1969 com "Monkey Man", passeio em 1968 com "Street Fighting Man", lembro de 1981 com "Start Me Up" e reativo 1974 na memória com "It's Only Rock 'N' Roll".

Em "Brown Sugar", já junto à grade que separa a passarela do público, vejo a figura mítica de Keith na minha frente. A não mais que dois metros de distância.

O fora-da-lei, o maestro da banda, o rebelde, o laboratório de drogas, a quintessência do rock, tudo isso materializado num corpo pequeno, lapidado pelo tempo, pelos abusos e por anos de vida desregrada. O anel de caveira está no dedo; a pulseira formada por algemas, no pulso. É ele, só pode ser ele. Todos gritam. A vibração é intensa. Keith, nitidamente tocado, se ajoelha e arranca riffs da guitarra como se entregasse o coração em retribuição.

Os Rolling Stones saem do palco e nós queremos mais: "Por que parou, parou por quê". Eles voltam, e descarregam em cima de nós todo o peso de uma longa e arrasadora versão de "Jumpin´Jack Flash".

A noite termina sob um belo espetáculo pirotécnico e eu saio do estádio com a alma (metafórica e literalmente) lavada, após duas horas e quinze minutos de show, 23 músicas, muita chuva, muito frio e, como diz aquele cantor, muitas emoções.

– **NELIO RODRIGUES**

SETLIST: "NOT FADE AWAY" / "TUMBLING DICE" / "YOU GOT ME ROCKING" / "ROCK AND A HARD PLACE" / "ROCKS OFF" / "SATISFACTION" / "BEAST OF BURDEN" / "ANGIE" / "MIDNIGHT RAMBLER" / "JUST MY IMAGINATION" / "LOVE IS STRONG" / "I GO WILD" / "MISS YOU" / "HONKY TONK WOMEN" / "BEFORE THEY MAKE ME RUN" / "THE WORST" / "SYMPATHY FOR THE DEVIL" / "MONKEY MAN" / "STREET FIGHTING MAN" / "START ME UP" / "IT'S ONLY ROCK'N' ROLL" / "BROWN SUGAR" / "JUMPIN'JACK FLASH"

-"A primeira noite dos Stones no Pacaembu foi magna. Nem o temporal que caiu durante seis horas pôde estragar o espetáculo. Foi um megashow feito pelos inventores do gênero."
– **LUÍS ANTÔNIO GIRON**, *Folha de S. Paulo*, 29 de janeiro de 1995.

"Na noite de sexta-feira, cerca de 50 mil paulistas foram os primeiros brasileiros a constatar ao vivo por que os Rolling Stones são a maior banda de rock do mundo."
– **JAMARI FRANÇA**, *Jornal do Brasil*, 29 de janeiro de 1995.

"O público que agüentou por quase quatro horas a chuva torrencial que desabou sobre o Pacaembu foi premiado com um show inesquecível. Sem se importar com a chuva, Mick Jagger, Keith Richards e companhia mostraram que o rótulo de maior banda de rock and roll do mundo ainda é deles."
– **ANTONIO CARLOS MIGUEL**, *O Globo*, 29 de janeiro de 1995.

ESTÁDIO DO PACAEMBU, SÃO PAULO, SP, 28 DE JANEIRO DE 1995

Na manhã de sábado, os funcionários do Pacaembu trabalharam intensamente na limpeza do estádio e na recuperação das placas de madeira que revestiam o gramado. Mas o tempo seguia nublado e com chuvas ocasionais. Precavidos, os fãs que já se aglomeravam nas cercanias dos portões de acesso ao estádio às 13h traziam guarda-chuvas e capas. Mas ao longo da tarde o tempo se firmou e espantou a chuva.

O Barão Vermelho subiu ao palco às 19h05, seguido por Rita Lee e pelos Spin Doctors, cuja apresentação se encerrou às 22h15. Finalmente, às 23h as luzes se apagaram e uma histeria coletiva tomou conta do estádio, muito mais cheio, alegre e barulhento que na noite anterior.

Sem chuva, a excelente iluminação criada por Woodroffe pôde enfim ser realçada pelos efeitos especiais logo na abertura do show. O cenário ganhou em beleza com as chamas lançadas pelos diversos bicos de gás espalhados ao longo das passarelas laterais e em pontos estratégicos do palco.

Em relação à noite anterior, o repertório também variou. "Shattered" e "Live With Me" substituíram "Rock And A Hard Place" e "Rocks Off". Mas foi com "Satisfaction" que os Stones fizeram o Pacaembu tremer novamente. A horda enlouquecida só acalmou ao ouvir a melodia suave de "Beast of Burden".

"Doo Doo Doo Doo Doo (Heartbreaker)", outro ponto alto do show, brilhantemente executada pela banda, realçou o trabalho de Ron Wood, que fez uso do pedal wah-wah com grande efeito. Outras novidades da segunda noite: "Happy", que Keith cantou no lugar de "Before They Make Me Run", e "Gimme Shelter", que substituiu "Monkey Man".

SETLIST: "NOT FADE AWAY" / "TUMBLING DICE" / "YOU GOT ME ROCKING" / "SHATTERED" / "LIVE WITH ME" / "SATISFACTION" / "BEAST OF BURDEN" / "ANGIE" / "YOU CAN'T ALWAYS GET WHAT YOU WANT" / "DOO DOO DOO DOO DOO (HEARTBREAKER)" / "LOVE IS STRONG" / "I GO WILD" / "MISS YOU" / "HONKY TONK WOMEN" / "HAPPY" / "THE WORST" / "SYMPATHY FOR THE DEVIL" / "GIMME SHELTER" / "STREET FIGHTING MAN" / "START ME UP" / "IT'S ONLY ROCK 'N' ROLL" / "BROWN SUGAR" / "JUMPIN' JACK FLASH"

> "Estávamos durante três horas dentro do melhor lugar do mundo, no mais alto nível possível. E saímos todos de olhos iluminados, mais cultos, mais inteligentes, mais livres. Grandes homens, estes. Muitos idiotas cultos acham que eles fazem apenas rock 'n' roll."
> – **ARNALDO JABOR**, *Folha de S. Paulo*, 30 de janeiro de 1995.

O dia 29 foi de folga. Charlie Watts aproveitou a oportunidade para visitar um haras no interior do Estado. Mick almoçou em Embu, pequena cidade histórica situada 28km a oeste de São Paulo, conhecida por sua tradicional feira de artesanato e por abrigar um convento jesuíta erguido no século XVIII.

Enquanto isso, no Rio, o trabalho de montagem do palco, iniciado na sexta-feira, no Maracanã, prosseguia em ritmo lento, por causa da chuva. E mais chuva era o que a metereologia previa para a segunda-feira, dia da última apresentação dos Rolling Stones em São Paulo.

ESTÁDIO DO PACAEMBU, SÃO PAULO, SP, 30 DE JANEIRO DE 1995

O dia amanheceu nublado, com chuviscos esparsos. No final da manhã, o tempo abriu – e assim ficou durante boa parte da tarde, quente e ensolarado. No Pacaembu, ainda havia ingressos à venda, e as filas de compradores já eram enormes às 9h, na abertura das bilheterias. Os portões do estádio foram abertos às 14h35.

Mas assim que o ônibus do Barão Vermelho entrou no estádio, pouco depois das 17h, a chuva voltou a cair. Cada vez mais forte. Temendo que o temporal atrasasse o espetáculo, os produtores da turnê decidiram que os shows de abertura deveriam ser antecipados em meia hora, sobretudo porque os Stones seguiriam direto do Pacaembu para o Aeroporto de Cumbica, de onde voariam para o Rio de Janeiro.

O Barão Vermelho subiu ao palco debaixo de temporal. No terceiro número, o baixo pifou e a banda não teve mais condições de prosseguir. Rita Lee conseguiu autorização de Jake Berry, gerente de produção da turnê, para se apresentar junto com seus músicos sob o pequeno toldo que protegia o equipamento dos Stones. Quando encerrou a apresentação, já não chovia mais. Os Spin Doctors foram recebidos com indiferença pelo público.

A terceira e última apresentação dos Rolling Stones em São Paulo começou às 22h30 e, mais uma vez, o grito coletivo de mais de 50 mil pessoas ecoou pelo estádio. De novo, o repertório variou, com a inclusão de "It's All Over Now", "Sparks Will Fly" e "Out of Tears", as duas últimas do álbum *Voodoo Lounge*. E a banda trouxe de volta "Rock And A Hard Place", "Midnight Rambler" e "Before They Make Me Run".

A chuva caiu durante alguns momentos, mas não tirou o brilho do espetáculo, que encerrou a temporada paulista gloriosamente, às 0h50. Os Rolling Stones deixaram o estádio rapidamente rumo ao aeroporto. Desembarcaram no Rio às 3h20 do dia 31, sob forte temporal.

SETLIST: "NOT FADE AWAY" / "TUMBLING DICE" /" YOU GOT ME ROCKING" / "IT'S ALL OVER NOW" / "LIVE WITH ME" / "SPARKS WILL FLY" / "SATISFACTION" / "OUT OF TEARS" / "ANGIE" / "ROCK AND A HARD PLACE" / "MIDNIGHT RAMBLER" / "I GO WILD" / "MISS YOU" / "HONKY TONK WOMEN" / "BEFORE THEY MAKE ME RUN" / "THE WORST" / "SYMPATHY FOR THE DEVIL" / "GIMME SHELTER" /"STREET FIGHTING MAN" / "START ME UP" / "IT'S ONLY ROCK 'N' ROLL" / "BROWN SUGAR" / "JUMPIN' JACK FLASH"

Os Rolling Stones chegaram ao Rio com o saldo de três apresentações apoteóticas em São Paulo. A segunda havia sido definitivamente arrasadora. Para Arnaldo Jabor, "os shows da banda no Pacaembu nos colocaram dentro de um grande momento da cultura do século XX" (*Folha de S. Paulo*, 31-01-1995).

A imprensa acompanhava passo a passo a movimentação do grupo. Era a sombra constante, e indesejável, de Wood, Watts, Jagger e Richards. Como bem notou o jornal gaúcho *Zero Hora* (28-01-1995), os Stones só encontravam sossego no palco. Aliás, nem na sacada de sua suíte, no 16º andar do Hotel Intercontinental, em São Conrado, onde os Stones se hospedaram, Keith teve privacidade. Para os fotógrafos e cinegrafistas aglomerados lá embaixo, bastava acionar o zoom para capturar Keith e Bobby Keys apreciando a bela vista da praia. Quando os dois percebiam que estavam sendo observados, contra-atacavam. Inicialmente, com gestos obscenos; depois, arremessando meias e cascas de banana na direção dos intrusos.

Mick só saiu à noite. Ele jantou com Jerry Hall no restaurante Antiquarius, no Leblon. Na volta, se fechou na suíte localizada dois andares acima do ruidoso 16º andar. Keith, como costuma fazer, preferiu se divertir no hotel. Passou a noite bebendo, se servindo de outros aditivos, conversando e ouvindo música clássica no volume máximo. Amanheceu sentado num banco, diante da Praia do Pepino, apreciando o mar ao lado de um amigo da equipe. Antes de retornar ao hotel, Richards conversou com um pescador e acenou de volta para os corredores matinais que o reconheceram. Só se irritou quando os jornalistas se aproximaram. "Por que vocês estão me seguindo? Se me amam, me deixem em paz", disse.

O cerco da imprensa era tão grande que obrigou Mick a deixar o hotel deitado no colo de um casal, no banco traseiro de um carro, quando saiu para almoçar num restaurante no Recreio dos Bandeirantes. Mas a insistência da imprensa foi tanta que os Stones acabaram cedendo, e concordaram em realizar uma entrevista coletiva.

À noite, seguiram todos para o Maracanã, os Stones e a imprensa. Num pequeno palco improvisado num dos acessos às cadeiras localizadas sob a arquibancada, Michael Cohl, o diretor da turnê, logo disse que toda a equipe considerava os shows de São Paulo os melhores de toda a excursão. Keith, Mick, Ron e Charlie entraram em seguida. Mick cumprimentou os jornalistas em português:

– Boa tarde, todos vocês.

Mas emendou em inglês:

– Estamos muito contentes por estar no Rio, para o nosso primeiro show aqui. Nos divertimos muito em São Paulo, apesar de terem sido os shows mais molhados dessa turnê.

Indagados sobre a demora em vir tocar no Brasil, Keith e, depois, Mick, responderam:

– Perguntem aos brasileiros por que não viemos antes.

– Sempre quisemos tocar no Brasil. Toda vez que tentamos, algo acontecia. Ou o cara que ia nos trazer não podia, ou estava preso. Algo assim. Isso vem acontecendo há muito tempo. Por isso, demoramos tanto. Viemos para cá diversas vezes para passar férias. Keith e eu viemos nos anos 1960. Charlie veio a negócios... Já Ronnie, é a primeira vez.

Ron pegou a deixa.

– É a primeira vez que venho e está sendo uma experiência fantástica. Adoro samba e, se tiver tempo, gostaria de conhecer o ritmo com mais detalhes.

"Sympathy For The Devil" foi influenciada pela música brasileira? Mick responde.

– O ritmo é de samba. Então, dá pra dizer que foi influenciada pela música brasileira.

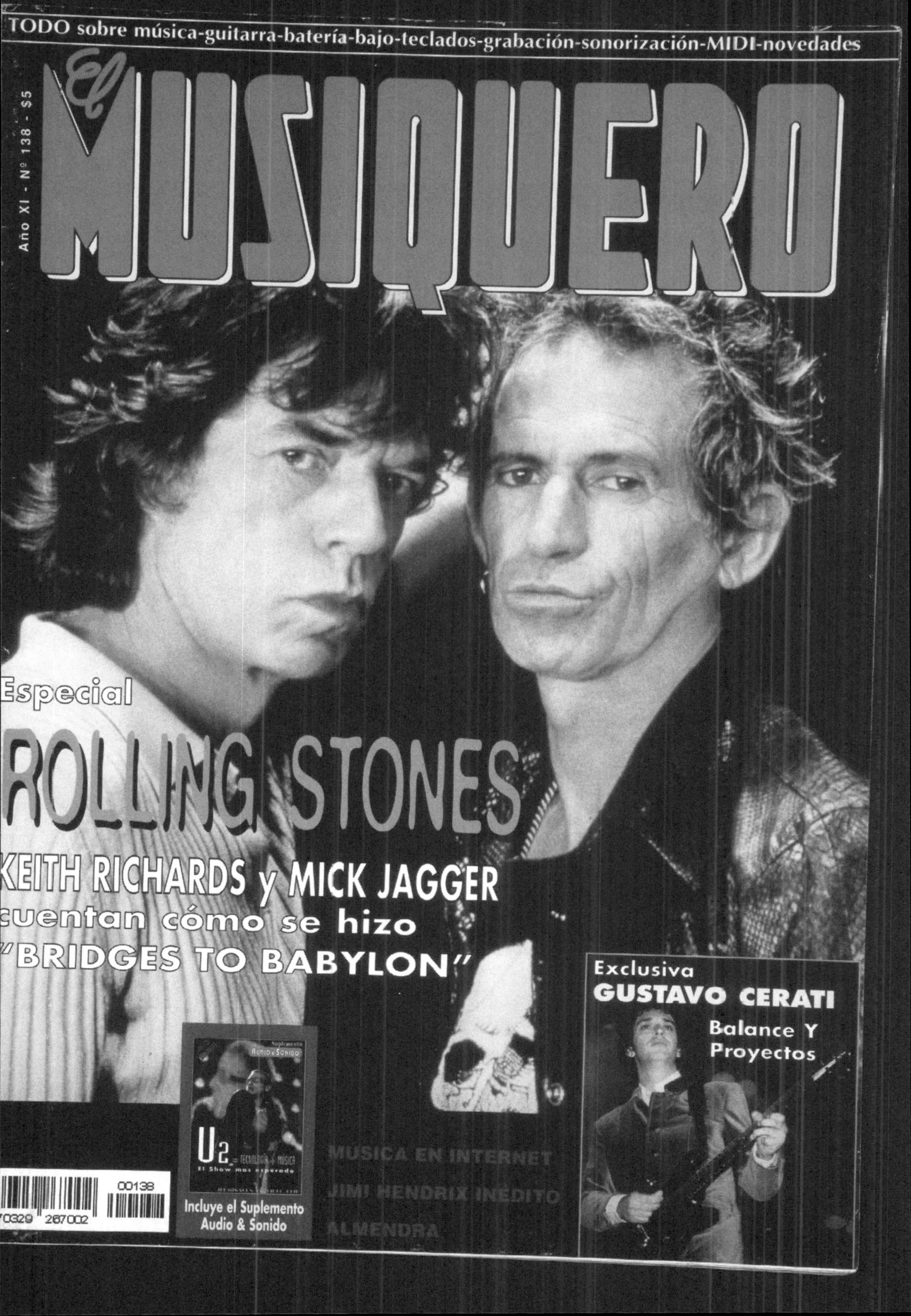
TODO sobre música-guitarra-batería-bajo-teclados-grabación-sonorización-MIDI-novedades
El MUSIQUERO
Año XI - Nº 138 - $5
Especial
ROLLING STONES
KEITH RICHARDS y MICK JAGGER
cuentan cómo se hizo
"BRIDGES TO BABYLON"
Exclusiva
GUSTAVO CERATI
Balance Y Proyectos
U2 = TECNOLOGIA + MUSICA
El Show mas esperado
Incluye el Suplemento
Audio & Sonido
MUSICA EN INTERNET
JIMI HENDRIX INEDITO
ALMENDRA

Keith lembrou de suas viagens anteriores:

– A primeira vez que vim ao Brasil tinha uma macumba na praia. Fiquei bastante intrigado.

Sobre o assédio do público e da imprensa, os Stones variaram entre o diplomático e o severo:

– Adoramos as pessoas e sempre evitamos a imprensa. É bom falar com os jornalistas assim, e não quando estamos comendo um sanduíche (Keith).

– Gostamos de conhecer os países onde nos apresentamos, mas não com a imprensa sentada no nosso colo (Mick).

Seria *Voodoo Lounge* a última grande turnê da banda? Wood respondeu.

– Um adeus aos grandes shows? Não, é apenas um breve olá. Nós ainda temos muito pela frente.

Mais tarde, depois de uma tentativa de assistir ao ensaio da Portela – era gente demais, e eles desistiram –, todos da banda, exceto Keith, foram jantar no Satyricon, em Ipanema. Quando o grupo retornou ao hotel, às duas da manhã, o som alto da música de Brahms vazava da suíte do insone Keith. Pela manhã, Richards apareceu na sacada, segurando três travesseiros.

ESTÁDIO DO MARACANÃ, RIO DE JANEIRO, RJ, 2 DE FEVEREIRO DE 1995

> "Só vendo para crer. Até os céticos saem dos estádios acreditando que os Rolling Stones realmente fizeram um pacto com as entidades do vodu."
> – **ANTÔNIO CARLOS MIGUEL**, *O Globo*, 2 de fevereiro de 1995

A chuva parecia mesmo perseguir os Stones, pelo menos era o que o serviço de meteorologia previa para o final da tarde.

No estádio, a ordem de Jake Berry era para antecipar em meia hora o início dos shows. Assim, atenderia ao pedido dos Rolling Stones, preocupados com o bem-estar do público, que chegava muito cedo – pequenas filas já se formavam às 8h30, e, como em São Paulo, havia gente de todas as partes, inclusive do exterior – para passar horas espremido na frente do palco.

No gramado, o palco de quatro milhões de dólares estava numa das laterais do campo, o que permitiu, dada as dimensões do Maracanã, ampliar ainda mais as passarelas usadas com freqüência por Mick no decorrer do show.

Para a alegria das 30 mil pessoas que já estavam no estádio, o Barão Vermelho começou sua apresentação às 18h30. A chuva veio antes de Rita Lee. Fraca, ajudou a refrescar o ambiente, e se foi enquanto Rita fazia o público cantar os seus hits junto com ela. Já os Spin Doctors encararam uma platéia hostil. Além das vaias, ouviam-se os gritos "fora, fora" e "queremos os Stones". A banda de Nova York só fez o público vibrar quando saiu do palco.

Às 22h20, as mais de 70 mil pessoas que ocupavam o estádio grudaram os olhos na cobra. Começava a 65ª apresentação dos Rolling Stones desde o começo da turnê *Voodoo Lounge*, em agosto de 1994.

Se não houve novidades no setlist em relação ao que já havia sido mostrado em São Paulo, Mick voltou a repetir cenas de excursões passadas ao jogar baldes d´água sobre o público.

SETLIST: "NOT FADE AWAY" / "TUMBLING DICE" / "YOU GOT ME ROCKING" / "IT'S ALL OVER NOW" / "SHATTERED" / "SPARKS WILL FLY" / "SATISFACTION" / "OUT OF TEARS" / "ANGIE" / "ROCK AND A HARD PLACE" / "LOVE IS STRONG" / "I GO WILD" / "MISS YOU" / "HONKY TONK WOMEN" / "BEFORE THEY MAKE ME RUN" / "THE WORST" / "SYMPATHY FOR THE DEVIL" / "GIMME SHELTER" / "STREET FIGHTING MAN" / "START ME UP" / "IT'S ONLY ROCK 'N' ROLL" / "BROWN SUGAR" / "JUMPIN' JACK FLASH"

Na noite do dia 3, a socialite Andréa Dellal ofereceu um jantar em sua casa para Ron Wood e sua esposa, Josephine. O baixista Dadi, seu primo, esteve lá e ouviu Josephine dizer que "Keith é muito convencido e acha que é Deus".

ESTÁDIO DO MARACANÃ, RIO DE JANEIRO, RJ, 4 DE FEVEREIRO DE 1995

Quem surgiu no palco depois do Barão Vermelho foi o grupo Spin Doctors. A decisão da produção de inverter a ordem das apresentações serviu para poupar os norte-americanos de possíveis vaias, já que, antes de Rita, enfrentariam um público mais descansado e, conseqüentemente, mais tolerante.

Quando a apresentação dos Spin Doctors, debaixo de chuva, chegou ao fim, foi a senha para os ritmistas da Escola de Samba Mocidade Independente de Padre Miguel agitarem os bastidores com a batucada contagiante do samba. Ron vibrava como um garoto, circulando entre eles, admirado com o que ouvia. Charlie, apaixonado pelos ritmistas brasileiros, assistia a tudo com muita atenção ao lado da esposa Shirley. Mick filmava tudo com sua câmera. Entre os presentes, estavam Andréa Dellal e Dadi, que vieram com a comitiva dos Stones, a cantora Lúcia Turnbull e o cineasta Walter Salles, acompanhado de sua mulher.

Dadi aproveitou a ocasião para perguntar a Mick sobre a gravação que haviam feito em 1976, no estúdio da antiga Polygram, no Rio. "Não aproveitei a gravação, mas ainda tenho a fita comigo", respondeu Jagger.

No caminho de volta ao seu camarim, Mick contou a Waltinho que tinha adorado o show de estréia em São Paulo, mesmo debaixo de chuva, e que também gostara muito da reação do público no Rio. Esperava que esse último show no Rio fosse ainda melhor.

No repertório do segundo show carioca, transmitido ao vivo pela *TV Globo*, "Live With Me", "Midnight Rambler", "Happy" e "Monkey Man" substituíram "Shattered", "Love Is Strong", "Before They Make Me Run" e "Gimme Shelter".

Durante "Start Me Up", um fã invadiu o palco e correu em direção a Mick. Foi contido pelos seguranças, mas quase fez Mick se atrapalhar com a música.

Duas horas e quinze minutos depois, a banda deixou o palco sob o brilho dos fogos de artifício. No camarote VIP, Gilberto Gil não conseguia segurar as lágrimas e, no gramado, a platéia deslumbrada permanecia estática, admirando o palco vazio até a nova explosão de fogos de artifício, que pôs fim ao transe coletivo.

SETLIST: "NOT FADE AWAY" / "TUMBLING DICE" / "YOU GOT ME ROCKING" / "IT'S ALL OVER NOW" / "LIVE WITH ME" / "SPARKS WILL FLY" / "SATISFACTION" / "OUT OF TEARS" / "ANGIE" / "MIDNIGHT RAMBLER" / "ROCK AND A HARD PLACE" / "I GO WILD" / "MISS YOU" / "HONKY TONK WOMEN" / "HAPPY" / "THE WORST" / "SYMPATHY FOR THE DEVIL" / "MONKEY MAN" / "STREET FIGHTING MAN" / "START ME UP" / "IT'S ONLY ROCK 'N' ROLL" / "BROWN SUGAR" / "JUMPIN' JACK FLASH"

Para Keith e Ron, a festa continuou no hotel. Na suíte de Keith, música alta, papo com amigos, muita bebida e agitação. Na de Ron, os convidados Andréa Dellal e Dadi. Ron mostrou seus quadros e colocou no aparelho de som seu álbum recente, *Slide On This*. Nos corredores, um vai-e-vem danado. Keith apareceu rapidamente na suíte de Ron. Estava atrás da pó-eira que ele já havia varrido do quarto dele. Bobby Keys também apareceu e protagonizou um momento antológico, depois de ser apresentado a Dadi por Ron.

– Você é baixista?

– Sou.

– Então, anda para eu ver.

Dadi, desconfiado, andou.

– É, você é baixista.

– Ué, por quê?

– Ah, porque guitarrista anda assim (Bobby interpreta o que seria o andar de um guitarrista). E saxofonista anda assim (Bobby caminha novamente, tentando mostrar a diferença entre um e outro).

A conversa na suíte de Ron, com o doidão Bobby presente, se estendeu até as cinco horas da manhã.

Mick tentou se divertir. Foi ao Hippopotamus, mas viu que não teria sossego na casa cheia. De lá, seguiu para o restaurante Carpaccio e Cia, na fronteira de Ipanema com o Leblon. Foi só descer do carro para alguém gritar seu nome. Deu meia volta e chispou de volta para o hotel.

Ironicamente, o domingo amanheceu ensolarado. Às 16h, Mick deixou o hotel e foi almoçar com Walter Salles no Antiquarius. Do restaurante, seguiu direto para o aeroporto. A banda embarcou para Buenos Aires às 19h40.

"O maior show de música da história do Brasil não será esquecido tão cedo."

– *O Globo*, 5 de fevereiro de 1995.

RON WOOD BEBE, PINTA E VÊ AMIGOS NO BRASIL

A avassaladora passagem do vodu stoniano por São Paulo e Rio em 1995 aproximou o guitarrista-pintor Ron Wood dos brasileiros. Boa-praça e sempre disposto a se divertir, Wood aceitou o convite feito pela agência de publicidade Fisher & Justus para passar o carnaval no Rio (assumindo o papel de mais um garoto-propaganda célebre para a cervejaria Brahma) e para expor suas obras em São Paulo. Assim, unia o útil ao agradável, já que gostava tanto do som de uma bateria de escola de samba (foi dele a idéia de chamar os ritmistas da Mocidade Independente de Padre Miguel para os camarins dos Stones no Maracanã) quanto de exibir suas obras. Além do mais, ainda poderia faturar uma grana extra.

O guitarrista que descobriu o desenho antes da guitarra chegou ao Rio na sexta-feira, 16 de fevereiro de 1996. Veio com a mulher, Josephine, o então empresário, Nick Cowan, e o chefe de segurança dos Stones, Jim Callagham. No Hotel Caesar Park, em Ipanema, encontrou-se com o saxofonista Bobby Keys – que chegara de São Paulo com a mulher, a brasileira Miriam Steinberg.

Mas Ronnie não estava no Rio só para se divertir, e qualquer farra carnavalesca com o velho companheiro de esbórnia precisava ficar para depois. Era preciso promover a marca da cerveja que bancou sua vinda ao Rio. Ron vestiu a camisa personalizada da cervejaria sobre uma calça branca e partiu para o sambódromo, onde concedeu curta entrevista coletiva no camarote da Brahma – copo de cerveja na mão, claro.

"Trouxe o sol comigo", disse Ronnie, ciente de que a chuva andava castigando a cidade. "Mick Jagger e o comediante Richard Pryor me falaram muito bem do carnaval. Mas nem precisava. É uma festa legendária e todo mundo conhece. O carnaval carioca é uma das poucas coisas no mundo que ainda não vi, e tenho muita curiosidade em conhecer."

Ronnie também contou que faria uma exposição de seus quadros em maio, no Museu de Arte Moderna de São Paulo. "Vou mostrar trabalhos em serigrafia, gravura e pastel, com predomínio de telas a óleo e aquarelas. Mas, por enquanto quero ficar muito bêbado", concluiu, levando o copo de cerveja à boca.

Por duas noites consecutivas, Ron se esbaldou no camarote da Brahma, assistindo ao desfile das Escolas de Samba do Grupo I ao lado de outros VIPs, como a cantora Grace Jones, a *drag queen* Ru Paul, e o campeão mundial de Fórmula 1 Emerson Fittipaldi. O stone bebeu muita cerveja, distribuiu beijinhos, acenos, autógrafos e, nas duas noites, só foi embora depois da última escola ter encerrado sua apresentação.

No segundo dia do desfile, segunda-feira à noite, Ron apareceu na área de concentração da Mangueira vestido com o traje da diretoria da escola. Wood fora convidado para participar do desfile como integrante da bateria, mas, sem a fantasia apropriada, preferiu ficar de fora. No entanto, gravou o aquecimento da bateria: "É para mostrar ao Mick Jagger. Isso é fantástico!", disse à *Isto É* (28-02-1996).

Josephine teve mais sorte. Com uma fantasia arranjada de última hora, atravessou toda a avenida num carro alegórico da Estação Primeira.

> "Foi a experiência mais fantástica da minha vida!"
> – **JOSEPHINE**, *Folha de S. Paulo*, 21 de fevereiro de 1996.

> "Já tinha escutado maravilhas sobre o carnaval carioca, mas nada que correspondesse ao que vi. Fiquei absolutamente deslumbrado."
> – **RON WOOD**, *Manchete*, 2 de março de 1996.

Após a dose dupla de sambódromo, o casal Wood seguiu para Ilhabela, balneário litorâneo distante 210 quilômetros de São Paulo, a convite de Bobby Keys e de Miriam. Lá, depois de uma visita rápida à ilha do cirurgião plástico Ivo Pitanguy, em Angra dos Reis, os dois casais passaram seis dias hospedados no hotel Maison Joly, entregues ao sol, ao mar e à tranqüilidade da região.

O *dolce far niente* de Ronnie no litoral paulistano só foi interrompido quando o guitarrista se reuniu com Nara Roesler, apresentada a ele pelo artista plástico Ivald Granato, para tratar da exposição que faria na galeria da marchand, quando retornasse ao Brasil no mês de maio.

Ronnie partiu de Ilhabela no dia 29 de fevereiro e, em 5 de maio, já estava de volta a São Paulo, acompanhado pela mesma turma: Josephine, Nick Cowan e Jim Callagham. Bobby Keys e Miriam, que estavam passando uma temporada na capital paulistana, completaram o grupo.

A semana agitada de Ron começou no dia seguinte a sua chegada, num encontro com a imprensa realizado no Museu de Arte Moderna. Com a inevitável latinha de cerveja do patrocinador na mão, Wood contou que se achava tão bom na música quanto nas artes plásticas. "Cabe ao público decidir em qual sou melhor", disse ele, antes de admitir que ganhava muito mais dinheiro com os Stones do que com suas pinturas.

Fã de Rembrandt, Turner, Picasso e Cézanne, o pintor-guitarrista também confessou que "no início, os Stones odiavam o meu trabalho, mas agora chegam até a elogiá-lo e me desejam sorte nas exposições". Entre as 23 telas em óleo, pastel e técnica mista que integravam a mostra "Ronnie Wood – Pinturas", no MAM de São Paulo, o artista sentia orgulho especial pela tela a óleo "Beggars Banquet", inspirada na foto que aparece na capa interna do álbum de mesmo título dos Stones.

Na exposição, inaugurada no dia 7, o público pôde conhecer quadros retratando cenas de shows dos Stones, imagens de outros ídolos do rock, como Eric Clapton, Jim Morrison, Jimi Hendrix, Elvis Presley e Chuck Berry, de animais em extinção e, claro, de Josephine Wood.

Na quarta-feira, dia 8, Ron se reuniu com artistas brasileiros na Galeria Nara Roesler. Foi um encontro lúdico e criativo, organizado pelo amigo Ivald Granato a pedido de Ronnie, envolvendo música, poesia e pintura. Participaram do encontro os artistas plásticos José Roberto Aguilar, Takashi Fukushima, Nilton Mesquita, Walter Peticov e Tomoshigue Kusuno; os músicos Jorge Mautner, Bobby Keys e Roger, do Ultraje A Rigor, Arnaldo Antunes e Péricles Cavalcanti; o diretor de teatro Cacá Rosset; o cineasta Neville D'Almeida e a atriz Giulia Gam.

Durante o *happening*, Cacá leu trechos do "Manifesto antropofágico" de Oswald de Andrade, e Arnaldo Antunes, poemas; Jorge Mautner tocou marchinhas de carnaval no seu violino, acompanhado pelo sax de Bobby Keys; Péricles e Roger cantaram "When The Saints Go Marching In" junto com Mautner e Keys; e Ron, Granato, Aguilar, Tomoshigue e Rosset improvisaram sobre uma tela de três metros por um metro e setenta. Ron deu as primeiras pinceladas, traçando um perfil masculino com uma gigantesca mão na frente, ao lado de um saxofonista. O improviso ia bem até Tomoshigue Kusuno usar uma vassoura em chamas como pincel. O quadro, cuja venda reverteria para uma instituição de caridade, até hoje não encontrou comprador.

À noite, o empresário Luís Osvaldo Pastore ofereceu um jantar em sua casa para Ronnie e Bobby Keys. A animação ficou por conta do conjunto de forró de Téo Azevedo. O violino de Jorge Mautner, o sax de Keys e o violão elétrico de Ron tentaram acompanhar as duas violas, a sanfona, o triângulo e a zabumba, mas coube ao saxofonista compartilhar com o sanfoneiro os melhores momentos da inusitada jam, que durou cerca de 40 minutos.

< **ACIMA:** Ronnie e Jorge Mautner inventam um blues nordestino.

O último compromisso de Ron em São Paulo foi inaugurar, na quinta-feira à noite, a mostra "Ronnie Wood – Gravuras" na Galeria Nara Roesler, onde expôs gravuras em metal e serigrafias. Na sexta-feira, dia 10, Wood, Jo, Cowan, Callagham e Nara Roesler, que se juntara ao grupo, embarcaram para Buenos Aires. Lá, Ron inauguraria mais uma exposição de seus quadros.

> "Se, por um desvio do destino, algum quadro deste inglês fosse parar nas barraquinhas de uma destas anacrônicas feiras hippies, é quase certo que ninguém daria muita bola. Mas como o artista em questão é Ron Wood – o ótimo guitarrista dos Rolling Stones -, o interesse pelas suas obras extrapolou a condescendência. Wood vem usando seu prestígio como músico para realizar exposições ao redor do mundo. Ele acredita que pinta bem. As gravuras até que têm certo estilo. Em compensação, as telas em técnica mista são de chorar. A maioria nem original é. Wood se inspirou em capas de discos e fotos famosas dos Stones."
> – *Isto É,* 15 de maio de 1996.

E não é que Ron visitou o Brasil uma terceira vez em 1996? Veio seduzido por amigos brasileiros que o convenceram a visitar o nordeste, especialmente a praia de Serrambi, junto a Porto de Galinhas, no litoral de Pernambuco. O passeio era organizado pela pernambucana Nara Roesler, que foi receber a família Wood no aeroporto de Recife, na tarde do domingo de 18 de agosto.

Ron e Jo trouxeram os filhos Tyrone e Leah, e esta, uma amiga. Curiosamente, saíram todos direto do aeroporto para o Shopping Center Recife, em Boa Viagem. Precisavam de roupas de banho. Só que o stone acabou sendo reconhecido no shopping e as compras foram seguidas de perto por um bando de curiosos. Devidamente equipados para a praia, em uma hora de estrada Wood e família chegaram ao "paraíso" de Nara – Serrambi.

A turma toda ficou na casa de Maria da Conceição, filha do conhecido escultor e ceramista Francisco Brennand. No local, quase ninguém sabia da presença do stone. Mas o músico e compositor Lula Côrtes, informado por Nara, apareceu por lá com o amigo Sérgio Eduardo, fã dos Stones e então baixista da banda de rock Má Companhia.

> "Na terça-feira, eu, Lula, a mulher dele e a filha dela chegamos em Serrambi por volta do meio-dia. Em busca de orientação para localizar a casa de Nara, resolvemos perguntar no Hotel Intermares. Para nossa surpresa, lá estava Ron Wood, de short, sentado numa cadeira, com um copo de cerveja na mão, observando a mulher, o filho, com os cabelos pintados de verde, a filha e a amiga jogarem vôlei na piscina. Ron foi muito simpático conosco. Falamos de música, de instrumentos e dos Rolling Stones. Mas era evidente que ele já havia bebido bastante. Ele mesmo reconheceu que estava bêbado quando disse que ia pegar cigarros e que talvez não tivesse condições de voltar."
> – **SÉRGIO EDUARDO**, no livro *Os Rolling Stones No Brasil* .

Na quarta-feira, em visita ao ateliê de Brennand, no bairro da Várzea, em Recife, Ron se encantou com as esculturas eróticas e com as figuras mitológicas criadas pelo artista pernambucano. O guitarrista indagou sobre elas a Brennand e teceu comentários variados sobre as artes plásticas. Saiu de lá com três telas e uma escultura assinadas pelo artista.

À noite, o grupo seguiu para o Arcada Bistrô, em Boa Viagem, para comemorar o aniversário de Tyrone. Sérgio Eduardo também apareceu por lá. E levou o baixo, pois queria um autógrafo de Ron no instrumento. Ron o reconheceu e o saudou.

No pequeno palco, um conjunto formado por piano, baixo, bateria, guitarra e uma voz feminina começou sua apresentação com um "Parabéns Pra Você" endereçado ao filho de Ron, e depois pôs-se a tocar jazz. Ron se trancou por algum tempo no banheiro, mas quando voltou à mesa parecia bem mais animado. Só se recusou a dar canja com a banda. Conforme contou a Sérgio Eduardo, preferia tocar música brasileira com ela.

De Serrambi, onde ficou mais alguns dias, Ron partiu para Salvador, ao encontro do guitarrista Jimmy Page, que na época passava uma temporada em Lençóis, na Chapada Diamantina, a pouco mais de 400 quilômetros da capital baiana. Juntos, os dois ingleses estiveram no Candeal, onde assistiram ao ensaio do Timbalada, de Carlinhos Brown, viram o show de Margareth Menezes, no Bahia Othon Palace Hotel, e uma apresentação do Olodum, no Pelourinho.

Antes de retornar a Inglaterra com a família, Ron voou da Bahia para São Paulo e, de lá, seguiu com o amigo Bobby Keys para Ribeirão Preto, onde havia uma mostra de pinturas e ilustrações suas no Museu de Arte da cidade. Depois, partiu para Sertãozinho, para prestigiar a apresentação do saxofonista no Delight Night Club.

Seguros em sua posição única, garantida ao longo de quatro décadas passadas num ciclo praticamente ininterrupto de grava-excursiona-grava-excursiona, com uma vitalidade inesgotável, e ainda capazes de arrastar as maiores multidões do rock, os Rolling Stones chegaram à virada do século dispostos a se divertir.

Para isso, reinventaram as regras de seu próprio jogo.

Dali para a frente, gravariam discos menos atrelados aos parâmetros que eles mesmos haviam estabelecido e experimentariam novas possibilidades, mesmo com o risco de dar com os burros n'água. Suas turnês, ainda que emolduradas num modelo-padrão, onde não poderiam faltar determinados bastiões, seriam agora mais maleáveis, intercalando shows em estádios, ginásios e teatros. Os setlists alternariam clássicos e surpresas mais obscuras (algumas jamais apresentadas ao vivo antes), em determinadas noites a banda ofereceria blocos temáticos (um punhado de canções de *Let It Bleed*, por exemplo, tocadas uma depois da outra). E ficava oficializada a utilização do palco secundário, menor, localizado no meio da platéia, durante três números do show, uma forma de simular a experiência de se ver os Stones num clube noturno no início da década de 1960.

O palco secundário, usado pela primeira vez na turnê *Bridges to Babylon*, em 1997 (e, na melhor tradição de "soluços" de abertura de excursão, ameaçado de morte prematura, depois que a ponte do título do álbum e da turnê, que serviria de passagem da banda do palcão para o palquinho, cismou em não funcionar na abertura do périplo, em Chicago), seria mantido em todas os giros seguintes, até 2007. Ano após ano, o palquinho proporcionaria minutos mágicos nos shows dos Stones.

> "Acontece um momento incrível na metade do show *Bridges To Babylon* quando o tempo não apenas pára como anda rápido para trás – até chegar a 1964, o ano em que (os Rolling Stones) lançaram seu primeiro álbum. A banda caminha para longe do palco chamativo e colossal e toca três músicas num praticável pequeno, empoleirado acima da multidão no meio do (estádio) Soldier Field. Por um momento, os Stones são como eram três décadas e meia atrás, suas raízes e sua essência são reveladas: eles são cinco caras num palco pequeno e iluminado, e eles estão tocando blues. A diferença é que dessa vez eles não estão tocando num daqueles clubes noturnos esfumaçados, pequenos, onde se tornaram famosos tantos anos atrás, mas num estádio de futebol (cercados de) 53 mil fãs."
> – **MICHIKO KAKUTANI**, *The New York Times*, 12 de outubro de 1997.

> "*Bridges To Babylon* é um disco de rock moderno inteiramente competente que é salvo da mediocridade por um punhado de canções que se destacam e pelo prestígio nato dos Stones. Não tem como desinventar 33 anos de disco."
> – **Q**, setembro de 1997.

O BRASIL NA ROTA DE BRIDGES TO BABYLON

Apesar do sucesso retumbante dos shows dos Rolling Stones no Brasil, em 1995, problemas com um empresário e a demora em definir os locais onde a banda se apresentaria, tanto no Rio quanto em São Paulo, quase deixaram o país fora da rota da turnê *Bridges to Babylon*, três anos mais tarde.

Ao contrário de 1995, quando vários empresários brasileiros competiram pelo privilégio histórico de trazer os Rolling Stones ao Brasil pela primeira vez, dessa feita um único empresário brasileiro negociava a vinda da banda com a empresa canadense TNA, responsável pela excursão mundial *Bridges to Babylon*. Como Franco Bruni tinha acabado de assinar contrato com a mesma TNA para trazer o grupo irlandês U2 ao Brasil, aproveitou a porta entreaberta para também tentar trazer os Rolling Stones.

As negociações prosseguiram com a turnê já em curso, enquanto os Stones cruzavam os Estados Unidos, durante o segundo semestre de 1997. Segundo o trajeto estabelecido pela TNA, a turnê passaria pela Argentina e pelo Brasil entre março e abril de 1998. Somente em janeiro de 1998 os jornais noticiaram um pré-contrato entre o empresário brasileiro e a TNA: os shows ocorreriam nos dias 8 e 9 de abril, em São Paulo, e 13, no Rio. Bruni anunciou que os shows de abertura ficariam a cargo do grupo baiano Olodum.

Os Rolling Stones encerraram a primeira etapa da turnê no dia 15 de fevereiro, em Las Vegas. O Japão seria a escala seguinte, e de lá a excursão viria para a América do Sul. Mas, nesse meio tempo, enquanto o empresário argentino Daniel Grimbank negociava com os Stones a adição de mais espetáculos em Buenos Aires, no Brasil o silêncio era ensurdecedor. E por bom motivo.

A organização do show do U2 no Rio de Janeiro, promovido por Franco Bruni no Autódromo Nelson Piquet, tinha resultado num fiasco monumental. Naquele dia 27 de janeiro de 1998, o Rio registrou um dos maiores engarrafamentos de toda sua história, por conta da má organização do espetáculo e da precária infra-estrutura do local. Muitos fãs do U2 sequer conseguiram chegar a tempo de ver o show por causa do trânsito, tornado caótico pela falta de planejamento para um megaevento que movimentaria pela cidade dezenas de milhares de pessoas a mais. Ao saber do acontecido, a TNA desfez o pré-contrato com Franco Bruni. Daí, o silêncio.

A TNA se viu na nervosa posição de precisar encontrar uma nova empresa para assumir a produção da perna brasileira da turnê *Bridges to Babylon* menos de dois meses antes da data do primeiro show. E imediatamente contatou a Dueto, a mesma produtora brasileira que tentara, sem sucesso, trazer a banda ao Brasil em 1995.

> "Isso nunca aconteceu antes. Normalmente nós, produtores locais, é que vamos atrás das turnês."
>
> – **JEFFREY NEALE**, sócio da Dueto, *O Globo*, 3 de março de 1998.

Os Rolling Stones queriam tocar no Maracanã e no Morumbi, e, com base nas informações fornecidas anteriormente por Bruni, acreditavam que os estádios já haviam sido reservados. Não era bem assim: além de não reservados, nenhum dos dois estava sequer disponível nas datas pretendidas. O Maracanã e o Morumbi abrigavam os jogos do Campeonato Estadual, da Copa do Brasil e da Taça Libertadores da América.

Diante disso, a TNA propôs realizar o show do Rio no Autódromo Nelson Piquet, mas a Dueto não concordou, ainda preocupada com a repercussão negativa da apresentação do U2 e com as péssimas condições do local.

Como os Rolling Stones queriam se apresentar no Rio de qualquer maneira, concordaram com a sugestão da Dueto de levar o show para a Praça da Apoteose, no Sambódromo – naquela altura, a única opção viável para abrigar a megaprodução stoniana. Mas em São Paulo...

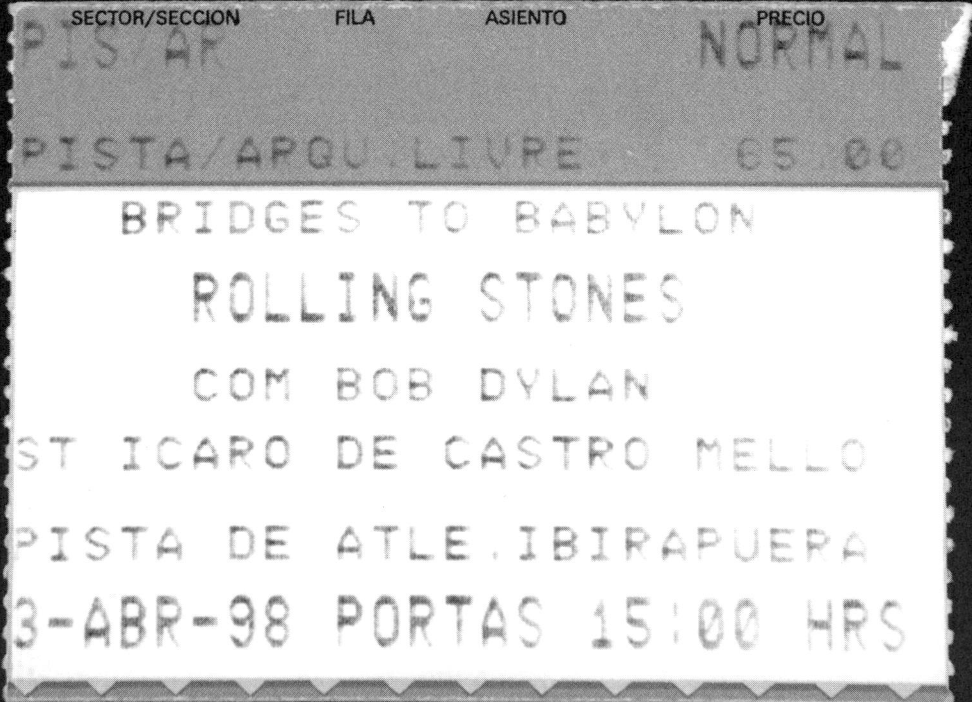
SECTOR/SECCION
FILA
ASIENTO
PRECIO
PIS AR
NORMAL
PISTA/ARQU.LIVRE
05 00
BRIDGES TO BABYLON
ROLLING STONES
COM BOB DYLAN
ST ICARO DE CASTRO MELLO
PISTA DE ATLE.IBIRAPUERA
3-ABR-98 PORTAS 15:00 HRS

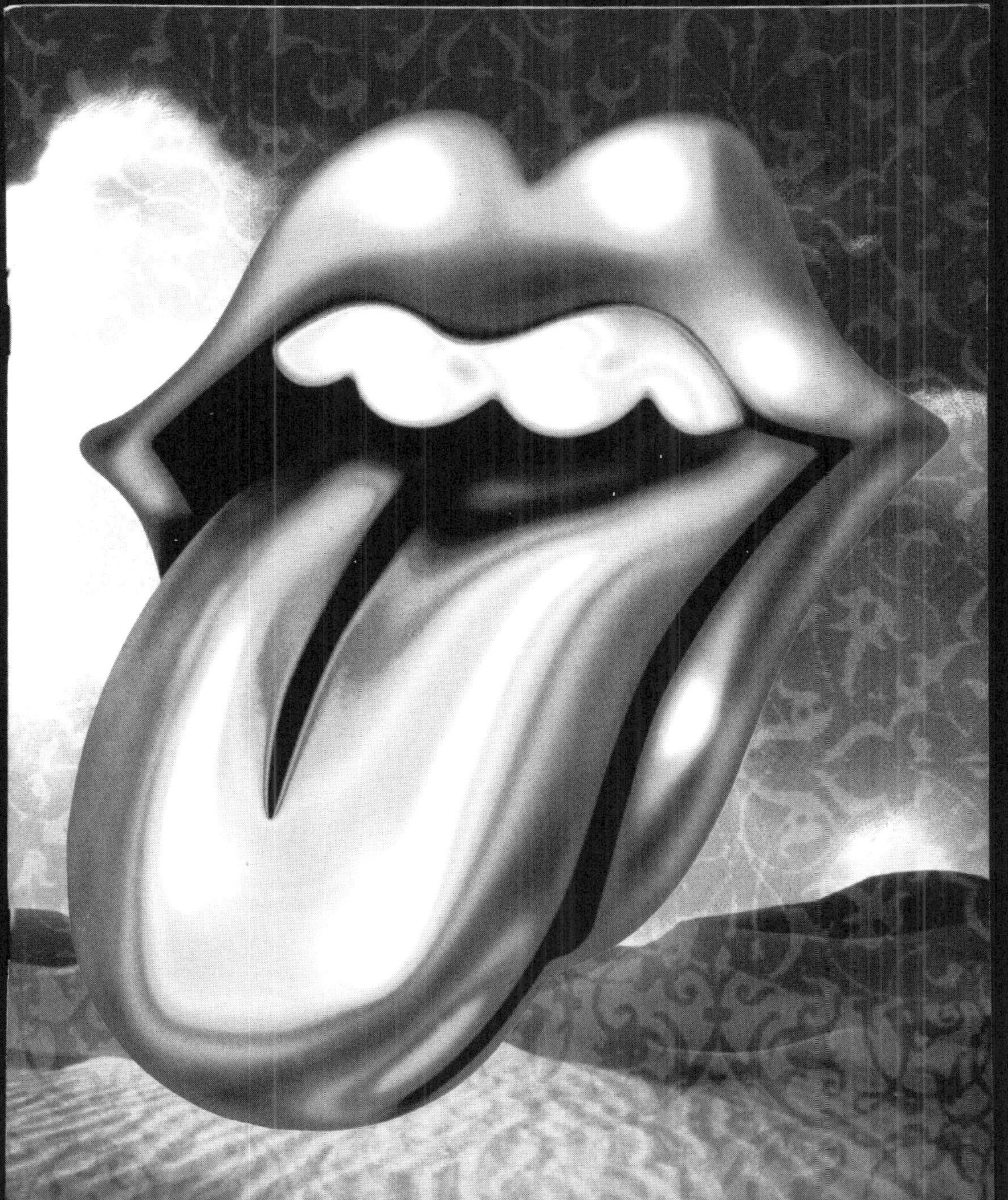

Os Rolling Stones já estavam em Buenos Aires quando as datas dos shows brasileiros foram finalmente divulgadas. No Rio, tocariam no dia 11 de abril; em São Paulo, no dia 13. Mas onde em São Paulo? Faltando 18 dias para o primeiro acorde da turnê *Bridges to Babylon* no Brasil, os Stones não tinham onde tocar na maior cidade do país.

A Dueto corria contra o tempo, desesperada. O Pacaembu era a segunda opção da produtora, mas a Secretaria Municipal de Esportes, responsável pela administração do estádio, vetou o local sob a alegação de que o Pacaembu era destinado a jogos de futebol e não a eventos musicais. Na verdade, temia uma repetição dos estragos provocados pela passagem dos Stones no local, em 1995.

A via-crúcis só terminaria no dia 25 de março.

> "O local para o show do grupo Rolling Stones em São Paulo, agendado para o dia 13, está finalmente decidido. O Estádio Ícaro de Castro Mello, conhecido como Estádio do Ibirapuera, será o palco da apresentação da banda inglesa, que vem ao país divulgar o álbum *Bridges to Babylon*."
> – *Jornal da Tarde*, 26 de março de 1998.

A informação trazia outra grande novidade: Bob Dylan faria os shows de abertura! A cantora Cássia Eller, anunciou-se depois, se apresentaria antes de Bob.

O acerto, feito em cima da hora, depois de tanta indefinição, gerou a incômoda reputação, entre os integrantes da *entourage* dos Stones, de que o Brasil era o "país da troca de estádios".

A turnê *Bridges to Babylon* chegaria, enfim, ao Brasil. E, em relação à excursão *Voodoo Lounge*, trazia uma estrutura ainda mais ousada, especialmente por incluir dois palcos. O "A", principal, com 54 metros de largura, 26 de profundidade e 25 de altura, e o "B", de apenas 20 metros quadrados, posicionado no centro da área destinada à platéia. Uma forma generosa dos Stones se aproximarem do público mais afastado e emularem, apesar de toda a grandiosidade do espetáculo, um ambiente mais intimista, como nos velhos clubes onde tocavam no início da carreira. A conexão entre os palcos era feita através de uma ponte móvel de 52 metros.

Depois de 15 dias na Argentina, onde fizeram cinco espetáculos e receberam o título de "Visitantes Ilustres" das mãos do governador da província de Buenos Aires, Fernando de La Rua, os Rolling Stones desembarcaram no Rio, na noite de 6 de abril. Com vários dias de folga antes da primeira apresentação, a banda se dispersou. Keith e Ron Wood, acompanhado da mulher e dos filhos Tyronne e Leah, zarparam direto para a Ilha dos Porcos, em Angra, convidados por Ivo Pitanguy. Mick e Charlie seguiram para o Copacabana Palace, onde havia até uma suíte extra, reservada pelos Stones para eventuais encontros e festas íntimas.

Em Angra, uma das principais diversões de Ron e de Keith eram os passeios de lancha. Isso, até o acidente que envolveu Ron, sua família e mais alguns amigos. O grupo voltava de um passeio a Ilha Grande e já estava bem próximo da Ilha dos

Porcos quando o motor da lancha sofreu pane. A fumaça negra e as chamas causadas pelo defeito amedrontaram todos na embarcação: os Wood, a secretária de Keith, Jane Rose, Lisa Fisher, o filho de Ivo, Hélcius Pitanguy, e o empresário Luís Osvaldo Pastore.

Os tripulantes faziam o possível para conter as chamas, mas elas não paravam de aumentar. Como a situacão parecia fora de controle, o grupo, apavorado, começou a gritar por socorro. Por sorte, os jornalistas, que não desgrudavam dos Stones, estavam por perto, registrando o passeio. E acudiram o grupo.

Ron tremia, mas nem por isso largou a lata de cerveja. Quando a lancha que trazia a equipe do *Jornal do Brasil* se aproximou, Wood foi o primeiro a pular. Só então ajudou os filhos e a mulher. Aos repórteres, dizia: "Estou tremendo, mas está tudo bem." Depois, já no pequeno ancoradouro, argumentou: "Os paparazzi matam, mas também salvam."

Nesse mesmo dia, Mick partiu para a Fazenda Santarém, do empresário Olavo Monteiro de Carvalho e de sua então mulher Andréa Dellal, localizada em Bem Posta, pequena localidade próxima a Petrópolis. Charlie e Shirley aproveitaram para visitar alguns haras em Sorocaba, no interior de São Paulo.

A banda só retornou ao hotel na sexta-feira, dia 10. À noite, foi homenageada com uma festa na residência de Olavo e Andréa, em Santa Teresa. Apareceram por lá, entre outros, Gilberto Gil e Flora, Caetano Veloso e Paula Lavigne, Ivo Pitanguy, Ivald Granato, Dadi, Luís Osvaldo Pastore, a princesa Gloria von Thurn und Taxis, Florinda Bolkan, mais os homenageados Mick, Keith e Ron, o príncipe Rupert von Loewenstein, e os músicos Blondie Chaplin e Darryl Jones. Charlie não compareceu.

Nessa festa Mick conheceu a hoje apresentadora de TV Luciana Gimenez, com quem mais tarde teve um filho – Lucas.

PRAÇA DA APOTEOSE, RIO DE JANEIRO, RJ, 11 DE ABRIL DE 1998

Coincidentemente, um sábado de Aleluia. Dia da Malhação do Judas, festivo – e sem chuva.

Cássia Eller se apresentou por 35 minutos e deixou o palco livre para o bardo de voz anasalada, cujo show começou pontualmente às 20h. Todo de preto e com um chapéu branco de caubói, Dylan entremeou hits, como "Just Like A Woman" e "It's All Over Now Baby Blue", com canções do que era seu mais recente disco, o elogiado *Time Out of Mind*. O público, inicialmente frio, acabou se curvando à legendária figura. Alegre e sorridente como raramente se vê, Dylan concluiu sua apresentação com "Highway 61 Revisited", e saiu do palco muito aplaudido.

Naquela praça, a apoteose ficou por conta da entrada dos Rolling Stones no palco. O clássico riff de "Satisfaction" fez o sambódromo chacoalhar mais que em dia de desfile de escola de samba. O público vibrou, pulou, cantou junto com Jagger

Send in the clown: The controversial doc behind *Patch Adams*

FEBRUARY 1, 1999

People weekly

Robin Williams as Patch

Mick Jagger & Jerry Hall's Divorce

IT'S ALL OVER NOW

All about the Brazilian model, the mystery baby, Jerry's big $$$$$ demands and Mick's surprise reply: Guess what, honey, we're not really married!

Model Luciana Morad

do começo ao fim do espetáculo. Mesmo as pouco conhecidas canções do álbum que dava nome a turnê, como "Flip The Switch", "Saint of Me", Out of Control" e "You Don't Have To Mean It", um reggae cantado por Keith, foram bem recebidas.

O show ganhou contornos históricos quando Bob Dylan subiu ao palco para cantar "Like a Rolling Stone" junto com os Rolling Stones! Uma mentirinha de Mick serviu de deixa para Dylan: "Vamos cantar uma canção que Bob Dylan escreveu pra gente." Curiosamente, o ritmo acelerado imposto pelos Stones à canção fez o próprio autor se atrapalhar com a letra enorme. Mas quem se incomodou com esse pequeno detalhe diante do encontro raríssimo de dois gigantes do pop-rock?

Ao apresentar a banda, Mick chama Keith de "cigano selvagem", Charlie de "tranqüilo" e Ronnie de "sobrevivente do fogo". Keith é recebido com gritos de "ah, eu tô maluco", repetido tantas vezes que o cigano selvagem precisa dizer que está ali para trabalhar antes de engatar o reggae "You Don't Have To Mean It".

Um grande alvoroço acontece quando a ponte levadiça se ergue a partir do palco principal e se move em direção ao pequeno palco estacionado no meio do público. Mick, Charlie, Ron, Keith, Darryl e Chuck cruzam a ponte para revisitar, no novo cenário, suas raízes fincadas no blues e no rhythm and blues. Ali, rodeada por um mar de cabeças, braços e mãos, a banda toca "Little Queenie", de Chuck Berry, 'I Just Want To Make Love To You", de Willie Dixon, e "You Got Me Rocking", um rock simples e eficiente do álbum *Vodoo Lounge*.

Depois de uma penca de hits, uma chuva de papel picado se precipita ao som de "Brown Sugar", a última da noite. A banda se curva diante da platéia e deixa o palco debaixo de mais um belo show pirotécnico.

SETLIST: "SATISFACTION" / "LET'S SPEND THE NIGHT TOGETHER" / "FLIP THE SWITCH" / "GIMME SHELTER" / "RUBY TUESDAY" / "IT'S ONLY ROCK 'N' ROLL" / "SAINT OF ME" / "OUT OF CONTROL" / "MISS YOU" / "LIKE A ROLLING STONE (COM BOB DYLAN)" / "YOU DON'T HAVE TO MEAN IT" / "WANNA HOLD YOU" / "LITTLE QUEENIE" / "I JUST WANT TO MAKE LOVE TO YOU" / "YOU GOT ME ROCKING" / "SYMPATHY FOR THE DEVIL" / "TUMBLING DICE" / "HONKY TONK WOMEN" / "START ME UP" / "JUMPIN' JACK FLASH" / "YOU CAN'T ALWAYS GET WHAT YOU WANT" / "BROWN SUGAR"

> "O crânio e as vísceras do rock 'n' roll foram expostos, literalmente, em praça pública no sábado de Aleluia. Numa mesma Apoteose, o rock-cabeça de Dylan cascou-se ao rebolado dos Rolling Stones. A porção folk branca, *cowboy* (vide o chapéu texano de Dylan) juntava-se ao furor colorido africano (nas roupas berrantes de Jagger), cinzelado pelo blues. Pena que a fusão de imagens tenha se dado em apenas uma musica, 'Like a rolling stone', onde a calibrada dupla Jagger & Richards conseguiu até arrancar alguns sorrisos do sisudo Bob."
>
> – **TÁRIK DE SOUZA**, *Jornal do Brasil*, 13 de abril de 1998.

ESTÁDIO DO IBIRAPUERA, SÃO PAULO, SP, 13 DE ABRIL DE 1998

Como os Rolling Stones estavam baseados no Copacabana Palace, no Rio, só chegaram ao Ibirapuera pouco depois das 18h. Do lado de fora, filas enormes se moviam lentamente em direção aos dois únicos portões de acesso, por conta da rigorosa inspeção para impedir a entrada de menores. Quando Bob Dylan começou sua apresentação, às 19h55, as filas se estendiam por quase dois quilômetros. No fim de seu show, às 20h55, ainda havia cerca de dez mil pessoas do lado de fora. Seria impossível colocar aquela gente toda para dentro do estádio a tempo, caso o trabalho da fiscalização junto à entrada não fosse acelerado.

Às 21h30, horário previsto para o início do show dos Rolling Stones, ainda havia uma multidão do lado de fora, tentando furar fila, gente protestando, nervosa, uma confusão à beira de virar um grande tumulto. Para evitar que a situação se agravasse, a fiscalização foi relaxada e muita gente entrou sem que seus ingressos fossem devidamente conferidos.

Quando os Rolling Stones começaram o show, com 50 minutos de atraso por causa da demora na entrada do público, a lotação do estádio excedia em muito o limite máximo permitido, de 32 mil pessoas.

O show, contudo, decorreu espetacular e grandioso – e sem problemas. Mas não diferiu muito do apresentado no Rio, repetindo inclusive o dueto Stones/Dylan em "Like A Rolling Stone". No entanto, no lugar de "Ruby Tuesday", e com Mick ao violão e Ron na guitarra slide, os Rolling Stones silenciaram o estádio com uma primorosa interpretação de "Sister Morphine". Outra mudança foi a inclusão de "Under My Thumb", executada no pequeno palco, que mais parecia uma ilha no meio da multidão. E surgiu "Thief In The Night", que Keith cantou em vez de "You Don't Have To Mean It", auxiliado pelos vocais de apoio de Lisa, Bernard, Blondie e da filha de Ron, Leah Wood.

Falando em português, Mick também variou na apresentação da banda ao chamar Ron Wood de "pinto maluco" e o baterista Charlie Watts de "discreto". Para Keith, manteve a mesma definição: "cigano selvagem".

SETLIST: "SATISFACTION" / "LET'S SPEND THE NIGHT TOGETHER" / "FLIP THE SWITCH" / "GIMME SHELTER" / "SISTER MORPHINE" / "IT'S ONLY ROCK 'N' ROLL" / "SAINT OF ME" / "OUT OF CONTROL" / "MISS YOU" / "LIKE A ROLLING STONE (COM BOB DYLAN)" / "THIEF IN THE NIGHT" / "WANNA HOLD YOU" / "LITTLE QUEENIE" / "UNDER MY THUMB" / "YOU GOT ME ROCKING" / "SYMPATHY FOR THE DEVIL" / "TUMBLING DICE" / "HONKY TONK WOMEN" / "START ME UP" / "JUMPIN' JACK FLASH" / "YOU CAN'T ALWAYS GET WHAT YOU WANT" / "BROWN SUGAR"

A banda chegou de volta ao Rio às 2h30 da manhã de terça-feira e se despediu do Brasil na quarta-feira à tarde. Dois dias depois, lá estavam eles, no palco do Carrier Dome, em Syracuse, nos Estados Unidos, a caminho de Montreal, Chicago e Toronto, antes de cruzar o Atlântico rumo à Europa.

> "Dizem que são velhos, que o rock é para jovens e que a banda deveria ter acabado há vários anos, mas Mick Jagger, Keith Richards, Charlie Watts e Ron Wood comprovaram ontem no Estádio do Ibirapuera que os Stones ainda são a maior e mais profissional banda de rock and roll do mundo."
>
> – *Jornal da Tarde*, 14 de abril de 1998.

"Confesso que gosto mais do início dos Stones, com Brian Jones, pela riqueza dos arranjos e os detalhes de instrumentação. Eles eram mais ousados. Mas não vou tirar o mérito de Mick e Keith pelas composições deles. Eles fizeram clássicos eternos."

- **RENATO LADEIRA**, vocalista, guitarrista, tecladista e produtor – The Bubbles, A Bolha, Herva Doce

RONNIE PASSA RÉVEILLON EM ANGRA E DÁ CANJA EM SÃO PAULO

Como se já não bastassem seus problemas com o álcool e a cocaína, que lhe custaram saúde, jogo de cintura e rios de dinheiro para escapar das garras da justiça e de traficantes perigosos e ambiciosos (um deles chegou a exigir que Wood roubasse as fitas master e a arte-final de um álbum inédito dos Stones para lançar uma versão pirata antes do lançamento oficial chegar às lojas) – e que, por muito pouco, quase destruíram sua carreira –, Ron entrou numa fria olímpica quando aceitou se associar a um dono de um prédio para transformá-lo num clube privado.

Atraído para o negócio por seu então empresário Nick Cowan, além de enterrar três milhões de libras na criação do Harrington Club, em Londres, ainda assinou um contrato "mandrake" que garantia a Nick e ao proprietário do prédio o direito de dirigir o clube. Enrolado pelos dois, mais tarde o guitarrista se descobriu preso a um outro contrato no qual ele e a mulher eram declarados arrendatários do local e estavam obrigados a pagar aos dois trambiqueiros 550 mil libras anuais, durante 25 anos!

Ron, evidentemente, acionou seus advogados (entre os quais, alguns da equipe jurídica dos Stones), e, para esfriar a cabeça, lançou o CD *Not For Beginners*, em novembro de 2001, fez alguns shows em Dublin e Londres, em dezembro, e veio

passar o réveillon no Brasil, mais especificamente na Ilha dos Porcos, do cirurgião plástico Ivo Pitanguy, na companhia do amigo Luís Osvaldo Pastore.

No embalo da viagem, Ron passou por São Paulo para rever amigos, e acabou dando uma canja com o grupo Blue Jeans, no Bourbon Street Music Club. Ainda nos camarins, o pessoal do Blue Jeans, formado pelo guitarrista Marcos Ottaviano, o baixista Andrei Ivanovic e o baterista Junior Moreno, foi informado pelo proprietário da casa que Ron Wood havia reservado uma mesa no local. Ninguém levou a sério. Um deles, brincando, ainda disse: "Outro que vai aparecer é o Sinatra, né?"

A banda já estava tocando quando Ron chegou, acompanhado por Ivald Granato e Antonio Peticov. Foram acomodados no mezanino, isolado do restante do público, mas bem próximo do palco, e de onde incentivava o grupo aos gritos de "yeah!" e "great!". Os Blue Jeans, acrescidos do guitarrista Kenny Brown, tocavam Hendrix e clássicos do blues, música que Ron conhecia de sobra.

Muito animado, e seco pra tocar a guitarra, no intervalo do show Ron procurou os músicos no camarim. "Adorei a banda e queria fazer um som com vocês, posso?" Quando os Blue Jeans retornaram para o segundo set, imediatamente chamaram Wood.

Nitidamente alcoolizado, Ronnie empunhou uma guitarra, plugou no amplificador, e, quando começou a tocar... não saía som. Durante longos segundos, Ron brincou, ameaçando ir embora. Mas assim que o amplificador voltou a funcionar, para alívio do guitarrista Marcos Ottaviano, Ron se virou para ele e disse: "Professor, você conhece 'Hideway'?". Foi a senha para o grupo todo improvisar uma versão de 10 minutos da música de Freddie King. Ao final, os Blue Jeans puxaram os acordes de "Miss You" e fizeram, com Wood, uma versão curta da famosa canção dos Stones. Wood, então, se retirou do palco e em pouco tempo deixou a casa, não sem antes distribuir autógrafos e posar para fotos ao lado de fãs.

No dia seguinte, 10 de janeiro de 2002, embarcou de volta para casa.

Em 2002, os Rolling Stones comemoraram o que nenhuma outra banda de rock celebrara até então: 40 anos de carreira.

A data mereceu uma volumosa coletânea de grandes sucessos – acrescida de um punhado de gravações novas – e uma turnê mundial que transportou a banda ao redor do mundo (mas não à América do Sul) para shows cujo repertório variava conforme o tamanho do local: nos grandes estádios, os sucessos predominavam. A teatros como o Wiltern, em Los Angeles, e o Olympia, em Paris, eram reservadas as gemas raras – "That's How Strong My Love Is", clássico soul gravado pelos Stones em 1965, e "Stray Cat Blues", do álbum *Beggars Banquet.*

< **NA PÁGINA AO LADO:** Ron Wood e Marcos Ottaviano, da banda Blue Jeans, no Bourbon Street Music Club, em São Paulo

A popularidade dos Stones, mesmo quatro décadas depois de seu surgimento, mostrava-se maior que nunca, como exemplificado nos cinco shows que a banda realizou em Amsterdã, durante oito dias de estadia na cidade – três deles lotando um estádio com capacidade para mais de 50 mil pessoas, e dois outros, num ginásio com a metade do tamanho.

No escurinho com os Rolling Stones

Mesmo tendo renovado seu compromisso com os Rolling Stones, Mick Jagger realimentou sua carreira paralela de ator a partir do final dos anos 1990. Apareceu brevemente (mas jamais será esquecido) como o travesti Greta, na adaptação cinematográfica da peça *Bent* (1997), recebeu elogios unânimes como o melancólico gigolô em fim de carreira do drama *The Man From Elysian Fields* (2002) e aventurou-se a produzir filmes em que representou (*Enigma*, de 2001) ou não (*The Women*, refeitura do filme de mesmo título, realizado por George Cuckor em 1939; e *Ruby Tuesday*, longa de animação cuja trilha é recheada de clássicos dos Rolling Stones, ambos com lançamento marcado para 2008).
Jagger também é listado como produtor executivo de *Shine a Light*, o documentário de Martin Scorsese sobre a banda.
Keith Richards conseguiu achar o papel ideal para, aos 60 anos, estrear no cinema: numa metaescalação, ele é o Capitão Teague, pirata legendário – e pai de Jack Sparrow (Johnny Depp), o protagonista da série *Piratas do Caribe*. O jeito de falar e de andar de Keith foram o ponto de partida na hora de Johnny construir o personagem. Richards surge durante poucos mas memoráveis (apavorantes?) minutos em *Piratas do Caribe – No Fim do Mundo*, lançado em 2007.

"O desempenho de Jagger (em *The Man from Elysian Fields*) é mais que uma curiosidade: é uma revelação."
– **STEPHANIE ZACHAREK**, no portal *Salon.com*, 8 de outubro de 2002.

"Assim como os Beatles podem ser considerados o lado musicalmente mais evoluído (do pop), os Rolling Stones são um grito primal, o rock and roll em estado puro. Junto com a postura, com o jeito como Mick Jagger se movimenta, canta e dança, isso tudo é um poder de transformação muito grande. Uma coisa é certa: os Stones estão aí até hoje por causa do Mick Jagger. Eu, que era mais fã do Keith, hoje sou mais do Mick."
- **ARNALDO BRANDÃO**, vocalista, baixista – The Divers, The Bubbles, A Bolha, Hanói-Hanói

O quadragésimo aniversário de carreira foi um marco – mas não significou o fim dos Rolling Stones. Meros dois anos apos o término da turnê *Licks*, a banda já estava pronta para preparar mais um álbum e retornar aos palcos. A nova excursão, batizada *On Stage Tour*, mas comumente conhecida como *A Bigger Bang Tour*, quebraria todos os recordes da história da banda (e do rock): somados todos os 147 shows da excursão, os Stones ganharam, precisamente, 558.255.524,00 dólares. São quase 170 milhões a mais que a marca máxima anterior, ostentada pelo U2, por conta da turnê *Vertigo*.

A turnê levaria a banda a seu primeiro festival de rock desde 1976 – na Ilha de Wight, na Inglaterra –, tropeçaria num coco – ou melhor, num tombo que Keith tomou de um coqueiro em Fiji, acidente aparentemente bobo que requereu duas cirurgias sérias mas que não derrubou Richards de vez – e culminaria com uma apresentação para a maior platéia de toda a carreira da banda. Em Copacabana.

> "Nunca me preocupei muito (com minha saúde), até machucar a cabeça. E aí, é claro, precisei ser checado da cabeça aos pés. E os médicos voltaram com uma cara de espanto (dizendo que) o coração, o fígado e os rins estavam todos perfeitos! Indestrutível? Talvez eu seja um espécime único. Mas ao mesmo tempo trabalho com caras como eu, que nunca pegam um resfriado, e todos damos o maior duro."
> – **KEITH RICHARDS**, *Mojo*, setembro de 2007.

> "Fiquem de olho nesses caras. Eles podem ir longe."
> – **DAN MARTIN**, *New Musical Express*, 19 de setembro de 2005.

OS ROLLING STONES TOCAM PARA A MAIOR PLATÉIA DO MUNDO

Veio gente de todos os cantos do planeta. De ônibus, de carro, de moto e de avião. Eles chegaram acompanhados da família, em caravanas, ou mesmo sozinhos. O destino era um só: a praia de Copacabana.

Todos atendiam ao chamado da mais longeva banda de rock de todos os tempos para um show único, histórico – e de graça! – na noite de 18 de fevereiro de 2006, um sábado.

Durante diversos dias, Copacabana falou idiomas e teve sotaques diferentes, mas toda conversa girava em torno de um mesmo assunto: os Rolling Stones. As imediações do majestoso Copacabana Palace, onde vinha sendo construído o palco onde a banda tocaria, pareciam uma cidade à parte.

O palco atraía todos os olhares e as lentes de câmeras de curiosos, turistas, desavisados, jornalistas e, claro, muitos fãs. Todo negro, e com uma decoração alusiva aos trópicos, especialmente desenhado para o show em Copacabana. O original, utilizado nos demais shows da turnê *A Bigger Bang*, era pesado demais, e afundaria na areia da praia. Esse era mais leve, mas não menos complexo.

Sobre o palco, repousavam dezenas de *cases* de todo o tipo. Muitas vezes, uns sobre os outros, formando paredes intransponíveis. Na *backline*, circulava-se por corredores longos, que se cruzavam, quase um labirinto. Ou o interior de um avião de carga, como diria alguém. Além disso, quilômetros de fios, de todos os diâmetros possíveis, geradores, amplificadores e compartimentos que mais pareciam salas, de onde os técnicos conferiam detalhe após detalhe, auxiliados por computadores. Adicione ainda as dezenas de guitarras (mais de 60!), todas dispostas lado a lado, de pé e prontas para serem utilizadas, tanto por Keith, quanto por Ronnie. Haja engenharia!

Nas alturas, técnicos acertavam os refletores e o posicionamento das caixas de som. Na areia, sob uma tenda afastada do palco, os engenheiros de som da banda, Dave Natale e Kooster McAllister, debruçados sobre enormes mesas de mixagem, procuravam a medida certa da equalização, enquanto *roadies* passavam o som com a ajuda de Bernard Fowler nos vocais. Isso tudo às vistas do público, debaixo de muito sol e calor.

Atrás do palco, uma imensa tenda branca abrigava dezenas de salas que serviam de escritórios para visitantes e brasileiros ligados ao evento. Escritórios da TNA, da produção, do merchandising, do apoio, da contabilidade, uma ilha de edição de vídeo, um minirestaurante, e os camarins dos Titãs, do AfroReggae e do DJ Janot, encarregados dos shows de abertura. E ainda havia a passarela, sobre a qual a banda se deslocaria do Copacabana Palace para o palco e vice-versa.

O cenário ao longo da avenida Atlântica se completava com unidades móveis (UM's) de emissoras de televisão, transmissores, geradores, banheiros químicos, postos médicos, parabólicas, carros de polícia, jornais e revistas, além dos caminhões que não paravam de despejar mais alguma coisa por ali.

Sobre as famosas calçadas desenhadas com pedras portuguesas, ambulantes expunham camisas, chaveiros, bandanas, placas, adesivos, até binóculos, todos alusivos aos Stones. E como venderam...

Enquanto isso, nos bares, restaurantes, quiosques e arredores do palco, fãs de todas as partes festejavam o show. Entre os estrangeiros estava Bjornulf Vik, o norueguês criador de um dos mais importantes e visitados sítios sobre os Rolling Stones na internet (o *It´s Only Rock And Roll, www.iorr.org*). Ele chegou na manhã de quarta e quase não arredou o pé de Copa. Do Hotel Excelsior, onde se hospedou (e onde também estava parte da equipe dos Stones), Vik mantinha o sítio atualizado diariamente, postando fotos e informações sobre os preparativos para o show. Bjornulf também fez de um bar, no calçadão da Atlântica, o ponto de encontro de fãs especiais da banda inglesa, aqueles que costumam receber passes para todo e

Abril

veja Rio

www.veja-rio.com.br

PARTE INTEGRANTE DE VEJA ANO 39 • Nº 6
NÃO PODE SER VENDIDA SEPARADAMENTE

15 de fevereiro de 2006

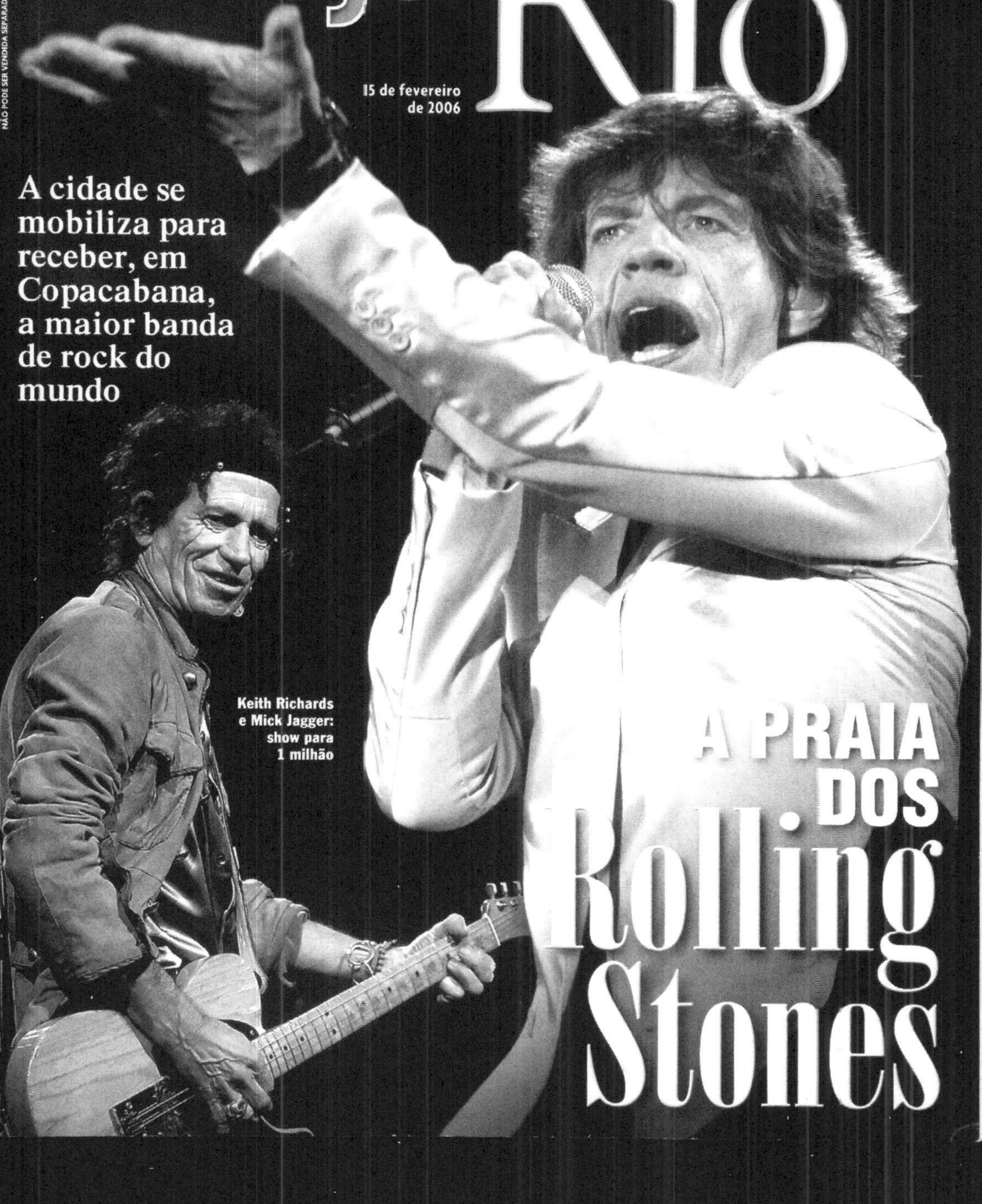

A cidade se mobiliza para receber, em Copacabana, a maior banda de rock do mundo

Keith Richards e Mick Jagger: show para 1 milhão

A PRAIA DOS Rolling Stones

qualquer show dos Stones em todo e qualquer lugar do mundo. Como o inglês Stephen e a japonesa Sonoko, que já tinham visto os shows brasileiros da turnê *Bridges to Babylon*, e os argentinos Marcelo Sonaglioni e Diego Perri, cada um com dezenas de shows dos Stones no currículo.

Na véspera, os Rolling Stones acompanhavam das varandas de suas *penthouses*, no Copacabana Palace, o vai-e-vem incessante no calçadão da Atlântica. E quando eram reconhecidos tinham seus nomes gritados pelos fãs estacionados na rua e separados da entrada do hotel por um providencial gradeado. Enquanto isso, Patti Hansen, a mulher de Keith, passeava tranqüilamente com uma das filhas do casal pelo calçadão, no meio da muvuca, sem ser reconhecida.

O cenário estava pronto para o grande dia.

PRAIA DE COPACABANA, RIO DE JANEIRO, RJ, 18 DE FEVEREIRO DE 2006

À tarde Mick estava preocupado. O público que ele avistava do alto do hotel parecia pequeno. Mas quando o sol começou a se esconder e a areia da praia a desaparecer, coberta por um mar de cabeças, Michael Cohl, o diretor da turnê, tratou de acalmá-lo. Com uma câmera digital, filmou o que viu e mostrou a Mick o tamanho do enxame que só fazia crescer e que aos poucos engolia areia, calçada e asfalto.

Até mesmo no mar havia gente, em lanchas ancoradas perto da praia, e de onde, ao balanço do mar, assistiriam aos Rolling Stones. As janelas dos prédios vizinhos ao Copacabana Palace, naquela noite, foram transformadas em camarotes especiais.

Os fãs e o público em geral, espremidos, eram separados do palco por duas grandes áreas reservadas. Esses generosos espaços, que os empurraram para bem longe de Mick, Keith, Ron e Charlie, acolheram, à esquerda, os convidados da empresa patrocinadora do evento – de modo geral, gente que só queria beber, comer, conversar, se exibir e ser fotografada com os Stones fazendo figuração no fundo – e, à direita, aqueles que trabalharam na produção da festa, e seus convidados, entre os quais, o Ministro da Cultura, Gilberto Gil.

Quando os Stones chegaram ao início da passarela que os levaria ao palco, gritos histéricos vindos das janelas e das áreas próximas podiam ser ouvidos a distância. Naquele momento, cerca de 1,2 milhão de pessoas se comprimiam para ver Mick e Keith tocar sobre a mesma areia que avistaram pela primeira vez naquele distante 1968, quando foram apresentados ao Rio de Janeiro e à paisagem de Copacabana.

SETLIST: "JUMPIN' JACK FLASH" | "IT'S ONLY ROCK 'N' ROLL" / "YOU GOT ME ROCKING" / "TUMBLING DICE" / "OH NO, NOT YOU AGAIN" / "WILD HORSES" / "RAIN FALL DOWN" / "MIDNIGHT RAMBLER" / "NIGHT TIME IS THE RIGHT TIME" / "THIS PLACE IS EMPTY" / "HAPPY" / "MISS YOU" / "ROUGH JUSTICE" / "GET OFF OF MY CLOUD" / "HONKY TONK WOMEN" / "SYMPATHY FOR THE DEVIL" / "START ME UP" / "BROWN SUGAR" / "YOU CAN'T ALWAYS GET WHAT YOU WANT" / "SATISFACTION"

"Ao olhar da varanda do hotel para as milhares de pessoas que aguardavam pelo

< **NA PÁGINA AO LADO:** Patti Hansen, Sra. Keith Richards, sente o clima da avenida Atlântica

começo de nosso momentoso show, percebi, intimamente, o quanto já havíamos percorrido. E o modo como nossa ansiedade e adrenalina só fizeram crescer até chegarmos na hora da verdade, na praia de Copacabana, foi impressionante. Atravessar a passarela até o palco foi de uma alegria tão pura que nenhuma droga seria capaz de (nos fazer sentir) algo próximo daquilo. Desejamos boa sorte um ao outro, irrompemos no palco, e como Keith diria, a jaula estava aberta."
– **RON WOOD**, no livro *Ronnie*.

"Os Rolling Stones fizeram ontem o maior show da história de sua carreira, do rock e do Rio. O público foi recorde. Segundo a PM, Copacabana foi invadida por 1,2 milhão de fãs de rock. (...) Ao som de um dos maiores hits da banda, 'Jumpin´Jack Flash', Mick deu início a uma noite inesquecível, consagrando Copacabana com mais um título, o de Princesinha do Rock."
– *O Globo*, 19 de fevereiro de 2006.

"É preciso audácia para ir à cidade do mais famoso carnaval do mundo e uma semana antes dele tocar algo que não seja samba."
– **LARRY ROHTER**, *The New York Times*, 19 de fevereiro de 2006.

"Não havia uma única estrela no céu. Todas estavam no palco. Eram apenas quatro. Mas tão cintilantes que deslumbraram Copacabana com a mais luminosa das noites sob o signo da música. Se os Rolling Stones tivessem feito neste sábado o show de despedida, teríamos algo semelhante ao adeus de Pelé no milésimo gol. É impossível que haja outra conjunção dos astros tão irretocável: dunas humanas ondulando na areia, o soberbo cenário natural, riffs hipnóticos de Keith Richards, a voz agreste e o corpo atemporal de Mick Jagger. Mas as pedras seguirão rolando."
– *Jornal do Brasil*, 19 de fevereiro de 2006.

"Um dos maiores shows que o mundo já viu."

– *BBC NEWS*, 19 de fevereiro de 2006.

No escurinho com os Rolling Stones
SHINE A LIGHT (2008)

O diretor Martin Scorsese reuniu alguns dos melhores diretores de fotografia do cinema – entre eles Albert Mayles, um dos responsáveis pelo brilhante documentário *Gimme Shelter* – para pilotar as 17 câmeras usadas na filmagem dos Rolling Stones durante dois shows realizados no teatro Beacon, em Nova York, no final de novembro de 2006. Misturou as imagens com algumas entrevistas de arquivo, adicionou som *state-of-the-art*, e saiu-se com *Shine A Light*, duas horas de espetáculo, onde o bluesman Buddy Guy, o astro indie Jack White e a estrela pop Christina Aguillera repartem o palco com a banda. Detalhe: Jagger queria que Scorsese registrasse o show dos Stones em Copacabana. Mas Marty bateu o pé e insistiu em Nova York.

"Scorsese, que retratou uma era e seus músicos no seu grande filme/concerto *A última valsa* (1978) e explorou o blues de maneira tão emocionante na série de TV *The Blues* (2003) se contenta em sentar e assistir. É difícil culpá-lo – afinal de contas, são os Stones – mas espera-se mais de Scorsese. Ninguém, exceto, talvez, Clint Eastwood, conhece música e cinema melhor, por isso você fica querendo que ele dê uma olhada demorada e profunda para celebrar uma banda icônica do rock. Mas, nada feito. O seu ingresso vale para um show dos Stones. Portanto, aproveite."
- **KIRK HONEYCUTT**, *The Hollywood Reporter*, 8 de fevereiro de 2008.

Em "Out of Control", uma das melhores canções de *Bridges to Babylon*, Mick Jagger revisita a si mesmo na juventude – quando, nas suas próprias palavras, era tolo, raivoso, vaidoso, charmoso e sortudo – e provoca o ouvinte: "Me diga, mudei muito?"

Descontados os efeitos da passagem do tempo – que eles vêm desafiando há quase cinco décadas – os Rolling Stones de hoje são, basicamente, a mesma banda de blues que transpôs a barreira do pop nos anos 1960 e rascunhou um idioma musical do qual se tornariam mestres e, hoje, possivelmente os últimos praticantes.

Mantêm-se ativos, com um vigor que parece inesgotável. No começo de 2008, 45 anos desde que Charlie Watts chegou para completar a formação clássica da banda, os Rolling Stones estavam cheios de planos. A estréia de *Shine A Light*, o rockumentário assinado por Martin Scorsese, servia de pretexto para alguns shows em Nova York e em outras poucas cidades. A banda iniciaria um novo contrato de distribuição com a Universal Music lançando a trilha do filme. Com Ron Wood longe (por enquanto) das drogas e da bebida, Keith refeito do tombo e Charlie recuperado de um câncer na garganta, já se discutia a possibilidade de uma turnê na Ásia – em 2009!

São os projetos de artistas que há quase meio século não param de trabalhar, graças, em grande parte, à tenacidade de Mick Jagger e a sua dedicada disciplina. Mesmo (e especialmente) quando Keith se ausentou do *board*, Mick manteve a

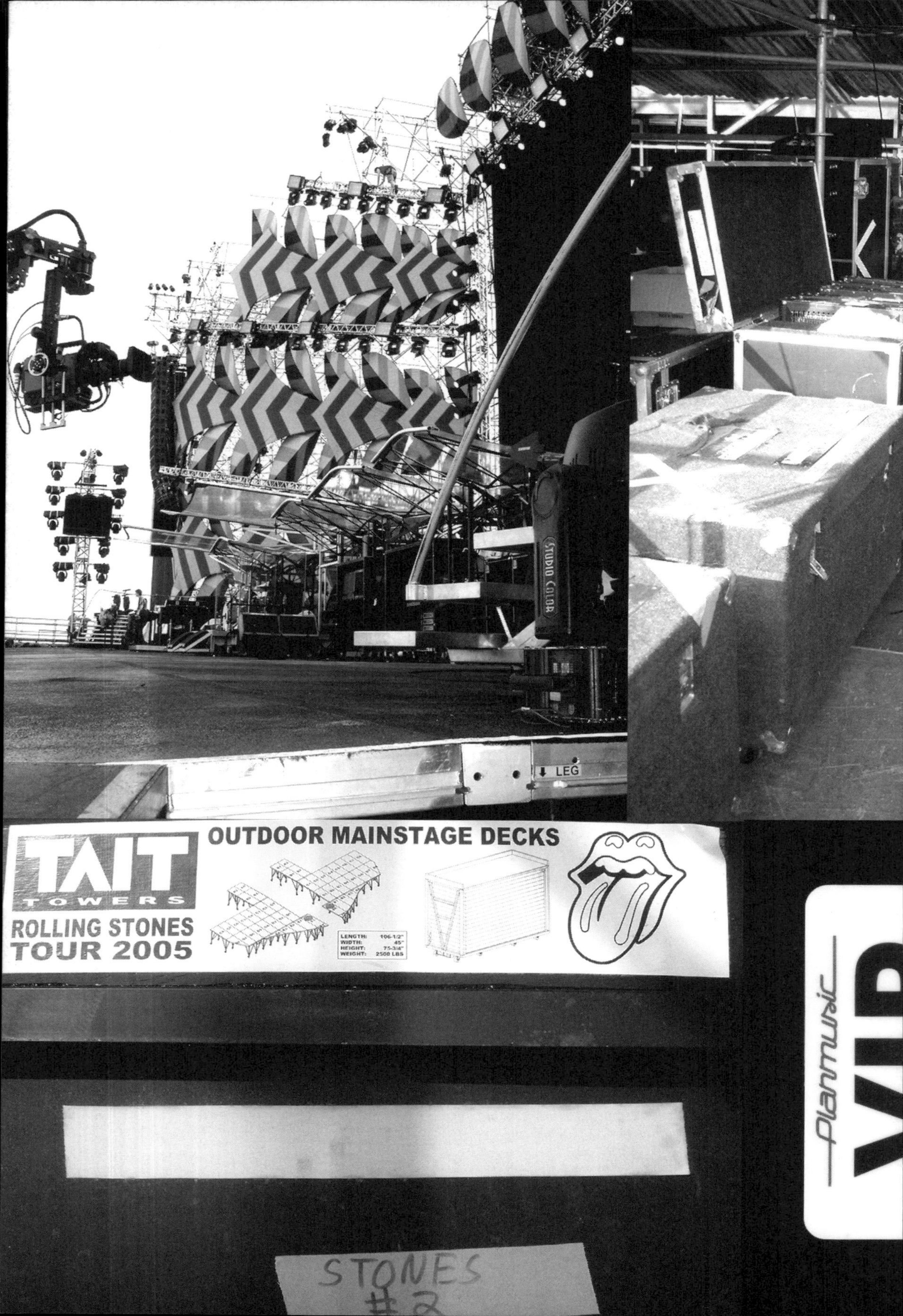
STUDIO COLOR
LEG
TAIT
TOWERS
ROLLING STONES
TOUR 2005
OUTDOOR MAINSTAGE DECKS
LENGTH: 106-1/2"
WIDTH: 45"
HEIGHT: 75-3/4"
WEIGHT: 2500 LBS
Planmusic
VIP
STONES
#2

18.02.06
19h
THE
ROLLING STONES
A BIGGER BANG
ROLLING
STONES
BACKLINE
TECH WORLD
DALLAS
NCAA
MAC 2000

"Acho que sempre foi uma banda ligada ao blues e ao rhythm'n' blues mas capaz de se renovar durante décadas, absorvendo novas idéias musicais sem abandonar sua personalidade, criou uma estrutura de turnês impressionante e, por fim, mas não menos importante, é dona de um repertório de composições maravilhosas ao longo da sua carreira."

– **ROBERTO FREJAT**, vocalista, guitarrista – Barão Vermelho banda nos trilhos e trabalhando, e preservou imagem, carreira e obra daquela que ele nunca deixaria ser menos que A Maior Banda de Rock do Mundo.

Nesse tempo, o mundo mudou junto com os Stones, nos costumes, nos gostos, nos limites. Sua Majestade Satânica, Mick Jagger, foi nomeado *Sir* pelo mesmo *establishment* que caçou a ele, Keith e Brian para tentar transformá-los em exemplos de sátiros punidos. O público deles mudou, também: hoje vê-se jovens recém-convertidos (e eles não param de aparecer) misturados a executivos poderosos de meia-idade que podem pagar qualquer preço pelos melhores lugares no show, e velhinhas de cabelo azul, avós (e bisavós) que não deixam seus setenta e alguns anos mantê-las longe do grupo que acompanham desde quando eram mais jovens.

E aqui se chega a um intrigante paradoxo: os Rolling Stones fazem rock and roll, essencialmente a música da juventude. Mas todos eles já passaram dos 60 anos.

O segredo que blinda os Stones do ridículo é que eles alcançaram a longevidade e mantêm a atualidade através de um repertório com raízes não no lado mais efêmero do pop, mas nos meandros profundos e complexos do blues. Desde o início e até nos álbuns mais recentes, onde geralmente apenas três faixas satisfazem 100% os fãs mais rigorosos, os Stones falam não como garotos de uma banda de rock, mas como roqueiros adultos que se espelhavam em sábios negros que nos anos 1960 tinham a mesma idade de Mick e Keith hoje.

O que os torna tão atraentes e sedutores, também, é o prazer que ainda encontram (e demonstram) no palco, na capacidade de redescobrir suas próprias músicas a cada noite e apresentá-las de uma forma impossível de ser reproduzida, recheada com improvisos, erros e sacações de momento.

Além disso, a sucessão dos anos ajuda a perpetuar o mito da longevidade dos Stones e atiça a curiosidade de quem quer saber se, de fato, essa ou aquela excursão será, verdadeiramente, A Última Turnê dos Rolling Stones.

Os Rolling Stones não são perfeitos, tampouco figuras de cera desfilando sua fama. Eles são um organismo vivo. E esse é o grande barato deles. Tendo escapado à autodestruição (como os Beatles), à decadência física (podem ser sexagenários, mas sempre se mantiveram mais enxutos que Elvis na fase mais grotescamente gorda) e à obsolescência, eles ainda buscam, com fome e desejo de descoberta, o intangível, o desconhecido, o experimento que ninguém ainda ousou (ou pôde) tentar: a vida numa estrada sem fim do rock.

Ver os Stones ao vivo não é estar diante da história do rock, é ver a história do rock ainda sendo escrita!

Por tudo isso, somente os Stones sobreviveram a tudo e a todos (e, não menos importante, a si mesmos) lá no topo. Sozinhos. Sem igual.

Claro
MOTOROLA

PORTÃO 1

DISCOGRAFIA

Estão relacionados abaixo os LPs (e/ou CDs) originalmente lançados na Inglaterra, nos Estados Unidos e no Brasil. Quando há repetição de títulos é porque a seleção do repertório ou o número de faixas diferem de um disco para o outro. Quando o lançamento é exclusivo de um ou dois países eles aparecem indicados entre parênteses.

The Rolling Stones (Inglaterra, 1964)
The Rolling Stones (Brasil, 1964)
England's Newest Hit-Makers, The Rolling Stones (Estados Unidos, 1964)
12 X 5 (Estados Unidos, 1964)
The Rolling Stones No. 2 (Inglaterra, 1965; Brasil, 1972)
The Rolling Stones, now! (Estados Unidos, 1965)
Out of Our Heads (Estados Unidos, 1965; Brasil, 1966)
Out of Our Heads (Inglaterra, 1965)
December's Children (and everybody's) (Estados Unidos, 1965)
As Tears Go By (Brasil, 1966: exceto pelo título, é igual a "December´s Children")
Aftermath (Inglaterra, 1966)
Aftermath (Estados Unidos, 1966)
Aftermath (Brasil, 1966)
Big Hits (High Tide and Green Grass) (Estados Unidos, 1966 - compilação)
Big Hits (High Tide and Green Grass) (Inglaterra, 1966; Brasil, 1981 - compilação)
Got Live If You Want It! (Estados Unidos, 1966 - ao vivo)
Between The Buttons (Inglaterra, 1967)
Between The Buttons (Estados Unidos e Brasil, 1967)
Flowers (Estados Unidos, 1967; Brasil, 1968 - compilação)
Their Satanic Majesties Request (1967; Brasil, 1969)
Beggars Banquet (1968; Brasil, 1969)
Through The Past, Darkly (BIG HITS VOL. 2) (Inglaterra, 1969 - compilação)
Through The Past, Darkly (BIG HITS VOL. 2) (Estados Unidos, 1969; Brasil, 1970 - compilação)
Let It Bleed (1969; Brasil, 1970)
Get Yer Ya-Ya's Out! The Rolling Stones In Concert (1970 - ao vivo)
Stone Age (Inglaterra e Brasil, 1971 - compilação)
Sticky Fingers (1971)
Gimme Shelter (Inglaterra, 1971; Brasil, 1972 - compilação)
Hot Rocks 1964-1971 (Estados Unidos, 1972 – compilação)
Milestones (Inglaterra, 1972; Brasil, 1982 - compilação)
Exile On Main St. (1972)
Rock 'n' Rolling Stones (Inglaterra, 1972; Brasil, 1974 - compilação)

THE ROLLING STONES
12 X 5
MONO
out of our heads THE ROLLING STONES*
LONDON
STEREO
december's children (and everybody's) THE ROLLING STONES*
AFTER-MATH
AFTERMATH
the rolling stones
high tide and green grass
THE ROLLING STONES
LLN-7111
as tears go by
THE ROLLING STONES*
LONDON
ROLLING STONES
THROUGH THE PAST DARKLY (Big Hits Vol. 2)
Rolling Stones
Beggars Banquet
Rolling Stones
Banquete dos Mendigos
ROLLING STONES LET IT BLEED
Stone Age
THE ROLLING

SYMPATHY FOR THE DEVIL
UNDER MY THUMB
TIME IS ON MY SIDE
I'VE BEEN LOVING YOU TOO LONG
FORTUNE TELLER
LADY JANE
(I Can't Get No) SATISFACTION
THE ROLLING STONES
Including 6 LIVE tracks never before released in the U.K.
ROLLING STONES
MORE HOT ROCKS
The Rolling Stones
BIG HITS
(HIGH TIDE AND GREEN GRASS)
THE ROLLING STONES
STONES
Rolled Gold
the very best of the Rolling Stones
STEREO
The Rolling Stones
LOVE YOU LIVE
THE ROLLING STONES
GET STONED
30 greatest hits. 30 original tracks.
Some Girls
30 GREATEST HITS
THE ROLLING STONES-SOLID ROCK

More Hot Rocks (Big Hits and Fazed Cookies) (Estados Unidos, 1972 - compilação)
Goat's Head Soup (1973)
No Stone Unturned (Inglaterra, 1973; Brasil, 1974 - compilação)
It's Only Rock'n'Roll (1974)
Made In The Shade (1975 - compilação)
Metamorphosis (Inglaterra e Brasil, 1975)
Metamorphosis (Estados Unidos, 1975)
Rolled Gold: The Very Best of The Rolling Stones (Inglaterra, 1975; Brasil, S/D - compilação)
Black and Blue (1976)
Love You Live (1977 - ao vivo)
Get Stoned (Inglaterra, 1977 – compilação)
Some Girls (1978)
30 Greatest Hits (Brasil, 1978 – compilação)
Time Waits for No One: Anthology 1971-1977 (Inglaterra e Brasil, 1979 - compilação)
Emotional Rescue (1980)
Solid Rock (Inglaterra, 1980; Brasil, 1981 – compilação)
Sucking in the Seventies (1981 - compilação)
Tatto You (1981)
Slow Rollers (Inglaterra e Brasil, 1981 - compilação)
Stones Story (Brasil, 1981 – compilação)
Have You Seen Your Mother Live! (Brasil, 1981: igual ao "Got Live If You Want It" - ao vivo)
Still Life (1981 American Concert - ao vivo) (1982)
Undercover (1983)
Heartbreaker – 19 Love Songs (Brasil, 1983 – compilação)
Rewind (1971-1984) (Inglaterra e Brasil, 1984; - compilação)
Rewind (1971-1984) (Estados Unidos, 1984 – compilação)
O rock de Rolling Stones (Brasil, 1984 – compilação)
Dirty Work (1986)
The Rolling Stones Singles Collection : The London Years (Estados Unidos, 1989 – compilação)
Steel Wheels (1989)
Flashpoint (1991 - ao vivo)
Collectibles (Estados Unidos 1991 - compilação)
Jump Back: The Best of The Rolling Stones 1971-1993 (Inglaterra e Brasil, 1993 - compilação)
Voodoo Lounge (1994)
Stripped (1995 - ao vivo)
The Rolling Stones' Rock and Roll Circus (1996 - ao vivo)
Bridges to Babylon (1997)
No Security (1998 - ao vivo)
Forty Licks (2002 – compilação)
Live Licks (2004 - ao vivo)
A Bigger Bang (2005)
Rarities 1971-2003 (2005 – compilação)
Shine a Light (2008 – ao vivo)

UNDERCOVER: POR TRÁS DAS CAPAS DOS STONES

Desde o primeiro LP, as capas dos discos dos Stones acabam sendo um evento por si só, independente da música que embalam – pelo mérito artístico, pela invenção visual, pelo atrevimento, pela controvérsia.

A capa do álbum de estréia, lançado no Reino Unido em abril de 1964, já dava o tom da pegada visual da banda – mostrava apenas uma foto impactante dos Stones, fitando o público com petulância e fome de mundo, mas sem revelar o nome do grupo e muito menos o título do disco. Uma revolução para seu tempo.

Mas era apenas um gostinho do que estava por vir.

Em 1966, a capa do compacto "Have You Seen Your Mother, Baby, Standing in The Shadow" mostrava os Stones vestidos de mulher, numa foto feita por Jerry Schatzberg em plena Terceira Avenida, em Nova York, numa tarde de sábado. Não apenas vestidos de mulher, mas metidos em roupas que os faziam parecer travestis saídos de algum ponto no passado, vestimentas que teriam sido novas vinte anos antes, durante a Segunda Guerra. Com típica atitude stoniana, após a breve sessão de fotos a banda foi se refrescar num barzinho próximo: todo mundo ainda com as roupas e a maquiagem da foto, e Brian empurrando Bill na cadeira de rodas em que ele posou. "Tomamos uma cerveja, vimos televisão, e ninguém disse nada", lembra Keith. A tempo: o Stones deram nome a cada uma das mulheres em que se transformaram. Mick virou Sarah, Keith era Molly, Brian se chamava Flossie, Charlie escolheu o estranhérrimo nome de Millicent, e Bill preferiu ser a inocente Penelope.

No ano seguinte, *Their Satanic Majesties Request* causou furor pelo conteúdo – uma maçaroca experimentalista, juntando ritmos africanos, psicodelismo e efeitos sonoros – mas, também, por conta do título e do design da capa.

Os Stones escolheram para o álbum um nome que combinava elementos do texto existente no passaporte de todo súdito da Rainha ("Sua Majestade Britânica ... Requisita e Requer") com os ares de ocultismo que a banda vinha afetando ultimamente, um claro ato de provocação. A capa, fotografada por Michael Cooper, marcava uma inovação técnica: a imagem do grupo aparecia em 3D, aplicada sobre um fundo azul turquesa enfeitado por fumacinhas sugestivas.

Para a parte de dentro da capa, Brian Jones bolou um labirinto sádico. De propósito, como ele queria, é absolutamente impossível ir da entrada do labirinto a seu ponto final de chegada, no centro.

Detalhe final da capa: os rostos dos quatro Beatles aparecem na foto junto com os Stones, uma espécie de retribuição à capa de *Sgt. Pepper's Lonely Hearts Club Band*, lançado meses antes (e com o qual este álbum seria eternamente comparado), onde a camiseta de uma boneca dá boas-vindas aos Rolling Stones.

A história por detrás da capa de *Beggars Banquet*, de 1968, é emblemática do estágio das relações, naquela época, entre os Stones e sua gravadora, a Decca. A idéia original era mostrar a parede de um banheiro público – descoberto por Mick, Keith e Anita Pallenberg em Londres e fotografado por Barry Feinstein –, feia, decrépita, mas coberta de frases interessantes, escritas à mão logo acima da privada: "Lyndon ama Mao", "John ama Yoko", "O sonho de Bob Dylan" (com uma setinha levando à descarga), e "Deus aperta seus próprios baseados" eram algumas das frases, misturadas entre tiradas mais infantis.

Slow Rollers
Stones Story
HEARTBREAKERS
THE ROLLING STONES
THE ROLLING STONES REWIND (1971-1984)
ROLLING STONES
the rolling stones
singles collection
the london years
STONES STEEL WHEELS
O ROCK DE
ROLLING STONES
RollingStonesFlashpoi
est of the Rolling Stones
Jump Back
'71 '93
ROLLING STONES VOODOO LOU
ROLLING STONES
STRIPPED
ROLLING STONES
ROCK AND ROLL
CIRCUS
DECEMBER 11 1968
THE ROLLING STONES
BRIDGES TO BABYLON
ROLLING STONES
LIVE LICKS
ROLLING STONES RARITIES
1971-2003
ROLLING STONES
MARTIN SCORSESE
SHINE A LIGHT

A gravadora dos Stones subiu nas tamancas e uivou de indignação. *Sir* Edward Lewis, o *chairman* da Decca, decretou que a capa era de "gosto duvidoso" e proibiu o lançamento do disco com aquela embalagem. Mick Jagger reagiu à altura: "Vamos vender (o disco) nas esquinas, se for preciso. Não consideramos (a capa) nem um pouco ofensiva, portanto a defendemos. Se permitirmos que ditem o que podemos (fazer) ou não (com a capa de um disco), daqui a pouco vão nos dizer o que cantar!"

"A Decca lançou um disco com uma bomba atômica explodindo na capa", reclamou Jagger, referindo-se ao álbum *Atomic Tom Jones*. "Considero isso muito mais ofensivo do que o graffiti (numa parede de banheiro)."

O lançamento do álbum foi suspenso. Durante nove longos meses, banda e gravadora duelaram. Até que os Stones concluíram que aquela era uma batalha perdida, e resolveram o impasse substituindo a parede e a privada por um design simples, como se a capa fosse um convite enorme chamando para o Banquete dos Mendigos: apenas o nome do disco, mais as iniciais R.S.V.P. (do francês "répondez, s'il vous plaît", a maneira clássica de se pedir a confirmação da presença de alguém convidado para determinado evento) sobre um fundo branco.

Beggars Banquet viria a ser relançado, com a capa originalmente planejada – mas somente em 1984.

Na hora de criar a capa para o primeiro álbum a ser lançado pelo selo próprio da banda, Mick Jagger recorreu a uma idéia proposta por Andy Warhol: que tal adicionar um zíper a uma capa de discos? Mick encomendou a Andy uma foto que enfatizaria o duplo sentido sexual do nome do disco, *Dedos Melados*: a virilha de um homem recheando uma calça jeans desbotada. A calça viria equipada com um zíper que funcionava. Aberto o zíper, via-se o homem da foto, mas agora de cueca.

Curiosamente, o zíper viria a causar mais problemas aos Stones do que o close da anatomia masculina: invariavelmente, os discos vinham com a faixa "Sister Morphine" arranhada pela pressão do fecho de metal sobre a embalagem. A solução foi cuidar para que nas próximas prensagens o zíper já viesse aberto: assim, o fecho pressionava (e danificava) o selo do disco, e não o vinil.

Ao contrário da lenda em torno da foto de Warhol, Jagger não é o modelo que veste a calça jeans, e muito menos posou de cueca. O homem de jeans seria Joe D'Alessandro, um dos freqüentadores do ateliê de Andy e ator de muitos filmes experimentais do artista plástico. Já o rapaz de cuecas seria o irmão gêmeo de Jed Johnson, assistente e namorado de Andy.

A capa e "Sister Morphine" foram considerados fortes demais pelo regime franquista e *Sticky Fingers* saiu na Espanha com uma capa diferente – três dedos de mulher emergindo de uma lata de xarope escuro no lugar da virilha masculina – e uma gravação de "Let It Rock" ao vivo, registrada em Leeds durante a Turnê de Despedida da Inglaterra, em 1970.

Já o caso da capa para *Goat's Head Soup*, de 1973, demonstra quanto esforço, criatividade e dinheiro podem ser gastos... por nada. Para bolar o visual da capa do sucessor de *Exile On Main St.*, os Stones recrutaram Storm Thorgerson e Aubrey Powell, a dupla diretora da Hipgnosis, casa inglesa de design responsável por capas marcantes e tecnicamente pioneiras ao longo dos anos 70, como as de *The Dark Side of the Moon* e *Atom Heart Mother*, ambos LPs do Pink Floyd. Para os Stones, a Hipgnosis preparou um projeto em que os músicos apareceriam como centauros e minotauros. Equipes de maquiadores, cenógrafos e estilistas foram contratadas, e as fotos, feitas. Só para, um mês depois, a banda posar para as lentes de David Bailey, dentro do conceito bem mais simples que acabaria sendo usado na capa definitiva: os Stones, em fotos individuais, cobertos por véus transparentes.

O álbum *Some Girls*, de 1978, marcou a volta dos Stones ao rock mais básico – e proporcionou à banda mais uma de sua longa lista de controvérsias. A faixa-título enfureceu as feministas com uma letra comicamente sexista (as mulheres da música são todas interesseiras e/ou insaciáveis), enquanto a capa buliu com personalidades conhecidas, usando os rostos de Lucille Ball, Farrah Fawcett, Raquel Welch, Judy Garland e Marilyn Monroe num design criado para parecer que elas – junto com os próprios Stones – faziam parte de anúncios de produtos de beleza e de lingerie dos anos 60. A brincadeira durou pouco tempo: representantes das cinco atrizes entraram com ações proibindo a venda do álbum. A solução foi trocar as imagens das cinco pelos rostos de mulheres anônimas.

ROLANDO PARA SEMPRE

"Qual é o segredo dos Rolling Stones? A tremenda lealdade de um pelo outro, e nenhum desejo de parar! Todo mundo está ficando um pouco mais velho, mas ninguém sente que já deu tudo que tinha que dar. Ainda estamos esperando a banda amadurecer. Mesmo se chegar um ponto em que sobrem apenas três de nós (risos). Existe um amor duradouro pelo que fazemos. E esse é o principal ingrediente. Toda a merda pela qual você passa, é tão ruim assim? Por um lado, nos sentimos como se tivéssemos levado as maiores surras, mas, ao mesmo tempo, fomos mimados e adorados. Isso é tão ruim assim? Ainda estamos aqui por causa das pessoas. Se não fossem elas, não estaríamos aqui."
– **KEITH RICHARDS**, *Mojo*, setembro de 2007.

"Existe uma demanda. As pessoas querem nos ver. Em segundo lugar, eu me entediaria de maneira atroz se ficasse em casa, sem nada para fazer. Em terceiro lugar, há muito dinheiro para se ganhar. Em quarto lugar, sou músico, e fazer música é a coisa que mais amo no mundo. Enfim, é extremamente gratificante constatar que se pode continuar a fazer as coisas e existir num universo onde, em princípio, a juventude é primordial. É esta última razão que nos motiva acima de tudo, porque não temos mais nada a provar, e já somos ricos."
– **MICK JAGGER**, *Lui*, setembro de 1996.

"A banda está para voltar à estrada, e me sinto como se tivéssemos ainda mais a oferecer (CD's, canecas, chaveiros...) e não nos vejo jogando a toalha enquanto ainda estivermos fazendo shows nobres e maravilhosos."
– **RON WOOD**, no livro *Ronnie*.

"Não sei. Não tenho como olhar numa bola de cristal. Tenho certeza de que os Rolling Stones farão mais coisas – mais discos e mais turnês – e não temos planos de parar. Nunca se sabe o que vai acontecer, mas, por mim, tenho certeza de que vamos continuar."
– **MICK JAGGER**, *BBC*, setembro de 2007.

"Muddy Waters sempre foi meu ideal de músico, pela maneira como ele desempenhou até o final. Até cair. O interessante é descobrir que os caras do rock vão conseguir fazer isso. Até aqui, tudo bem. Vai depender de ver se você ainda toca bem quando chegar aos 65 anos (risos). Por que não?"
– **KEITH RICHARDS**, em entrevista a José Emilio Rondeau, Toronto, agosto de 1994.

JAGGER & RICHARDS MADE IN BRAZIL

Poucos artistas brasileiros recorreram ao *songbook* de Jagger & Richards na hora de procurar *covers* para gravar - possivelmente, por conta da agressividade, da crueza e da temática mais "tapa na cara" da música dos Rolling Stones. Eis algumas das poucas ocasiões:

"Não tem jeito" - versão de Rossini Pinto para "Satisfaction"
The Brazilian Bitles – *CS* (compacto simples) Polydor CSPN 5031 (1966)
Acredite, se quiser: os "Beatles Brasileiros", famosíssimos nos anos 1960, devem seu primeiro grande sucesso radiofônico aos Rolling Stones! Quem explica o paradoxo é um dos guitarristas originais da banda, Vitor Trucco: "Eu adorava os Stones, e acho que o nome mais adequado para a banda teria sido The Brazilian Rolling Stones."

"Por que sou tão feio"– versão de M. Lins para "Get Off Of My Cloud"
The Bubbles – *CS* Musidisc CS 39 (1966)
Os garotos dos Bubbles adoravam os Beatles, mas optaram pelos Stones na hora de gravar seu primeiro compacto. "É que todo mundo gravava Beatles, então resolvemos ser diferentes", diz Renato Ladeira, um dos fundadores do grupo que mais tarde se chamaria A Bolha..

"Meu pranto a deslizar"– versão de Fred Jorge para "As Tears Go By"
Ronnie Von – LP *Ronnie Von* – Polydor LPNG 44.001 (1966)
O Pequeno Príncipe do iê-iê-iê preferiu um raro exemplo do lado romântico de Mick e Keith.

"Pintada de preto" – versão de Ricardo Contins e Arquimedes para "Paint It Black"
Os Baobás – CS *Mocambo* 1182 (1966)
Liminha, mais tarde baixista dos Mutantes e superprodutor, só gravou este compacto com o grupo Os Baobás.

"The Lantern" Mac Rybell
CS *Beverly* BCS-006; sem data; provavelmente 1968.
Ao pinçar uma das faixas do psicodélico *Their Satanic Majesties Request*, a banda paulistana Mac Rybell gerou uma das mais obscuras releituras dos Stones no Brasil.

"Let It Bleed" (ao vivo)
Caetano Veloso – LP *Palco Corpo e Alma* – Philips 9299.224 (1976)
Caetano gostava dos Beatles. Dos Stones, só depois de vê-los ao vivo, em Londres, em 1971. Do álbum *Let It Bleed*, que descobriu em seguida, o baiano escolheu a canção que deu título ao álbum para cantar nos shows que fez, já de volta ao Brasil em meados da década de 1970. Essa gravação ao vivo é do concerto realizado no Teatro Teresa Rachel, no Rio, em 1974.

"It´s Only Rock 'N' Roll" (ao vivo)
Rita Lee – CD *Rita Lee Em Bossa 'N Roll* – Som Livre (1991)
Um projeto acústico de Rita, realizado muito antes dos programas do gênero na MTV. O registro de maio de 1991 capturou a voz e o violão de Rita acompanhada pela voz e pelos violões (de 6 e de 12 cordas) de Alexandre Fontanetti.

"Não Tem Jeito" ('Satisfaction')
Serguei - LP *Serguei* – RCA 1400068 (1991)
Clone brasileiro de Jagger, o lendário roqueiro resgatou do baú a velha versão dos Brazilian Bitles para este seu primeiro - e único - LP.

MITOLOGIA STONIANA

OS BEATLES E OS ROLLING STONES JÁ FIZERAM UM SHOW JUNTOS?

A associação das duas bandas começou bem cedo, em 1963, quando os Beatles foram ver os Stones tocar em Richmond e depois do show acompanharam a banda para uma noitada de discos de blues no apartamento fétido de Brian, Mick e Keith em Edith Grove. Naquele mesmo ano, John Lennon e Paul McCartney deram aos Stones a música que seria o seu segundo compacto, "I Wanna Be Your Man". Dali em diante, os músicos de uma banda participariam dos trabalhos da outra, mas sempre individualmente, não como os Beatles ou os Rolling Stones: John e Paul cantam no final de "We Love You", Brian Jones toca sax em "You Know My Name". Somente em 15 de setembro de 1963 as duas bandas repartiriam o mesmo palco, segundo o relato de Bill Wyman em seu livro *Stone Alone*. Ele conta que naquela data os Stones abriram para os Beatles um concerto no Royal Albert Hall, o *Great Pop Prom*, evento beneficente para auxiliar o Fundo de Pensão dos Gráficos. "Nós arrebentamos", lembra Bill, "e os Beatles ficaram muito nervosos com a acolhida que tivemos."

QUANTO TEMPO KEITH CONSEGUIA FICAR SEM DORMIR?

Bill Wyman registra em seu livro *Rolling With the Stones* que, em novembro de 1964, Keith desmaiou logo depois de uma apresentação no programa *Ready Steady Go!* Quando veio a si, Richards explicou que estava sem dormir há cinco dias. Ao longo das décadas, "esquecer" de dormir viraria um hábito de Keith. Com a palavra, o próprio, falando a Paul Nelson na revista *Circus* de setembro 1977: "Costumo ficar acordado duas, três noites seguidas, e aí... caio. Mas existe um monte de gente que passa a noite em claro e de manhã acha que está se sentindo mal e esquisito, quando podia se esticar mais um pouquinho. Fiz algumas das coisas mais interessantes depois de passar algumas noites acordado. Você descobre que ao invés de ficar confuso você vai direto ao assunto – e realiza as coisas rápido de verdade. Tem muita gente que dorme demais, eu acho. E quantas vezes elas perderam o nascer do dia? Depois de uma noite longa e gostosa, é a melhor parte."

É VERDADE QUE KEITH CHEIROU AS CINZAS DO PAI?

"Ah, sim. Mas o lance da cocaína foi invenção. Eu disse que tinha batido meu pai como se fosse cocaína, e não com cocaína. Abri a caixa (com as cinzas dele) e disse: 'Preciso fazer alguma coisa com meu pai. Plantar um carvalho?' Tirei a tampa e um pouco do meu pai caiu na mesa de jantar. Pensei: 'Não posso usar um espanador para limpar isso.' Então descobri que ingerir seus ancestrais é uma maneira bastante respeitosa de... entendeu? Ele caiu bem."

POR QUE ÀS VEZES O SOBRENOME DE KEITH APARECE COM UM "S" NO FINAL E OUTRAS VEZES, NÃO?

A culpa é de Andrew Oldham. Quando assinou com a banda, Andrew achou que Richard era melhor que Richards para um astro pop emergente. Mas na década de 1970, com Oldham desligado da banda havia anos, Keith voltou ao Richards original.

PEDRAS FILOSOFAIS

"Fiz as contas e percebi que terei 50 anos em 1984. Vou estar morto! Horrível, né? A meio caminho dos 100 anos. Eca! Já me vejo chegando no palco de cadeira de rodas e bengala. E aí eu me viro, rebolo minha bunda para a platéia e digo algo como: agora vou cantar uma música antiga que vocês devem lembrar, chamada 'Satisfaction'."
– **MICK JAGGER**, *Disc*, maio de 1966.

"Dizem que as platéias agoram escutam (o que a gente toca). Mas o que estão escutando? Os Rolling Stones no palco não são a Boston Pops Symphony Orchestra. É um monte de barulho. Nos discos pode ser bastante musical, mas quando chega no palco não é uma apresentação de virtuoses. É um show de rock and roll, um show muito bom, e nada mais."
– **MICK JAGGER**, *Rolling Stone*, 12 de outubro de 1968.

"Quando vêm até você outros caras, mais jovens, você percebe que é apenas parte de uma longa procissão de trovadores e menestréis e contadores de histórias que existe desde sempre. De certo modo, você tem a sensação de que faz parte de uma estranha fraternidade. Só que ninguém tem carteirinha. Não existem apertos de mão secretos. Mas você sente uma sensação maravilhosa de continuidade que se estende até o passado pelas brumas do tempo. E você é apenas um daqueles caras que contaram uma história e trouxe felicidade às pessoas, e cantou uma música, e eles cuidaram bem de você pelo prazer que receberam.
– **KEITH RICHARDS**, *Uncut*, janeiro de 2002.

"Não tenho responsabilidade alguma em relação a quem quer que seja. Nunca falei por uma geração, mas somente em meu nome. Não sou um homem político, não fui eleito para cumprir uma função ou para trabalhar pelo interesse coletivo. Minha única responsabilidade é no palco, para com o público: que ele ouça bem (o show), que ele assista a um bom espetáculo, e que esteja em segurança. O resto não me concerne. Não é porque estou no palco que eu devo ser um porta-voz. Se os Stones algum dia tiveram uma importância política, foi pela causa do sexo. Fazer campanha pela liberdade sexual nos anos 60 era um ato político."
– **MICK JAGGER**, *Lui*, setembro de 1996.

"Não acho que faça parte do *establishment*. Não pertenço à monarquia, à igreja, ao parlamento ou ao legislativo. Isso é o *establishment*. E o dinheiro que nós ganhamos não adormeceu nossa capacidade de indignação."
– **MICK JAGGER**, antes de virar *Sir*, *Lui*, setembro de 1996.

"Não é fácil ser um símbolo sexual. E não é nem um pouco agradável. No palco, é divertido, porque faz parte do jogo, mas tudo se complica no dia-a-dia. É muito difícil psicologicamente, pode-se facilmente perder o controle e ficar pretensioso. É algo que não desejo a quem quer que seja. E para as meninas é ainda mais difícil. Elas terminam por ficar infelizes porque não suportam envelhecer."
– **MICK JAGGER**, *Lui*, setembro de 1996.

BADALASTONES

Anúncios em rádio, jornal e TV. Promoções em parceria com patrocinadores. Chats. Entrevistas a granel. Tudo isso vale, tem bom resultado e é feito com regularidade para badalar um show ou uma turnê.

Mas a partir dos anos 1970 os Rolling Stones começaram a adicionar um algo mais à mistura, criando eventos de mídia (antes que o termo sequer tivesse sido inventado) com impacto inúmeras vezes superior ao de uma simples coletiva de imprensa – embora a história nos mostre que nunca existiu uma coletiva de imprensa simples dos Stones.

Em 1º de maio de 1975, para divulgar a *Tour of The Americas* – périplo que na sua concepção original incluía Brasil, México e Venezuela, daí o nome de Excursão das Américas –, os Rolling Stones convidaram a imprensa baseada em Nova York para uma coletiva num hotel da Quinta Avenida. Na hora aprazada, repórteres, fotógrafos e cinegrafistas estavam a postos, diante de uma mesa com cinco microfones. E nada da banda. Até que começaram a chegar da rua os sons de "Brown Sugar". Eram os Rolling Stones, tocando em cima de um caminhão que percorria a avenida em pleno horário do almoço. A imprensa saiu correndo para fora, e registrou o minishow ao ar livre.

Do alto do caminhão, uma vez encerrada a música, veio uma chuva de press-releases. Enquanto os jornalistas tentavam absorver as informações contidas no papel, os Stones entravam em limusines e partiam em retirada.

A estratégia, sugerida pelo baterista Charlie Watts, inspirado no que os músicos negros costumavam fazer no Harlem para anunciar seus shows nos anos 1930 e 1940, deu muitíssimo certo. No dia seguinte, o alarido nas ruas de Manhattan corria o mundo inteiro.

Apesar da repercussão que o fato gerou, os Stones só voltariam a criar um novo evento de mídia década e meia mais tarde. Tática que vem se repetindo desde então. E sempre em Nova York. Seriam os Stones supersticiosos?

Em 1º de julho de 1989, a coletiva para o lançamento da turnê *Steel Wheels*, que marcava a volta da banda à estrada após oito anos sem tocar – e depois de quase ter terminado – aconteceu na gare da Grand Central Station, a principal estação de trem de Manhattan. Os Stones chegaram de trem à coletiva para anunciar a turnê, fazendo eco ao nome da excursão e de seu novo disco, *Rodas de Aço*.

Já em 3 de maio de 1994, o local escolhido para o anúncio da turnê *Voodoo Lounge* foi o Pier 60, às margens do rio Hudson – em Manhattan. Dessa vez, a banda chegou por água, a bordo da luxuosa embarcação *Honeyfitz*, o iate presidencial de John F. Kennedy. Para o público brasileiro, o evento teve um significado especial, pois marcou a confirmação da primeira leva de shows dos Stones no Brasil.

Nada mais óbvio – mas apropriado – do que anunciar o giro chamado *Pontes para a Babilônia* (*Bridges to Babylon*)... sob uma ponte. Foi o que aconteceu na ensolarada tarde de 18 de agosto de 1997, quando 400 jornalistas se reuniram no estacionamento do River Café, à sombra da Brooklyn Bridge, em Nova York, para aguardar a chegada dos Stones para mais uma coletiva pré-turnê.

A imprensa acompanhou, via telão, a chegada da banda, cruzando a ponte a bordo de um Cadillac conversível, com Mick ao volante e Keith ao seu lado, mais Charlie e Ron no banco de trás.

Antes mesmo que os jornalistas fizessem as primeiras perguntas, Jagger correu até o meio deles, virou-se para o palco, onde estavam Keith, Ron e Charlie e sapecou, com ironia afetada, a mesma pergunta que os Stones ouvem desde a década de 1960: "Essa é a última turnê da banda?"

Keith devolveu, no mesmo tom jocoso: "Sim, essa e as cinco próximas!"

Em 7 de maio de 2002, quando chegou a hora de promover o início da *Licks World Tour*, os Stones cruzaram o céu de Manhattan a bordo de um dirigível amarelo, enfeitado com o conhecido língua-logotipo. O dirigível desceu no Van Courtland Park, onde os jornalistas aguardavam. Charlie, que odeia altura, penou com a curta viagem aérea, como se pôde ver nas imagens de vídeo capturadas durante o breve vôo.

Para anunciar a *On Stage World Tour* (ou a *A Bigger Bang Tour*, como ficou mais conhecida) os Stones não chegaram por terra, água ou mar: simplesmente se materializaram no palco montado diante da Julliard School, no Lincoln Center, em 10 de maio de 2005.

Mick, Keith, Charlie e Ron, acompanhados pelo baixista Darryl Jones, tocaram "Start Me Up", apresentaram a nova composição "Oh No, Not You Again" e finalizaram o minishow com "Brown Sugar" – a mesma música com que iniciaram a tradição de minieventos do tipo, em 1975. Depois, no encontro com a imprensa, uma desavisada jornalista sacou da famosa – e tão batida – pergunta: "Essa é a última turnê dos Rolling Stones?".

Charlie foi curto e grosso na resposta: "Sim!"

Gargalhada geral. Pano rápido.

PREFIXOS E CODAS

Já é um ritual antigo. Desde os anos 70 os Stones lançam mão de temas musicais para anunciar ao público de seus shows que o espetáculo vai começar – e fazem o mesmo para entreter a platéia após suas apresentações, enquanto músicos, assistentes e guarda-costas partem rapidinho do ginásio ou estádio antes que o público saia e crie um congestionamento monstro. Também funciona como "prende-platéia" a queima de fogos de artifício que quase sempre conclui os shows da banda ao ar livre.

Os temas musicais podem ser trechos de músicas deles mesmos ou de outros artistas, e acabam funcionando como uma espécie de assinatura daquela determinada excursão.

1972. Antes de cada show da turnê de 1972, enquanto as luzes da platéia se apagavam e os músicos, ainda no escuro, se posicionavam no palco, o P.A. tocava a introdução instrumental de "2,000 Light Years From Home", do álbum *Their Satanic Majesties Request*.

1975. Durante a turnê de 1975, a entrada da banda em cena era precedida por um trecho de "Fanfare for the Common Man", tema orquestral de tons épicos criado pelo compositor americano Aaron Copland em 1942 e usado várias vezes na abertura das convenções do partido democrata americano.

1981. Já em 1981, o prólogo dos shows ficava a cargo de "Take The A Train", de Duke Ellington. E depois que o concerto terminava a platéia ouvia a gravação de Jimi Hendrix tocando o hino nacional americano no Festival de Woodstock.

1989. Quando os Stones retomaram a estrada, em 1989, precediam seus shows com o clímax de "Continental Drift", a faixa instrumental do então recém-lançado *Steel Wheels* que havia sido gravada com músicos marroquinos. No final, a banda deixava o estádio ao som da "Cavalgada das Valquírias", trecho da ópera de Wagner.

1997. Variações de "Continental Drift" permaneceriam sendo usadas para abrir os shows da turnê *Bridges to Babylon*. Só que o tema de encerramento, agora, era um trecho da ópera *Carmen*, de Bizet.

1999. Os Stones prepararam uma abertura diferente para a turnê *No Security*. A excursão, anunciada como "simples" e "despojada", levou a banda exclusivamente a ginásios para 12, 15 mil pessoas. E agora a chegada dos músicos era precedida não por um tema musical, mas por um minivideoclipe em preto-e-branco dramatizando a entrada dos Stones no local onde se apresentavam. O vídeo culminava com a revelação de que todos já estavam no palco.

O CAMINHO DAS PEDRAS: STONES TRIVIA

★ Muitas vezes a produção de um disco dos Stones é atribuída a uma entidade que se apresenta como The Glimmer Twins – Os Gêmeos do Vislumbre, em tradução livre. Pois esse é o codinome que a dupla Jagger e Richards usa para assinar a produção dos discos dos Rolling Stones.

★ O nome, que se tornou marca registrada da dupla, apareceu pela primeira vez nos créditos do álbum *It's Only Rock' n' Roll*, lançado em outubro de 1974. Todavia, tem sua origem ligada à viagem de navio que Mick e Keith fizeram ao Brasil, em dezembro de 1968, acompanhados pelas respectivas mulheres, Marianne Faithfull e Anita Pallenberg.

★ Todas as noites, no bar do navio, Mick e Keith encontravam um casal. A mulher vivia com um copo de gim na mão. E sempre que ela os via, já sob efeito da bebida, perguntava: "Quem são vocês?" Como eles nunca revelavam suas identidades, ela passou a pedi-los: "give us a glimmer" – dêem-nos uma pista, um vislumbre, um lampejo, uma luz, algo que pudesse ajudar a desvendar quem Mick e Keith realmente eram, ou o que faziam.
Keith Richards e Mick Jagger ficaram encantados com aquele jeito dela dizer "give us a glimmer", especialmente com a palavra "glimmer", empregada por ela como sinônimo de pista, dica. A partir dali, se transformaram em The Glimmer Twins.

Álbuns dos Rolling Stones cuja produção é creditada aos Glimmer Twins:
It's Only Rock 'n' Roll
Black and Blue
Love You Live
Some Girls
Emotional Rescue
Sucking in the Seventies
Tattoo You
Still Life (*American Concert 1981*)
Undercover (Co-produzido por Chris Kimsey)
Dirty Work (Co-produzido por Steve Lillywhite)
Steel Wheels (Co-produzido por Chris Kimsey)
Flashpoint (Co-produzido por Chris Kimsey)
Vodoo Lounge (Co-produzido por Don Was)
Stripped (Co-produzido por Don Was)
Bridges to Babylon (Co-produzido por Don Was, Rob Fraboni, Danny Saber,

Pierre de Beauport e The Dust Brothers)
A Bigger Bang (Co-produzido por Don Was)
Álbuns de outros artistas produzido pelos Gêmeos:
Bush Doctor – Peter Tosh, 1978 (Co-produzido por Peter Tosh e Robert Shakespeare)

★ Todas as vezes que a banda inteira assumiu a autoria de uma música, fugindo ao padrão de atribuir todo o repertório a Jagger/Richards, assinou como Nanker-Phelge. A primeira ocorreu em 1963. A banda estava no estúdio Kingsway, na parte central de Londres, para gravar seu segundo single, "I Wanna Be Your Man", composição presenteada por John Lennon e Paul McCartney (e uma canção que os Beatles consideravam de tão pouca importância que acabariam dando para Ringo Starr cantar). Encerrada a gravação, ainda sobrava meia hora de estúdio. A banda engatou um blues típico e Jagger começou a improvisar a letra. Assim, nasceu "Stoned", o lado B de "I Wanna Be Your Man", composta por... Nanker-Phelge! O nome não é pura invenção: existiu um Nanker-Phelge, que morou com Mick, Keith e Brian nos tempos de Edith Grove. Mais: toda vez que os Stones queriam chocar alguém, no início da carreira, faziam juntos o que chamavam de "nankering": com uma das mãos, puxavam a parte de baixo dos olhos. Com a outra, empurravam para cima a ponta do nariz, o que criava uma careta tão feiosa quanto infantil.

★ Na capa do segundo álbum dos Stones lançado no Reino Unido, *The Rolling Stones Nº 2*, Mick Jagger, geralmente o foco da atenção, aparece no fundo, atrás de toda a banda – até mesmo de Bill Wyman e Charlie Watts! Aconteceu de propósito. O fotógrafo David Bailey, amigo pessoal de Mick, não queria dar a impressão de que estava dando tratamento preferencial a Jagger, e cuidou de trazer Keith e Brian para o primeiro plano da foto.

★ Os créditos de *Exile On Main St.* erram ao dizer que o veterano músico de estúdio (e hoje instrutor de cítara!) Bill Plummer é o baixista em "All Down The Line" e que Mick Taylor toca contrabaixo em "Shine A Light". Bill Wyman garante, em seu livro *Rolling With The Stones*, que ele mesmo tocou nas duas faixas.

★ Quando chegaram a Nova York, durante a *Tour of the Americas*, em 1975, os Stones se hospedaram em dois hotéis diferentes. Mick e Charlie escolheram o Plaza, em Central Park South. Keith, Ron e Bill preferiram o Pierre, na Quinta Avenida. O mais interessante é que cada um deles, para evitar o assédio da imprensa e de fãs, adotou um sobrenome de mentirinha, inspirado numa marca de carro. Viraram Michael Benz, Keith Bentley, Charlie Ford, Bill Austin e Ronnie Morris.

★ Keith Richards e o saxofonista Bobby Keyes, que acompanha os Stones em discos (é dele o solo em "Brown Sugar") e shows desde os anos 1960, nasceram no mesmo dia, 18 de dezembro de 1943.

★ Charlie Watts nunca aprendeu a guiar. Mas em 1983 ele adquiriu um automóvel Lagonda, dos anos 1930, adorado por colecionadores, apenas pelo prazer de poder olhá-lo ou sentar dentro dele quando quisesse.

★ Quando saiu na Itália, a partitura de "The Last Time" (nos tempos em que a partitura dos sucessos do momento era posta à venda junto com os compactos) ganhou novo título. Em vez do correto "A Última Vez", os editores trocaram as bolas completamente e rebatizaram a música do conjunto lá conhecido por Le Pietre Rotolanti de... "A Primeira Vez"!

★ Em 1965 os Rolling Stones foram contactados por um trio de irmãos ingleses, de sobrenome Stone, chamado The Rolling Stones, reclamando que o nome era seu desde 1957, quando começaram a fazer shows de variedades. Mas prevaleceu a banda de rock, e os três irmãos viraram o que eram ao nascer: The Stone Brothers.

★ Desde o final dos anos 1970 Keith Richards usa uma pulseira formada por pequenas algemas estilizadas, para lembrá-lo de manter distância das cadeias. Por outro lado, conta a lenda que seu anel de caveira – outro lembrete, dessa vez da inevitável finitude da vida – contém um compartimento secreto para esconder pequenas quantidades de "contrabando".

★ Na fase inicial de sua feitura, vários álbuns dos Stones ganharam títulos diferentes do nome que teriam ao chegar nas mãos dos fãs: originalmente, *Let It Bleed* era para se chamar *Sticky Fingers*. *Black and Blue* nasceu *April Fools*. *Bridges To Babylon* substituiu *Blessed Poison*. Por pouco *Tattoo You* não virou apenas *Tattoo*. *More Fast Numbers* era o nome de trabalho de *Some Girls*. Durante algum tempo o que viria a ser o clássico *Exile On Main St.* chamou-se *Tropical Disease*. O curto-e-grosso *Aftermath* tomou o lugar do bem mais longo *Could You Walk On The Water?*. E *Stripped* quase foi *Butt Naked*.

★ "Talk Is Cheap" era o nome de uma das faixas que os Stones preparavam para inclusão em *Dirty Work*, em 1985. Como acabou não sendo concluída a tempo, ficou de fora. Nunca chegou a ser desencavada. Mas Keith Richards aproveitou o título para batizar seu primeiro álbum solo, lançado em 1988.

★ A idéia de criar uma historinha para interligar diferentes videoclipes e, assim, lançar uma fita de home video em conjunção à coletânea de grandes sucessos *Rewind* partiu de Bill Wyman. O baixista realizou a maior parte das filmagens sozinho, junto com o diretor Julien Temple. Dos demais Stones, Mick Jagger foi o único a colaborar com Bill, mas somente no final das filmagens. A mesma técnica seria utilizada por Jagger e Temple no longa-metragem rodado no Brasil para lançar o primeiro álbum solo de Mick, *Running Out Of Luck*.

★ Os camarins da banda levam nomes. Durante a turnê *A Bigger Bang*, o de Jagger chamava-se Work Out (ginástica), Keith ficava no Camp X Ray (Campo Raio X), o Recovery (Recuperação) era reservado para Ron, e Charlie, como de hábito, ocupava o Cotton Club, uma alusão à famosa casa noturna de jazz dos anos 20 e 30, no Harlem.

★ Durante os exatos dois anos e cinco dias da turnê *A Bigger Bang Tour*, os Stones perderam diversos parentes e amigos. Naquele período, morreram o irmão de Ron, Art Wood; o pai de Mick, Basil Jagger; a mãe de Keith, Doris Richards; Ahmet Ertegun, o dono do selo Atlantic; e dois operários que trabalhavam na montagem do palco em Madri.

O QUE OS STONES E NEIDE APARECIDA TÊM EM COMUM?

★ Os Stones foram garotos-propaganda do cereal matinal Rice Krispies – eles cantam o jingle do produto (uma canção no estilo de Jimmy Reed, composta por Jagger e Richards) no comercial que foi ao ar em 1964. Pelo endosso e pela composição, os Stones embolsaram 400 libras. O clipe do comercial, com pouco menos de 30 segundos de duração, está no YouTube. Pode ter sido a primeira, mas não foi a única (muito menos a última) vez que a banda – ou sua música – ajudou a vender algum produto.

★ "Start Me Up" e cenas da banda tocando no palco são a base de um comercial para TV americana de cervejas Budweiser, patrocinadora da turnê de 1989. A mesma música foi usada na campanha de lançamento da versão 95 do sistema operacional Windows. E todo mundo que ligar um PC com aquela versão de Windows ouve os acordes iniciais da música, tocados na guitarra por Keith. A Microsoft pagou 12 milhões de dólares pelos direitos.

★ Em 2005, "Jumpin' Jack Flash" virou fundo do comercial do automóvel Corvette modelo C6, nos Estados Unidos. A música toca enquanto uma criança literalmente voa sobre Nova York no volante do carro. O comercial foi tirado do ar, após reclamações de que algumas pessoas poderiam não compreender que as peripécias no carro voador não passavam de um sonho da criança-protagonista e iriam querer reproduzi-las na vida real.

★ Uma versão reduzida de "She's A Rainbow" ajudou a promover a venda de televisores LCD Bravia, da Sony, na Europa. No comercial, bolinhas multicoloridas e saltitantes tomam as ruas de São Francisco. Em outro filme da mesma campanha, a música toca enquanto coelhinhos feitos de massinha de diferentes cores invadem Nova York e se transformam em onda, mar, baleia e diversos objetos geométricos.

★ Num gesto de democracia publicitária, a mesma "She's A Rainbow" é ouvida no comercial de lançamento nos Estados Unidos dos coloridíssimos computadores Apple da série iMac G3.

★ Em outro comercial americano de bebida, "Let It Bleed" promove as cervejas Amstel Light

★ O banco nova-iorquino Chase Manhattan aproveitou o gancho de "I'm Free" ("sou livre/para fazer o que quiser/na hora que bem entender") para promover na TV seu cartão de crédito Chase Free.

★ Os realizadores de comerciais de TV para duas bebidas diferentes – Kahlua e Pepsi – optaram, ambos, por uma mesma música: "Brown Sugar". E para lançar seu Sprite Remix, a fábrica de refrigerantes resolveu usar som e imagens dos Stones: enquanto toca "Satisfaction", aparecem imagens raras e curtas de Brian Jones e Mick Jagger misturadas às de um DJ, dançarinos de hip-hop – e Carmen Miranda.

★ Um cover de "Satisfaction" foi empregado na campanha de TV dos chocolates Snickers, nos Estados Unidos, em 1990.

★ Em 1988, passaram na Inglaterra dois comerciais embalados ao som dos Stones: "Not Fade Away", cantada por um esqueleto, vendia na TV as fitas de videocassete da marca Scotch. Enquanto isso, um cover (bem xexelento) de "It's All Over Now" aparecia no comercial dos produtos de higiene e perfumaria masculina da marca Insignia.

★ "You Can't Always Get What You Want" ajudou a vender pela TV americana telefones celulares para a Motorola, refrigerantes para a Coca-Cola, e, no Canadá, jeans para a Levi's.

★ Gravações dos Stones também apareceram em comerciais veiculados em rádio. A companhia telefônica americana AT&T usou "I'm Free", e a Radio3, da Holanda, foi de "Little Red Rooster".

"THE GREATEST ROCK AND ROLL BAND IN THE WORLD!"

"Eles inventaram o estilo. Ninguém consegue fazer aquele estilo, meio blues de branco, meio R&B. Mesmo que em 1965 parecesse derivativo – lembra tanto (o som) dos estúdios Chess –, na verdade soava exatamente como os Rolling Stones."
– O crítico americano **ROBERT CHRISTGAU**, 1982.

"Isso faz parte do *show business*. Antes, bastava você ser um astro. Agora precisa ser um superastro. É apenas um título, como O Gatilho Mais Rápido do Oeste, Herói da Guitarra, ou essa bobajada toda. E o título foi certamente exagerado, (porque) em algumas noites os Stones não são a melhor banda de rock do mundo mesmo! Enquanto uma bandinha numa boate a cinco quilômetros dali está dando a maior surra na gente."
– **KEITH RICHARDS**, em entrevista a José Emilio Rondeau, Los Angeles, agosto de 1988.

"(A Maior Banda de Rock do Mundo) é só um epíteto burro. Para mim é um negócio demasiadamente Barnum & Bailey – como se (a gente) fosse uma atração de circo. A primeira vez que ouvi dizerem isso foi para nos anunciarem toda noite (durante a turnê de 1969). E eu pedia: 'Por favor, dava para não usar isso? É tão constrangedor. E o que quer dizer esse título? A melhor? A de tamanho maior? A que vem durando mais tempo?' Entende?"
– **MICK JAGGER**, 1995.

"Quando eles sobem no palco, eles não são apenas músicos, eles levam junto consigo um bocado de história. Você vê o talento deles, mas também está assistindo a uma reputação – e eles sabem disso. Eles trabalham duro para merecer (essa reputação). Não fazem nas coxas, não se acomodam, não fingem que são os maiorais e por isso não precisam se esforçar. Eles vão lá e dão 110%."
– **TONY KING**, assessor dos Rolling Stones, 1998.

"As pessoas valorizam demais os Rolling Stones. Não acho que a gente seja tão bom quanto as pessoas dizem. Muita gente acha que somos ótimos, mas às vezes não somos. Somos uma banda BOA. (Que banda seria melhor?) Arrá! (Risos) MELHOR não existem muitas!"
– **MICK JAGGER**, 1975.

"Como a velocidade da luz na Física, a avó de Proust (no livro) *Em Busca do Tempo Perdido*, como Muhammad Ali, Picasso e Einstein, os Rolling Stones são o padrão a partir do qual todos os demais são avaliados. Eles definiram o que é uma banda de rock."
– **DAVID DALTON**, no livro *The First Twenty Years*, 1981.

"O procedimento básico dos Stones foi contracultural por excelência. Eles foram buscar lá embaixo, no reprimido e no desprezado, no que era considerado lixo pelos padrões vigentes, a fonte de sua arte."
– **LUIZ CARLOS MACIEL**, *Jornal do Brasil*, 25 de janeiro de 1995.

AQUECENDO AS TURBINAS

Em 1978, os Rolling Stones instituiram uma tradição: a pretexto de desenferrujar os "músculos de palco" (e sem esquecer, naturalmente, de potencializar a badalação), a banda faz um pocket-show "surpresa" de aquecimento num clubinho pequeno, dias antes do início de cada turnê, cobrando uma merreca pelo ingresso.

A surpresa fica entre aspas porque esses shows costumam ser o segredo mais mal guardado do rock e têm cobertura maciça da imprensa, parte dela trazida até de outros países.

De todo modo, são eventos deliciosos para os fãs, que conseguem ver a banda a poucos passos de distância, numa intimidade rara. E ajudam a banda a testar músicas novas, que nunca foram tocadas ao vivo.

Um detalhe curioso é que em alguns desses shows os cartazes, os letreiros e os ingressos não anunciavam que os Rolling Stones eram a atração da noite, preferindo atribuir o show a bandas de mentirinha com nomes absurdos.

10 DE JUNHO DE 1978: NO CIVIC CENTER, EM LAKELAND, FLÓRIDA, NOS ESTADOS UNIDOS.

SETLIST: "LET IT ROCK"/"ALL DOWN THE LINE"/"HONKY TONK WOMEN"/"STAR STAR"/"WHEN THE WHIP COMES DOWN"/"MISS YOU"/"BEAST OF BURDEN"/"RESPECTABLE"/"FAR AWAY EYES"/"LOVE IN VAIN"/"SHATTERED"/"TUMBLING DICE"/"HAPPY"/"BROWN SUGAR"/"JUMPIN' JACK FLASH"/"STREET FIGHTING MAN".

Naquela noite, os ingressos anunciavam que o show seria de uma atração chamada The Great Southeast Stoned-Out Wrestling Champions.

14 DE SETEMBRO DE 1981: NO SIR MORGAN'S COVE, EM WORCESTER, MASSACHUSETTS, NOS ESTADOS UNIDOS.

PROVÁVEL SETLIST (SEGUNDO O SITE THE COMPLETE WORKS): "EVERYBODY NEEDS SOMEBODY TO LOVE"/"MONA"/"UNDER MY THUMB"/"ALL DOWN THE LINE"/ "START ME UP"/"HANG FIRE"/"SHE'S SO COLD"/"JUMPIN' JACK FLASH".

Naquela noite, os ingressos anunciavam que o show seria de uma atração chamada Blue Sunday And The Cockroaches.

12 DE AGOSTO DE 1989: NO TOAD'S PLACE, EM NEW HAVEN, CONNECTICUT, NOS ESTADOS UNIDOS.

SETLIST: "START ME UP"/"BITCH"/"TUMBLING DICE"/"SAD SAD SAD"/"MISS YOU"/"LITTLE RED ROOSTER"/"HONKY TONK WOMEN"/"MIXED EMOTIONS"/"IT'S ONLY ROCK'N ROLL"/"BROWN SUGAR"/"JUMPIN' JACK FLASH".

19 DE JULHO DE 1994: NO RPM CLUB, EM TORONTO, NO CANADÁ.

SETLIST: "LIVE WITH ME"/"YOU GOT ME ROCKING"/"TUMBLING DICE"/"SHATTERED"/"ROCKS OFF"/"SPARKS WILL FLY"/"MONKEY MAN"/"NO EXPECTATIONS"/"LOVE IS STRONG"/"BRAND NEW CAR"/"HONKY TONK WOMEN"/"I GO WILD"/"START ME UP"/"STREET FIGHTING MAN".

O convidado especial Jeff Healey, vocalista e guitarrista que abriu o show com sua banda, cantou e tocou com os Stones em "I Can't Get Next To You".

4 DE SETEMBRO DE 1997: NO THE HORSESHOE TAVERN, EM TORONTO, NO CANADÁ.

PROVÁVEL SETLIST (SEGUNDO O SITE THE COMPLETE WORKS):"LITTLE QUEENIE"/"HONKY TONK WOMEN"/"19TH NERVOUS BREAKDOWN"/"YOU GOT ME ROCKING"/"UNDER MY THUMB"/"LITTLE RED ROOSTER"/"MISS YOU"/"OUT OF CONTROL"/"THE LAST TIME"/"START ME UP"/"JUMPIN' JACK FLASH"/"BROWN SUGAR".

18 DE SETEMBRO DE 1997: NO THE DOUBLE DOOR, EM CHICAGO, ILLINOIS, NOS ESTADOS UNIDOS.

SETLIST: "LITTLE QUEENIE"/"19TH NERVOUS BREAKDOWN"/"YOU GOT ME ROCKING"/"CRAZY MAMA"/"THE LAST TIME"/"ANYBODY SEEN MY BABY?"/"OUT OF CONTROL"/"LET IT BLEED"/"SHAME SHAME SHAME"/"HONKY TONK WOMEN"/"START ME UP"/"JUMPIN JACK FLASH"/"BROWN SUGAR".

Naquela noite, os ingressos anunciavam que o show seria de uma atração chamada Little Blue Crunchy Things.

16 AGOSTO DE 2002: NO PALAIS ROYALE, EM TORONTO, NO CANADÁ.

SETLIST: "IT'S ONLY ROCK'N ROLL"/"SAD SAD SAD"/"IF YOU CAN'T ROCK ME"/"STRAY CAT BLUES"/"HOT STUFF"/"DON'T STOP"/"HONKY TONK WOMEN"/"TORN AND FRAYED" / "WILD HORSES"/"HAPPY"/"I CAN'T TURN YOU LOOSE"/"HEART OF STONE"/"CAN'T YOU HEAR ME KNOCKING"/ "JUMPIN' JACK FLASH"/"BROWN SUGAR".

10 DE AGOSTO DE 2005: NO PHOENIX CONCERT THEATRE, EM TORONTO, NO CANADÁ.

POSSÍVEL SETLIST: "ROUGH JUSTICE"/"LIVE WITH ME"/"19TH NERVOUS BREAKDOWN"/"SHE'S SO COLD"/"DEAD FLOWERS"/"BACK OF MY HAND"/"AIN'T TOO PROUD TO BEG"/"INFAMY"/"OH NO, NOT YOU AGAIN"/"GET UP, STAND UP"/"MR. PITIFUL"/"TUMBLING DICE"/"BROWN SUGAR"/"JUMPIN' JACK FLASH".

"Talvez o rock and roll tenha tirado mais do que deu."

– CHARLIE WATTS.

"No ano 2000, os Rolling Stones parecerão tão fofinhos quanto ursinhos de pelúcia."

– PETER BLAKE, em 1963.

"Os Rolling Stones durando 20, 30 anos – que idéia estúpida seria. Ninguém dura tanto tempo."

– LESTER BANGS, *Creem,* dezembro de 1973.

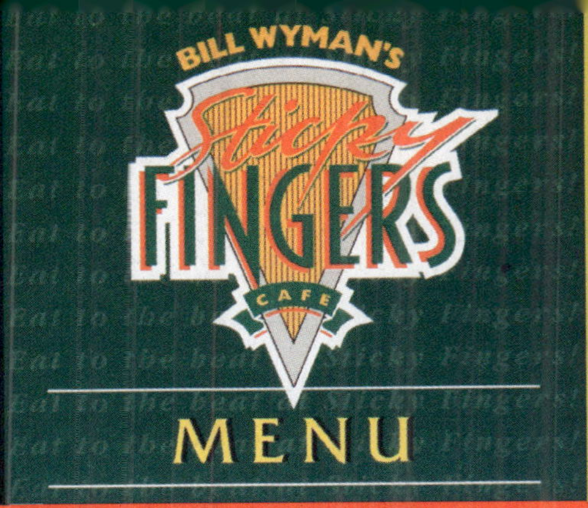

BIBLIOGRAFIA

AEPPLI, Felix. *The Rolling Stones 1962-1995: The Ultimate Guide.* Kent: Record Information Services, 1996

DALTON, David. *The Rolling Stones: The First Twenty Years.* New York: Alfred A. Knopf, 1981

FAITHFULL, Marianne. Faithfull: *An Autobiography.* New york: Little Brown & Company, 1994

FLIPPO, Chet. *On The Road With The Rolling Stones.* New York: A Dolphin Book, 1985

GREENFIELD, Robert. *A Journey Through America With The Rolling Stones.* St Albans: Panther, 1975.

_______________. *Exile On Main St. A Season In Hell With The Rolling Stones.* Cambridge: De Capo Press, 2007.

HOFFMAN, Dieter. *Das Rolling Stones Weisbuch.* Winsen/Luhe: New Media Records Gmbh, 1991

HOLLAND, Jools, LOWENSTEIN, Dora. *The Rolling Stones: A Life On The Road.* London: Virgin Books, 1998

HOTCHNER, A. E. *Blown Away: The Rolling Stones And The Death of The Sixties.* New York: Simon & Schuster, 1990

MILES, Barry. *The Rolling Stones: An Illustrated Discography.* London: Omnibus Press, 1994

PEÑALOZA, Cucho, GALARZA, Sergio. *Los Rolling Stones En Perú.* Lima: Fondo Editorial Cultura Peruana, 2004

PHELGE, James. *Nankering With The Rolling Stones.* Chicago: A Cappella, 2000

RODRIGUES, Nelio. *Os Rolling Stones No Brasil: Do Descobrimento à Conquista (1968-1999).* Rio de Janeiro: Ampersand, 2000

SANCHEZ, Tony. *Up And Down With The Rolling Stones.* New York: William Morrow And Company, 1979

VELOSO, Caetano. *Verdade tropical.* São Paulo: Companhia das Letras, 1997

WATTS, Charlie. *Ode To A High Flying Bird.* London: UFO, 1991

WOOD, Ron. *Ronnie.* New York: St. Martin´s Press, 2007

WYMAN, Bill. *Stone Alone.* London: Viking, 1990

_______________. *Rolling With The Stones.* New York: DK Publishing, 2002

REVISTAS

Billboard
Bizz
Boyfriend
Chatêlaine
Circus
Creem
Datebook
Everybody´s
Films and Filming
Garôtas
Guitar Player
Hit Parader
Intervalo
Isto É
Lui
Manchete
Mojo
O Cruzeiro
Phonograph Record
Pipoca Moderna
Playboy
Pop
Pop Spotlight
Q Magazine
Realidade
Rave
Revista do Rádio
Rock, A História e A Glória
Rolling Stone (EUA)
Rolling Stone (Brasil, 1972)
Sight and Sound
Somtrês
Spin
Sunday People
Time
Time Out
Top
TV Times (Austrália)
Uncut
Veja
Veja Rio

TABLÓIDES

Daily Express
Daily Mirror
Daily Sketch
Disc
Hollywood Reporter
Ink
Jazz News
Jornal de Música
Mail On Sunday
Melody Maker
New Musical Express
Pop Weekly
Record Mirror
Sunday Mirror
Variety
Village Voice

JORNAIS

A Gazeta
Chicago Sun-Times
Daily Herald
Daily Telegraph
Evening News
Financial Times
Folha de S. Paulo
Jornal da Tarde
Jornal do Brasil
Kilburn Times
The Leicester Mercury
Los Angeles Times
Miami Herald
News of The World
O Estado de S. Paulo
O Globo
Richmond and
Twickenham Times
The Observer
The New York Times
South Wales Echo
Sydney Morning Herald
The International Times
The Times
The Telegram
Toronto Daily Star
Tucson Citizen
The Village Voice
Unicorn Times
Zero Hora

SITES

www.nzentgraf.de
buziosdirect.com.br
imdb.com
iorr.org
nme.com
www.rocksbackpages.com
rollingstone.com
rollingstones.com
Salon.com
YouTube.com

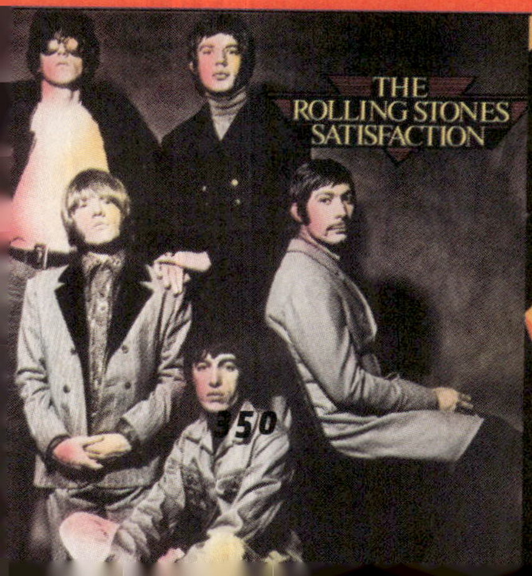

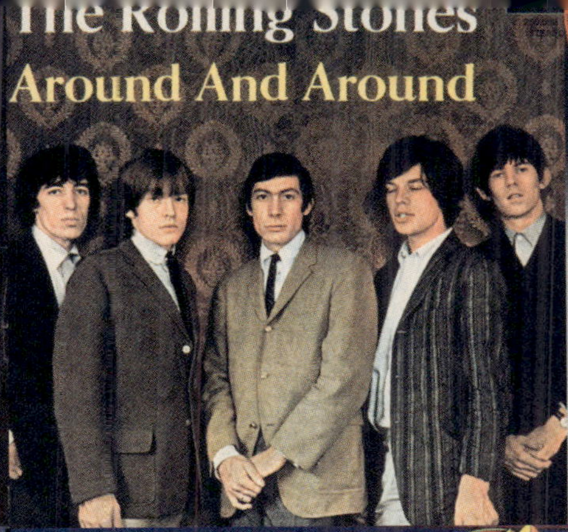

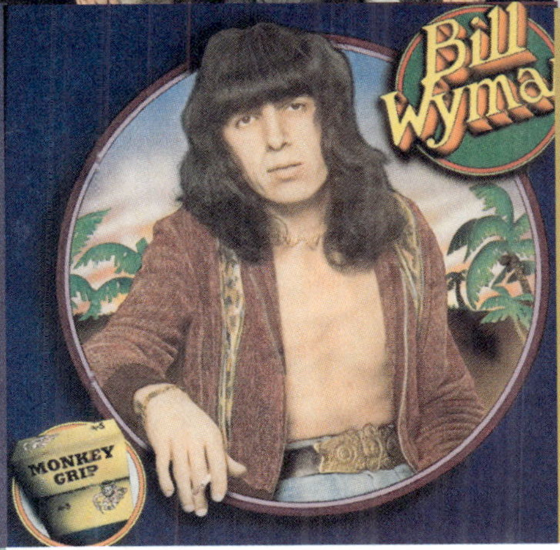

AGRADECIMENTOS

André Ribeiro, Antônio Adolfo, Arnaldo Brandão, Arthur Dapieve, Bebel Prates, Charles Gavin, China, Chris Martins, Cláudia Couto, Daci, Daniel Romani, Fabio Rodrigues, Gilberto Prado, Gustavo Schroeter, Henrique Kurtz, Herbert Vianna, Jean Paul, Lula Tiribás, Marcelo Campos (Agência O Globo), Marcelo Sonaglioni, Marcos Ottaviano, Mario Antonelli, Patrícia Pamplona, Pedro Lima, Pipoca, Renato Ladeira, Roberto Frejat, Valdir Siqueira e Vitor Trucco.

Ao meu amigo José Emilio Rondeau, com quem tive o prazer e a alegria de assinar este trabalho. Devo isso a ele.

Ao meu amigo Nelio Rodrigues, pela generosidade, pela sabedoria, pelo conhecimento – e por todas as gargalhadas.

A Cris e Sandra, por tudo.

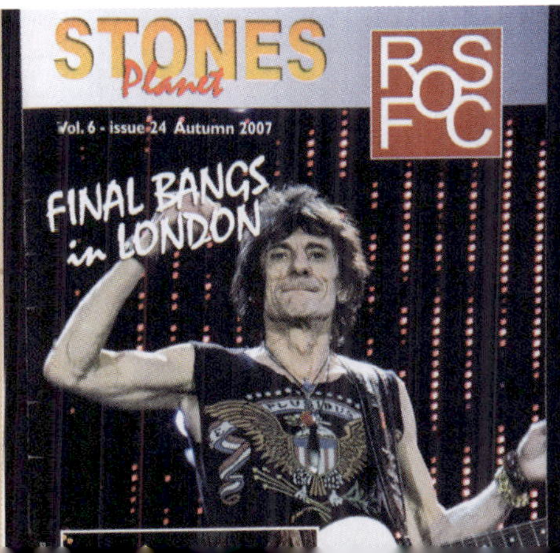

GARÔTAS TEM A "SATISFACTION" DE APRESENTAR:

The ROLLING STONES

RECENTEMENTE lemos num texto fornecido pelo Serviço Britânico de Informações uma observação curiosa, ou seja, de que, quando os pais já começavam a se acostumar com os "Beatles", suas roupas estranhas e suas cabeleiras, surgiram novos grupos musicais ainda mais exóticos em gestos, trejeitos e roupagens, obrigando aos mais velhos (mais "quadrados"?) a um nôvo período de adaptação.

Entre êstes grupos destacam-se os "Rolling Stones", que é o melhor, uma verdadeira "brasa", um grupo "barra limpíssima", que aos poucos vai ocupando um lugar de preeminência conseguido à custa de muito esfôrço, muita luta e muita técnica.

Nesta fabulosa época em que o iê-iê-iê domina e manda, é um prazer ouvir um conjunto formado por rapazes que sabem, como poucos, fazer música, música de qualidade superior, música "de gente grande".

Ouvindo o último LP dos "Rolling Stones" ("As Tears Go By"), em certas faixas tem-se a impressão de que, enquanto no primeiro plano ouvimos a mais moderna das "batidas", lá ao fundo há um conjunto interpretando Mozart no seu estilo mais puro e mais prístino.

Meras "pedras rolando" ao sabor da corrente, ou gente de esferas mais altas, os componentes dos "Roling Stones"? Há quem diga na Inglaterra que êles chegam até a ameaçar a popularidade dos "Beatles". A tanto não chegamos. Os "Beatles" (tal como Roberto Carlos aqui no Brasil) já ultrapas-

ESTE LIVRO FOI COMPOSTO EM CELESTE E SOLEX E IMPRESSO PELA EDIGRAF
SOBRE PAPEL OFFSET 120G PARA A EDIOURO PUBLICAÇÕES EM MARÇO DE 2008.